Lutz Heuser

Heinz' Life

Lutz Heuser

Heinz' Life

Kleine Geschichte
vom Kommen und Gehen des Computers

HANSER

Alle in diesem Buch enthaltenen Informationen, Verfahren und Darstellungen wurden nach bestem Wissen zusammengestellt und mit Sorgfalt getestet. Dennoch sind Fehler nicht ganz auszuschließen. Aus diesem Grund sind die im vorliegenden Buch enthaltenen Informationen mit keiner Verpflichtung oder Garantie irgendeiner Art verbunden. Autoren und Verlag übernehmen infolgedessen keine juristische Verantwortung und werden keine daraus folgende oder sonstige Haftung übernehmen, die auf irgendeine Art aus der Benutzung dieser Informationen – oder Teilen davon – entsteht, auch nicht für die Verletzung von Patentrechten und anderen Rechten Dritter, die daraus resultieren könnten. Autoren und Verlag übernehmen deshalb keine Gewähr dafür, dass die beschriebenen Verfahren frei von Schutzrechten Dritter sind. Die Wiedergabe von Gebrauchsnamen, Handelsnamen, Warenbezeichnungen usw. in diesem Buch berechtigt deshalb auch ohne besondere Kennzeichnung nicht zu der Annahme, dass solche Namen im Sinne der Warenzeichen- und Markenschutz-Gesetzgebung als frei zu betrachten wären und daher von jedermann benutzt werden dürften.

Bibliografische Information Der Deutschen Bibliothek:
Die Deutsche Bibliothek verzeichnet diese Publikation in der Deutschen Nationalbibliografie; detaillierte bibliografische Daten sind im Internet über http://dnb.ddb.de abrufbar.
Dieses Werk ist urheberrechtlich geschützt.

© 2010 Carl Hanser Verlag München (www.hanser.de)
Lektorat: Margarete Metzger
Copy editing: Jürgen Dubau, Freiburg
Herstellung: Irene Weilhart
Umschlaggestaltung: David Lewis, Dielheim
Umschlagrealisation: Stephan Rönigk
Datenbelichtung, Druck und Bindung: Kösel, Krugzell
Ausstattung patentrechtlich geschützt. Kösel FD 351, Patent-Nr. 0748702
Printed in Germany

ISBN 978-3-446-42077-9

Ja oder Nein? – Die ständig wechselnde Kombination dieser beiden Alternativen bestimmt unzweifelhaft den Lauf unseres Lebens. Diese beiden „Aggregatzustände" lassen sich dem mathematischen Zweier- (oder binären) Rechensystem zuordnen und entsprechen beim elektrischen Strom dem Ein- oder Aus-Signal. In der Computertechnologie dient der binäre Code als Sprache, in der sich nahezu alles darstellen lässt. Die Pole Plus und Minus, Gut und Böse, Sein oder Nichtsein – der permanente Dualismus unserer Existenz ist offenbar in diesem Code der zwei Möglichkeiten fest verankert. Dieses Buch will auf unterhaltsame Art beschreiben, was es mit der Computer-Technologie auf sich hat, woher sie kommt, wohin sie geht und welche Auswirkungen sie – am Beispiel des Titelhelden Heinz – auf unser menschliches Leben haben könnte.

Streng genommen ist die Informatik aus philosophischen Wurzeln erwachsen, die bei Platon und Aristoteles liegen. Die Welt der Bits und Bytes setzt die in der Antike begründete Schule der Logik und deren Auseinandersetzung mit der Wirklichkeit konsequent fort – nur mit gänzlich neuen Instrumenten. Denn über den Umgang mit Zahlen, die man ja auch als Buchstaben einer Sprache zur exakten Beschreibung natürlicher Phänomene verstehen kann, ergibt sich aus potenzierender Komplexität geradezu die logische Notwendigkeit von später sogenannten „Rechenknechten", die dem Menschen die mechanische Rechenarbeit abnehmen. Inzwischen ist die Logik über die Informationstechnologie einen Schritt weiter gegangen und hat sogar neue, virtuelle Wirklichkeiten geschaffen.

An unseren Computern erleben wir eine digitale Welt, die ein Abbild unseres realen Lebensraums darstellt. Digitale Audio- und Videounterhaltung liefern für unsere Sinne nahezu perfekte Illusionen. Technologischer Dauerfortschritt bei elektronischen Speichermodulen in Hinblick auf wachsende Kapazität und schwindende Größe ermöglichen immer komplexere Rechenprogramme und immer rascher verwirklichte Visionen innovativer Möglichkeiten. So wird der Computer, dessen Karriere als gebäudegroßer Apparat mit eigenem Kraftwerk zur Stromerzeugung begann, bald ganz aus unserem Gesichtsfeld verschwinden.

Es war ein langer Weg von Hilfsinstrumenten wie dem Abakus des Altertums oder später dem Rechenschieber bis hin zum elektronischen Rechnen, das seinen Siegeszug in den 30er Jahren des 20. Jahrhunderts antrat. Aber bereits Mitte des 19. Jahrhunderts gab es den ersten mechanischen Computer, und schon 1890 wurde eine amerikanische Volkszählung mithilfe eines Lochkartensystems durchgeführt. Mitte des vergangenen Jahrhunderts setzten dann riesige Röhrenrechner den Standard, die mit der Entwicklung der Transistorentechnik Ende der 50er Jahre ihr Ende fanden. Allerdings hatte ein „Minicomputer" Anfang der 60er Jahre noch die Dimensionen eines Schreibtisches. Erst Mikroprozessoren ließen die Rechner auf Größen schrumpfen, die in den 80er Jahren dann als Personal Computer (PC) ihren

Siegeszug starteten. Seitdem wurden die Geräte zur elektronischen Kommunikation immer kleiner und leistungsfähiger. Schon heute gibt es Rechner in Reiskorngröße. Sie schrumpfen immer weiter und werden in naher Zukunft unsichtbarer Teil unseres Lebensumfelds sein. Von diesem Transformationsprozess erzählt dieses Buch.

All die digitalen Errungenschaften, die unsere Haushalte in den vergangenen Jahren im Sturm erobert haben, vom PC über den Laptop und dem Handy bis hin zum HDTV, funktionieren so: Eins und Null, An oder Aus. In diesem Buch wird nun gezeigt, wie die auf diesem System arbeitenden Alltagsbegleiter sich weiter verändern. Begriffe wie das „Internet der Dinge" beschreiben die nächste technologische Revolution. Und die hat schon begonnen. Man muss deshalb kein Prophet sein, um davon auszugehen, dass in etwa 20 Jahren der PC genauso rasch wieder von der Bildfläche verschwunden sein wird, wie er sie zur Jahrtausendwende als Statussymbol des Informationszeitalters erklommen hat. Warum? Ganz einfach: Er wird schlicht überflüssig, weil Tausende von Minirechnern aus unserer jeweiligen Umgebung seine Arbeit übernehmen. Genauso wenig werden wir noch Handy oder einen festen Fernsehbildschirm brauchen. All das ist der Elektroschrott von morgen.

Noch leben wir in der Zeit, in der die virtuelle digitale Welt bei der Be- und Verarbeitung von Informationen unserer realen Welt hilfreich ist und eher deskriptiv genutzt wird. Den Übergang, wie in der Zukunft beide Welten miteinander verschmelzen, will dieses Buch beschreiben. Die künstliche digitale Welt wird dabei allmählich zum Bestandteil unserer natürlichen Umwelt werden. Das erleben wir in Ansätzen bereits in uns vertrauten Produkten. Das früher im Wesentlichen rein mechanisch betriebene Auto käme heute ohne Informationstechnologie und Software keinen Meter vom Fleck. Die aktuelle Medizintechnik – von der Vorsorge bis zur OP – wäre ohne Rechner und Software hilflos, genauso wie die Verkehrslenkung. Überall begegnet uns bereits im Alltag die IT in verschiedenen Steuerungsprozessen.

Aber noch sind etwa Autos, die sich gegenseitig vor einer Ölspur warnen, oder Chemiefässer, die selbst kontrollieren, ob sie sicherheitsgerecht befüllt werden und gegebenenfalls Alarm schlagen, Zukunftsvision. Doch während heute am Ende der ersten Dekade des dritten Jahrtausends etwa 70 Rechnereinheiten pro Person hinter den Kulissen unserer Alltagswelt arbeiten, werden es bis 2020 nach Expertenschätzungen bereits bis zu 1.000 Elektrohirne sein.

Nicht wenige Menschen bekommen Angst vor den Möglichkeiten einer immer leistungsstärkeren und kleiner werdenden Technologie. Diese Skeptiker will das Buch mit der Vorstellung denkbarer Zukunftsszenarien aufklären und ihnen zeigen, dass solche Befürchtungen auch von den Menschen ernst genommen und berücksichtigt werden, die diese Technologie weiter entwickeln. Speziell handelt es sich um Einblicke in die Forschung und Entwicklung von Informationssystemen, die als Spione ihre Umwelt beobachten und die gesammelten Informationen per Funk unsichtbar an andere Computer weiterleiten. Wie diese „Wahrnehmung der realen Welt" helfen kann, Situationen des täglichen Lebens ebenso wie komplizierte Geschäftsprozesse besser und sicherer zu meistern, schildert dieses Buch.

Dabei soll selbstverliebtes Fachchinesisch vermieden werden. Wo es unvermeidlich dennoch auftaucht, werden die wichtigsten Begriffe verständlich erläutert. Das Buch wendet sich auch an Leser, die sich mit der Materie noch nicht weiter befasst haben. An einigen Stellen mag es dennoch etwas speziell werden, weil sich natürlich auch die IT-„Freaks" angesprochen fühlen sollen ...

Der Leser wird die Geschichte und Zukunft der Informationstechnologie gemeinsam mit Heinz erleben. Er ist eine echte „Multi"-Persönlichkeit, denn namhafte Experten der IT-Branche bilden gemeinsam sein Ego. Sie liefern die fachlichen Hintergründe und beschreiben einen oder mehrere Tage im Leben von Heinz aus ihrer ganz persönlichen Sicht. Eben „Heinz' Life".

Aber machen Sie sich doch selbst ein Bild: Willkommen bei „Heinz' Life"!

Inhalt

Inhalt

1962

1962

Großes Baby
in der Großrechnerzeit

4. September 1962

Um 23.09 Uhr erblickte ich das Licht der Welt – oder war es doch eher der Schein-
werfer über dem Operationstisch? Ich war 4300 g schwer und 57 cm lang. Meine
Mutter fand es auch Jahre später immer wieder nötig zu erwähnen, dass ich ein ganz
schöner Brocken gewesen sei. Diese Tatsache wurde mir während meiner Kindheit
und Jugend beinahe entschuldigend immer dann aufs Brot geschmiert, wenn mein
gelegentlich gewaltiger Appetit wieder mit mir durchging. Der sei quasi angeboren,
hieß es dann. Viele meiner frühen Kindheitserinnerungen verdanke ich späteren Erzählungen meiner werten Frau Mama oder einigen frühen Aufzeichnungen, mit
denen sie meine Entwicklungsschritte festhielt. Allerdings habe ich selbst schon sehr
früh damit begonnen ein Tagebuch zu führen, das ich später mit diesen mütterli-
chen Details auffüllen konnte.

Wäre ich knapp drei Jahrzehnte später geboren, hätte meine Mutter schon vor
meiner Geburt genau gewusst, was ihr da blühte. Als meine eigenen Kinder zur Welt
kamen, galt die Technik dafür bereits als Standard, nämlich Ultraschallgeräte, mit
denen sich der Embryo live beobachten und auf Fotos festhalten ließ. Zur Zeit meiner Geburt waren sie noch völlig unbekannt. Und Thema des Jahres war die Sturm-
flut an der Nordsee. Von der Datenflut des Informationszeitalters ahnte noch niemand etwas. Dennoch interessant zu sehen, was es an Computern damals schon so
gab. Noch nicht besonders viel. Jedenfalls tauchten sie in der Öffentlichkeit so gut
wie gar nicht auf, und es gab äußerst wenige Menschen, die sich mit Computern beschäftigten. Man könnte es so sehen, dass ich als großes Baby in die Zeit der Großrechner geboren wurde. Zugegeben, eine etwas gespreizte Analogie, aber noch heute
bin ich der Auffassung: Masse schadet nicht ...

Allerdings entstand in diesem Jahr auch ein Unternehmen, dessen Produkte später meine ersten Schritte in die IT-Welt begleiteten – Commodore. Ein Blick in das
web-basierte Nachschlagewerk Wikipedia[1] liefert Einzelheiten: Das Unternehmen
wurde 1954 von Jack Tramiel in Toronto gegründet und stellte zunächst Schreibmaschinen her. 1962 wandelte sich das Unternehmen unter dem Namen Commodore
Business Machines in eine Körperschaft um und startete wenige Jahre später mit
einer neuen Idee: der Herstellung von Taschenrechnern. Daneben gab es auch Ver-

---

[1] http://de.wikipedia.org/wiki/Commodore_International, Stand: November 2009

suche mit LED-Digitalarmbanduhren, Schachcomputern und Telespielen in der Nachfolge von Pong, allerdings ohne große Resonanz. 1982 brachte Commodore dann den Personal Computer C64 auf den Markt, auf dem viele spätere IT-Experten den Umgang mit Computern lernten.

Aber zur Zeit meiner Geburt gab es für den gewöhnlichen Bundesbürger eigentlich nur die gute alte Schreibmaschine und mechanische Rechenmaschinen. Meine Geburtsurkunde wurde fein säuberlich in das Stammbuch meiner Eltern eingelegt und war ordentlich getippt. Computer im Standesamt? Fehlanzeige! Das sollte noch Jahrzehnte dauern.

Mein Vater arbeitete als Vertriebsingenieur und setzte vor allem den Rechenschieber für seine Arbeit ein. Das konnte ich schon als kleiner Junge beobachten, wenn er gelegentlich am Wochenende zuhause arbeitete. Den Umgang mit dem Schieber mussten wir in der Schule auch noch lernen, aber groß eingesetzt habe ich ihn nicht mehr. Der Taschenrechner war doch viel praktischer.

Welche Rechenmaschine die Bezeichnung „erster Computer" verdient, darüber sind sich die Historiker aber nicht einig. Das liegt auch daran, dass in den 30er und 40er Jahren, als diese Rechner entwickelt wurden, der Begriff Computer noch gar nicht verwendet wurde. Ein wenig Aufschluss gibt auch hier Wikipedia: „Der englische Begriff computer, abgeleitet vom Verb to compute (rechnen), bezeichnete ursprünglich Menschen, die zumeist langwierige Berechnungen vornahmen, zum Beispiel für Astronomen im Mittelalter. 1938 stellte Konrad Zuse den ersten frei programmierbaren mechanischen Rechner her, der im heutigen Sinne bereits dem Begriff entsprach. In der Namensgebung des 1946 der Öffentlichkeit vorgestellten ‚Electronic Numerical Integrator and Computer' (ENIAC) taucht erstmals das Wort als Namensbestandteil auf. In der Folge etablierte sich Computer als Gattungsbegriff für diese neuartigen Maschinen."[2] Was aber war der erste Computer? Dass man zur Beantwortung dieser Frage bis ins Altertum zurückgehen muss, hätte ich auch nicht gedacht. Wikipedia erklärt dazu: „Das früheste Gerät, das in rudimentären Ansätzen mit einem heutigen Computer vergleichbar ist, ist der Abakus, eine mechanische Rechenhilfe, die vermutlich um 1100 v. Chr. im indo-chinesischen Kulturraum erfunden wurde. Der Abakus wurde bis ins 17. Jahrhundert benutzt und dann von den ersten Rechenmaschinen ersetzt. In ärmeren Regionen der Welt wird der Abakus noch immer als Rechenhilfe verwendet. Einem ähnlichen Zweck diente auch das Rechenbrett des Pythagoras."[3]

Bei meiner Suche nach den Ahnen des Computers bin ich u.a. bei John Napier gelandet, der Anfang des 17. Jahrhunderts neuen Schwung in das Rechnen brachte, als er seine Logarithmentafel publizierte. 1623 baute dann Wilhelm Schickard die erste Vier-Spezies-Maschine (vier Grundrechenarten) und damit den ersten mechanischen Rechner der Neuzeit, wodurch er eigentlich zum „Vater der Computerära" wurde. Ein weiterer Wegbereiter war Gottfried Wilhelm Leibniz, der 1673 seine ers-

---

[2] http://de.wikipedia.org/wiki/Computer, Stand: November 2009
[3] http://de.wikipedia.org/wiki/Computer, Stand: November 2009

te Vier-Spezies-Maschine baute und 1703 das binäre Zahlensystem (Dualsystem) entwickelte, das später die Grundlage für die Digitalrechner wurde. Über Lochkarten zur Steuerung von Webstühlen Anfang des 19. Jahrhunderts entstand 1843 in Stockholm der erste mechanische Computer, den Edvard und George Scheutz nach Plänen von Charles Babbage für eine Differenzmaschine verwirklichten. Babbage hatte sogar einen Drucker konstruiert, der Anfang dieses Jahrtausends nach seinen Plänen gebaut wurde – und funktionierte. Im gleichen Jahr entwickelte Ada Lovelace eine Methode zur Programmierung von Computern nach dem Babbage-System und schrieb damit das erste Computerprogramm. Die Entwicklung mechanischen Rechnens ließ sich nicht mehr aufhalten: 1890 wurde die US-Volkszählung mithilfe des Lochkartensystems von Herman Hollerith durchgeführt. Dieses System wurde von IBM weiterentwickelt und legte den Grundstein für deren spätere Pionierleistungen im Rechnerbau. Im gleichen Jahr baute Torres y Quevedo eine Schachmaschine, die mit König und Turm einen König matt setzen konnte. Das war die Geburt des ersten Spielcomputers.

Dennoch ist es unter Computer-Historikern weiterhin umstritten, welcher Computer „der erste" gewesen sei. Der Begriff Computer für diese Gattung von Rechenmaschinen wurde zu deren Anwendungszeit noch gar nicht verwendet. Die Maschinen aus den 30er und 40er Jahren hatten noch wenig mit den modernen Computern ab den 50er Jahren zu tun. Die Z3 von Konrad Zuse (1941) wird oft als der erste Computer bezeichnet, weil sie einige herausragende Merkmale eines modernen Computers hatte, die andere Maschinen dieser Zeit nicht aufweisen konnten. Es war die erste funktionstüchtige programmgesteuerte, binäre Rechenmaschine, bestehend aus einer großen Zahl von Relais. Weitere, ebenfalls 1941 betriebsbereite Digitalrechner waren dann der in den USA gebaute Atanasoff-Berry-Computer und die britische Colossus.

Und dann gab es da in den 50er Jahren noch den Rechner, mit dem Deutschland Anfang der 50er Jahre den Anschluss an die Rechnerentwicklung in den USA schaffen wollte: die PERM (Programmierbare elektronische Rechenanlage München, siehe auch Infobox 1975). Die PERM war ein Röhrenrechner, basierend vor allem auf der legendären EF86. Bei der EF86 handelte es sich um eine in den frühen 50er Jahren entwickelte Elektronenröhre mit besonders geringem Rauschen, die später auch in zahlreichen Audioverstärkern zum Einsatz kam. Beim Bau strebte man industrielle Maßstäbe an, mit Gestellen, Einschüben und steckbaren logischen Einheiten, weil man eine längere Nutzungsdauer vorsah. Ein Heer von studentischen Hilfskräften verschaltete die Einschübe mit etlichen Zehntel Millimeter dicken Drähten, über die vor dem Verlöten noch sorgsam ein farblich identifizierendes Isolierröhrchen gezogen wurde.

Der Arbeitsspeicher war zunächst ein schnell laufender Trommelspeicher, der in der Werkstatt des Instituts Piloty gefertigt und auf den in mehreren Lagen ein Magnetlack aufgetragen wurde (er wurde um 1960 herum um einen Magnetkernspeicher ergänzt). Die Magnetköpfe – die Grundlage der Dissertation von Herrn Leilich – wurden von studentischen Hilfskräften mühsam gefertigt und in Röhrchen eingegossen. Sie wurden dann anschließend von Hand in das Trommelgehäuse eingedreht. Da ja auf jeden Fall verhindert werden musste, dass man zu weit drehte und dann eine Spur der Magnetschicht abrasierte, wurde während des Eindrehens die Feldstärke über einen Oszillographen beobachtet. Nun fielen natürlich die Magnetköpfe nicht alle gleich aus, die Feldstärke war also nur ein relativer Indikator. Daher wurde das Verhalten jedes Magnetkopfes zunächst statisch ausgemessen, um dann von der relativen auf die aktuelle Feldstärke und damit den Abstand schließen zu können. Das Ganze mutete selbst damals abenteuerlich an – aber es kam in den ganzen Jahren nur bei ganz wenigen Malen zu einer Beschädigung der Trommel.

Halten wir fest: Als ich geboren wurde, spielte der Computer im öffentlichen Bewusstsein noch keine Rolle, hatte aber wesentliche Entwicklungen für spätere breite Anwendungen bereits durchlaufen. Während ich an meinem Fläschchen nuckelte, beschleunigten die ersten Transistorenrechner die Entwicklung hin zum späteren PC. Die im Rückblick sogenannte „digitale Revolution" hatte zu diesem Zeitpunkt tatsächlich etwas mit mir persönlich gemeinsam: Beide steckten wir noch in Baby-Schühchen.

Infobox

Die Erfindung des Computers kann vielen zugeordnet werden, und die Diskussion darüber ist daher müßig. Sicher ist, dass Mathematiker den Wunsch verspürten, Maschinen für ihre Berechnungen zu nutzen. Aus diesem Bedürfnis heraus entwickelten sie Geräte, die dann auch zunehmend für andere Zwecke eingesetzt wurden. Zu den wichtigsten Vorläufern des heutigen Computers zählen:

Abakus: Vor ca. 3.000 Jahre erfunden begleitet er in Deutschland wohl jedes Kind der letzten Jahrzehnte. Wer kennt die bunten Kugeln nicht? Zehn an der Zahl, davon je fünf in einer Farbe, aufgereiht auf zehn waagrechten Metallstäben und eingefasst in einen Holzrahmen.

Z3: Von vielen wird Konrad Zuse mit dem Rechner Z3 als Erfinder des modernen Computers gefeiert. Leider wurde seine Erfindung nicht zur rechten Zeit im sich entwickelnden Mekka des Computers, den USA, bekannt genug, um als weltweite Wiege und Wegweiser einer ganzen Industrie die entsprechende Würdigung zu bekommen. Erst viele Jahrzehnte später wurde Konrad Zuse diese zuteil.

PERM: Der gleichnamige Rechner war Anfang der 50er Jahre eine der bedeutendsten Erfindungen in Deutschland und Grundlage der deutschen Informatikszene (s.a. Infobox 1975).

Doch ohne **Gottfried Wilhelm Leibniz** (1646–1716) und sein Dualsystem, auch als Dyadik bezeichnet, gäbe es keine modernen Computer. Trotzdem hat es noch rund 250 Jahre gedauert, bis Mitte des zwanzigsten Jahrhunderts die Leistungsfähigkeit des Dualsystems erkannt wurde.

1962 befand sich Deutschland mitten im Wirtschaftswunder, aber der Mensch von nebenan war weit weg von Computern. Das blieb wenigen hochspezialisierten Experten vorbehalten. ∎

1963

Deutschlands erster Transistoren-computer

Für mich brach das zweite Lebensjahr an, und das Wirtschaftswunderland erhielt seinen zweiten Fernsehkanal. Ausgerechnet am 1. April diesen Jahres fiel der Startschuss für das Zweite Deutsche Fernsehen (ZDF), das damals aus provisorischen Studios in Eschborn sendete. Die Post hatte dazu eigens eine zweite Senderkette errichtet, mit der damals rund zwei Drittel der Bevölkerung erreicht werden konnten. Weltpolitisch wurde das Jahr von einem Ereignis dominiert, das meinen Vater schier entsetzte und auf das er in späteren Jahren immer wieder zu sprechen kam: die Ermordung John F. Kennedys in Dallas. Wie viele Deutsche hatte mein Vater große Stücke auf diesen Amerikaner gesetzt, mit seinem populären Berlin-Bekenntnis hatte er die Herzen der Adenauer-Republik erobert. Vater ließ auch später nichts auf Kennedy kommen, als dessen Helden-Aura langsam verblasste und stattdessen einen mit vielen Fehlern behafteten Menschen offenbarte.

Aber auch die Entwicklung der Kommunikationstechnologie machte hinter den Kulissen Fortschritte. Anfang des Jahres hatte Walter Bruch das Farbfernsehverfahren PAL (Phase Alternation Line) zum Patent angemeldet und in Hannover vorgeführt. Vor einem Siegeszug stand auch der in diesem Jahr erfundene Kassettenrekorder. Das notwendige Utensil für diese Mini-Tonbandgeräte war die Compact Cassette, auch Audio-Kassette genannt. Sie wurde in diesem Jahr von Philips auf den Markt gebracht. Und auch die Computertechnologie schritt weiter voran. Mit Beginn der 60er Jahre ersetzten zunehmend Transistorenrechner die bis dahin üblichen Röhrengeräte.

Wer käme heute auf die Idee, dass das Computerzeitalter kommerzieller Nutzung eigentlich an Bord der in den 50er/60er Jahren entwickelten Atom-U-Boote begann und nicht etwa in einer Rakete der in den Kinderschuhen steckenden Raumfahrt? Der (Kalte) Krieg als Vater aller Dinge stand jedenfalls auch bei dieser technischen Innovation Pate. Einer der ersten daraus hervorgegangenen Computer mit Transistorentechnik zur zivilen Nutzung kam im Jahr 1963 ins Kernforschungszentrum nach Karlsruhe, er war europaweit der erste dieser Art.

Diese Geschichte habe ich erst vor Kurzem gehört, und zwar aus erster Hand. Ich hatte mal wieder das Glück, einen der Väter des Studienfachs Informatik in Deutschland, Prof. Gerhard Krüger, zu treffen. Prof. Krüger gilt zu Recht als einer der Wegbereiter der IT in Deutschland. Förderung durch ihn bedeutete im Wesentlichen: hart gefordert zu sein. Aber aus diesem Kontakt ergaben sich auch Unterhaltungen abseits des eigentlichen Lehrstoffes. Da plauderte er frei von der Leber weg und kramte die unglaublichsten Geschichten aus. Und seine Schilderungen von damals habe ich bis heute nicht vergessen.

Die besagten, mit Nuklearwaffen versehenen Atom-U-Boote hatten im Sinne ihres Auftrags ein besonderes technisches Problem. Die U-Boote tauchten während des Einsatzes über Wochen nicht auf, mussten sich längere Zeit etwa unter dem Eispanzer der Arktis verbergen. Sie sollten aber im Ernstfall das ihnen vorgegebene Ziel immer treffen können. Also mussten sie unter Wasser die entsprechenden Koordinaten – etwa die von Moskau – ständig neu justieren. Dazu hatte man sogenannte Feuerleitcomputer. Die bis dahin verwendete Röhrentechnik bei Rechnern hatte den großen Nachteil der entstehenden Hitze. Defekte oder durchgebrannte Röhren sorgten regelmäßig für Ausfälle. Der U-Boot-Computer durfte für die Mil-Spezifikation[1] aber weder so heiß werden wie ein Röhrenrechner noch durfte er sich Ausfälle leisten.

Die Aufgabe zur Entwicklung eines entsprechenden Computers erhielt die Firma Control Data. Der Rechner sollte eine Laufzeit von mindestens 1000 Stunden ohne Fehler durchstehen und leicht zu reparieren sein, falls einmal ein Defekt auftrat. Der Computer musste sein Ziel ohne jeden Funkkontakt aber dauerhaft im Visier halten können. Nachdem dieses Projekt unter Verwendung der brandneuen Transistorentechnik schließlich abgeschlossen war, dachte der Hersteller an eine zivile Nutzung.

Zu dieser Zeit hatte der Kernphysiker Krüger, der in Jena und an der Berliner Humboldt-Universität studiert und Ende der 50er Jahre seine Promotion zum Dr. phil. nat. an der Universität Gießen abgeschlossen hatte, eine Stelle als Wissenschaftlicher Mitarbeiter am Kernforschungszentrum Karlsruhe angetreten. Hier sammelte er erste Erfahrungen in der Elektronik und der Glasbläserei, beides technische Gebiete, die ihn stark faszinierten. Und hier lernte er auch die ersten Leute kennen, die mit Computern arbeiteten, verächtlich „Rechenknechte" genannt. Krügers visionäre Leistung bestand dann nach kurzer Zeit in der Idee von der Verknüpfung zweier Bereiche, die eigentlich nicht zueinander gehörten.

Krüger konnte wunderbar erzählen, wobei er seinen sächsischen Zungenschlag nie verleugnete: „Die Geschichte der Rechner war zunächst die einer reinen Zahlenmaschine, Number Cruncher (etwa: Zahlenmühle) auf Neudeutsch, durchaus im Sinne eines ‚Rechenknechtes'. Der legendäre Konrad Zuse hatte sich darüber aufgeregt, dass man, um eine Brücke zu berechnen oder das Profil eines Flügels, ganze Säle voller Frauen benötigte, von denen jede eine mechanische Rechenmaschine bediente. Und jede hat gerechnet und die Zwischenresultate der Nachbarin weitergereicht. Das war wirklich Rechnen am Fließband. Hunderte von Menschen haben da gesessen und das entsprechende Profil berechnet. Die mathematischen Gleichungen gab es schon, etwa wie die Umströmung sein musste. Es existierten auch bereits Windkanäle, in denen man das überprüfen konnte. Aber niemand setzte das um in

---

[1] Mil steht für Military, also militärische Nutzung

numerische Lösungen. In welchem Winkel muss ich den Flügel schneiden oder wie muss ich die Stütze für die Brücke bauen? Das hat die Leute, die wie Konrad Zuse von der zivilen Seite kamen, dazu gebracht zu sagen: Dieses Arbeiten ist menschenunwürdig. Da muss ein ‚Rechenknecht‘ her. Damit war der Name für die ersten ‚Computer‘ und der Wissenschaftler geprägt, die an ihnen arbeiteten. Später wurde daraus der Elektroniker. Im Wesentlichen ging es damals um Näherungslösungen in numerischen Gleichungen.“

Krüger war inzwischen klar geworden, dass das dauernde Messen von Atomabstrahlungen, seine damalige Hauptbeschäftigung, nicht sein Lebensinhalt werden könne. Das sei echte Kärrnerarbeit gewesen, schimpfte er noch Jahrzehnte später. Immerhin hatte die rasante Entwicklung auf dem Gebiet der Naturwissenschaften, speziell der Physik, dazu geführt, dass Großgeräte wie Reaktoren, die Teilchenbeschleuniger des CERN[2] oder DESY[3] gebaut werden konnten. Diese Anlagen verschlangen enorme Betriebskosten, deshalb mussten sie rund um die Uhr genutzt werden. Krüger: „Schichtdienst ist für Wissenschaftler auf Dauer aber keine Lösung. Also begann man Messgeräte wie Zähler einzusetzen, die ein wenig automatisch arbeiten konnten.“

Krüger unterbreitete seinen Professoren die Idee, Computer für die Überwachung der Experimente zu nutzen. Allerdings verfügte man in Karlsruhe nur über Z22-Rechner von Konrad Zuse, die das oben beschriebene Problem der Röhrentechnik nahezu stündlich einmal lahmlegte. Die Computer standen in riesigen Sälen, verfügten zusammen über 10.000 Röhren und bezogen die enorme Energie aus einem eigenen kleinen Kraftwerk. Jede Woche, erinnerte sich Krüger, wurden alle Röhren komplett ausgetauscht – gleich ob sie defekt oder noch verwendbar waren. Waschkörbe voller ausrangierter Röhren kamen da jedes Mal zusammen.

Lachen musste Krüger noch Jahre später, wenn er über die Wirkung dieses Vorschlags sprach: „Die Reaktion der Professoren war beruhigend einhellig: Der Kerl ist doch verrückt! Der Reaktor muss durchlaufen, die Experimente müssen durchlaufen. Und statt die Experimente selbst zu überwachen, sitzt der Mann jetzt am Computer und wechselt da stündlich Sachen aus.“ – Doch Krüger kannte bereits die Transistorentechnik und wusste vom Computer der Firma Control Data. Dank eines nicht verbrauchten Haushaltsüberschusses gelang es ihm Ende 1962, seinen Chef vom Kauf eines solchen transistorbestückten Rechners zu überzeugen. Zum stolzen Preis von 90.000 US-Dollar, umgerechnet damals rund 360.000 D-Mark. So erhielt Karlsruhe, zeitgleich mit fünf amerikanischen Standorten, darunter das renommierte National Laboratory auf Long Island oder die Berkeley University in Kalifornien, einen der modernsten Rechner der Zeit.

Bei Licht betrachtet hatte dieser sogenannte Minicomputer die Größe eines Schreibtisches. Man konnte auch an ihm sitzen wie an einem Schreibtisch. Und die

---

[2] Europäisches Institut für Teilchenforschung, gegründet 1954 in Genf, s.a. Kapitel 1977

[3] Deutsches Elektronen Synchrotron, Institution zur naturwissenschaftlichen Grundlagenforschung, gegründet 1959 in Hamburg

Wunder heutiger, unsichtbarer Technik barg er schon gar nicht. Die Rückseite ließ sich aufklappen, dahinter fanden sich Reihen von gelöteten Karten, auf denen jeweils ein Transistor steckte. Es gab ein Koordinatensystem aus Zahlen und Buchstaben wie beim Schachbrett, sodass sich jede Karte genau benennen ließ. Was es nicht gab, war irgendwelche Software oder gar ein Betriebssystem.

Dieser Rechner wurde dann im Reaktor aufgebaut. Um ihm Leben einzuhauchen, musste sowohl eine Software geschrieben als auch eine Schnittstelle zu den Experimenten geschaffen werden. Zunächst koppelte man einen Computertomografen und eine kernphysikalische Messeinrichtung an den Computer an. Krüger: „Das geriet zu einer aufwendigen Bastelei: Es galt, Schränke voll Elektronik zusammenzubauen. Anschließend wurde dann ein Betriebssystem für die Aufzeichnung kernphysikalischer Daten in Echtzeit geschrieben – eine wahre Pionierleistung auf dem Gebiet der Prozessorrechner." – Das, so erinnerte sich Krüger, sei eine viel härtere Arbeit gewesen als etwa das Herumspielen an einem der in den 80er Jahren so populären Commodore-Computer, der ersten „Playstation" für angehende Programmierer. Dieser Rechner hat eine Laufzeit von zehn Jahren am Reaktor durchgestanden. Und für Prof. Krüger war es der Einstieg in eine neue Karriere, die später das Fach Informatik in Deutschland maßgeblich geprägt hat.

Infobox

Von Röhren zu Transistoren

Prof. Gerhard Krüger beschreibt als einer der Begründer der deutschen Informatik anhand eigener Erlebnisse, wie die Industrialisierung der Computer ihren Anfang nahm. Waren die frühen röhrenbasierten Rechner noch einzeln angefertigte Maschinen, begann beim mit Transistoren arbeitenden Computer die industrielle Massenfertigung. Das Unternehmen Control Data produzierte ab 1960 mit dem „CDC 1600" den ersten vollwertigen Großrechner auf Transistorbasis.

Eine **Elektronenröhre** bestand aus einem gasgefüllten Kolben, in dem sich eine Kathode und eine Anode befinden. Aus der sogenannten Glühkathode entweichen Elektronen, die von der Anode angezogen werden. So konnten elektrische Signale erzeugt oder auch verstärkt werden. Elektroröhren waren also steuerbare elektrische Bauelemente. Nachteile waren der enorm hohe Stromverbrauch, verbunden mit einer entsprechenden Wärmeentwicklung, dazu der riesige Platzbedarf und die Tatsache, dass man damit keine integrierten Schaltkreise bauen konnte.

Ein **Transistor** schaltet und verstärkt auch elektronische Signale. Bekannt aus dem Physikunterricht sind die Bipolartransistoren, die durch elektrischen Strom angesteuert werden. Transistoren werden heute hauptsächlich bei sogenannten integrierten Schaltungen eingesetzt, wie sie etwa bei Hauptspeichermodulen oder Mikroprozessoren vorkommen. Auf einem Siliziumsubstrat als Träger können sich auf wenigen Quadratmillimetern leicht integrierte Schaltungen mit über einer Milliarde Transistoren befinden.

Karlsruhe kann man als die deutsche Wiege der modernen Informationstechnologie bezeichnen, seien es die Arbeiten von Krüger am Kernforschungszentrum, die Einführung der Informatik an der Technischen Universität Karlsruhe, die erste E-Mail in Deutschland oder aber auch die erste Internetverbindung für China. Viele Neuerungen in der IT in Deutschland begannen im Badischen. ∎

1964
Maschinelle Rechentechnik im Osten

Kleine Kinder können sich nicht wehren und deshalb werden sie mit den schlimmsten Kosenamen bedacht. „Kleine Maus" ist so einer, und ich hoffe schwer, dass ich nie so genannt wurde. Erst recht in diesem Jahr nicht, denn da habe ich kleiner Racker, der auf unsicheren Füßchen beständig die Wohnung unsicher machte, Großvater Karl mit Masern angesteckt. Als kräftiges Kerlchen, das ich war, überstand ich diese Kinderkrankheit zwar problemlos. Aber Großvater hatte als Kind keine Masern gehabt. Er erkrankte schwer und litt an hohem Fieber. Zwei Wochen legte ihn der Virus flach. Ich glaube also nicht, dass ich in dieser Zeit verniedlicht wurde, zumal man mir diese Attacke auf Großvaters Gesundheit später immer wieder mal scherzhaft vorhielt.

Es war ohnehin das Jahr einer ganz anderen Maus, die, so haben es die kleinen Nager ja auch am liebsten, von niemandem groß bemerkt wurde. Und dennoch sollte diese Maus bekannter werden als die damals allgegenwärtige Mickey Mouse von Walt Disney. Denn Doug Engelbart, seit 1962 Direktor eines Labors am Stanford Research Institute (SR), entwickelte in diesem Jahr die Computermaus. In seinem Labor waren zuvor die ersten Hypertexte und auch die ersten Links erfunden worden. Engelbart störte sich am Zeitaufwand, den das Ansteuern der Links über die Tastatur erforderte. Er ließ ein Holzkästchen mit einem Knopf und zwei Rädern an der Unterseite bauen, das das Ansteuern in strengen vertikalen oder horizontalen Geraden ermöglichte. Die Software für diese Maus wurde später von Jeff Rulifson stark verbessert, als „X-Y Indicator for a Display System" wurde sie erst 1967 zum Patent angemeldet (und auch da erkannte kaum jemand ihr wahres Potenzial). Außerdem stellte IBM in diesem Jahr erstmals sein System /360 vor. John George Kemeny und Thomas Eugene Kurtz entwickelten die Programmiersprache BASIC. Und auf dem Unterhaltungssektor stellte Robert Moog seinen ersten spiel- und konfigurierbaren Synthesizer vor, ein Gerät, das später mit dem einfachen Liedchen „Popcorn" von sich hören machte und in den 70er Jahren in vielen Bands die elektrische Orgel ablöste.

Diese Entwicklungen der Informations- und Kommunikationstechnik in der westlichen Welt und deren Globalisierung versperren schnell die Sicht auf Entwicklungen, die im damaligen Ostblock parallel unter dem Begriff „Mathematische Kybernetik" ihre Anfänge nahmen. Im Zusammenhang mit der Wiedervereinigung und der Neuordnung der Wissenschaft und Universitäten in der ehemaligen DDR lernte ich nach der Wende offiziell Prof. Dr. Karl Hantzschmann kennen, der in der Pionierphase der DDR-Computertechnik als Augenzeuge dabei war und nach der Wende den Fachbereich Informatik an der Universität Rostock neu aufbaute. Wie wir bei unserer ersten Begegnung nach der Wende feststellten, hatten wir uns schon vor dem Mauerfall zweimal im Osten getroffen, aber dazu später mehr.

Ich machte aus meiner Neugier über die technischen Entwicklungen im ehemaligen Ostblock keinen Hehl, da ich nie längere Zeit in der DDR gewesen war und damit die Verhältnisse nicht genau kannte. Hantzschmann beantwortete geduldig so manche Frage. Seine Erinnerungen aus der Zeit vor und nach der Wende hatte er in verschiedenen Texten festgehalten, die er mir nach und nach zur Verfügung stellte. Sie ergänzen sehr schön die Erinnerungen von Prof. Krüger, die ich auch in verschiedene Kapitel eingearbeitet habe. Mein Großvater wäre stolz gewesen, solche deutschen Pioniere der IKT kennengelernt zu haben. Auch ich kenne vor allem die Vorreiter aus den USA, dem Kernland der IKT. Leider wurde viel zu wenig über die Gründerjahre der IKT in Deutschland berichtet. Ich bin froh, dass ich mein Tagebuch mit Geschichten aus Deutschland ergänzen kann.

Unter dem Namen „Maschinelle Rechentechnik" beginnt in den 50er Jahren an der TH Dresden im Rahmen der Mathematik eine Entwicklung, die unzweifelhaft einen wichtigen Ausgangspunkt für die sich in den folgenden Jahrzehnten vollziehende Entwicklung einer Wissenschaftsdisziplin Informatik darstellt. Es ist das Zeitalter der „Pioniere der Rechentechnik", denen in dem schönen Buch „Die Vergangenheit der Zukunft: Deutsche Computerpioniere"[1] von Jänike und Genser eine verdiente Würdigung zuteil wird. Unter den von Zuse selbst fotografierten Portraits findet sich auch der Spiritus Rector der Dresdner Computerentwicklung, Nikolaus Joachim Lehmann, den Insider oft auch als den „Zuse des Ostens" titulieren. Es ist das große Verdienst von Lehmann, die Bedeutung der sich in den Nachkriegsjahren auf elektronischer Basis entwickelnden maschinellen Rechentechnik erkannt zu haben. Beeindruckt hatte ihn eine Publikation über den ersten elektronischen Automaten in Amerika, jenem ENIAC, den schon Krüger erwähnt hat. Ein maschinelles Hilfsmittel, das pro Sekunde 1000 arithmetische Operationen ausführen konnte, war eine kleine Sensation, der technische Aufwand und die umständliche Handhabung konnten aber nur abschrecken.

Lehmanns Ideen gingen hingegen davon aus, dass sich der Aufwand ganz entscheidend reduzieren ließe. Die ersten beiden Geräte D1 und D2 sind überzeugende Beispiele, wie mit einer gut durchdachten logischen Struktur und einem leistungsfähigen Befehlscode bei minimalem technischen Aufwand ein Optimum an Leistungsfähigkeit erreichbar ist. Sicher hat dabei auch die in dieser Zeit beginnende Bekanntschaft mit dem Erfinder des ersten programmgesteuerten Rechners der Welt, Konrad Zuse, für die Dresdner Arbeiten eine nicht zu unterschätzende Wirkung gehabt. Im Deutschen Museum in München kann man sich heute ein anschauliches Bild von diesen Dresdner Entwicklungen machen.

---

[1] 2., erweiterte Aufl., Düsseldorf, im Eigenverlag Friedrich Genser, 1995.

Bereits Anfang der 60er Jahre, also zu einem Zeitpunkt, als noch niemand von den faszinierenden Dimensionen und Möglichkeiten der heutigen hochleistungsfähigen Arbeitsplatzrechentechnik zu träumen wagte, verfolgte Nikolaus Joachim Lehmann mit der ihm eigenen Hartnäckigkeit sein Projekt, den Computer in „Zigarrenkistengröße" zu entwickeln – damals von vielen ob der realen technischen Möglichkeiten (und im Wirtschaftsgebiet der damaligen DDR im Besonderen) belächelt. Mit der Konstruktion des Kleinrechenautomaten D4a verfolgte er damals das Ziel, dezentral einsetzbare Kleinrechentechnik bereitzustellen, die sich bequem zum Gebrauch auf dem Schreibtisch eignet, aufgrund ihres einfachen Aufbaues billig produzierbar ist, aber durch eine ausgefeilte logische Struktur relativ leistungsfähig und nutzerfreundlich handhabbar ist.

Der leistungsfähige Befehlsschlüssel des D4a ermöglichte es, elementare Funktionen fast ebenso schnell wie bei Maschinen mit vollständig verdrahteten 4 Grundrechenoperationen auszuführen. Der D4a maß 60 x 45 x 42 cm – hatte also die Abmessungen eines mittleren Fernsehgerätes. Neben dem lärmgekapselten Magnettrommelspeicher war darin die gesamte Elektronik mit nur 200 Transistoren und 1500 Halbleiterdioden samt der Stromversorgung sowie einer Ein- und Ausgabemechanik und Tastatur untergebracht. Es ist sicher nicht übertrieben, hier von einem echten Vorläufer des späteren Personal Computers (PC) zu sprechen.

Wenn man nunmehr auf diese Pionierleistungen bei der Entwicklung leistungsfähiger Rechentechnik zurückblickt, kommt man unweigerlich zu der bedauerlichen Feststellung, dass die in den späteren Jahren in Gang gekommene Computer herstellende Industrie diese neuen Möglichkeiten nicht in erforderlichem Umfang erkannt und von diesem Erkenntnis- und Entwicklungsvorlauf nur völlig ungenügend Gebrauch gemacht hat. Auch die gesellschaftliche Anerkennung des Computers als Zukunftstechnik vollzog sich nur in einem zähen Ringen über einen relativ langen Zeitraum.

Bereits 1956 wurde im Rahmen der Mathematik an der damaligen TH Dresden ein „Institut für Maschinelle Rechentechnik" gegründet. Es war die erste Einrichtung dieser Art in ganz Deutschland. Unter Leitung von Nikolaus Joachim Lehmann (meist wird er nur kurz N.J. Lehmann genannt) war damit eine institutionelle Basis für Lehre und Forschung für dieses zukunftsträchtige Fachgebiet geschaffen. Neben der Entwicklung von Rechengeräten waren die begleitenden grundlagenorientierten Forschungsaktivitäten in diesem Institut auf alle Aspekte der maschinellen Rechentechnik ausgerichtet.

Eine Aufgabe höchster Priorität ergab sich aber aus der Erkenntnis, dass sich die gerade begonnene Entwicklung nur erfolgreich fortsetzen lässt, wenn die für die intensive Nutzung von Computern benötigten Fachleute rechtzeitig herangebildet werden. Im Rahmen der Mathematik wurde deshalb bereits Mitte der 50er Jahre die Studienrichtung „Maschinelle Rechentechnik" aufgebaut, die sicher als Vorläufer einer späteren Informatikausbildung angesehen werden kann und damals bildungspolitisches Neuland darstellte.

Dies war auch der persönliche Einstieg von Hantzschmann in die faszinierende Computerwelt. „Als Student der Mathematik", erzählte Hantzschmann, „war mir sofort klar, dass diese Chance genutzt werden musste". Das damalige Curriculum umfasste Vorlesungen zu digitalen mathematischen Maschinen, zur Programmierungstechnik, zur Analogrechentechnik, zur Schaltalgebra und zur Programmiersprache ALGOL 60, ergänzt durch zahlreiche Seminare zu den theoretischen Grundlagen der Rechentechnik und Praktika. „Das Faszinierendste war dabei die Möglichkeit, selbstständig an und mit den im Institut entwickelten Computern arbeiten zu können", erinnerte sich Hantzschmann.

Diese hervorragende Ausbildung eröffnete ihm im Anschluss an sein Studium die Möglichkeit, als Mitarbeiter von N.J. Lehmann an der zukunftsträchtigen Entwicklung der maschinellen Rechentechnik mitwirken zu können. Für die EDV-Grundausbildung von Ingenieuren und Ökonomen wurde ein spezielles Lehrprogramm initiiert. Zahlreiche Programmierkurse dienten frühzeitig der Propagierung der neuen Möglichkeiten. Um dem mit der systematischen Entwicklung der automatisierten Informationsverarbeitung notwendigen Weiterbildungsbedarf auf hohem Niveau gerecht zu werden, wurde das Weiterbildungszentrum „Mathematische Kybernetik und Rechentechnik" gegründet. Eine eigene Schriftenreihe diente der Verbreitung neuester Erkenntnisse.

Infobox

Maschinelle Rechentechnik – Der Vorläufer der Informatik in Ostdeutschland

Nikolaus Joachim Lehmann (1921–1998) war einer der bedeutendsten Informatiker der DDR und für viele auch der erfolgreichste. Zu seinen wichtigsten Leistungen zählt die Entwicklung der Rechenmaschinen D1 bis D4. Während die D1 und D2 noch klassische Röhrenmaschinen waren, wurden die D3 und D4 in Halbleitertechnik ausgeführt und waren somit Transistorrechner. Die 1963 fertig entwickelte D4 wurde ab 1964 hergestellt. In den darauffolgenden Jahren wurden durch den VEB Büromaschinenwerke Zella-Mehlis über 3.000 Maschinen der D4-Serie verkauft.

Die **D4** hatte 200 Transistoren, 1.500 Halbleiterdioden und einen Magnettrommelspeicher. Sie konnte rund 2.000 Befehle in der Sekunde verarbeiten. Der Rechner passte bequem unter einen Schreibtisch. ■

1965

Der Kampf der Giganten im Westen

22. März 1965

An diesem Tag führte der amerikanische Computerhersteller Digital Equipment Corporation, von allen nur DEC oder Digital genannt, den ersten kommerziellen Minirechner ein. Der Preis lag damals bei rund 16.000 USD und damit nur bei einem Bruchteil dessen, was ein Großrechner kostete. Es handelte sich um die später recht berühmte Serie PDP-8, von der mehr als 50.000 Stück verkauft wurden.

Das Datum ist auch deshalb bemerkenswert, weil an diesem Tag mein Vater mit einem niedlichen Wollknäuel namens Centa nach Hause kam. Dieses für unsere Familie historische Ereignis wurde von Vater per Fotoapparat festgehalten und findet sich noch heute mit Datum in seinem Fotoalbum. Centa brachte unsere kleine heile Welt ganz schön durcheinander. Noch Jahre später erzählte Mutter über die chaotischen Tage, vor allem Regentage, als Centa und ich die Wohnung auf den Kopf stellten.

Die USA waren für uns damals ganz weit weg, und daher gab es auch keine Beziehungen zu dieser neuen Computerbranche. Bei meinen Recherchen habe ich mich bewusst mit DEC beschäftigt, da ich ja meine ersten beruflichen Erfahrungen mit Rechnern auch auf DEC-Maschinen gemacht habe. Leider ist diese Weltfirma kurz vor Ende des zweiten Jahrtausends völlig von der Bildfläche verschwunden. Bis dahin war sie ein harter Konkurrent von IBM, vor allem in den Achtzigern und frühen Neunzigern.

1965 schaffte DEC den Durchbruch für die Minirechner mittels der PDP-8. Es galt, die Vorherrschaft der IBM und ihren Großrechnern anzugreifen. Die Minirechner waren natürlich leistungsschwächer, aber eben auch deutlich billiger. Der relativ simple Aufbau erlaubte es, dass dieser Rechner auch in kleineren Industriebetrieben eingesetzt werden konnte. Der Bedarf für solche Rechner war bereits deutlich erkennbar und konnte mit den gängigen Großrechnern bis dahin nicht wirtschaftlich befriedigt werden. Die PDP-8 war der erste Rechner, der auch von Privatpersonen gekauft wurde. Ebenso konnte die PDP-8 gezielt für nur einen speziellen Zweck eingesetzt werden, während Mainframe-Rechner noch so groß und teuer waren, dass sie immer für mehrere Zwecke von mehreren Benutzern eingesetzt werden mussten.

Die ersten PDP-8-Modelle nutzten Dioden-Transistor-Logik, die auf sogenannte Flip-Chip-Karten gepackt wurden, und hatten die Größe eines (amerikanischen) Kühlschranks. Später kam dann die PDP-8/S dazu. Sie konnte bereits auf den Tisch gestellt werden, war also ein Vorläufer der heutigen PCs, die allerdings erst Anfang der Achtziger ihren Siegeszug anfingen.

Der historische Wert der PDP-8 lag schlussendlich in ihrer vielfältigen Einsatzmöglichkeit, gepaart mit einer Ingenieurleistung, der Opa Karl und Vater hohe Achtung gezollt hätten. Der Nachteil lag in einer wesentlich schwierigeren Programmierung. Die geringe Komplexität und der reduzierte Befehlsatz verlangten einen exzellenten Programmierstil, da es sonst zu Programmabstürzen kommen konnte. Es brach das Zeitalter der technischen Programmierer an.

Aber auch für IBM war das Jahr 1965 kein unbedeutendes. Vor Kurzem traf ich Gerd, einen der Mitbegründer der heutigen Informatikszene in Deutschland, der damals in den USA dabei war: „Ach ja, das war das Jahr, in dem IBM seine Serie /360 einführte", reagierte er spontan. Was daran so bedeutsam gewesen sein sollte, lautete meine Gegenfrage. „Nun, damals war Fortschritt in der Rechnertechnik fast gleichbedeutend mit dem, was IBM als Fortschritt ausgab", antwortete er. Zugegeben, es habe auch einige andere, technologisch sehr versierte Firmen gegeben. Ich bemerkte dazu, dass DEC ja die PDP-8 auf den Markt gebracht habe. Da zeigte er ein amüsiertes Lächeln und meinte nur: „Aber IBM hat den Markt dominiert und damit zwangsläufig die Richtung vorgegeben." Und dann erzählte Gerd mehr aus jenen Jahren.

Er war 1963 als Postdoktorand ans California Institute of Technology gekommen. Das Caltech war damals so etwas wie eine IBM-Referenzinstallation für den wissenschaftlichen Bereich. Gerade war dort der größte kommerzielle Rechner der IBM, die 7094, installiert worden. Die 7094 galt als *der* FORTRAN-Rechner schlechthin, mit einem speziell auf das wissenschaftliche Rechnen zugeschnittenen Befehlssatz. Die 7094 hatte den unvorstellbar großen Hauptspeicher (ein Magnetkernspeicher, Halbleiterspeicher gab es noch nicht) von 32 KB[1] Worten (s.a. Infobox dieses Kapitels). Insbesondere verfügte die Anlage neben den unerlässlichen Bänken von Magnetbandgeräten über die ersten Magnetplattenspeicher, räumlich wahre Ungetüme mit wenigen Megaworten Kapazität, die es erlaubten, weit effizienter als bisher mit den erheblichen Datenmengen etwa aus der Chemie oder aus der Raumfahrt (das Jet Propulsion Laboratory war dem Caltech angegliedert) umzugehen.

IBM hatte auch andere Rechner, die mehr auf die betriebliche Datenverarbeitung spezialisiert waren. „Wir waren richtig schockiert", so erzählte er weiter, „als 1965 IBM alle Unterscheidungen über Bord werfen und zukünftig nur noch eine einzige Rechnerlinie, die Serie System/360, anbieten wollte. Als Referenzinstallation erhielt das Caltech eine S360/50 – die erste überhaupt, aber ein Rechnertyp, der nicht allzu lange überlebte, da er weder Fisch noch Fleisch war. Er wurde aber ,unser' Rechner, und unsere Aufgabe war es, über diesen Rechner die Verarbeitung großer experimenteller und statistischer Datenbestände aus der biologischen Signalverarbeitung und der Anthropologie[2] laufen zu lassen. Völlig klar, dass – in Erman-

---

[1] KB = Kilobyte, je nach Kontext 1024 Byte (auch „KiB") oder 1000 Byte (auch „kB")

[2] Wissenschaft vom Menschen

gelung geeigneter Programmiersprachen und Übersetzer – nur Assembler[3]-Programmierung in Frage kam.

Man kann sich das heute kaum mehr vorstellen. Aber damals – im Zeitalter der Stapelverarbeitung, in der noch ein Programm nach dem anderen abgearbeitet wurde und noch niemand an Bildschirmeingabe dachte – wurden die Assembler-Programme auf großen, formatierten Programmierblättern erstellt, gingen dann in eine Abteilung, in der Datentypistinnen die Zeilen auf Lochkarten übertrugen, die dann nochmals eine Kontrollstation durchliefen, an der die Zeilen zur Überprüfung der Korrektheit ein zweites Mal eingetippt wurden. Je nach Arbeitsanfall von ein bis drei Tagen nahm man dann einen etliche zehn Zentimeter dicken Lochkartenstapel in Empfang. Die Arbeitsplätze verfügten deshalb auch über große Blechschränke, in denen unzählige, quer über den oberen Rand beschriftete Stapel aufbewahrt wurden. Da alsbald große Platznot ausbrach, wurde auf unserem Rechner ein Programm installiert, das einen solchen Kartenstapel einlas und über einen Lochkartenstanzer zu einem meist um die 60 % kürzeren Stapel, das sogenannte Pressdeck, komprimierte. Klar, dass dann vor jedem Programmlauf ein solches Pressdeck erst einmal zum originären Programm dekomprimiert werden musste.

Die S360/50 wurde in verschiedenen Varianten – mit den Buchstaben A bis H je nach Hauptspeicherausbau bezeichnet – ausgeliefert. Wir hatten eine Maschine mit dem stolzen Ausbau auf 256 KB. Leider war aber der erste Assembler, mit dem wir zu arbeiten hatten, auf eine Hauptspeichergröße von 32 KB zugeschnitten. Er ging daher davon aus, dass nach jedem der über 30 Pässe[4] das Zwischenergebnis auf Magnetband ausgeschrieben und dann vom nächsten Pass wieder eingelesen wurde. Man kann sich also vorstellen, dass wir bei der Assemblierung reichlich untätig vor dem Rechner saßen und nur das ununterbrochene Auf- und Abspulen der Bänder beobachten konnten. Ein Pass erschien uns besonders rätselhaft. Das Kontrollpanel des Rechners, auf dem u.a. die Registerstände durch Lämpchen angezeigt wurden, war praktisch leblos, während zwei Bänder voll in Aktion waren. Erst später erfuhren wir, dass ein Schnittstellenproblem dafür verantwortlich war: Ein Pass schrieb eine Tabelle in einer anderen Anordnung aus, als der nächste Pass sie erwartete, sodass über einen Zwischenpass die Tabelle umformatiert werden musste.

Die Anlage verfügte aber auch über etwas, was später zum Markenzeichen von Desk- und Laptops wurde: auswechselbare Datenträger. Hier waren es Magnetplattenstapel mit an die 50 cm Durchmesser und 6 bis 8 Oberflächen, mit einer Kapazität im Bereich einiger zehn MB. Das war schon ein gewaltiger Fortschritt, denn bis dato waren nur Magnetbänder transportierbar. Natürlich verrät die Tatsache, dass man Plattenstapel auswechseln konnte, etwas über die robuste und noch vergleichsweise plumpe Mechanik und Elektronik der damaligen Peripheriespeichergeräte. Damit waren aber schon Innovationsschübe möglich: Für die Verwaltung und Ver-

---

[3] Computerprogramm, das eine Assemblersprache in Maschinensprache übersetzt
[4] Als Pass bezeichnet man eine Durchlaufphase

arbeitung großer Datenbestände reduzierte sich der Zeitaufwand um bis zwei Größenordnungen."

Beide Geschichten zeigen, dass sich IBM und DEC auf recht unterschiedliche Weise für den Zukunftsmarkt IT vorbereitet haben. Sie dominierten danach die Computerszene auf viele Jahrzehnte.

Nachzutragen bleibt, dass Centa leider nach nur drei Jahren eingeschläfert werden musste, da sich ein bösartiger Tumor in ihrem Kopf gebildet hatte. Danach haben wir keinen Hund mehr bekommen, da Mutter nicht mehr soviel Arbeit mit einem Haustier haben wollte.

Infobox

IBM und DEC – Die Giganten der Computerhersteller

Die im Kapitel erwähnte IBM **7094** wurde am 15. Januar 1962 als Maschine angekündigt, die für wissenschaftlich-technisches Rechnen ein unschlagbares Kosten-Leistungsverhältnis bot. Damals gab man für ihre Leistung an, dass ein Rechenzyklus nur zwei Mikrosekunden benötigte, und nicht wie zu Beginn dieses Jahrtausends, wie viele Millionen Zyklen pro Sekunde möglich sind. Die Programmiersprache war **Fortran**, die als erste sogenannte höhere Programmiersprache gilt. Sie wurde von John W. Backus 1953 erfunden und 1957 von IBM das erste Mal kommerziell auf den Markt gebracht.

Danach entbrannte aber der Machtkampf zwischen der IBM mit ihrer **System/360**-Serie, im April 1964 der Öffentlichkeit vorgestellt, und der Digital Equipment Corporation mit ihren **Minicomputern** der PDP-Serie. Die System/360-Serie zeichnete sich dadurch aus, dass vom kleinsten bis zum größten Rechner dieser Serie alle den gleichen Befehlssatz verwendeten und somit Kunden mit kleinen Geräten anfangen konnten, um bei zunehmenden Bedarf ohne große Probleme die Anwendungen auf größere Rechner zu migrieren. Heute ist das für jeden PC-Nutzer selbstverständlich.

War die **PDP-8** der wirtschaftliche Durchbruch der neuen Minirechnergeneration, so gehört der Ruhm der **PDP-11**-Serie, die zwar kein richtiger Nachfolger der PDP-8 war, aber diese in vielen Echtzeitanwendungen abgelöst hat. Die weltweite bedeutendste Programmiersprache am Ende des letzten Jahrtausends, die Sprache **C**, wurde von Dennis Ritchie auf einer PDP-11 entwickelt. Die Erfolge der PDP-8 werden ja bereits im Beitrag erwähnt. Sie hat den Aufstieg von DEC zum zweitgrößten Computerhersteller maßgeblich mitbegründet.

Bits und Bytes (nach http://de.wikipedia.org/wiki/Bit)

Das **Byte** ist ein Mengenbegriff aus der Digitaltechnik und Informatik, der für eine Zusammenstellung von mehreren (heute fast immer 8) Bit steht.

Bit ist eine Wortkreuzung aus *binary digit*, englisch für Binärziffer. Der Begriff wurde von dem Mathematiker John W. Tukey vermutlich 1946, nach anderen Quellen schon 1943, vorgeschlagen. Der Begriff Bit wird in der Informatik, der Informationstechnik, der Nachrichtentechnik sowie verwandten Fachgebieten in folgenden Bedeutungen verwendet:

- als Bezeichnung für eine Binärziffer (üblicherweise „0" und „1").

- als Maßeinheit für die Datenmenge. Dabei ist 1 Bit die kleinste darstellbare Datenmenge, die beispielsweise durch eine Binärziffer dargestellt werden kann. Größere Datenmengen können nur ganzzahlige Vielfache von 1 Bit sein.

als Maßeinheit für den Informationsgehalt. Dabei ist 1 Bit der Informationsgehalt, der in einer Auswahl aus zwei gleich wahrscheinlichen Möglichkeiten enthalten ist. Als Informationsgehalt können auch reellwertige Vielfache von 1 Bit auftreten." ∎

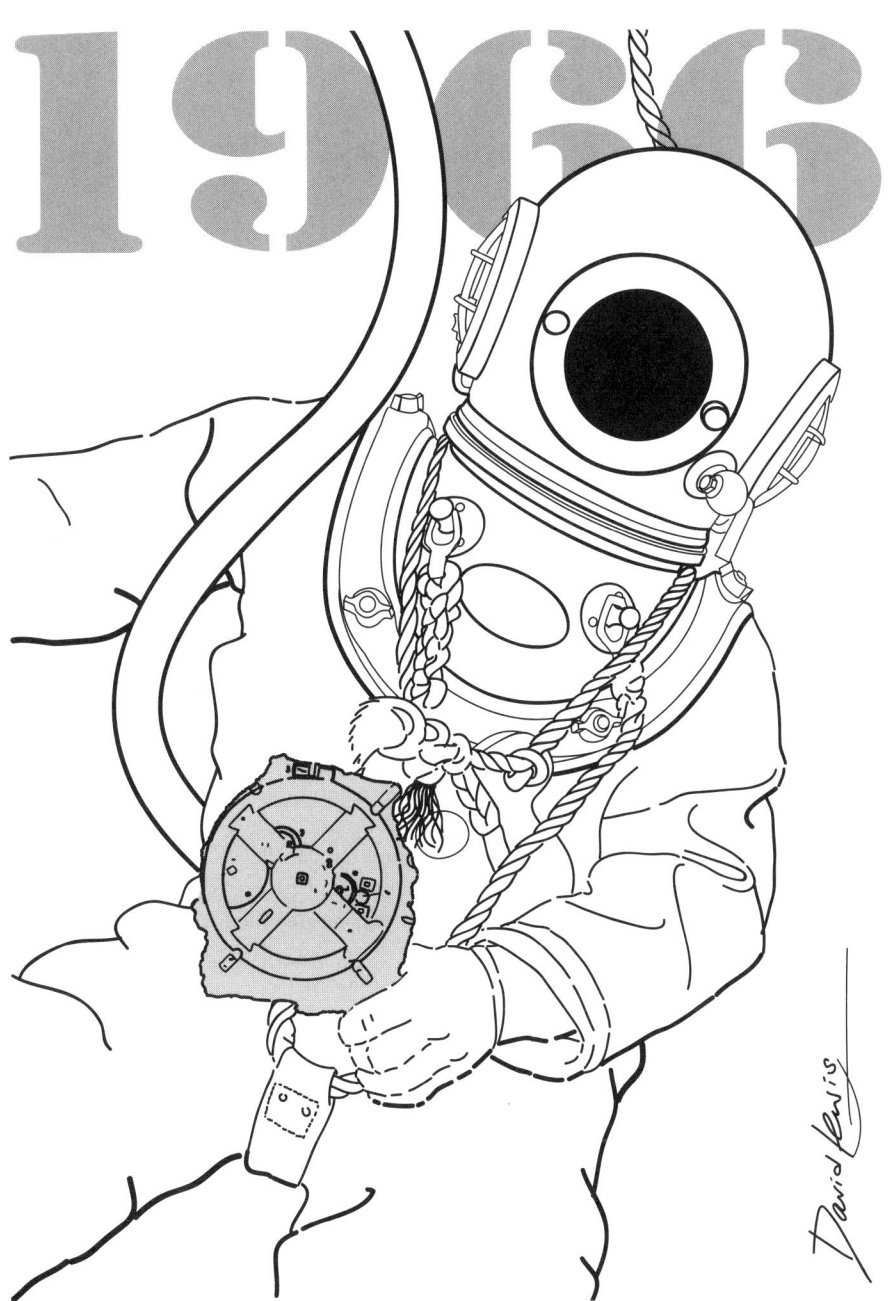

1966
Logik – Die Kraft der Gedanken

Mai 1966

Manchmal grenzte es schon an Besessenheit, wie radikal mein Großvater Karl seinen Wissensdurst stillte oder sich in Problemstellungen regelrecht verstieg. Wenn er sich nämlich in seiner Dachkammer einschloss, einem bescheiden eingerichteten Raum mit schlichtem Holzstuhl und einem kargen Schreibtisch, darauf ein Stoß weißer Blätter nebst Bleistift und Radiergummi sowie einer alten Mercedes-Schreibmaschine, dann durfte ihn niemand stören. Stunden- oder manchmal auch tagelang zog er sich in diese Einsamkeit zurück, jede Ablenkung vermeidend. Es war im Jahr 1966, dem Jahr, in welchem er in Rente gegangen war, als diese Ausflüge in sein „Studierzimmer" regelrecht krankhafte Züge annahmen.

Großvater hatte sich der Logik verschrieben. Zunächst hatte er sich in der Bibliothek mit einem guten Dutzend Bücher versorgt. Und dann wurde er praktisch unsichtbar. Früh morgens nahm er ein eiliges Frühstück ein, dann trug er Wasser und Obst mit hinauf in sein Denkverlies und ward nicht mehr gesehen. Wenn meine Großmutter ihn bei diesen wenigen Gelegenheiten ansprach, reagierte er unwirsch und kurz angebunden. Geschlagene vier Wochen ging das so. Aber dann, irgendwann, muss meinen Großvater schlagartig die Erkenntnis ereilt haben, dass er zwar ein denkender Mensch war, nicht aber zum neuen Stern am Denkerhimmel der abendländischen Kultur geeignet. Die Menschen um ihn herum, allen voran meine Großmutter, dankten dem lieben Gott, dass er Großvater Karl wieder zur Vernunft gebracht hatte (ironischerweise, indem er ihn von der allzu intensiven Beschäftigung mit dieser wieder weglockte).

Er war auch sonst ein Mann von eigenem Schlag, der gar nicht mehr so recht in die wilde Zeit des gesellschaftlichen Wertewandels passte, der sich für alle sichtbar mit der 68er-Bewegung in den 70er Jahren zunehmend etablierte. „Ein junger Baum muss angebunden werden, damit er gerade wächst", so lautete der Erziehungsgrundsatz meines Großvaters, der sich nur schwer mit der damals modernen, sogenannten antiautoritären Erziehung in Einklang bringen ließ. Er war streng, aber dennoch ein liebevoller, offener Mensch, der mich von klein auf faszinierte. Und er war ein wandelndes Lexikon, speziell in Technikfragen, für die auch ich mich früh interessierte. Als neugieriges Kind war ich immer froh, wenn Opa Karl zu Besuch kam oder ich ihn besuchen durfte. Er hatte auf (fast) alle Fragen eine Antwort, und ich hatte viele Fragen.

Als Sohn eines kleinen Berliner Kaufmanns und Jahrgang 1901 hatte Großvater Karl das Glück gehabt, die Schule bis zum Einjährigen, der später sogenannten

„Mittleren Reife", absolvieren zu dürfen. Denn Schule kostete Geld, das sein Vater, mein Urgroßvater also, gut angelegt glaubte. Immerhin sollte Karl mal den einträglichen Laden im Wedding übernehmen. Aber Karl hatte andere Pläne. Er bewarb sich bei der Deutschen Reichspost für die Ausbildung zum Telegraphenassistenten. Erst als er die Zusage in Händen hielt, eröffnete er seinem Vater, wie er sich seine Zukunft vorstellte. Und irgendwie gelang es ihm, den Vater von den Vorzügen einer mittleren Beamtenlaufbahn zu überzeugen. Das war im Jahr 1916.

Es folgte eine vierjährige Ausbildung, die mit praktischen und theoretischen Unterrichtskursen dicht gespickt war und eine Menge Aufwand erforderte. „Damals wurde verlangt, dass man alles Wichtige im Kopf hatte. Und nicht, dass man wusste, wo man das nachschlagen konnte", erläuterte er. Die Assistentenprüfung bestand Großvater mit Bravour. Nach weiteren sechs Jahren hätte er dann die Möglichkeit gehabt, sich durch besondere Tüchtigkeit für die Telegraphensekretärprüfung zu empfehlen. Dass es bei ihm acht Jahre dauerte, hatte nichts mit mangelndem Einsatz zu tun. Es lag ganz einfach daran, dass er sein Französisch verbessern musste. Das sollte er für die Prüfung genauso gut beherrschen wie das Englische, das er auf der Schule fließend gelernt hatte.

Die Anforderungen waren hoch bei der seinerzeit noch kaiserlichen Reichspost, damals herrschten ja insgesamt strenge Sitten. Die Reichspost war neben der Marine übrigens alles, was dem Kaiser in seinem Deutschen Reich „gehörte". Deshalb ließ Wilhelm II. auch so schöne Postämter in den Innenstädten bauen, sie dienten seinem Renommee. In seinem Postreich durfte allerdings längst nicht jeder schaffen. Der Teil der Damenwelt etwa, der sich für den Dienst als „Fräulein vom Amt" in der Fernsprechvermittlung interessierte, hatte gewisse, nicht unbedingt rein preußische Tugenden zu erfüllen: „Es werden nur wohlerzogene, vollständig gesunde Mädchen oder kinderlose Witwen von 18-30 Jahren, die richtig Deutsch schreiben und sprechen können und im Beschäftigungsorte Familienanschluss haben" zur Ausbildung genommen, wie es in einer zeitgenössischen Stellenausschreibung heißt. Damals gab es ja auch noch „gefallene Mädchen". Für Großvater Karl war der Beruf übrigens die Verwirklichung eines heimlichen Steckenpferdes, er interessierte sich für Nachrichtentechnik aller Art. Und er konnte wunderbar spannend darüber erzählen. Vieles davon habe ich bis heute nicht vergessen.

Schon vor über 350.000 Jahren, so vermuten Forscher, soll sich der damalige Peking-Mensch mit Rauchzeichen über größere Entfernungen verständigt haben. Die ersten Nachrichtenübertragungen im Altertum funktionierten mit Feuersignalen. Verschiedene Quellen berichten über militärische Nachrichtenvermittlung mit Spiegeln und Signalfeuern im 6. Jahrhundert v. Chr. Das waren deshalb aber beileibe keine Botschaften in Lichtgeschwindigkeit. Vielmehr musste eine entsprechende Kette von Posten aufgestellt sein, auf eine solche Nachricht warten und sie weitergeben. Diese Methode war aber nicht nur missverständlich und störungsanfällig, sie konnte auch von Unbefugten „mitgelesen" werden.

Im Römischen Reich hatte diese Übermittlungsform keine Chance mehr, hier verließ man sich lieber auf ein gut ausgebautes Straßennetz und schnelle Reiter. Ein wirklich guter Reiter mit wechselnden Pferden schaffte damals eine Strecke von bis zu 300 Kilometern in 24 Stunden! So dauerte es tatsächlich bis zum 18. Jahrhundert und der Erfindung der Telegrafie, ehe man Nachrichten schneller als zu Pferde überbringen konnte. Die Brieftaube, die einem da spontan einfällt, war in der Antike bereits bei den Ägyptern im Einsatz. In unseren Breiten, so Großvater Karl, kam sie erst im 19. Jahrhundert in Mode, als parallel die Telegrafie ihre großen Fortschritte feierte. Bei der Schweizer Armee dienten die gefiederten Boten noch bis Ende des 20. Jahrhunderts.

Neben der Kommunikation galt das Interesse meines Großvaters der Logik. Er war der festen Überzeugung, dass Logik und Mathematik die Schlüssel für die Lösung zahlreicher Probleme unserer Gesellschaft seien. Der Begriff der Logik, also die Fähigkeit, zwingende Schlüsse zu ziehen, war zur Zeit Platons im 5. Jahrhundert v. Chr. entstanden. Aristoteles hatte dann mit seinem Werk „Organon" (Werkzeug) eine Sammlung von Schlussregeln und Diskussionen dazu zusammen gestellt, die bis ins Mittelalter prägend waren.

Als Großvater 1984 überraschend einem Herzinfarkt erlag, hatte der Computer seinen Siegeszug schon begonnen. Großvater Karl aber hatte mir da schon mal von einem Ding erzählt, von dem er glaubte, es handele sich um eine Art Rechenmaschine aus der Antike. Er meinte damit einen verrosteten Metallklumpen, den Archäologen in seinem Geburtsjahr 1901 vor der kleinen griechischen Insel Antikythera aus dem Meer gefischt hatten. Erst als man durch Zufall entdeckte, dass dieses Metallstück im Innern aus vielen kleinen Zahnrädern bestand, witterten die Forscher dahinter etwas Großes. Für Opa Karl stand jedenfalls fest: Dies war angewandte Logik und dies war der erste „Computer" – und über 2000 Jahre alt. Erst viele Jahre nach seinem Tod haben Forscher die Inschriften und die mehr als 30 Bronzeräder des antiken Computers als einen Mechanismus entschlüsselt, mit dem sich Sonnen- und Mondfinsternisse voraussagen ließen. Außerdem wies eine der Anzeigen exakt die jeweiligen Olympiaden aus, also die vierjährige Frist zwischen den Spielen. Allerdings sind bis heute noch nicht alle Rätsel dieses antiken Rechenapparats gelöst.

Eine weitere Rädermaschine aus dem 13. Jahrhundert, erfunden von dem Mallorquiner Raimundus Lullus, arbeitete mit Symbolen im Prinzip eines Ziffernschlosses. Diese Symbole standen für göttliche Eigenschaften, die sich mit Drehen der Räder zu immer neuen Kombinationen verbanden. Lullus hoffte so allen Ernstes, Mohammedaner von der Herrlichkeit seines christlichen Gottes und Glaubens zu überzeugen. Das scheint ihm nicht besonders überzeugend gelungen zu sein – er wurde stattdessen von ihnen erschlagen. Aber Lullus hinterließ Tabellen mit weiteren Symbolen, in denen logische Zusammenhänge wie „Gegensatz" oder „Übereinstimmung" dargestellt waren. So wollte er wohl sämtliches Weltwissen durch eine besondere Mechanik ableiten.

Diese Symbolidee setzte fünfhundert Jahre später der Mathematiker Gottfried Wilhelm Leibniz fort, der mithilfe von Axiomen (Annahmen) und deren Umwandlung in Formeln sämtliches Wissen herleiten wollte. Ein vielleicht entscheidender Schritt hin zur späteren Digitaltechnik und neuer Impuls für die Logik gelang Mitte des 19. Jahrhunderts dem Engländer George Boole. In seiner Booleschen Algebra legte er u.a. fest, dass man statt „wahr" und „falsch" auch „1" oder „0" schreiben könne. Elektronisch musste man dann nur 1 und 0 durch „an" und „aus" ersetzen.

Mithilfe der Booleschen Logik gelang es später einem anderen Engländer, die deutsche Verschlüsselungstechnik zu entzaubern. Alan Turing war zusätzlich vom Österreicher Kurt Gödel inspiriert, der 1931 nachgewiesen hatte, dass sich in einem in sich stimmigen System zwar wahre Sätze bilden lassen, diese aber aus den Annahmen (Axiomen) dieses Systems nicht hergeleitet werden können. Um diese Ableitbarkeit von Sätzen ging es Turing, der dafür eine Maschine entwarf, die mit einem Schreib- und Lesekopf sowie einem Programmspeicher ausgestattet war, der die eingegebene Zeichenfolge gemäß seiner Programmierung verändert. Mithilfe entsprechender Programme sollte so jede denkbare Herleitung gelingen.

Zur Entschlüsselung der deutschen Verschlüsselungsmaschine Enigma, die mit 158 Trillionen (!) Schlüsseln arbeitete, schaffte es Turing, mithilfe seiner „Bomben" genannten Maschinen, mechanisch immer neue ungültige Annahmen abgefangener Funksprüche abzuleiten. Diejenigen, die übrig blieben, wurden auf ihren möglichen Sinn überprüft. Damit gelang es tatsächlich, die deutschen Botschaften zu entschlüsseln und militärisch richtig zu reagieren. Auch die spätere Verschlüsselungsmaschine der Deutschen, die Lorenz SZ, konnte Turing mit dieser Systematik und unterstützt von zehn Colossus-Röhrencomputern knacken. „Nichts ist so stark wie die Kraft der Gedanken", pflegte Opa Karl gern anzumerken, während er verschmitzt lächelnd von diesen Heldentaten der Logik erzählte, die ich hier sehr verknappt wiedergegeben habe.

Der größte und leistungsfähigste Computer dieser Zeit arbeitet bei der US-Raumfahrtbehörde NASA (und wahrscheinlich im Pentagon). Es ist das IBM-System /360 Modell 91. Auf ihm werden die Programme für die Mondlandemissionen getestet.

Infobox

Alan Mathison Turing (1912-1957) war ein britischer Logiker, Mathematiker und Kryptoanalytiker. Turing gilt heute als einer der einflussreichsten Theoretiker der frühen Computerentwicklung und Informatik. Er schuf einen großen Teil der theoretischen Grundlagen für die moderne Informations- und Computertechnologie. Als richtungsweisend erwiesen sich auch seine Beiträge zur theoretischen Biologie.

Das von ihm entwickelte Berechenbarkeitsmodell der Turingmaschine bildet eines der Fundamente der theoretischen Informatik. Während des Zweiten Weltkrieges war er maßgeblich an der Entzifferung der mit der Enigma verschlüsselten deutschen Funksprüche beteiligt. Der Großteil seiner Arbeiten blieb nach Kriegsende jedoch unter Verschluss.

Turing entwickelte 1953 eines der ersten Schachprogramme, dessen Berechnungen er mangels Hardware selbst durchführte. Nach ihm benannt ist der Turing-Preis, die bedeutendste Auszeichnung in der Informatik, sowie der Turing-Test zum Nachweis künstlicher Intelligenz. (Quelle: http://de.wikipedia.org/wiki/Alan_Turing) ■

1967

Erste Schritte eines Grafikpioniers

Ostern 1967

Dieses Kapitel führt uns nach Berlin. Als meine Eltern mit mir als vierjährigem Dotz zum ersten Mal dorthin fuhren, hätte es mich wahrscheinlich wenig interessiert, dass genau hier und in dieser Zeit ein Mann seine entscheidende berufliche Prägung erfuhr, die ihn später zu einem Vater der Computergrafik werden ließ: Prof. Dr.-Ing. José Luis Encarnação. Heute wäre das natürlich ganz anders. Aber dazu gleich mehr.

Ich erinnere mich, dass damals zumindest die Fahrt nach Berlin für meine Eltern keinen besonders glücklichen Verlauf nahm. Wir standen mehr, als dass wir fuhren. Und das mit unserem nagelneuen ersten eigenen Wagen, ich glaube, es war ein NSU Prinz, bei dem man während der Fahrt die Heckklappe leicht geöffnet lassen musste. Er verfügte aber schon über einen elektrischen Anlasser und brauchte nicht mehr mit einer Kurbel angeworfen zu werden. Besonders komfortabel war die Kiste gerade nicht, aber relativ flott, was mein Vater sehr schätzte.

Wir knatterten also über die Transitstrecke der A2, passierten bei Helmstedt die bundsrepublikanische Grenze und landeten dann bei Berlin auf einem weiteren Grenzübergang. Hier regierte der stramme Ton der passenderweise in langweiliges Grau gekleideten DDR-Zollbeamten, auch Soldaten mit ihren leicht abgeschrägten Helmen und MPs im Anschlag standen an strategisch wichtigen Stellen. Ausgerechnet hier, in der Schlange vor dem Wartehäuschen, das man passieren musste, setzte bei mir ganz verstärkt der Wunsch ein, mal dringend Pinkeln zu gehen. Meine Mutter wusste aus Erfahrung, dass zwischen Meldung des Bedürfnisses und Eintritt eines Ereignisses meist keine besonders große Zeitspanne klaffte. Deshalb stiegen wir beide kurz entschlossen aus. Und plötzlich gab es einen objektiven Grund, sich in die Hosen zu machen. Denn zwei in der Nähe stehende Grenzsoldaten, über die ich schon die schrecklichsten Geschichten gehört hatte, richteten sofort ihre Waffen auf uns und einer schnauzte meine Mama an: „In den Wagen zurück! Aber sofort!"

Meine Mutter reagierte darauf gar nicht, scheinbar völlig ungerührt drehte sie sich zu mir um und sagte so laut, dass auch die beiden Volksarmisten es verstehen konnten: „Gut, Heinz, dreh dich zur Seite, mach die Hose auf und erledige hier dein Geschäft. Die Herrschaften möchten das so." Erst dann blickte sie auf zu den beiden Bubis, die vielleicht Anfang 20 waren. Die machten prompt einen Rückzieher. Der eine von beiden deutete eine seitliche Kopfbewegung an, was bedeutete, dass wir ihm folgen sollten. Wir betraten anschließend eines der containerartigen Dienstgebäude, und hier durfte ich dann aufs Klo. Im Gang hingen Fotos von Ulbricht und

Breschnew. Merkwürdig, es gibt ein paar Geschichten im Leben, die zwar ganz unbedeutend, aber nicht zu vergessen sind. Wir haben den Berlinbesuch sehr genossen, auch wenn ich sonst nicht mehr viel davon erinnere.

Aber kommen wir zurück auf das Berlin unseres Computerpioniers. Vieles von dem, was ich an Aufzeichnungen zur Geschichte des Computers und seiner Vorläufer im Lauf der Jahre erhalten habe, hat inzwischen längst eigenen historischen Wert. Neben den Erzählungen meines Großvaters Karl haben etliche Zeitzeugen dazu beigetragen, die mir irgendwie immer wieder über den Weg liefen. Als echten Glücksfall betrachte ich die Bekanntschaft mit besagtem Pionier der Computergrafik, einem Mann, dem ich Anfang der 90er Jahre bei einem Symposium vorgestellt wurde. Prof. Dr.-Ing. José Luis Encarnação gab mir bemerkenswerte Einblicke in die Anfangszeit der Computergrafik, aber auch den Beweis eines unerschütterlichen Humors, der den Menschen Encarnação auszeichnet.

Seine Anfänge in Berlin fielen in die Zeit meines ersten Besuches dort. „Es muss 1966/67 gewesen sein, als ich eine Diplomarbeit an der TU Berlin suchte. Ich studierte Starkstromtechnik. Es war also naheliegend, dies auch am Institut für Kraftwerkstechnik und Energieübertragung (so oder ähnlich hieß das Institut!) von Professor Striegel zu versuchen. Mir wurde das Thema angetragen, mit einem gerade neu angeschafften Computer und Plotter (beide von Zuse) Kugelfunkenstrecken-Experimente zu berechnen, sie zu simulieren und die Ergebnisse auf dem Plotter grafisch darzustellen; es ging um Berechnung der Verluste bei Energieübertragung und der damals zur Berechnung verwendeten mathematischen Simulationsmodelle. Es war schon ein Erlebnis, mit Zuse-Computer und Zuse-Plotter in Assembler zu arbeiten (... das war vor rund 40 Jahren!); ich habe sehr viel gelernt ... und so begann für mich die Arbeit in Computergrafik. Ebenfalls Mitte der sechziger Jahre wurde Professor Giloi von der AEG-Telefunken an die TU Berlin berufen. Ich war am Ende meines Studierens, wurde bei ihm Hiwi und half Analogrechner-Übungen zu betreuen. Giloi war nämlich weltweit einer der Päpste des Analogrechnens, insbesondere für Simulationszwecke. Die Welt des ‚Digitalrechners‘ war im Anrollen; Giloi versuchte, sich mit der Entwicklung des Hybridrechners dessen zu erwehren ... es war aber hoffnungslos! Die Dynamik und die Durchsetzung des ‚Digitalen‘ war nicht aufzuhalten.

Trotzdem gehörte Giloi zu den wenigen im damaligen Informatik-Deutschland, die glaubten, ein Bild sage mehr als 1000 Worte und eine Million Zahlen! Der Mensch sei ein Augentier und werde schon deswegen mit Zahlen allein nicht arbeiten. Seine Schlussfolgerung: Wenn der Digitalrechner sich durchsetzen soll, dann muss dieser in der Lage sein, Zahlen in Bilder umzusetzen und es ermöglichen, dass der Mensch – je nach Anwendung – damit interaktiv umgeht. Er dachte dabei an seinen Analog-/Hybridrechner, der Simulation durch Programmierung von Differentialgleichungen ermöglicht. Es war seine dadurch geprägte Denkweise, und er lag richtig! Damit begann er – auf seine Weise – mit Computergrafik am Heinrich-Hertz-Institut an der TU Berlin.

Claus-Eberhard Liedtke und ich waren als Studenten der Elektrotechnik (... ich mit Abschluss in Starkstromtechnik!) gerade fertig geworden und suchten nach einer Promotionsstelle. Giloi erzählte uns, am Stanford gehört und gesehen zu haben, wie ein Digitalrechner Sprachausgabe realisieren konnte (unter Verwendung der Flanagan-Vocoder), und auch, wie am MIT ein Digitalrechner Bilder ausgeben konnte und für den Benutzer Möglichkeiten schaffte, interaktiv zu konstruieren. Er sagte: ‚Wenn bei uns der Digitalrechner ‚Giloi' spricht, promoviert der eine, wenn er Bilder ausgibt und interaktiv verarbeiten lässt, promoviert der andere.' Damit hatten Liedtke und ich unsere Promotionsthemen.

Die Frage war: Wer macht was? Wir haben uns irgendwie geeinigt, dass er Sprachausgabe macht und ich Visualisierung. Er wurde Professor in Hannover für „Digitale Signalverarbeitung", ich 1975 für „Grafische Datenverarbeitung (Computer Graphics)" über Berlin und Saarbrücken in Darmstadt, im Fachbereich Informatik der TU Darmstadt. Dadurch waren wir weltweit sehr früh und führend bei der Entwicklung der Grafischen Datenverarbeitung dabei. Meine Promotion war eine der ersten in Europa auf dem Gebiet (u. a. auch in etwa gleichzeitig mit A. Forrest von der Uni Cambridge). Diese Pioniersituation ist allein Gilois Vision zu verdanken!"

Infobox

José Luis Moreira do Encarnação und Ivan Sutherland ...

... sind Grafikpioniere in Deutschland und Amerika. Während sich Encarnação 1967 noch mit seiner Diplomarbeit beschäftigte, um anschließend am **Heinrich Hertz Institut** als wissenschaftlicher Mitarbeiter von **Wolfgang Giloi** zu beginnen, war Ivan Sutherland bereits 1963 in seiner Doktorarbeit mit seinem Computerprogramm **Sketchpad** einer der Durchbrüche der **Computergrafik** gelungen. Encarnação wurde später Professor für „Grafische Datenverarbeitung (Computer Graphics)".

Der Phase Vocoder oder **Flanagan Vocoder** wurde 1965 von James L. Flanagan und R.M. Golden im AT&T Bell Laboratorium entwickelt. Wie der Name Vocoder schon sagt, handelt es sich um einen Stimmenver- oder -entschlüssler. ■

1968

Mama und Software in der Krise

In meinen Aufzeichnungen fand ich den ersten Tagebucheintrag, den noch meine Mutter für ihren kleinen Stepke geschrieben hat.

19. Mai 1968

Heute schreibe ich, die Mama von Heinz, die erste Geschichte für ihn in sein Tagebuch. Heinz hat sich das mit dem Tagebuch bei seiner Kindergärtnerin abgeschaut. In die Iris ist er ganz verschossen. Sie hat lange, wuschelige, blonde Haare und ist seit Ostern im Kindergarten. Vor ein paar Tagen hat sie eine Geschichte aus einem Kinderbuch vorgelesen, in dem ein Junge ein Tagebuch führt. Und als sie dann erzählte, dass sie selbst auch ein Tagebuch hat, da musste Heinz natürlich unbedingt auch eins haben.

Da ich für Heinz seit seiner Geburt ein Fotobuch mit Geschichten angelegt habe, habe ich ihm dieses heute als sein „Tagebuch" übergeben. Heinz war mächtig stolz. Jetzt liegt er selig in seinem Bett und schläft.

Heinz hat heute unseren Plattenspieler auseinandergenommen. Der Junge wollte wissen, wo denn eigentlich die Töne herkommen. Er glaubte allen Ernstes, dass da jemand im Plattenspieler sitzen muss, so eine Art Zwerg oder Gnom. Der Junge schafft mich! Was der nicht alles anstellt! Dieses Interesse an Technik muss er von seinem Großvater geerbt haben. Opa kam heute auch vorbei und hat den Plattenspieler wieder repariert.

Beim Kaffee hat er dann erzählt, dass ein alter Freund von ihm gestern angerufen habe. Der sei zurzeit in Garmisch-Partenkirchen auf einer Tagung[1]. Es ginge um „Software". „ßoftwär" – dieses Wort hatte ich noch nie zuvor gehört. Unser Opa schon, ist ja auch kein Wunder. Der ist so eine Art Techniklexikon auf zwei Beinen. Wenn ich es recht verstanden habe, ist „Software" ein geschriebenes Programm, das ein Computer zum Arbeiten benötigt.

Nachtrag aus 2002:

Ich habe im Internet mal recherchiert, um herauszufinden, um was es damals eigentlich in Garmisch-Partenkirchen ging. Dabei habe ich folgenden Artikel gefunden, den ein Besucher der Konferenz ins Web eingestellt hat. Unter der Überschrift

---

[1] Software Engineering: Report of a conference sponsored by the NATO Science Committee, Garmisch, Germany, 7-11 Oct. 1968; http://homepages.cs.ncl.ac.uk/brian.randell/NATO/

„Software-Experten suchen Wege aus der Krise" wird von einer Tagung in Garmisch berichtet:

„Gestern endete in Garmisch eine Tagung, die unter der Schirmherrschaft der NATO zum Thema ,Software Engineering' Experten aus aller Welt zusammenbrachte. Auf der Suche nach dem Anlass, weshalb die NATO, also der Nordatlantikpakt, eine Fachtagung für Informatiker organisiert und was dieses Thema denn für die Allgemeinheit so wichtig macht, hat unser Korrespondent folgende Antworten gefunden:

Die NATO finanziert schon seit geraumer Zeit Studien, in denen einige für den Verteidigungsbereich als wichtig angesehene Gebiete von Fachleuten untersucht werden, die daraus Empfehlungen ableiten. Diese werden von der NATO dann zur Umsetzung an ihre Mitgliedsstaaten weitergegeben. Ein Beraterstab, zu dem unter anderem der Münchner Informatiker Friedrich L. Bauer gehört, hat dem NATO-Hauptquartier in Brüssel klargemacht, dass das allseits beklagte Problem der Software-Krise nur durch gemeinsame Anstrengungen aller westlichen Länder in den Griff zu bekommen sei.

Worin besteht diese sogenannte ,Software-Krise'? Obwohl die Großrechner immer voluminöser und zahlreicher geworden sind, kommt es hin und wieder zu Projekten, die ihre Ziele nicht erreichen. Entweder entspricht das ausgelieferte Programm nicht den Erwartungen der Kunden bezüglich Qualität und Nutzbarkeit oder das Projekt überschreitet seine Kosten- und Terminvorgaben. Die Ursachen für diesen Missstand wurden von Bauer und Kollegen dahingehend diagnostiziert, dass in der Industrie Software nicht nach ingenieurmäßigen Grundsätzen entwickelt werde. Die damit betrauten Fachleute pfuschten – wie einst die Kesselflicker – an Software-Projekten nur so herum (engl. 'to tinker').

Die zentralen Fragen, welche die Informatiker sich dabei stellten, waren: Was überhaupt sind ,ingenieurmäßige Grundsätze', und wie können sie in die Informatik übertragen werden? Ein Teilnehmer der Tagung äußerte die Ansicht, dass Informatiker diese Fragen zwar ausführlich untersucht hätten, es aber nicht die allein entscheidenden Fragen seien. Es sei dies, wie Mathematiker sagen, eine notwendige, aber keine hinreichende Bedingung. Nach seiner Erfahrung sei es ebenso sinnvoll zu fragen, wie sich Software-Entwicklung von anderen Ingenieur-Tätigkeiten unterscheide. Gerade in Deutschland, wo sich keine nennenswerte Software-Industrie angesiedelt hat, sei es enorm wichtig, dass Ingenieure, die ihre Produkte um Software-Funktionen erweiterten, auch wüssten, worauf sie sich einließen. Das gälte für Automobile ebenso wie für Werkzeugmaschinen.

Aber nicht nur für technische und eingebettete Software ist diese Frage relevant. Der wichtigste Teil der Antwort zu dieser Frage lautet, dass hier Anforderungsdefinition und Entwurf die alles entscheidenden Tätigkeiten sind. Hier werden die meisten Fehler gemacht, und diese Fehler sind später am schwersten zu korrigieren. Der Rest ist von untergeordneter Bedeutung, vor allem die Produktion. Nichts ist einfacher, als Software zu reproduzieren.

Die Garmischer Tagung war sowohl von Akademikern wie von Praktikern besucht. Das Besondere war, dass beide Seiten sich eine Woche lang zuhörten, was sonst sehr selten vorkommt. Und im Garmischer Golf Hotel Sonnenbichl wurde sogar Geschichte geschrieben: Erstmals verwendeten die Teilnehmer den von Friedrich Bauer eingeführten Begriff ‚Software Engineering'."

Schaut man heute, 2002, nach, was man über Software Engineering findet, dann fällt vor allem ein Begriff der späten Achtziger und der Neunziger auf: *CASE – Computer Aided Software Engineering*. Es war der Wunsch, die Entwicklung von Software mithilfe von anderen Programmen, sogenannten Software-Werkzeugen, besser zu unterstützen. Es gab Werkzeuge für die sogenannte Entwurfsphase (im Englischen als *Design Phase* bezeichnet), die Spezifikation – also die genaue Festlegung der Eigenschaften des Programms – und die eigentliche Programmierung. Probleme bereiteten den Programmierern die richtige Umsetzung der Anforderungen an ein Programm, da diese oft in Prosa aufgeschrieben wurden und viel Spielraum für Interpretation durch die Programmierer erlaubte. Das führte des Öfteren dazu, dass ein Programm am Ende nicht das machte, was der Anwender und Kunde von ihm eigentlich erwartet hatte. Mithilfe von *Software Engineering Methoden*, etwa dem bekannten Wasserfallmodell[2], versuchte die Informatik, mehr Transparenz und Korrektheit in die Umsetzung von Anforderungen in Programmcode zu bringen.

Infobox

Friedrich L. Bauer, NATO Science Committee und Software Engineering

Den Begriff **Software** prägte **John Wilder Tukey** (1915–2000), ein amerikanischer Statistiker, zehn Jahre bevor in einem Workshop unter der Leitung von Bauer vom 7.-10. Oktober 1968 dann der Begriff Software Engineering eingeführt wurde. Hierunter versteht man das ingenieursmäßige Vorgehen bei der Erstellung von Computerprogrammen. Bauer selbst war zu der Zeit Professor für Mathematik und später ab 1972 auch für Informatik. Er zählt somit auch zu den Begründern der deutschen Informatik.

Das NATO Science Committee wurde 1958 auf Empfehlung eines anderen NATO-Komitees gegründet, das sich mit nicht-militärischen Kooperationen beschäftigte. Der Grund lag in der Beobachtung, dass Wissenschaft und Technologie auch wichtige Grundlagen für die Sicherheit der Nationen und somit für das atlantische Bündnis sind. Software (und zwar möglichst fehlerfreie) ist daher sicherlich ein passendes Thema gewesen.

Software Engineering ist bis zur heutigen Zeit ein zentrales Thema der Informatik. Durch die stark zunehmende Nutzung von Software auch in sogenannten eingebetteten Systemen (etwa im Auto) ist die Notwendigkeit von sicherer und fehlerfreier

---

[2] Das Wasserfallmodell ist ein lineares (nicht-iteratives) Vorgehensmodell in der Softwareentwicklung, bei dem der Softwareentwicklungsprozess in Phasen organisiert wird.

Software mehr als offensichtlich. Neben dem methodischen, strukturierten Vorgehen bei der Software-Entwicklung nimmt die formale Beschreibung der gewünschten Eigenschaften eines Programms stark an Bedeutung zu. Es ist der Traum eines jeden Programmierers, die mathematische Korrektheit seines Programms zu verifizieren. Leider ist das zumeist nur für kleine Teilbereiche möglich. Somit bleibt es beim Wahlspruch der Informatiker: „Software ist wie Bananen. Sie reift beim Kunden." ■

1969

Mein erster Schultag

3. August 1969
– aufgeschrieben von Mama –

Nun ist es also soweit: heute ist der erste Schultag. Und frei nach dem Astronauten Neil Armstrong, dem ersten Menschen auf dem Mond, war es nur ein kleiner Schritt für Heinz, aber ein großer für uns Eltern. Dass Heinz von der üblichen Nervosität vor diesem historischen Tag wenig verspürte, liegt genau daran: Ein paar Tage zuvor betrat Armstrong den Mond. Es war im frühen Morgengrauen des 21. Juli 1969 MEZ, als er die letzte Sprosse der Leiter seiner Mondlandefähre Eagle hinabhüpfte und seinen „kleinen Schritt" zu einem historischen Ereignis machte. Am Vorabend war er gemeinsam mit Edwin Aldrin auf dem Mond gelandet. Den sprichwörtlichen Mann im Mond gibt es seit ein paar Tagen nicht mehr nur im Märchen.

Anmerkung aus 2002:

Wie ein Märchen mutet der Erfolg dieser Mission auch heute noch an. Technische Einzelheiten interessierten mich in diesem Sommer noch nicht so sehr, damit beschäftigte ich mich erst später. Aber mit dieser epochalen Eroberung unseres Trabanten wurde der Glaube in mir geweckt, dass intelligente Technik schier Unvorstellbares zu leisten vermag. Von einer mich schon wenig später ganz konkret erreichenden Innovation, die im selben Jahr auf den Markt kam, hatte ich damals noch keine Ahnung, obwohl sie mein späteres Schülerleben sehr erleichtern sollte: dem Taschenrechner.

Die Firma Commodore feierte in diesem Jahr die Premiere ihres ersten, nur für die vier Grundrechenarten tauglichen Taschenrechners auf dem amerikanischen Markt. Trotz des stolzen Preises von umgerechnet rund 450 D-Mark waren die Rechner ein voller Erfolg. Aber andere Firmen wie Texas Instruments und Sinclair brauchen nicht lange, um schnellere und billigere Geräte in höherer Stückzahl zu fertigen.

Die Mond-Expedition war mit einer Rechnerleistung erfolgreich, die zu Beginn des 21. Jahrhunderts von der in jedem Mobiltelefon eingebauten locker übertrumpft wird. Beim Anflug der Mondlandefähre mit Aldrin und Armstrong auf das Zielgebiet im Mare Tranquillitatis machte der Bordcomputer Probleme. Durch Bahnänderungen beim Abkoppeln der Mondfähre peilte er eine Stelle etwa 4,5 Kilometer hinter dem geplanten Landegebiet an. Mehrfach lenkten Alarmmeldungen des Navigationscomputers Armstrong so ab, dass er nicht wie erforderlich auf charakteristische Merkmale der Mondlandschaft achten konnte. Die Fehlermeldungen 1201 und 1202 liefen immer im Wechsel auf und wurden durch das versehentlich eingeschaltete Rendezvous-Radar verursacht. Es überfrachtete den Computer mit überflüssigen Daten. Beim Endanflug steuerte der Autopilot einen Krater an, der mit großen Felsen bedeckt war. Armstrong übernahm daraufhin die Handsteuerung der Eagle, überflog den Krater und landete auf einer ebenen Stelle 60 Meter weiter westlich.

Es gab in späteren Jahren immer wieder Versuche, die erste und auch weitere Mondlandungen bis 1972 in Frage zu stellen. Zahlreiche Verschwörungstheorien liefen darauf hinaus, die NASA und die US-amerikanische Regierung hätten die Landungen nur vorgetäuscht. Das mag auch an der politischen Tragweite dieses Erfolgs im Wettlauf mit der damaligen Sowjetunion gelegen haben. Schließlich hatte sich damit die legendäre Vision des zu diesem Zeitpunkt selbst schon legendären Präsidenten John F. Kennedy erfüllt, dem Namensgeber des NASA-Raumflughafens in Florida (Cape Canaveral). Er hatte im Mai 1961 angekündigt, einen Menschen auf den Mond und heil wieder zurück zu bringen. Unzweifelhaft haben die Astronauten 382 kg Mondgestein mit zur Erde gebracht und einen Reflektor auf dem Mond hinterlassen. Angesichts der Apollo 11 zur Verfügung stehenden Rechnerleistung – sie entsprach in etwa der Leistung von drei Commodore 64, der allerdings erst Jahre später auf den Markt kam – kann man die Skeptiker sogar verstehen. Vielleicht hätten die Astronauten mit dem ersten Heimcomputer fliegen sollen, der im selben Jahr auf den Markt kam? Er hieß HONEYWELL H316 und wurde im Neimann Marcus Warenhauskatalog für 10.600 Dollar (42.400 DM/21.000 Euro) angeboten. Der Preis verstand sich allerdings ohne das dazugehörige Fernschreibterminal, das der Ausgabe diente.

Bemerkenswerter und für die Zukunft sicher bedeutsamer war eine andere Geschichte: Die Firma Intel wurde von einem japanischen Unternehmen beauftragt, eine programmierbare Rechenmaschine zu bauen. Der Intel-Ingenieur Marcian E. (Ted) Hoff hatte die Idee, aus einem Set von nur vier Bausteinen, angedockt an einen Allround-Logik-Baustein, ein Chip-Set zu schaffen. Außerdem glaubte Hoff, dass sein Chip-Set mehr Anwendungen erledigen könnte als nur die Programmierung einer Rechenmaschine. Unter Regie des Intel-Ingenieurs Federico Faggin wurden die Chips nach Hoffs Plänen integriert.

Kaum glauben mag man angesichts des späten Zeitpunkts seiner wirklichen Verfügbarkeit, dass in diesem Jahr auch die erste Keimzelle des Internets entstand: Das ARPANET der Advanced Research Projects Agency des amerikanischen Verteidigungsministeriums nahm am 29. Oktober 1969 in einem abenteuerlich anmutenden Experiment seinen Betrieb auf. Man stelle sich zwei je eine halbe Tonne schwere Computer in Waschmaschinengröße vor, die auf eine Entfernung von 520 Kilometern über eine 50-Kilobit-Datenleitung verknüpft sind. Die Standorte hießen University of California in Los Angeles und das Stanford Research Institute in Menlo Park. Begleitet von einem parallel laufenden Telefonat sollten insgesamt drei Buchstaben von einem Rechner zum anderen transferiert werden. „L" und „O" kamen im ersten Versuch durch, bei „G" stürzte der Empfangsrechner in Menlo Park ab. Im zweiten Versuch klappte es dann, die Botschaft „LOG" erreichte den Computeradressaten. „LO" lautet also die erste über das Internet vermittelte Botschaft. Im

Jahr 1971 gehörten bereits 19 Rechner zum Netzwerk, die Funktion von E-Mails wurde erstmals getestet.

Als Teenager bekam ich später ja Gelegenheit, in Genf am CERN das bis dahin gewachsene ARPANET und die Ideen für seinen Nachfolger, das Internet, persönlich in Augenschein zu nehmen (s. 1977).

Am Ende der 60er Jahre nehmen viele Entwicklungen ihren Anfang, die wenig später schon bahnbrechende Paradigmenwechsel erzeugen werden. Eine spannende Zeit der wahren Pioniere – nicht nur im Weltall!

Infobox

Apollo 11 und Arpanet

Der **Apollo Guidance Computer** (AGC), der bei der Mission *Apollo 11* zum Einsatz kam, hatte aus heutiger Sicht eine kaum vorstellbar geringe Leistung. Bereits etwas mehr als eine Dekade später war die kleinste Konfiguration des IBM PC XT um ein Mehrfaches leistungsfähiger.

Die im AGC eingesetzte Software konnte acht Aufgaben gleichzeitig erledigen. Im Gegensatz zu heutigen Betriebssystemen konnte eine laufende Aufgabe (im Fachjargon *Job* oder *Task* genannt) nicht vom AGC-Betriebssystem angehalten und ersetzt werden, sondern musste sich selber anhalten. Somit lag die Kontrolle über die Nutzung der Zentraleinheit, der *CPU*, bei den *Jobs* selbst. In der Informatik spricht man von nichtunterbrechender Aufgabenrotation (non-preemptive multi-tasking). Wie man sich leicht vorstellen kann, bedeutete dies eine Schwachstelle, falls eine der Aufgaben fehlerhaft programmiert war und die Kontrolle über die CPU nicht oder nicht schnell genug zurückgegeben hat. Heutige Betriebssysteme geben diese Kontrolle nicht an Anwendungsprogramme ab.

Die Begründung des heutigen Internets geht auf das Arpanet (Advanced Research Projects Agency Network) zurück. Es wurde 1969 ins Leben gerufen und war das erste **paketvermittelnde** Netzwerk (*packet switching network*). Das war ein Gegensatz zum analogen Telefonnetz der damaligen Zeit, das Verbindungen vermittelt hat (*circuit switching*). Ein paketbasierendes Netzwerk hingegen sucht für jedes (Daten-)Paket die gerade aktuell beste Route aus. Somit können Ausfälle zwischen einzelnen Vermittlungsstationen kompensiert werden. Dieses Verfahren kann man umgangssprachlich gut mit dem Satz „Alle Wege führen nach Rom" umschreiben.

Das Arpanet entstand in den USA und umfasste zunächst vier Standorte: die kalifornischen Universitäten in Los Angeles (UCLA) und in Santa Barbara (UC Santa Barbara), das Stanford Research Institut (SRI) und die Universität von Utah. An der UCLA und dem SRI wurden als Rechner sogenannte Scientific Data Systems (SDS) eingesetzt. SDS wurde dann 1969 von Xerox übernommen. UC Santa Barbara hatte eine IBM System/360 (siehe Kapitel 1965) und Utah eine DEC PDP-10 (siehe Kapitel 1977). Das Netzwerk wurde von **BBN Technologies** aufgebaut. BBN gewann den Wettbewerb gegen 140 Konkurrenten. ∎

1970

Wie sich aus Eitelkeiten Kapital schlagen lässt

Herbst 1970

Als Zwölfjähriger war ich vernarrt in die Welt Karl Mays, in Old Shatterhand und Effendi Kara Ben Nemsi, seine unermüdlichen Helfer Winnetou und Hadschi Halef Omar. *Durchs wilde Kurdistan* wollte ich auch mal reiten, allerdings ohne zu ahnen, wo das eigentlich liegt. Vom *Schut* war ich besonders fasziniert, wenn auch dessen Eitelkeiten mich immer verwunderten, da sie doch offensichtlich nicht zum gewünschten Erfolg führten.

Von Eitelkeiten handelt auch eine Geschichte des Jahres 1970, die eindrucksvoll das Wirtschaftswunder und die damit florierende Entwicklung auch im Bereich der noch sehr jungen Informatikszene beschreibt. Bedenkt man, dass gerade in diesen Tagen des Jahres 2002 die Internetblase endgültig geplatzt ist und der Begriff *Neuer Markt* ein Unwort geworden, dann könnte man sich nach der guten alten Zeit regelrecht sehnen.

Es ging in der Geschichte aus der Zeit um 1970 um die personelle und materielle Ausstattung von Hochschulen durch die öffentliche Hand. Wissenschaftsförderung nennt sich das hochtrabend und ist dank unseres föderalen Systems in Deutschland im Wesentlichen Ländersache. Es gibt nicht wenige, die das aus Gründen der Effizienz schon lange bedauern und neidvolle Blicke über den Atlantik werfen, wo private Investoren und Stiftungen Universitäten fördern und für bessere Studien- und Forschungsbedingungen als hierzulande sorgen. Harvard, Princeton oder Stanford schwimmen regelrecht im Geld, wenn man das mit unseren Universitäten vergleicht. Es gibt allerdings durchaus Tricks, die staatliche Hochschulförderung außer der Reihe zu stimulieren, wie ich heute erfahren habe.

Fruchtbar für die Wissenschaft kann es beispielweise sein, wenn sich das Konkurrenzdenken unter den Bundesländern dazu nutzen lässt, sich gegenseitig zu mehr (finanziellem) Engagement anzustacheln. Schon in den 60er Jahren legten zwei Bundesländer, nämlich das eher landwirtschaftlich geprägte Bayern und das von der Autoindustrie dominierte Baden-Württemberg, in ständigem Wettstreit die Wurzeln für ihre heute führenden Positionen als Standorte der damals noch jungen IT-Zukunftstechnologie und des späteren Studienfaches Informatik.

Am Rande einer Vorlesung Prof. Krügers, die sich mit der ersten Datenfernverarbeitung in Deutschland und der gemeinsamen Nutzung eines Höchstleistungsrechners der IBM beschäftigte, gab es noch eine Zusatzlektion in Sachen „Subventionsmanagement".

Im Lauf der Sechziger Jahre hatte sich Prof. Krüger mit seinem Recheninstitut am Kernforschungszentrum Karlsruhe etabliert. Spätestens seit einer Veröffentlichung im Deutschen Forschungsdienst 1967, herausgegeben vom späteren Pressesprecher der Max Planck-Gesellschaft, Robert Gerwin, fand seine Arbeit allgemeine Anerkennung. Und deshalb hatte seine Stimme auch Gewicht, als es um die Nutzung des IBM-Rechners 360-91 ging, der 1969 in Deutschland aufgestellt worden war. Es handelte sich um den einzigen Höchstleistungsrechner, den die Amerikaner für die Bundesrepublik bewilligten, und er wurde dem renommierten Max-Planck-Institut in Garching bei München zugeteilt. Obwohl der Stellenwert seines Instituts bei weitem nicht an den der Max-Planck-Gesellschaft heranreichte, gelang es Krüger, im „Ländle" erfolgreich Alarm zu schlagen. Dieser Rechner in München war so teuer, dass sich eine Nutzung nur durch ein Institut oder die IBM München nicht gerechnet hätte.

Karlsruhe erhielt dank Krügers Intervention das Recht, von dieser Anschaffung mitzuprofitieren. Nur musste dafür eine technische Lösung zur Anbindung über diese rund 290 Kilometer lange Strecke gefunden werden. Tatsächlich – und das hätte den Stolz meines Großvaters auf „seine" Post sicher neu befeuert – verfügte die Deutsche Bundespost damals über entsprechend schnelle Kanäle. Doch die wurden normalerweise für die Übertragungen des Rundfunks und des ständig an Popularität gewinnenden, noch jungen Fernsehens genutzt. Diese Leitungen machten Übermittlungen in einem 48-Kilohertz-Kanal mit einer Leistung von 40,8 Kilobit pro Sekunde möglich.

Was einfach klang, war in der Realität allerdings keineswegs so problemlos, wie Prof. Krüger uns schilderte. Denn die eigentliche Nutzung des Leitungsnetzes der Post war ja – wen wundert's? – aufs Telefonieren ausgelegt. Damit es in den Leitungen nicht zu Überschneidungen mehrerer gleichzeitig übertragener Gespräche kam, wurden die höheren Frequenzen einfach abgeschnitten. Das Sprachspektrum am analogen Telefon lag zwischen 300 und 400 Hertz. Wegen der fehlenden Obertöne, so scherzte Krüger in breitestem Sächsisch immer, sei es auch eine Art „Sachsophon" gewesen. Der Grund für dieses Kappen war einleuchtend: je höher die Frequenz, desto größer war auch die Gefahr des Überspringens von einer Leitung auf die nächste.

Rein technisch wurde diese gewünschte Begrenzung durch Spulen gewährleistet, die in die Zwischenschächte der Leitungen eingebaut waren. Und die mussten jetzt auf der gesamten Strecke alle herausgerissen werden, damit die 48-Kilohertz-Leistung auch wirklich voll ausgenutzt werden konnte. So entstand Deutschlands erste Datenfernverarbeitung – mit einer technologischen Nabelschnur zwischen den Konkurrenten Bayern und Baden-Württemberg.

In den späten 70er und frühen 80er Jahren nutzten Wissenschaftler aus beiden Bundesländern den besonderen Ehrgeiz ihrer Landesregierungen zu eigenem Nutz und Frommen schamlos aus. Besonders zur Zeit der Landesfürsten Franz-Josef Strauß und Lothar Späth funktionierte der Wetteifer der Eitelkeiten ausgezeichnet. Dabei ging es auch um den Stellenwert des Studienfachs Informatik. Wenn die Bayern irgendwo vorgeprescht waren, liefen die Württemberger zu ihrem Ministerpräsidenten Späth und „petzten", welche Gefahren aus München drohten. Dazu stellten die Münchner Kollegen gern das entsprechende Material bereit. Wenn dann in Baden-Württemberg reagiert wurde, erhielten die Münchner Kollegen deren Material, um damit bei Franz-Josef Strauß zu intervenieren. Über dieses erfolgreiche gegenseitige Hochschaukeln freut sich Krüger heute noch diebisch. Die klugen und taktisch gewieften Politiker hätten sich wohl nicht träumen lassen, dass die eigentlich konkurrierenden Wissenschaftler hinter ihrem Rücken zur eigenen Gaudi und erfolgreich kungelten. Einfach skrupellos – aber sehr effektiv. Den späteren wirtschaftlichen Erfolg beider Länder führt Krüger auch immer auf die hohe Qualität der damaligen Ausbildung zurück.

Auf internationalem Feld kann das Jahr 1970 übrigens als Beginn vielversprechender neuer Entwicklungen gelten. So wurde in diesem Jahr das Xerox Palo Alto Research Center (Xerox PARC) auf Anregung des Xerox-Chefwissenschaftlers Jack Goldman gegründet. Xerox verlor zu dieser Zeit den Patentschutz für die Xerografie und fürchtete, Marktanteile an japanische Kopiererhersteller zu verlieren. Um dem entgegenzuwirken, sollte PARC neue Technologien für Xerox entwickeln, damit die Firma auch weiterhin die marktbeherrschende Stellung im Bereich der Bürotechnologie beibehalten könne.

Infobox

IBM System/360-91 und Xerox PARC

Die Serie /360 wurde ja bereits im Kapitel 1965 vorgestellt. Die Modellreihe 91 zeichnete sich durch das sogenannte Pipelining aus. Darunter versteht man, dass Befehle anhand einer Reihe („Pipeline") von Recheneinheiten hintereinander weg abgearbeitet werden. Somit konnte man den Durchsatz der Zentraleinheit (CPU) deutlich verbessern. Die Modellreihe 91 verfügte über 4 MB Hauptspeicher, und die CPU leistete bereits 4 MIPS (Million Instructions Per Second). Sie war damit die leistungsfähigste Modellreihe der Serie und vor allem bei Großforschungseinrichtungen und großen Universitäten im Einsatz, da sie speziell für die Berechnung und Simulation von wissenschaftlichen Experimenten ausgelegt war.

Das Xerox Palo Alto Research Center entstand 1970, und sein Mythos hält bis heute an. Das PARC gilt als eine der Forschungsschmieden, die die heutige IKT begründeten. Persönlichkeiten wie **Butler Lampson** und **Charles (Chuck) T. Thacker** (Erfinder des Ethernets), **Adele Goldberg** (Erfinderin der Programmiersprache Smalltalk), aber auch **Eric Schmidt** (heute CEO von Google) waren am PARC. Genau genommen war es eigentlich nur das Informatiklabor (Computer Science Laboratory, CSL) von PARC, aber das tat dem Erfolg keinen Abbruch. 1984 verließ der damalige Leiter des CSL, **Robert (Bob) Taylor**, zusammen mit einigen namhaften Wissenschaftlern

PARC und gründete das **DEC System Research Center** (SRC) ebenfalls in Palo Alto, Kalifornien. SRC wurde das bedeutendste Forschungslabor von DEC. 1998 überlebte es die Übernahme von DEC durch Compaq, aber nur vier Jahre später wurde es bei der Übernahme von Compaq durch HP mit anderen Forschungsabteilungen von HPLabs, dem Forschungsbereich, verschmolzen. ∎

1971

Sowjetische Großrechentechnik im Einsatz

Habe gestern meinen Speicher aufgeräumt und fand meinen alten Baukasten wieder, den ich Weihnachten 1971 von Opa Karl geschenkt bekommen hatte. Es lag sogar noch eine Karte von damals dabei.

„Alles baut Elektromann, was man mit Strom betreiben kann!" – So lautete der Reklamespruch auf dem größten Schatz, den ich mein Eigen nannte: der Elektro-Baukasten „Elektromann" von Kosmos mit 130 Versuchen für den Jungforscher, wie ich einer sein wollte. Auf dem Karton abgebildet waren ein Amperemeter und ein Isolator, drinnen fanden sich ein Anleitungsbuch sowie eine Experimentierplatte, dazu Elektromotor mit Wicklung, Luftschraube, Achsen, Pumpenteile, Reifen, Getriebegehäuse und viele weitere Elemente. Meine Technikbegeisterung war auf einer neuen Ebene angelangt.

Deshalb war es wahrscheinlich auch ein Leichtes, mich nach Weihnachten für einen erneuten Familienausflug in die damalige DDR zu überreden. Als Lockmittel diente nebenbei einer meiner entfernten Onkel, der zur Familie der Schwester meines Großvaters gehörte, falls ich das recht erinnere. Ganz schön kompliziert, was? Die Familie lebte in Dresden, der Onkel aber war in Kasachstan beschäftigt, genauer gesagt in Baikonur. So hieß der russische Raumfahrtbahnhof. Und die Aussicht, ihn kennenlernen und mit meinen Fragen löchern zu können, ließ mich die stundenlange Fahrt sogar mit einiger Vorfreude angehen. Mein Großvater hatte mir schon erklärt, dass Dresden ein Zentrum der Rechentechnik im Ostblock sei. Einer, der damals dort arbeitete, war ein gewisser Karl Hantzschmann, der mir später Einblicke in diese Welt gewährte. Diesem Mann begegnete ich unmittelbar vor der Wende in Ungarn wieder, ohne dass ich ihn erkannt hätte, und er wurde mir erst später bei einem zufälligen Treffen mit Prof. Krüger namentlich vorgestellt.

Hantzschmann kam nur nach langer Überlegung zu dem Abendessen mit unserer Familie, da er Westkontakte eigentlich strikt meiden musste. Am Ende setzte sich aber meine Tante durch, die ihm versicherte, dass wir nur im engsten Kreis sein würden. Was wir damals an dem kalten Winterabend zwischen den Jahren nicht besprechen konnten, da es sonst sicherlich als Geheimnisverrat eingestuft worden wäre, hat er mir dann also bei unserem Treffen 1991 erzählt. Ganz realistisch muss ich natürlich auch anmerken, dass ich damals die „richtigen" Fragen wohl kaum hätte stellen können. 1971 war jedenfalls ein Jahr für die damalige DDR, bei der interessante Erkenntnisse über westliche und sowjetische Rechnertechnik zu Tage kamen, die aber nie den Weg in die Öffentlichkeit fanden.

Bei unserem späteren Treffen geht er auf die damalige russische Großrechentechnik Anfang der siebziger Jahre ein: „Die Handelsbeziehungen zwischen der DDR und der Sowjetunion waren nicht frei von Problemen. Ungleichgewichte im Wert der Handelsgüter und Mängel in der Qualität mussten aus politischen Gründen hingenommen werden. Davon betroffen war natürlich auch die Informationstechnik. Nachdem es in den 60er Jahren bereits an einigen wissenschaftlichen Einrichtungen erste Rechner aus sowjetischer Produktion gab, wurde von den verantwortlichen Regierungsstellen entschieden, Maschinen der URAL-Serie in größerer Stückzahl zu importieren. Die Erwartungen an die ausgewählten Modelle URAL 14 und URAL 16 waren relativ hoch gesteckt. Wusste man doch, dass es im Bereich der Mathematischen Kybernetik und Rechentechnik hervorragende Wissenschaftler gab, die in der Lage waren, moderne Architekturkonzepte zu entwickeln und diese als Grundlage für eine industrielle Produktion bereitzustellen. Unsicher war, ob die dann in Serie gefertigten Anlagen den Anforderungen im praktischen Einsatz standhielten."

„Es blieb mir in meiner beruflichen Laufbahn nicht erspart, in dieser Hinsicht eigene negative Erfahrungen machen zu müssen. Ich war von 1968 bis 1972 in leitender Funktion im Universitätsrechenzentrum der TU Dresden tätig. Die TU Dresden war neben weiteren wissenschaftlichen Einrichtungen für den Erwerb und die Installation einer Kombination von URAL 14 und URAL 16 ‚auserwählt' worden," erzählte Hantzschmann.

Bleiben wir bei der URAL 14 – der Kauf der URAL 16 konnte noch rechtzeitig verhindert werden! Die URAL 14 war bezüglich ihres logischen und strukturellen Aufbaues schon der dritten Generation von Rechenautomaten zuzurechnen, aber noch in der damals gängigen Halbleitertechnik gefertigt. Der Hauptspeicher war ein Ferritkernspeicher, es bestanden Anschlussmöglichkeiten für maximal 24 langsame periphere Einheiten und maximal 32 schnelle periphere Geräte. Als Besonderheit gab es eine Kopplungseinheit, die die Verbindung zu weiteren Maschinen der URAL-Serie ermöglichen sollte.

Es war ein damals üblicher Wintertag in Dresden, als ohne Vorankündigung ein riesiger LKW vor der Tür stand. Ein nur der russischen Sprache mächtiger Fahrer hatte allein die riesige Strecke vom Ural bis nach Deutschland unter schwierigen Winterbedingungen bewältigt und machte uns klar, dass seine Ladung für uns bestimmt sei. Dieser nicht sehr verheißungsvolle Auftakt setzte sich dann im sich über Monate hinziehenden Prozess der Inbetriebnahme fort. Als die aus Russland endlich angereisten Monteure erschienen, mussten sie erst einmal mit dem erforderlichen Werkzeug ausgestattet werden. Es zeigte sich dann bald, dass sie die Anlage nicht in einen so stabilen Zustand versetzen konnten, dass eine Abnahme möglich geworden wäre. Ein Problem bestand auch darin, dass nach Dresden periphere Geräte geliefert worden waren, die aus einer Zulieferungsfabrik stammten und in Russland noch nie in die Gesamtanlage integriert worden waren. Ein entdeckter Verdrahtungsfehler im separaten Gleitkommarechenwerk löste beim Hersteller keinerlei Reaktion aus.

„Sarkastischerweise blieb für uns Beteiligte nur die Freude über die aus bestem sibirischem Holz gefertigten Lieferkisten. Der daraus für meine Kinder gezimmerte Sandkasten ist Jahrzehnte später immer noch stabil", fügte Hantzschmann hinzu. Zum technischen Problem gesellte sich aber noch das Software-Problem. Das gelieferte Dispatcherprogramm[1] erwies sich als mehr oder weniger unbrauchbar, Sprachcompiler[2] gab es nicht, es blieb so bei einem gewissen Grundstock an Basissoftware. Ein Teil der peripheren Geräte war mit dieser Software gar nicht ansprechbar. Als Reaktion auf diesen Zustand wurden von den betroffenen Einrichtungen mehr oder weniger erfolgreiche Aktivitäten gestartet, um ein neues Betriebssystem zu entwickeln, mit dem die gekauften Gesamtanlagen tatsächlich gesteuert werden könnten.

Der normale Ausweg aus dem Dilemma konnte eigentlich nur sein, die Abnahme und Bezahlung dieser nicht billigen Investition zu verweigern. Nun trat aber die offizielle Politik in Aktion. Die Freundschaft mit dem großen Bruder durfte durch derartige Vorkommnisse keinesfalls belastet werden. Die Anlage musste abgenommen werden, eine Weigerung kam absolut nicht in Frage. Außerdem musste über das Dilemma der Mantel des Schweigens ausgebreitet werden. Insbesondere sollten die Studierenden nichts davon mitbekommen."

Hantzschmann führte fort: „In dieser äußerst heiklen und politisch sensiblen Situation kam der Universitätsleitung ein mich persönlich betreffender Umstand zupass. Ich betrieb damals meinen Wechsel vom Rechenzentrum in die Sektion Mathematik, um neue Aufgaben in Forschung und Lehre als Hochschuldozent für Mathematische Kybernetik und Rechentechnik zu übernehmen. Vom Dresdner Wehrkreiskommando flatterte mir aber ein Einberufungsbefehl für einen sechsmonatigen Reservistendienst in der damaligen Nationalen Volksarmee auf den Tisch. Ich wurde von der Leitung des Rechenzentrums und der Universität vor folgende Alternative gestellt: Übernahme der Funktion des Bereichsleiters für den aufzubauenden Automatenbereich URAL 14 und als Gegenleistung die Annullierung des Einberufungsverfahrens – oder ab zum Militär. So sah ich mich plötzlich für zwei Jahre einer neuen Herausforderung gegenüber. Die schwierige Aufgabe lautete, aus der verfahrenen Situation noch das Bestmögliche zu machen."

Die URAL 14 wurde bei Reduktion auf die funktionierenden Bausteine in minimaler Konfiguration übernommen. In Eigeninitiative wurde ein Compiler für die damals gängige Programmiersprache ALGOL 60 entwickelt. Die Nutzung wurde vorrangig auf studentische Praktika und nur wenige speziell ausgewählte Anwendungsprogramme eingeschränkt. Ein minimal konfiguriertes Betriebssystem sicherte den einigermaßen stabilen Betrieb für diesen eingeschränkten Aufgabenbereich. „Dass ich nun ohne eine in der damaligen DDR obligatorische militärische Ausbildung geblieben bin, sehe ich als meinen persönlichen Lohn für das Engagement mit sowjetischer Großrechentechnik an."

---

[1] Der Dispatcher dient dazu, bei einem Kontextwechsel dem derzeit aktiven Prozess die CPU (den Hauptprozessor) zu entziehen und anschließend dem nächsten Prozess die CPU zuzuteilen

[2] Der Compiler übersetzt zwischen Computerprogrammen

„Einige Jahre später hatte ich dann doch noch das Glück, Nutznießer einer wesentlich besseren und leistungsfähigeren Großanlage aus der Sowjetunion zu werden", meinte Hantzschmann. Die TU Dresden hatte eine BESM 6 erworben, den zur damaligen Zeit schnellsten Computer im sozialistischen Wirtschaftssystem. Die Anlage war wohl im Wesentlichen für den Einsatz bei umfangreichen wissenschaftlichen Berechnungen im Bereich der Physik und der Raumfahrt vorgesehen gewesen und zeichnete sich durch ca. 1 Million Gleitkommaoperationen für 14-stellige Dezimalzahlen aus, war aber als rein wissenschaftlicher Rechner nicht für allgemeine Datenverarbeitungsprozesse konfiguriert. Für meine aufwendigen mathematischen Berechnungen im Rahmen meines Habilitationsverfahrens war die BESM 6 das ideale Werkzeug, ohne deren Leistungsfähigkeit diese Berechnungen kaum zu bewältigen gewesen wären.

Mit dem Entscheid der im Ostblock vereinigten Länder, ein abgestimmtes Einheitliches System von Rechentechnik (ESER) nach dem Vorbild der IBM-Anlagen und kompatibel mit diesen aufzubauen, begann dann eine völlig veränderte Situation. So wie die anderen beteiligten Länder übernahm auch die Computerindustrie in der Sowjetunion die Produktion bestimmter Zentraleinheiten und ausgewählter peripherer Geräte, die dann den Weg in Einrichtungen der DDR fanden und hier zuverlässig wie auch die aus anderen Nachbarländern importierten Geräte die Erwartungen der Nutzer weitestgehend erfüllten."

Ich habe von meinem damaligen Dresden-Besuch nur die großen grauen Gebäude der TU in Erinnerung, in denen, so glaubte damals Opa Karl, Großes geschehe. Na ja, wenn der geahnt hätte, wie es damals wirklich aussah ... Die Vorfreude auf den Weltraum-Onkel entpuppte sich bei der Ankunft in Dresden übrigens als überflüssig: Der gute Mann, Erich hieß er glaube ich, war als militärischer Geheimnisträger überhaupt nicht erpicht darauf, sich mit Westverwandten einzulassen. Jeder Kontakt hätte seiner weiteren Karriere geschadet. Deshalb war er zu dem Treffen im Gegensatz zu Hantzschmann gar nicht erst erschienen. Nach dem Fall der Mauer konnte ich ihn leider nicht mehr befragen, er ist 1988 bei einem Arbeitsunfall ums Leben gekommen.

Infobox

URAL-14 und BESM-6

Naturgemäß gibt es nicht viele Informationsquellen zu den frühen Rechnergenerationen aus der ehemaligen UdSSR. Das virtuelle Computermuseum Russland (www.computer-museum.ru) gewährt einen kleinen Einblick in die Geschichte der russischen IKT. Die im Artikel erwähnte URAL-14 gehörte zu einer Reihe, die von der **URAL-11** angeführt wurde. Die URAL-14 war eine 24-Bit-Rechnerarchitektur und unterstützte nur Festpunktarithmetik im Gegensatz zur Gleitkommaarithmetik, wie sie auch von der URAL-16 unterstützt wurde.

Über die **BESM-6** findet man im virtuellen Computermuseum eine kleine Beschreibung in englischer Sprache. Sie wurde demnach von 1968 bis 1987 genau 355 Mal gebaut. Ähnlich wie bei der IBM /360-91 erfand der Chefdesigner der BESM-6, **Sergei Alekseyevich Lebedev** (1902–1974), auch einen Pipelining-Mechanismus zur Erhöhung des Durchsatzes. Das Kürzel BESM kommt von *Bolshaya Elektronno-Schetnaya Mashina*, was soviel wie „große elektronische Rechenmaschine" bedeutet. Sie wurde am *Institute of Precision Mechanics and Computer Engineering (IPMCE)* entwickelt, dessen Leiter bis zu seinem Tod Lebedev war. Das Institut ist heute nach ihm benannt. ■

1972

Vaters erster Taschenrechner

1972

Wo, bitte schön, ist Japan?

Mit zehn habe ich in der Schule einen Aufsatz in Form eines Tagebuchs als Hausaufgabe bekommen. Das veranlasste meine Mutter, mich zu meinem ersten eigenen Tagebucheintrag zu ermutigen. Der knapp zweiseitige Eintrag war eine gute Grundlage für meine aktuelle Lebenszusammenfassung, hinzu kamen Vaters Erinnerungen. Er erzählte mir die Geschichte, als ob sie sich gestern ereignet hätte. Meine Erinnerungen daran sind hingegen nur noch bruchstückhaft vorhanden.

20. Juli 1972

Vaters neue Super-8-Filmkamera ist ein echter Hit! Letzte Woche haben wir einen Film über unser Fußballspiel gedreht. Am Abend saßen wir dann mit der gesamten Mannschaft im Vereinsheim, und unser Trainer Erich hat ihn auf seinem Filmprojektor abgespielt. Das Ergebnis sah natürlich nicht so toll aus wie bei unserer Nationalmannschaft, die unter Helmut Schön spätestens seit dem ersten Sieg im Wembley-Stadion im April (3:1) als „beste deutsche Mannschaft aller Zeiten" gefeiert wurde. Doch die Krönung war der Gewinn des Europameistertitels vor einem Monat, als Spieler wie Höttges, Beckenbauer, Netzer oder Gerd Müller die Sowjetunion schwindelig spielten und mit 3:0 besiegten. Das war zeitweise Fußball von einem anderen Stern!

Vorgestern ging es mit der gesamten Mannschaft und meinem Vater mit seiner Kamera nach West-Berlin zum großen Jugendturnier. Die Fahrt mit dem Bus über die Transitstrecke war schon recht merkwürdig, besonders an der innerdeutschen Grenze. Langsam reichte es mir mit diesen Ostbesuchen. Wie schon vergangenes Jahr bei unserer Fahrt nach Dresden kamen wieder ungute Erinnerungen an meinen ersten Ausflug in die „Ostzone" und meine damalige Begegnung mit den Grenzern auf. Im Bus fühlte ich mich allerdings einigermaßen sicher.

In Berlin angekommen, wurden wir in einer Schule untergebracht. Vater bezog jedoch lieber eine kleine Pension in der Nähe. Mit seiner Kamera hat er dann gestern unsere Spiele aufgenommen. Zwei Siege und zwei Niederlagen – eine durchwachsene Ausbeute. Das hat dann leider nur zu Platz vier gereicht. Anschließend wurden wir von den Organisatoren zu einer kleinen, selbst improvisierten Rundreise eingeladen. Es ging zum Ku'damm, dem KaDeWe und zur Berliner Mauer. An der Mauer waren wir alle etwas bedrückt. Die ist ja richtig hoch und wirkt so bedrohlich. Dann ging es weiter zum Heinrich-Hertz-Institut. Einer der Organisatoren war dort angestellt. Er hatte einen der Wissenschaftler gewinnen können, uns etwas über moderne Computergrafik zu erzählen. Wie ich dann feststellte, ging es auch um bewegte Bilder, so wie bei Vaters Kamera. Dieser Mann namens Encarnação erzählte uns eine kleine Episode, die sich vor ein paar Tagen im Institut ereignet hatte. Ich konnte zu der Zeit übrigens noch nicht ahnen, dass mir dieser Mann in meinem späteren Berufsleben wieder begegnen sollte. Encarnação berichtete also:

„Mehrere Gruppen von Japanern besuchten deutsche Forschungslabors, bewaffnet mit Fotoapparaten und alles fotografierend. Das Sirren und Klicken ihrer motorgetriebenen Spiegelreflexkameras hatte ich schon bei früheren Gelegenheiten kennengelernt. Auch das zur Fraunhofer-Gesellschaft gehörende Heinrich-Hertz-Institut für Schwingungsforschung (HHI) in Berlin zählte zu den Anlaufpunkten für die Gäste aus Fernost. Die Forscher beschäftigen sich vorzugsweise mit der Akustik, der Breitbandtechnik, der Photonik und der elektronischen Bildgebung. Auf Veranlassung des Institutsleiters, Professor Giloi, sollte die Japan-Delegation bei uns die Darstellung einer Weltkugel bewundern. Unser Berichterstatter aus dem Institut hatte alles wunschgemäß vorbereiten lassen. Er schilderte uns, was weiter geschah:

Die Weltkugel-Demo zeigte, wie eine Weltkugel als Drahtmodell mit überlagerten Kontinenten-Umrissen sich drehte (… ganz langsam!), die unsichtbaren Teile verschwanden dabei, wenn sie nicht mehr im Blickfeld waren, und man konnte einige (ganz wenige) Punkte „picken" und bekam dann z. B. die Textausgabe „Paris, Hauptstadt Frankreichs, Fläche, Population" etc. Das ging auch z.B. für Berlin, London, aber nicht viel mehr!

Die Japaner waren begeistert, staunten … und knipsten! Die Kugel drehte sich immer weiter und kam plötzlich zu dem Punkt, an dem Japan hätte zu sehen sein müssen. Es war aber kein Japan da! Unsere Besucher schauten sich erstaunt an und ihr Chef fragte Institutsleiter Giloi, der bei der Demo dabei war: „Where is Japan?" Giloi, etwas irritiert, sah mich an und fragte: „Herr Encarnação, wo ist Japan?" Ich wiederum schaute Frau Seiffert an, die die Demo durchführte und fragte: „Frau Seiffert, wo ist Japan?" Sie – ziemlich sauer! – antwortete auf Englisch: „Na hören Sie mal, ich kann mit unserem Rechner bei nur 16 Kilobyte/24 Bits unmöglich jede kleine Insel darstellen!" Die Japaner wurden ganz ruhig und fotografierten nicht mehr. Diese Demo war gelaufen. Und mein Chef war vielleicht sauer!"

Wir mussten alle herzlich lachen. Aber als Encarnação dann uns fragte: „Wo, bitte schön, liegt denn Japan?", schauten wir etwas bedeppert drein. Das haben wir in der Schule noch gar nicht durchgenommen.

Heute nach der Rückkehr habe ich gleich den Atlas geholt und mir Japan mal genau angeschaut … Sayonara!

Infobox

Heinrich Hertz Institut

Namensgeber Heinrich Rudolf Hertz (1857–1894) war mit seinen Arbeiten zum experimentellen Nachweis elektromagnetischer Wellen einer der bedeutendsten Physiker des 19. Jahrhunderts. Dieses jung verstorbene Genie lehrte an verschiedenen Universitäten; besonders die Technische Universität Karlsruhe ehrt Heinrich Hertz, der dort 1885 seine erste Professur für Physik antrat. Ist es Zufall, dass später die Begründung der Informatik maßgeblich auch von Mitgliedern des Lehrkörpers der TU Karlsruhe vorangetrieben wurde?

Das Heinrich Hertz Institut (HHI) entstand 1928 in Berlin und ist heute eines der dort ansässigen **Fraunhofer**-Institute. Der bereits erwähnte Giloi leitete die mit der Computergrafik betreute Gruppe, zu der auch José Encarnação (siehe Kapitel 1966) gehörte. Neben Fragen der Nachrichtentechnik ist die Forschung im Bereich **Multimedia**, der Nachfolgedisziplin der Computergrafik, heute ein weiterer Schwerpunkt. ∎

1973
Made in Germany

Mein Freund Axel schenkte mir zum Vierzigsten einen Besuch im Heinz Nixdorf MuseumsForum in Paderborn. Ich schaute ihn verdutzt an und dachte nur an die Geschichte aus Berlin mit den Japanern, die ich gerade für mein Tagebuch aufbereitet habe. Wo bitte schön ist Paderborn? Natürlich weiß ich, dass Paderborn in Nordrhein-Westfalen liegt und weit über einhunderttausend Einwohner hat. Aber außer Heinz Nixdorf und seiner Computerfirma verbinde ich nicht viel mit Paderborn. Das sind ja mehr als drei Stunden Anreise, warf ich ein. Axel schaute mich etwas enttäuscht an, was mich sofort veranlasste, mich zunächst einmal für das Geschenk zu bedanken.

Das Museum wurde vor circa sechs Jahren in der ehemaligen Firmenzentrale der Nixdorf Computer AG errichtet und ist das größte Computermuseum der Welt. Aha, das ist was für mein Tagebuch, dachte ich. Neben Konrad Zuse ist wohl Heinz Nixdorf der bedeutendste deutsche Computerbauer gewesen. Also habe ich mir ein wenig die Geschichte der Nixdorf Computer AG angeschaut.

Des Weiteren habe ich Vater gefragt, was er von der Nixdorf Computer AG mitbekommen hatte. Er erinnerte sich daran, dass er Anfang der siebziger Jahre mit einem Sparkassendirektor befreundet war, der ihm von den ersten Selbstbedienungsgeräte, den späteren Geldautomaten, berichtete. Dieser Freund war ab 1973 regelmäßig in Paderborn bei der Nixdorf Computer AG zu Gast. Er lernte auch Heinz Nixdorf persönlich kennen und konnte bei verschiedenen Gelegenheiten an der Konzeption der ersten Online-Systeme mitarbeiten. So entstand das erste Bankensystem von Nixdorf, das durch seine Online-Fähigkeit die Voraussetzungen für den Geldautomaten schuf. 1975 kam das System großflächig zum Einsatz, und nur drei Jahre später baute Nixdorf die ersten Geldautomaten, die über ein Netzwerk mit dem Bankensystem verbunden waren. Es gab zwar schon früher Geldautomaten, aber die funktionierten wie ein Cola- oder Zigarettenautomat, nur umgekehrt. Man steckte eine Lochkarte rein und bekam dafür einen Hundertmarkschein raus.

Also recherchiere ich ein wenig über den Geldautomaten und entdecke, dass das Patent dafür am 4. Juni 1973 erteilt wurde. Es gehört James Goodfellow, einem echten Schotten. Schon 1965 erhielt er die Aufgabe, für einen Geldautomaten ein Verfahren zu erfinden, bei dem ein eindeutiger Kunde – und nur dieser – Zugang zu dem Automat erhalten sollte. Goodfellow hat die uns nur allzu vertraute Kombination aus PIN und Kundenkarte dann bereits 1966 in England patentieren lassen. Selbst fast dreißig Jahre danach nutzen wir die Geräte noch genau so.

Manche Erfindungen sind wirklich Innovationen für eine Ewigkeit. Die von Goodfellow erfundene Karte enthielt bereits eine Verschlüsselung der Daten auf dem Magnetstreifen, um so den Schutz der Daten zu gewährleisten. Allerdings wollten die Banken zu Beginn die Karte bei jedem Vorgang einbehalten, um so eine Art Quittung für die Transaktion zu behalten. Man traute den elektronisch gespeicherten Datensätzen offenbar noch nicht so recht. Er lebt noch immer in seiner Geburtsstadt. Wäre er nicht Schotte, sondern Amerikaner gewesen, hätten wir ihn wahrscheinlich schon vor Jahren als steinreichen Mann durch die Gazetten streifen sehen. Für mich ist er ein Beispiel „britischen Understatements".

Für mich war 1973 auch ein bedeutendes Jahr, denn ich wechselte von der Grundschule auf das Gymnasium. Da sich diese höhere Lehranstalt in der Nachbargemeinde befand, musste ich nach den großen Ferien mit dem Fahrrad in die Schule fahren. Das war schon eine kleine Weltreise für mich. Unterwegs traf ich dann zwei Schulkameraden, die blonde Marion und natürlich Dirk. Dirk war immer für eine verrückte Idee gut, und so hatten wir des Öfteren unser Problem mit unserem Klassenlehrer, Herrn Zipf. Von meinem Vater bekam ich einen eigenen Rechenschieber geschenkt, einen Faber-Castell und somit auch „Made in Germany". Das war ein Spitzenklassenmodell. Mein Vater zeigte mir natürlich ganz genau, wie man damit multiplizieren und dividieren konnte. Ich war wie gebannt und wollte gleich auch noch Quadrat und Quadratwurzel rechnen oder auch Kreisumfang und Kreisfläche mithilfe von π. Mein Vater ließ mich einige Zeit gewähren, aber schließlich wurde es ihm doch zu anstrengend, meine ständigen Fragen zu beantworten. Er selbst setzte den Rechenschieber noch viele Jahre ein, um seine Wärmedurchgangsberechnungen und andere Rechenaufgaben bei seinen Projekten zu lösen.

Meinen Rechenschieber habe ich noch heute, auch wenn ich ihn schon seit Jahrzehnten nicht mehr benutze. Mein erster Taschenrechner hingegen hat schon einige Jahre später seinen Geist aufgegeben. Und mein erster PC „hielt" höchstens drei Jahre, dann war er auch schon megaout. Mit Dirk und Marion bin ich nur zwei Jahre zusammen in die gleiche Schule gegangen, danach zogen wir um. Wir haben uns gelegentlich noch ein paar Briefe geschrieben, aber dann verlief sich das Ganze im Sande. Die Nixdorf-Technik dagegen ist in Sachen Geldautomaten auch heute immer noch erfolgreich im Einsatz.

Infobox

Heinz Nixdorf und James Goodfellow

Von Heinz Nixdorf (1925–1986) hat fast jeder Computerinteressierte schon mal gehört, aber wer kennt James Goodfellow? Trotzdem sind die beiden auf eine gewisse Weise verbunden. Beide sind durch den Geldautomaten bekannt geworden. Während Goodfellow schon 1966 ein Patent auf die Nutzung der Zugangsberechtigung mit Karte und PIN erhält, wird die von Nixdorf gegründete Firma Nixdorf Computer AG besonders durch Entwicklung und Verkauf von Geldautomaten zu Beginn der siebziger Jahre erfolgreich.

Geldautomaten sind aus der heutigen Zeit nicht mehr wegzudenken. Man kann sie auch als Wegbereiter einer weiteren Automatisierung unseres Alltags sehen, an dessen Ende die in diesem Buch prognostizierten Roboter stehen werden.

Goodfellow wurde 2006 von Königin Elizabeth II. von England zum Offizier des britischen Königreichs ernannt. ■

Heidelberg, den
11.12.1974

Lieber Heinzi,

Dein Besuch hat mich und Deine Großmutter
sehr gefreut! Er hat mir sehr viel Spaß gemacht,
mal wieder über meinen geliebten Herrn Otlet zu
erzählen und, dass ich in dir einen so interessierten
Zuhörer gefunden habe.

David Lewis

1974

Ein Vordenker für Internet und Hyperlink

10. Dezember 1974

Das Highlight des Jahres fand in München statt. Beckenbauer und Co. haben es tatsächlich geschafft und die besten Fußballer des Turniers, die Niederländer, im Finale der Fußball-WM geschlagen. „Kleines dickes Müller", der Bomber der Nation (ausgerechnet), hatte König Johans (Cruyff) Truppen mit einer Körperdrehung bezwungen. Jetzt regierte Kaiser Franz die Fußballwelt.

Für mich bleibt aber das heutige Datum in diesem Jahr in besonderer Erinnerung. Das hängt mit Großvater Karl zusammen. Er hatte in der Zeitung einen kleinen Bericht darüber gelesen, dass ein Bibliothekswissenschaftler in Brüssel auf das Erbe eines gewissen Paul Otlet gestoßen war. Dieser Otlet war Opa Karl – im Gegensatz zu wohl jedem andern, den ich kenne – so sehr ein Begriff, dass er mir wieder einmal eine seiner interessanten Geschichten dazu erzählte. Und das war heute am 10. Dezember. Denn heute jährt sich der Todestag des erstaunlichen Herrn Otlet zum 30. Mal.

Nachtrag am 10. Dezember 2002

Ich bin jetzt, dreißig Jahre später, zufällig wieder darauf gestoßen, nachdem ich über Otlet im Internet gelesen habe. Gleich fiel mir Opa Karls Schwärmerei für Otlet wieder ein. Und dass er mir irgendwann kurz vor Weihnachten 1974 erzählt hatte, was dieser Mann, der 30 Jahre zuvor gestorben war, für eine phänomenale Idee zur Informationssammlung und -vermittlung entwickelt hatte. Was Großvater noch nicht hatte ahnen können: mit dieser Idee hatte der Belgier schon zu Anfang des 20. Jahrhunderts die Idee eines „analogen Internets". Paul Otlet (1868-1944) hatte wohl die erste Vision eines solchen umfassenden Informationswerkzeuges.

Mit dieser Idee war er natürlich auch meinem Großvater präsent, der irgendwann in den 30er Jahren von Otlet gehört und sich später gezielt über ihn informiert hatte. Das war so ganz jemand nach Opas Geschmack, einfallsreich und durchsetzungsfähig, dabei aber streng methodisch und penibel. „Der Mensch muss ein Ziel haben", sagte Großvater immer, „sonst kommt er nicht vom Fleck." Dieses Ziel offenbarte sich Otlet, einem Unternehmersohn aus bestem Hause, über seine frühe Liebe zu Büchern. Während seines Jurastudiums litt er dann unter den Schwächen des Bibliothekensystems im 19. Jahrhundert, dem Systematik und Querverweise fehlten. Otlet wollte nicht nur die Bibliotheken neu ordnen, er wollte schlicht alles vorhandene Wissen systematisch erfassen.

Bereits 1934 hat er in seinem Werk „Traité de Documentation" eine vernetzte Wissensstruktur skizziert, wie sie der (weitaus berühmtere) Vannevar Bush erst 1945 in seinem bekannten Essay „As we may think" umschrieb. Und mit seinem Mundaneum, das in einem effizienten Karteikartsystem nicht weniger als 15 Millionen handschriftlich erfasste Werke und eine gigantische Bilddatenbank verfügbar machte, hatte er auf analogem Weg angedeutet, was er später visionär weiter ausmalte: die Schaffung von Multimediamaschinen, die Buch, Telefon, Fernsehen und Radio miteinander verbinden. Und die Nutzer sollten nicht nur passive Empfänger sein, sie sollten auf dem gleichen Weg auch Meinungen oder Emotionen äußern können. Ein „mechanisches, kollektives Gehirn" schwebte ihm vor. Statt von Computern, an die damals noch niemand dachte, sprach er von „elektronischen Teleskopen".

Ein paar Jahrzehnte später hätte die Datenmenge der 15 Millionen Bücher selbst, über die damals die mühselig von Hand gefertigten Einträge vorlagen, auf jeden besseren Rechner gepasst. Ausgehend von etwa 300 Seiten Text pro Buch, hätte diese Bibliothek ungefähr einer elektronische Datenmenge von etwa 90 Milliarden Kilobytes oder 90 Gigabytes entsprochen (dies unter der Voraussetzung, dass man pro Seite etwa 20 Kilobytes rechnet). Diese Datenmenge hätte Ende des ersten Jahrzehnts unseres Jahrtausends, also rund 100 Jahre nach den ersten Anfragen an die Universelle Bibliothek, jeder zeitgemäße Rechner problemlos verwaltet. Kehren wir zu Paul Otlets Vorstellung von „elektronischen Teleskopen" zurück. Diese sollten über ein globales Telekommunikations-Netzwerk verbunden sein und das gesamte Weltwissen überall verfügbar machen. Dazu sollten sowohl Dokumente als auch Fotos, Tondokumente oder Filme verwendet werden. Und auch die soziale Komponente einer solchen Informationsmaschine hat Otlet schon früh erkannt. Er ging davon aus, dass die Nutzer über dieses Medium untereinander in Kontakt treten, gemeinsam Dokumente bearbeiten oder sich sogar zu sozialen Netzwerken verbinden könnten.

Ausgangspunkt seiner Überlegungen war das ehrgeizige Ziel, eine Art Master-Bibliografie für alles jemals auf der Welt veröffentlichte Wissen zu schaffen. Mit der Arbeit zu dieser Universellen Bibliothek begann er 1895 gemeinsam mit Henri La Fontaine, der 1913 den Friedensnobelpreis verliehen bekam. Später erfuhren sie Unterstützung durch die belgische Regierung, die ihnen ab 1920 ein ehemaliges Palais in der Brüsseler Innenstadt für ihr Mundaneum zur Verfügung stellte. Den beiden Männern schwebte nicht weniger vor, als Daten zu jedem je veröffentlichten Buch zu beschaffen, dazu kam eine große Sammlung von Magazin- und Journal-Artikeln, Fotografien und Postern sowie Werke von tagesaktueller Bedeutung wie politische Pamphlete oder andere Dinge, die Büchereien üblicherweise nicht erfassen. Zur Ordnung verwendeten sie drei bis fünf Karteikarten. Ein Heer von Mitarbeitern war allein mit dem Erfassen neuer Dokumente beschäftigt.

Otlets spätere Vision einer elektronischen Netzwerkmaschine, die Dokumente über symbolische Verbindungen erkennt, bedeutete auch die Vorwegnahme von Hyperlinks und semantischem Netz. Er schlug nämlich eine intelligente Verlinkung von Dokumenten vor, die auch etwas über ihren Wahrheitsgehalt oder den Gesamtzusammenhang aussagten. Dieses Prinzip hatte er bereits mit dem Mundaneum begonnen, wo solche Zusatzinformationen ebenfalls geliefert wurden. Diese „Hyperlinks" gingen weit über das hinaus, was der Wissensgesellschaft des frühen 21. Jahrhunderts im Internet geboten wurde. Hier gab es lange Zeit nur eine mehr oder weniger paritätische Verknüpfung auf der Begriffsebene.

Vom Erbe Otlets ist nicht viel erhalten. Im früheren Büro in Brüssel fanden sich Ende der 60er Jahre des vergangenen Jahrhunderts in einem Raum Unmengen von Büchern und Berge von Papier – von Spinnweben überzogen. Damals hatte sich der junge Bibliothekswissenschaftler W. Boyd Rayward auf die Suche nach Otlets Spuren begeben. Er sorgte dafür, dass Otlet dem Vergessen entrissen wurde, und entwickelte die Idee vom Mundaneum-Museum in Mons. Hier wurde das Mundaneum als papierener Archetyp des Internets in Teilen rekonstruiert.

Infobox

Paul Otlet – Erfinder der ersten analogen Suchmaschine

Der Belgier **Paul Otlet** (1868–1944) gilt als Erfinder der ersten analogen Suchmaschine. Seine dazu gemeinsam mit Nobelpreisträger Henri La Fontaine 1898 gegründete Universelle Bibliothek konnte 1912 bereits 1.500 schriftliche oder telegrafische Anfragen zu unterschiedlichen Wissensgebieten beantworten. Dieses „Mundaneum" genannte Informationszentrum in Brüssel, später von den Nazis geplündert, geriet nach seinem Tod allerdings rasch und lange in Vergessenheit. Die Erinnerung daran lebt heute in einem Museum in Mons weiter. Otlet hatte schon in den 30er Jahren über ein Nachrichten- und Informationsnetzwerk schwadroniert, bei dem „jedermann aus seinem Sessel heraus teilhaben kann am Ganzen der Schöpfung". Otlet wurde damit zum Pionier des Informationsmanagements und Begründer der modernen Dokumentationswissenschaft. ■

Reif fürs Museum:
Die Welt der Großrechner

9. Juli 1975

Gestern besuchten mein Vater und ich das Deutsche Museum in München. Ich habe Vater seit Monaten in den Ohren gelegen, seit ich von ihm zu Weihnachten ein Buch über das Museum bekommen hatte. Vor allem die technischen Ausstellungsstücke fand ich faszinierend. Also hat Vater zugestimmt, dass wir in den Ferien – nur wir zwei – dahin fahren. München ist eine tolle Stadt. Es herrschte dieses blauweiße Traumwetter, bei dem kleine Schäfchenwolken über einen stahlblauen Horizont zottelten, und Vater fuhr mit seinem Ford Taunus direkt zum Museum. Dort angekommen haben wir uns dann gleich ins Getümmel gestürzt. Ich glaube, ganz Deutschland musste gestern unbedingt dahin.

Nach einigen Stunden und vielen tollen Ausstellungsstücken stießen wir dort eher zufällig auf die noch im Aufbau begriffene Informatikausstellung. Hier sollen einmal die zentralen Einheiten der ersten elektronischen Großrechner zu sehen sein, die in Deutschland gebaut wurden und in Betrieb waren. Gerade wurde die PERM wiederaufgebaut, die in den Jahren 1950 bis 1956 an der TU München entwickelt und dort bis vor Kurzem betrieben worden war. Als industriell hergestellte Rechner wurden die IBM 650 und die Zuse Z22 aufgestellt. Diese Rechner bezeichnet man als Großrechner, da sie ganze Schränke oder gar Räume ausfüllen.

Im Anschluss an den Besuch im Museum gingen wir in ein Café in der Nähe. Da alle Tische besetzt waren, bat Vater einen Herrn, ob wir uns dazu setzen könnten. So kamen wir mit dem Mann ins Gespräch. Er hatte mit seiner 13jährigen Tochter auch zuvor das Deutsche Museum besucht. Ein etwas schüchternes, aber, wie ich fand, verdammt gut aussehendes Mädchen. Sie hatte blondes, halblanges Haar, und ein kleines Grübchen, wenn sie lachte.

Ihr Vater verwickelte meinen Vater in ein Gespräch über die Informatikausstellung. Durch die Ausstellung interessiert, folgten wir gespannt den Ausführungen, mit denen er nun begann. So erzählte er uns, dass er bereits im Jahre 1956 seinen ersten Programmierkurs für die elektronische Rechenanlage IBM 650 absolviert hatte. Von diesem Rechnertyp wurden zwischen 1954 und 1960 etwa 2000 Exemplare gebaut, und er war damals der am meisten verbreitete Rechner auf der ganzen Welt. In Deutschland gab es etwa 30 davon, und zwar vor allem in der chemischen Industrie und im Automobilbau. Aber auch Banken, Versicherungen und Versandhäuser setzten sie ein.

Auf einmal wurde dieses Museumsstück richtig interessant. Mein Vater fragte den unbekannten Tischnachbar nach technischen Details. Dieser kannte sich offensichtlich wirklich gut aus. Er schüttelte Namen und Zahlen wie beiläufig aus dem Ärmel, und seine Erklärungen ließen meinen Vater staunen:

Der zentrale Speicher der IBM 650, so erfuhren wir weiter, bestand aus einer Magnettrommel. Darauf waren maximal 2000 Worte unterzubringen. Die langfristige Datenhaltung erfolgte auf Lochkarten. Für die Ausgabe gab es neben Lochkartenstanzern auch Drucker.

Programmiert wurde zuerst im absoluten Maschinencode. Das ist ein Bündel von Instruktionen, die der jeweilige Prozessor eines datenverarbeitenden Systems direkt ausführen kann. Später gab es einen Assembler[1] und einen Interpreter[2]. Um den Rechner zu benutzen, mussten zu den verfügbaren Programmen noch Schalttafeln gesteckt werden, und zwar für den Lochkartenleser, den Lochkartenstanzer und den Drucker. Kunden aus ganz Deutschland benutzten den Rechner zuerst im Rechenzentrum in Sindelfingen. Später kam eine zweite Rechenzentrums-Installation in Düsseldorf dazu. Teilweise haben die Kunden selbst programmiert und kamen ins Rechenzentrum zum Austesten der Programme und zum Rechnen. Sie bezahlten dann nur die verbrauchte Rechenzeit. Der Stundensatz betrug (so weit ich mich recht erinnere) 700 DM (etwa 350 Euro). Ließen Kunden die Programme von den Mitarbeitern des Rechenzentrums erstellen, bezahlten sie zusätzlich die Personalstunden. Diese Kosten waren aber im Vergleich zu den Rechnerkosten meist gering. Den Kunden wurde etwa 70 DM (35 Euro) pro Stunde berechnet.

Die IBM 650 wurde sowohl für technische wie für kaufmännische Anwendungen eingesetzt, wie unser Fachmann berichtete. Neben der Erstellung von Lohnsteuertabellen für einen Verlag stellte die Lohnabrechnung für die Mitarbeiter einer Baufirma die höchsten Anforderungen, sowohl was die Kapazität des Rechners IBM 650 betraf, als auch die Fähigkeiten der mit seiner Programmierung betrauten Mitarbeiter. Verglichen zu anderen Lohnarten ist nämlich der Baulohn sehr kompliziert. Der damals geltende Tarifvertrag sah derart viele Sonderfälle und Zuschlagsarten vor, dass das Programm zunächst nicht in den Hauptspeicher passte.

Schließlich mussten die Eingabekarten in einem vorgeschalteten Sortiergang so in Bündeln geordnet werden, dass die einzelnen Abrechnungsarten von einander getrennt wurden. Um den zugesagten Termin zu halten, mussten die Programmierer sich kräftig ins Zeug legen. Vater war von den Möglichkeiten dieser Rechneranlagen total begeistert und vertiefte unseren Informanten in ein längeres Gespräch.

Ich fand seine Tochter eigentlich viel interessanter. Sie sah wirklich süß aus, und wir unterhielten uns über Winnetou und Old Shatterhand. Vielleicht nicht unbe-

---

[1] Hilfsprogramm der Programmierung, das ein in einer einfachen, maschinennahen Assemblersprache geschriebenes Programm in Maschinensprache – auch Maschinencode oder Nativer Code genannt – übersetzt.

[2] Computerprogramm, das einen Programm-Quellcode im Gegensatz zu Assemblern nicht in eine auf dem System direkt ausführbare Datei umwandelt, sondern den Quellcode einliest, analysiert und ausführt.

dingt das angesagte Thema für ein junges Mädchen, aber da kenne ich mich nun mal aus. Ich habe die komplette Sammlung. Sie kannte nur die drei Bücher über Winnetou (wahrscheinlich meinte sie die Filme mit Pierre Brice). Sie schien sich für Pferde und Pflanzen mehr zu interessieren. Insofern lag ich mit meinen Indianern nicht ganz so daneben. Ein kleines Treffen mit ihr sprang allerdings nicht heraus. Als ich ihr zum Abschied meine hastig auf einen kleinen Zettel geschmierte Adresse in die Hand drückte, lächelte sie mich nur an. Immerhin. Leider habe ich von ihr nie wieder gehört ...

Infobox

IBM 650 und PERM im Deutschen Museum

Noch heute kann man in der Abteilung Informatik des Deutschen Museums die Universalrechner PERM und IBM 650 bewundern.

Wie schon zu Beginn des Buchs dargestellt, begann das IT-Zeitalter mit röhrenbasierten Rechnern. Zu den ersten dieser Art in Deutschland zählte die **Programmierbare Elektronische Rechenanlage München (PERM)**, die 1956 von **Hans Piloty** (1894–1969) und **Robert Sauer** (1898–1970) an der Technischen Universität München in Betrieb genommen wurde. Sie wurde 1974 stillgelegt und anschließend ins Deutsche Museum gebracht. Allerdings war schon zu Beginn der sechziger Jahre auch Piloty klar, dass die Leistung der PERM den modernen Bedürfnissen eines Universitätsrechenzentrums nicht mehr genügte.

Die **IBM 650** war einer der ersten industriell hergestellten Computer der Welt. Zwischen 1954 und 1962 wurden über 2.000 Rechner dieser Serie produziert, dabei hatte man zu Beginn einen Marktbedarf von gerade einmal fünfzig Maschinen prognostiziert. Sie hatte eine Magnettrommel als Speicher für 2.000 zehnstellige Wörter zu je fünf Zeichen (also zwei Stellen pro Zeichen). Die IBM 650 bot eine höhere Ausfallsicherheit als andere Computer ihrer Zeit. Sollte aufgrund eines Rechenfehlers das Programm abgebrochen werden, so konnte die IBM 650 das Programm selbständig wiederholen, indem sie auf zuvor gesicherte Zwischenschritte zurücksetzen konnte. Sollte es sich um einen zufälligen (elektronischen) Fehler gehandelt haben, konnte somit das Programm dann doch noch fehlerfrei beendet werden.

Als **Assembler** bezeichnet man die Maschinensprache eines Rechners. Sie war die erste Programmiersprache für einen Computer. Mit ihr werden die hardwarenahen Programmteile geschrieben. Später kamen dann die sogenannten Hochsprachen wie Fortran, COBOL u.a. hinzu (siehe auch 1986). ∎

1976

Analoge Ionen und digitale Bits

Beim zwanzigjährigen Abitreffen traf ich letztes Jahr meinen Physiklehrer, Herrn Mohr, wieder. Wir saßen bei einem guten Rotwein mit den „Physikern" unseres Jahrgangs zusammen und schwelgten in Erinnerungen. Herr Mohr fragte dann irgendwann, ob ich noch meinen Mentor für die Ionen treffen würde. Ich war baff, er erinnerte sich noch genau, wie ich damals aufgrund einer „Sondernachhilfe" die beste Physikarbeit geschrieben hatte. Gestern traf ich ihn zufällig bei meinem „Heimatbesuch" in der Fußgängerzone, und wir kamen dann wieder auf das Thema.

Habe mich heute dann gleich daran gemacht und meine Aufzeichnungen durchgesehen und fand tatsächlich einen Eintrag über den Besuch bei Gerd, besagtem „Mentor für Ionen". Für einen Vierzehnjährigen war der Eintrag bereits erstaunlich gut. Ich glaube, da muss ich glatt noch meinem Deutschlehrer danken. Obwohl der eine absolute Katastrophe war.

29. September 1976

Heute waren wir zu Besuch in Darmstadt bei einem Freund meines Vaters. Er arbeitet bei der Gesellschaft für Schwerionenforschung (GSI). Natürlich wollte ich erst einmal wissen, was ist denn ein Ion? Vaters Freund Gerd erklärte mir, dass ein Ion ein Atom ist, dessen Elektronenhülle abgestreift wurde und das daher elektrisch geladen ist. Mensch, dachte ich, genau der Richtige für meine Physikarbeit nächste Woche, da geht es um Elektrizität.

Als Nächstes musste Gerd mir erklären, was die bei der GSI eigentlich machen. Er erläuterte mir, dass sie diese Ionen beschleunigen wollen und dass das in einem wahnsinnigen Tempo geschehen müsse. Zu diesem Zweck arbeiteten sie auch mit anderen Forschungsinstituten in der Welt zusammen. Dazu gehört auch das CERN in der Schweiz.

Gerds Aufgabe in der GSI bestand darin, dass er versuchen sollte, die erzielten Messergebnisse in einen Computer, eine IBM 370, zu übertragen. Ich erzählte Gerd von unserem Besuch im Deutschen Museum im vergangenen Jahr und von unserer Zufallsbekanntschaft, die uns vieles von der IBM 650 berichtet hatte. Gerd meinte, dass für diese riesigen Versuche nur große Rechenanlagen benutzt werden könnten. Die Atomforschung sei einer der Hauptnutzer und Treiber der IT-Entwicklung. Er selbst wäre auch schon mehrfach in den USA gewesen, bei IBM und auch bei der DEC. Gerds Aufgabe bestand also in nichts weniger, als die analoge Welt der Messinstrumente mit der digitalen Welt der Datenspeicherung zu verbinden. Hierzu war er mit CERN in Kontakt, da dort einer seiner Partner, ein gewisser Paul Shrager, einen sogenannten Gerätetreiber hatte. Mittels dieses Gerätetreibers konnte man die Messinstrumente an die 370 anschließen und die Daten übertragen. Das Tolle an der Aufgabe war Gerd zufolge die Tatsache, dass dieser Gerätetreiber nicht per Post geschickt werden musste, sondern über ein sogenanntes Netzwerk. Das habe ich nicht verstanden und fragte darum, was das denn sein solle. Er erklärte mir, dass sein Rechner und der von CERN über eine Art Telefonleitung miteinander verbunden seien und sie Daten, wie etwa den besagten Gerätetreiber von einem zum anderen übertragen könnten. Damit spare man viel Zeit. Ich schaute fragend meinen Vater an. Er wusste, was dieser Blick bedeutete, nämlich dass ich das unbedingt mal mit eigenen Augen sehen wollte.

Gerd zeigte mir daraufhin bereitwillig seine „Werkstatt", die so gar nicht mit Vaters Werkstatt vergleichbar war. Wir hatten vor allem Schraubenschlüssel an der Wand, schön sortiert nach Ring und Maul und von ganz klein bis ganz groß. Dazu gab es eine Werkbank mit Schraubstock und jede Menge Feilen. Wenn Vater etwas in der Werkstatt veranstaltete, waren es meistens nur kleinere Reparaturen. Hobbywerker war nicht wirklich sein Ding. Wie futuristisch sich dagegen Gerds Werkstatt ausmachte! Er verfügte über eine Sammlung von Lötkolben, unzählige Platinen lagen in Fächern sortiert auf der Werkbank. Dazu hatte er einen Rechner, eine PDP-11 von DEC, mit der er wissenschaftliche Berechnungen machen konnte. Weshalb er so etwas Aufwendiges zuhause habe, wollte ich wissen. Gerd erklärte, dass manche Programme so kompliziert seien, dass er lieber erst einmal zuhause in Ruhe an ihnen arbeite, ehe er sie dann am Institut einsetze.

Gerd war übrigens erst zwei Tage zuvor aus den USA zurückgekehrt. Dort hatte er DEC besucht und durfte die neue Rechnergeneration kennenlernen. Er geriet hemmungslos ins Schwärmen. Diese neuartigen Rechner, VAX genannt, stellten eine Revolution dar. VAX verfüge über eine sogenannte 32-Bit-Architektur und erlaube damit wesentlich größere Programme als die 16-Bit-Architektur der PDP-11. Die VAX würde sogenannten virtuellen Speicher unterstützen, daher auch der Name (Virtual Adress eXtension). Damit sei das Programmieren viel komfortabler, da man sich als Programmierer nicht mehr soviel Gedanken machen müsse, ob die Daten oder das Programm in den Hauptspeicher passten. Dieses „individuelle" Programmieren hätte zur Folge, dass viele Programme nur von ihren Erfindern verstanden würden. Falls die dann aus irgendwelchen Gründen nicht mehr verfügbar seien, seien Weiterentwicklungen oder Wartung nur schwer möglich.

Ein interessanter Tag und ein eindrucksvoller Besuch! Vater und ich philosophierten auf der Rückfahrt weiter über diese neue digitale Welt und verglichen Gerds Erzählungen mit denen aus dem letzten Jahr in München. Während der Herr in München uns viel über die Beauftragung von Programmen und Benutzung von Rechnern auf Zeit geschildert hatte, konnten wir bei Gerd lernen, dass man Rechner auch zur alleinigen Benutzung bauen konnte. Gerd brauchte niemanden zu fragen, etwas für ihn zu programmieren. Auch konnte er seine PDP-11 Tag und Nacht benutzen. Damit war er viel flexibler, als wenn er sich, wie früher, bei einer Großrechenanlage hätte anmelden müssen. Vater meinte, er erinnere sich noch daran, dass Gerd oft erzählt habe, wie er Nachtschichten einlegen musste, da es für seine Programme tagsüber keine Rechenzeit gab. Ich fragte: „Vielleicht haben wir ja später alle einmal einen Rechner?" Aber Vater lachte nur und sagte, dass wir uns das sicher niemals leisten könnten. Gerd hätte seine PDP-11 auch nicht selbst gekauft, sondern das Institut habe sie bezahlt. Schade eigentlich, ein eigener Rechner wäre schon eine tolle Sache …

Infobox

IBM System/370 und DEC VAX-11

Der Wettkampf der beiden Giganten IBM und DEC ging mit den Modellreihen S/370 und VAX-11 weiter.

Die S/370 löste zu Beginn der siebziger Jahre die S/360-Modellreihe schrittweise ab. Diese Modellreihe war abwärts kompatibel zur S/360. Das bedeutete, dass alte Programme der Vorgängerserie auch auf den neuen Rechnern laufen konnten. Die S/370 konnte sich mehr als zwanzig Jahre auf dem Markt halten und war der Inbegriff der IBM-Rechnersysteme. Mit der Modellreihe führte IBM den **virtuellen Hauptspeicher** ein. Darunter versteht man die Möglichkeit, Programme oder Teile von ihnen auf einen Sekundärspeicher (z.B. Festplatte) auszulagern, wenn diese zurzeit von der Zentraleinheit nicht benötigt werden. Hierzu wird der Hauptspeicher in sogenannte „Seiten" (auch „Kacheln" genannt) aufgeteilt. Die Hauptspeichereinheit entscheidet dann, welche Kacheln bzw. Seiten aus- oder eingelagert werden. Man spricht dabei auch von Paging (engl. *page* = Seite).

Die Antwort von DEC auf das Thema virtueller Hauptspeicher war **Virtual Address eXtension** (VAX), und die VAX-11 war die bedeutendste Modellreihe von DEC. Des Weiteren begann mit der VAX-11 das Zeitalter der 32-Bit-Rechnerarchitektur, die bis in die heutige Zeit die dominierende Rechnerarchitektur geblieben ist. 1976 war die VAX noch im Entwicklungszustand und kam Ende 1977 mit der VAX-11/780 erstmals kommerziell auf den Markt. Erst Ende der achtziger Jahre mit der erfolgreichen Einführung von **RISC-Architekturen** (Reduced Instruction Set Computing) begann das Ende der erfolgreichen Rechnerserie.

Das heutige **GSI Helmholtzzentrum für Schwerionenforschung** wurde 1969 vom Bund und Land Hessen mit dem Ziel gegründet, eine Anlage zur sicheren Beschleunigung von Ionen zu bauen und zu betreiben. Hierzu sind große Rechenanlagen notwendig. Der enge Kontakt zum CERN (siehe Kapitel 1977) verhalf auch der Gesellschaft für Schwerionenforschung zu sehr guten Kontakten in die Forschungs- und Entwicklungsabteilungen der großen Computerhersteller. ■

1977

Erste Begegnung mit dem Internet

8. August 1977

Das ist wirklich ein Highlight in meinen Teenager-Erinnerungen: Während unseres Urlaubaufenthaltes in der Schweiz im Sommer 1977 besuchten mein Vater und ich das Kontrollzentrum des CERN-Labors bei Genf. Solche „Forschungsexpeditionen" unternahmen wir häufiger. Zwei Jahre zuvor waren wir ja im Deutschen Museum gewesen, und im letzten Jahr hatten wir das GSI in Darmstadt kennengelernt. Dieser Besuch im CERN aber toppte natürlich alles Bisherige. Ich weiß nicht, wie er das geschafft hat, aber mein Vater hatte das heimlich arrangiert und mir erst erklärt, wohin wir fuhren, als wir kurz vor dem Ziel waren. Unnötig zu erwähnen, dass durch die Erzählungen von Gerd im Jahr zuvor dieses Forschungszentrum einen ganz besonderen Reiz auf mich ausübte. Die Urlaubsüberraschung war meinem Vater perfekt gelungen.

Das CERN ist die Europäische Organisation für Kernforschung und gleichzeitig der Name der Großforschungseinrichtung in der Schweiz. Am CERN wird vielfältige Grundlagenforschung betrieben, bekannt war es damals vor allem für seine großen Teilchenbeschleuniger.

Wir wurden von einem netten Herrn mit Namen Craig begrüßt, der uns zu Beginn einen kurzen Überblick über die komplexen, computergesteuerten Anlagenteile des Beschleunigerrings gab. Er informierte uns auch über die gewaltigen Datenmengen, die bei den Experimenten anfielen, sowie deren Erfassung und Verarbeitung. Craig sprach ein nahezu perfektes Hochdeutsch mit breitem amerikanischem Akzent, in das sich immer wieder mal englische Vokabeln mischten.

Was Craig da vorstellte, war an sich schon überaus „faszinierend", wie mein Freund Spock von der Enterprise festgestellt hätte. Aber es kam noch besser. Er stellte nun in einem kurzen Überblick die weltweite Vernetzung des CERN-Labors mit Forschungseinrichtungen und Universitäten in Europa, USA und Asien vor. Ziel dieser Vernetzung war, den Forschungsgruppen die Auswertung der gewaltigen Experimentierdatenmengen von „zu Hause" aus (remote) zu ermöglichen. Dies sicherzustellen, war für ein Jahr Craigs Hauptaufgabe als amerikanischer Gastwissenschaftler am CERN-Labor. Seine für einen Amerikaner ungewöhnlich guten Deutschkenntnisse gingen übrigens auf seine deutschstämmige Großmutter mütterlicherseits zurück, wie er auf Nachfrage erklärte.

Dann zeigte uns Craig ein „teletype terminal", das durch das ARPANET mit einem Host-Rechner bei SRI International in Menlo Park, Kalifornien, verbunden war. Das Stanford Research Institute (SRI) ist ein naturwissenschaftlich orientiertes Forschungsinstitut bei San Francisco. Bekannt wurde es durch die Entwicklung der Computermaus, außerdem gehörte es zu den ersten vier Knoten des ARPANET, einem Rechnernetz, das die Rechner ähnlich miteinander verbindet wie das Telekomnetz unsere Telefonapparate. Über dieses Netz konnten die Rechner kommunizieren, wie Craig erläuterte. Natürlich konnten Rechner nicht sprechen, aber elektronische Signale, sogenannte Nachrichten, schicken. „Well, das funktioniert wie ein Paketdienst für Legosteine. Ein Rechner schickt einem zweiten ein Paket mit Bits nach dem anderen. Der empfangende Rechner baut die Pakete dann simply zu einer ‚Nachricht' zusammen", erklärte Craig uns, was da gerade auf dem ARPANET passierte.

Nach einigen Minuten begann das teletype terminal, Nachrichten aufzuzeichnen, die von jemand kamen, der am anderen Ende der Verbindung saß und Geoff hieß. Craig antwortete und übermittelte Fragen von mir, wie etwa das Wetter momentan in Kalifornien sei, und wir erhielten die Antworten direkt: wolkig, 65 °Fahrenheit. Jetzt wollte Vater noch mehr wissen: Wie weit es bis zur Golden Gate Bridge wäre und welches Auto Geoff fahre. Er konnte gar nicht genug bekommen. Am Schluss durfte er sogar selbst die Fragen eintippen.

Craig erklärte uns danach, dass der Host-Rechner eine DEC PDP-10 Modell KA10 mit dem Betriebssystem TENEX war. TENEX konnte zwei Terminals so miteinander verbinden, dass jede Eingabe an dem einen Terminal als Echo an dem anderen Terminal erschien und umgekehrt.

Zum Abschluss unseres beeindruckenden Besuches erläuterte uns Craig, dass eine Kommerzialisierung des ARPANET durch die Schaffung von neuen, öffentlichen Domains als „Telenet" geplant sei. Da der Name Telenet aber in den USA, Skandinavien, Spanien und Portugal bereits urheberrechtlich geschützt sei, werde im ARPANET Steering Committee über einen neuen Namen nachgedacht. Der aktuell favorisierte Name „INTERNET" sei urheberrechtlich noch unbelastet, d.h. frei und vom ARPANET Steering Committee bereits für die USA registriert.

Infobox

CERN, Stanford Research Institute (SRI) und DEC PDP-10

Das CERN (Conseil Européen pour la Recherche Nucléaire) ist das europäische Zentrum für Kernforschung in Genf und die Wiege einiger wichtiger Errungenschaften der modernen IT. Die Kernforschung war und ist eine der rechenintensivsten Anwendungen der Welt. Daher verwundert es auch nicht, dass die Grundlagenforschung der Kernphysik eng mit den Erfindungen der IKT verknüpft ist. Das CERN war einer der ersten Knoten des neugeknüpften Internets. Als logische Konsequenz daraus darf die Erfindung des World Wide Web durch Tim Berners-Lee am CERN gelten. Auch das letzte Megaprojekt von CERN, der Large Hadron Collider, der 2008 in Betrieb genommen wurde, sprengt durch seine Datenvolumen die Grenzen heutiger Speicherarchitekturen. Dieser große Hadronen-Speicherring beschleunigt Hadronen. Die bekanntesten sind die auch als Nukleonen bezeichneten **Protonen** und **Neutronen,** aus denen sich ein Atomkern zusammensetzt. Rechenzentren sind also weltweit in einem sogenannten **GRID-**Netzwerk zusammengeschaltet, um die notwendige Rechen- und Speicherkapazität bereitzustellen.

Das SRI gehörte zu den ersten vier Knoten des neuen Internets (siehe Kapitel 1969). 1946 von der Stanford Universität in Palo Alto gegründet, wurde es 1970 unabhängig. Berühmt wurde das SRI 1964 durch die Erfindung der Computermaus durch Douglas (Doug) C. Engelbart und sein Team.

Die PDP-10 war eines der größten Systeme von DEC, später besser bekannt unter den Namen DECsystem-10 und DECSYSTEM-20. Es handelte sich um eine 36-Bit-Rechnerarchitektur, was auch gleich aufzeigt, warum sich diese nicht durchsetzen konnte (keine Zweierpotenz). Die PDP-10 fand ihre Freunde vor allem in der akademischen Welt, da sie im Gegensatz zum sogenannten Batch- oder auch Stapelbetrieb gegenüber den anderen Mainframes wesentlich mehr interaktive Benutzer erlaubte. Die PDP-10 KA war einer der ersten Rechner am Arpanet, dem späteren Internet. Die Beliebtheit der PDP-10 erlaubte es ihr, zum Geburtshelfer für eine Reihe weiterer wichtiger Erfindungen rund um das spätere Unix zu werden. Hierzu zählt auch EMACS, einer der beliebtesten Text- und Programmeditoren der späten achtziger Jahre. ■

1978

High Speed dank ISDN

12. Oktober 1978

Schule fördert das Spezialistentum. Da bin ich mir ganz sicher. Der Ludwig beispielsweise ist in unserer Klasse klar die Nummer eins, wenn es um Deutschaufgaben geht, Axel und meine Wenigkeit gelten als Mathe- und Physik-Asse, und Roman ist uns anderen in Sachen Fremdsprachen – besonders Englisch! – meilenweit voraus. Vielleicht hat es mich wegen meiner natürlichen Autorität und Führungsrolle in Physik- und Technikfragen besonders gewurmt, dass der Ludwig plötzlich mit seinem Onkel so rumprahlt. Der sei jetzt „beim Siemens" und entwickle eine neue Technik für das Telefonieren. „Digital" heiße das Zauberwort der Zukunft. Soweit er das verstanden habe, gehe es dabei darum, analoge Signale in elektronische Zahlenreihen (wie beim Computer im binären Code) zu übersetzen und später in ein analoges Signal zurück zu verwandeln. Mit stolzgeschwellter Brust erzählt Ludwig von einem Kurzbesuch seines Onkels am Wochenende, obwohl der eigentlich rund um die Uhr arbeiten müsse. Zumindest habe er seinen Verwandten kurz zu erklären versucht, was seine neue Aufgabe sei. Jedenfalls hört sich das mit der Übertragung in Zahlenwerte ziemlich umständlich an. Darüber werde ich mit Opa Karl noch sprechen müssen.

Nachtrag vom 12. Juni 1991

Vor ein paar Wochen hatten wir unser zehnjähriges Abi-Jubiläum, das haben wir zünftig gefeiert. Nach längerer Zeit habe ich dabei auch Ludwig mal wieder getroffen. Durch irgendein Stichwort sind wir bei unserer Plauderei auf die Geschichte mit seinem „Siemens-Onkel" gekommen. Der muss damals am Beginn dessen geforscht haben, was sich unter dem Begriff Integrated Services Digital Network (Digitales Netzwerk mit integrierten Diensten/ISDN) längst etabliert hat. Meine Neugier auf diesen Onkel war geweckt. Ludwig war dann so nett, mir dessen Koordinaten in Erlangen zu geben. Am Rande einer Dienstreise habe ich seinen Onkel, inzwischen ein waschechter Professor an der Uni, dann vergangenes Wochenende getroffen. Wir haben ein paar unterhaltsame Stunden in einem Biergarten verbracht, und Professor Degenhart[1] hatte Faszinierendes zu berichten:

„Nachdem ich bis 1977 an der TU Stuttgart (heute Uni Stuttgart) wissenschaftlich auf dem Gebiet der Halbleitertechnik gearbeitet hatte, bin ich zu Siemens nach

---

[1] Name geändert

München in ein neu gegründetes Labor für Vermittlungstechnik gekommen. Was mir im Rückblick interessant erscheint: Man redet dieser Tage so oft von dem unglaublichen Wandel und den spannenden Zeiten heute. Aber damals, das war wirklich eine der revolutionärsten Zeiten.

Ich kam in dieses Labor mit Namen ‚Mikroprozessoren'. Der Mikroprozessor ist ja etwas, was in der Zeit ganz am Anfang stand. Die Intel-Familie, z.B. hier der 8085, wurde im März 76 eingeführt. Bei Siemens war man in jenen Jahren im Bereich der Nebenstellenanlagen etwas fortschrittlicher gewesen, und die Geschäftskunden hatten auch immer besondere Anforderungen. Da verwendete man bereits mikroprozessorgesteuerte Anlagen. Zuvor, bis Ende der 1960er Jahre, funktionierten die Vermittlungssysteme rein mechanisch: höchst kompliziert, aber toll und zuverlässig. Auf diesem Sektor hatte Siemens eine absolute Weltmarktstellung. Aber dann begann der Siegeszug der Elektronik, und zwar in zwei Varianten. Zuerst ist die Digitalisierung in Form rechnergesteuerter Vermittlung Ende der 60er aus Amerika gekommen. Die zweite Welle der Digitalisierung folgte erst 1978/79, das war dann quasi die Digitalisierung auf der Anschlussleitung, auf der Leitung selbst.

Die Idee, die damals gerade entstandene digitale Computertechnik zur Steuerung der Vermittlungsfunktionen einzusetzen, kam aus Amerika. Die Rechner waren Spezialcomputer, die genau für diese Aufgaben zugeschnitten wurden, also nicht, wie später zu meiner Zeit, handelsübliche Mikroprozessoren. Sie mussten sehr schnell und vor allem hochzuverlässig sein. Als zweites kam hinzu: Statt die Eingangsleitungen mit den Ausgangsleitungen über mechanische Relaisschalter zu verbinden, machte man das – auch bei uns bei Siemens – mit elektronischen Halbleiterschaltungen, den damals frisch entstehenden „Integrierten Schaltungen", den Großvätern der heutigen ‚Chips'. Die programmgesteuerte Vermittlung hat man bei Siemens Ende der 60er begonnen, und das hieß dann „Elektronisches Wählsystem analog". Das war EWSA. ‚Analog' hieß es, weil die Sprachsignale noch nicht in Computersprache, also nicht digital, vermittelt wurden. Dieses analoge Wählsystem ist Ende der 70er eingestellt worden. Da liefen aber schon entsprechende Vermittlungsämter – so hießen die bei der Post –, und da sind tolle Ingenieurleistungen entstanden.

Siemens hat die Digitaltechnik als effizienter für die Zukunft im Sinne wirtschaftlicher Nutzung erkannt. Und da hat man gesagt, wir müssen uns selbst überholen und die alte Technik beerdigen. Eine Spiegel-Ausgabe im Oktober 1979 betitelte dieses Fallenlassen des analogen Prinzips empört mit ‚Milliarden sinnlos verpulvert'. Heute mag man sich kaum vorstellen, wie sehr das Unternehmen technologisch ins Hintertreffen geraten wäre, hätte es diese schmerzhafte Weichenstellung nicht gegeben. Zu dieser Zeit komme ich ins Spiel. Ich begann in diesem Labor, in dem man eigentlich mehr im Sinne der freien Forschung schauen sollte, wie sich etwa die Erfahrungen im Spezialrechnerbau weiter entwickeln ließen. Plötzlich kamen diese kleinen Käfer auf, die Mikroprozessoren, wobei rasch eine Generation die andere ablöste. Ganz vorne die von Intel – wie heute noch! Spektakulär war damals gerade der Wechsel vom 8-Bit-Prozessor, dem sogenannten Intel 8085, zu dem

16-Bit-Prozessor, dem 8086er. Der ist schon deshalb bekannt, weil er in vielen PC von Microsoft und IBM steckte. Was man eigentlich mit solchen ‚Mikros' machen kann, das herauszufinden war die besondere Aufgabe dieses kleinen Forschungslabors.

Als ich ein paar Wochen dort war, kam die Entscheidung der obersten Heeresleitung von Siemens, dass man in Zukunft auf die digitale Welt umstellen werde. Das lief damals intern unter dem Codenamen ‚System 8'. Das bedeutete, dass man jetzt alle Forschungs- und Entwicklungsressourcen auf dieses neue Terrain ausrichtete. Bei Siemens als einer der führenden Firmen auf dem Weltmarkt wollte man bei dieser Technik unbedingt in der ersten Liga mitspielen. Und deswegen kamen um mich herum die Leute ans Ruder, die sich mit dieser Gesamtarchitektur (das spätere ISDN) auskannten. Die Standardisierung des ISDN ist dann erst so richtig angelaufen.

Die digitale Übertragungstechnik auf der Telefonleitung selbst ist noch mal eine ganz andere Geschichte. Aber bei der Vermittlung hat sich jedenfalls eine Revolution ereignet, die ich miterlebt und mit gestaltet habe, nämlich im Bereich der Rechner. Statt selbstgestrickte Spezialrechner zu entwickeln, ist man in diesen ‚goldenen Jahren', dazu übergegangen, Multiprozessoren mit mehreren Rechnerchips von Intel oder Motorola herzustellen. Das war deswegen eine spannende Zeit, weil man mit diesen völlig neuen Bauteilen die Anforderungen dieser Vermittlungstechnik erfüllen musste. Die Hauptanforderung war höchste Ausfallsicherheit: Vorgabe der klassischen Netze ist bis heute, dass das Herz der Anlage nicht länger als zwei Stunden pro Jahr ausfallen darf! Wenn man sich das mit den vielen Chips ausrechnet, die dafür benötig werden, kann man das gleich vergessen. Die fallen viel häufiger aus. Aber die alten mechanischen Anlagen hatten mindestens diese Qualität. Die Frage lautete also: Wie komme ich auf dieses Niveau?

Fehlertoleranz hieß das Zauberwort, das über unserer Arbeit schwebte. Natürlich auch die Begriffe ‚kostengünstig' und ‚klein', das waren schließlich auch Gründe, warum man diesen Weg eingeschlagen hatte. Was ich als faszinierend empfand: Das war eine völlig neue Welt. Damals begann sowohl die Digitalisierung im Anschlussbereich und im Teilnehmerleitungsbereich, in den neuen Telefonen, aber eben auch ‚innen drin'. Jetzt hatten wir also diese Mikroprozessoren, da musste man sich mit diesem schnellen technischen Wandel befassen, und jedes Jahr (Stichwort Moore'sches Gesetz, nach dem die Mikroprozessorkomplexität sich alle zwei Jahre verdoppelt) stieg die Leistungsfähigkeit weiter an. Eine Facette: Als wir etwa 1979 mit der Generation 8086 das erste Produkt fertig hatten, haben wir von Intel direkt den 80286 erhalten, und der hatte den Vorteil, dass er wesentlich mehr Speicher adressieren konnte. Das war für die Vermittlungstechnik wichtig, weil dort sehr viel über den Hauptspeicher lief. Wenn Sie wählen, muss die Wählinformation von einem Rechner analysiert werden, und der muss in großen Tabellen nachschauen: Wo will der denn hin, und ist das belegt?

Dazu kann man keinen Magnetspeicher oder Disc-Speicher verwenden, der war damals schon zu langsam, sondern dazu braucht man das im elektronischen Hauptspeicher (so wie heute im PC das RAM). Das erfordert aber viele Megabytes. Man brauchte also einen Prozessor, der die großen Speicher adressieren konnte. Wenn sie viele Daten haben, dann müssen Sie die ja auch finden. Die alten Rechner bis zum 86er konnten nur etwa 1 Megabyte Speicher adressieren. Hinterher konnte man dann viel mehr.

Siemens hat als Großkunde mit Intel eng kooperiert, und Anfang der 80er war ich dann auch bei den Entwicklern in Santa Clara. Wir haben uns vertraulich die neuen Prozessoren zeigen lassen, damit man sehen konnte, was im darauffolgenden Jahr auf den Markt kommen würde. Die eigenartige Sache war, dass ich manchmal gedacht habe: Dieser Fortschritt ist ja unglaublich, jetzt die nächste Generation, die ist dann aber jetzt wirklich ausreichend. Dass man später eine noch mal hundertfach höhere Leistung benötigen und verwenden würde, das konnte ich mir nicht vorstellen.

Ich war als frisch promovierter, junger Ingenieur just in dieser spannende Zeit des Umstiegs auf EWS digital zu Siemens gekommen. Es gab neben uns noch Ingenieure, die die EWSA, die analoge Technik bearbeitet haben. Die waren noch drei, vier Jahre vorher angetreten, die Welt zu revolutionieren, denn davor war es ja noch eine mechanische Welt. Und wir, die wir zur Truppe EWSD gehörten, wir haben auf diese Leute schon heruntergeschaut. Wie kann man sich mit so altem Zeug beschäftigen, haben wir manchmal gelästert. Irgendwann später habe ich erst begriffen, wie revolutionär das war, was fünf Jahre vorher entwickelt worden war.

Als junger Familienvater hatte ich bei meinem Start in München das ‚Glück‘, dass meine Frau erst ein halbes Jahr später nachkommen konnte, da sie mit unserem Filius schwanger war und nicht aufstehen durfte. Dadurch konnte ich mich in meinen Job so richtig reinhängen und Tag und Nacht arbeiten. Das hat sich dann leider auch die nächsten zwei, drei Jahre nicht geändert, bedingt durch diese spannende Phase. Ich bin damals meist um sieben aus dem Haus und war abends gegen neun wieder zurück – eigentlich ein Unding für einen jungen Familienvater, und später habe ich es schon ein bisschen bereut … Aber meine Frau hat das wunderbar mitgetragen, auch als unser zweites Kind, ein Mädchen, kam. Das war eben diese Aufbruchszeit und auch der Beginn meiner Karriere.

Die Konkurrenz schlief natürlich auch nicht! Damals gab es den großen Konkurrenten in Deutschland und der Welt: ITT SEL, also Standard Elektrik Lorenz in Stuttgart, und die waren damals sehr, sehr modern. Sie hatten die modernste Vermittlungstechnik und diese digitalen Systeme, teilweise schon weiter entwickelt als Siemens. Siemens ist ja oft ein wenig später gekommen, aber dafür sehr solide. So war das wohl auch hier. Siemens ist aber in den nächsten zwanzig Jahren mit seiner Technologie zum Weltmarktführer aufgestiegen.

Zurück zu meiner Nachtarbeit. Das war insofern schön, als man in kleinen Teams versuchte, die Dinge voranzutreiben. Aus der damaligen Zeit besitze ich noch eine Rechnerplatine für so einen Computer; den zu entwickeln war meine Aufgabe, ein Teil des Gesamtcomputers, der da arbeiten sollte. Das waren ‚Multicomputer‘, weil es da viele Aufgaben gab, und die Leistung musste sehr hoch sein.

Für die Vermittlungssysteme war das neu, auch in den kommerziellen Systemen gab es noch IBM-Rechner, die über keine ‚Mikros' verfügten, und der PC stand noch auf kaum einem Schreibtisch. Wir haben selber keine PCs verwendet, die gab's einfach nicht.

Die Mikroprozessoren waren noch nicht so leistungsfähig wie heute. Die waren kaum imstande eine große Anlage zu betreiben, etwa eine mit 50.000 Teilnehmern. Das brauchte man aber. Also fuhr Siemens wie andere auch zweigleisig. Zum einen wurden mit riesigem Aufwand noch diese Spezialcomputer gebaut, die dafür leistungsfähiger waren, größer, ausfallsicherer, aber auch teurer, für die großen Anlagen. Unsere Aufgabe hingegen war es, für die kleineren Anlagen, also für ein paar tausend Teilnehmer irgendwo auf dem Land oder für spezielle Anwendungen mit den Mikroprozessoren, Lösungen zu schaffen. Dies geschah in der sicheren und später bestätigten Annahme, dass man so von unten her die Leistungsfähigkeit der großen Anlagen erreicht. Da war natürlich immer ein gewisser Wettbewerb. Denn jeder fertige Chip, ob von Intel oder Motorola, ist in seinen Fähigkeiten immer limitiert. Beispielsweise ist der Chip nicht für Vermittlungsfunktionen gebaut. Vermitteln heißt z.B. oft nur zu sagen: Leitung belegt oder nicht, Null oder Eins. Der Rechnerchip muss also keine großen Berechnungen durchführen, aber enorm rasch viele logische Entscheidungen treffen können.

Es war jetzt unsere Aufgabe zu sagen: Okay, perfekt sind die Chips nicht, aber wir kriegen das schon dahin. Natürlich mithilfe der Software, die darauf läuft, und in der Hoffnung, dass die Schwächen mit der Zeit durch den technischen Fortschritt in der Chiptechnik ausgeglichen würden, bei deutlich geringeren Kosten. So kam es schließlich auch. Wenige Jahre später wurden nur noch Mikroprozessoren eingesetzt und keine Spezialrechner mehr.

Zum anderen betraf der zweite Aspekt, der beachtet werden musste, die Ausfallsicherheit. Die Fähigkeit, dass man einen solchen Rechner sehr ausfallsicher macht, hatten die Siemensingenieure bei den Spezialrechnern zur Perfektion gebracht. Sie hatten einen zweiten Rechner, der identisch in jeder Nanosekunde jeden Befehl parallel zum ersten Rechner ausführte. Man braucht dazu natürlich eine Vergleichseinheit, die das überprüft. Und was tue ich, wenn die beiden nicht gleich rechnen? Dann weiß ich, dass einer von beiden kaputt ist, und lasse in beiden in Bruchteilen von Sekunden ausgeklügelte Testprogramme laufen um herauszufinden, wo der Fehler steckt. Und dann wird blitzartig umgeschaltet, sodass nur noch der intakte Rechner seine Vermittlungsaufgabe durchführt. Das hatten die alles schon erreicht, und es funktionierte. Allerdings mussten sie dafür den Spezialrechner bauen.

Da kommen wir zu einer anderen Frage. Wenn ich jetzt Mikroprozessoren nehme, quasi aus dem Regal von Intel, wie mache ich es dann? Die eine Methode ist, dass ich davon abgehe, mit den fertigen Chips solche echten Parallelsysteme herzustellen, weil es sehr schwierig ist. Das andere ist natürlich, dass ich einfach viele Chips nehme und aufreihe, und wenn dann einer kaputt geht, habe ich ein paar in Reserve. Dann stellt sich aber die Frage, wie ich die sogenannte Redundanz, den Mehraufwand, in den Griff bekomme. Wenn man diese Dinger so baut wie bei den

Parallelsystemen, sind die natürlich von der Zahl der Bauteile mindestens doppelt so teuer her, das ist nicht gewünscht. Also musste man darauf schauen, den Mehraufwand zu minimieren und fast keine Redundanz zu haben, trotzdem jedoch zuverlässig zu sein. Das war das Ziel, und wir haben es ganz gut erreicht.

Jetzt kam noch was anderes dazu: In der Phase, als die Mikroprozessoren geschaffen wurden, entstanden nicht nur die Chips für den Rechner selbst, sondern auch Chips, die für das Drumherum wichtig waren, für die sogenannte Peripherie, nicht nur die Speicher. Beispielsweise solche Chips, mit deren Hilfe der Rechner mit der Umgebung kommuniziert, vor allem mit den Teilnehmern. Aber auch, wenn man etwas in den Speicher schreiben wollte, wenn man einen Bildschirm ansteuern oder etwas auf einem Drucker ausgeben sollte – überall wurden plötzlich Halbleiterchips eingesetzt. Dies alles begann in dieser Zeit mit der sogenannten VLSI-Technik (Very Large Scale Integration).

Wieso kam ich nicht immer so früh heim, wie ich eigentlich wollte? Weil es so wahnsinnig spannende Problem zu lösen gab und man sich als junger, ehrgeiziger Ingenieur dabei bewähren und auch seine Chefs von sich überzeugen konnte. Die Anerkennung kam auch, da gab es Sonderzahlungen und Prämien für Mehrarbeit, und das freute natürlich auch die Familie.

Man musste die Elektronik, die man gebaut hat, selbstverständlich auch in Betrieb nehmen und testen. Dabei gab es Fehler, und wir haben natürlich auch Mist gebaut. Damit es schneller ging, arbeitete man in kleinen Teams. Jeder der drei, vier Ingenieure war für seinen Teil verantwortlich, weil man ja mehrere solcher Teilsysteme hatte: den Hauptrechner und z.B. noch eine Ein-/Ausgabe-Einheit und Software dazu. Und wenn ein solches Team funktioniert, dann kümmert es keinen, ob es jetzt etwa schon 21 Uhr und nach Feierabend ist. Die Firma übrigens auch nicht. Obwohl es da strenge Arbeitsvorschriften gibt. Aber auch die kümmerten uns wenig. Man ging dann nachts um elf zufrieden nach Hause, hatte aber das Gefühl: Gott sei Dank, den Fehler hab ich gefunden!

Damals gab es die Welt-Telekommesse in Genf (das war 1979), da durfte ich dann – das war natürlich eine tolle Sache – vierzehn Tage Standdienst machen, weil wir den neuen Vermittlungsrechner den Leitkunden vorgestellt haben. Das waren die Telekombetreiber dieser Welt. Irgendwann kam auch der Vorstand vorbei, und zwar der zuständige Bereichsvorstand, ganz alte Schule. Der kam zu mir und hat sich alles erklären lassen. Wir hinkten damals noch sehr hinter unserem Zeitplan her, und der Rechner war noch nicht fertig. Die da oben im Management hatten aber schon längst versprochen, dass diese Anlage nach Amerika geliefert werden musste. Dann kam der Boss also zu mir und sagte: ‚Okay, gut haben Sie das gemacht. Aber ich sage Ihnen, wenn Sie das nicht bis zum 1. März ganz fertig haben, dann reiß ich Ihnen den Kopf ab!'

Das hat mich dann schon etwas geschockt, später habe ich mir dann ein dickeres Fell zugelegt, und erst noch viel später habe ich erfahren, dass solche Termine in den Firmen überall meist viel zu kurz gesetzt werden. Wenn die Ingenieure, die etwas von der Sache verstehen, sagen: Also, das schaffen wir vielleicht bis zum 1. Juli, das müsste machbar sein. Dann sagt das Management: Wir haben eh alles schon nach hinten geschoben: Ihr müsst das bis zum 1. Februar schaffen. In Wirklichkeit ist aber schon der Juli-Termin optimistisch gewesen ...

Ab wann hat ISDN sich nun durchgesetzt? 1980 ist die erste EWS D-Anlage (also digital) in Hamburg in Betrieb genommen worden. Bei der Digitaltechnik hat Siemens schnell eine Spitzenposition gewonnen und ist später Weltmarktführer mit seiner Technik EWSD geworden. Das ISDN wurde in dieser Zeit weltweit standardisiert. In Deutschland gab es damals noch keine privatisierte Telekom, sondern nur die gute alte Post. Man muss aber festhalten, dass die damaligen Postchefs und auch die Postminister durchaus sehr innovativ waren. Die Post hatte damals das Geld, den Amtsbaufirmen, Siemens und SEL (Alcatel) so hohe Preise zu bezahlen, dass diese auch die Innovationen vorantreiben konnten. Die konnten sich sogar den Luxus leisten, Dinge in den Sand zu setzen.

Nun bot ISDN für die damalige Zeit eine Fülle von Leistungsmerkmalen, solche Features wie Rufumleitung, Rückruf bei Belegt, Anklopfen usw. Etwa im Jahr 1983 kamen dann die digitalen Varianten für die Nebenstellen auf den Markt. Bei Siemens hieß die HICOM, die war ebenfalls sehr innovativ. Die ist 1984 vorgestellt worden, also später als EWSD bei der öffentlichen Technik, weil man in diesem Geschäftskundenbereich vorher schon ganz gute rechnergesteuerte Anlagen hatte. Auf dem Gebiet dieser Telefonanlagen für Firmen gab es eine merkwürdige, ja für uns alle unglaubliche Entwicklung: ein Problem des Datenschutzes! Die Kunden haben die neuen Fähigkeiten zwar eigentlich gern angenommen, aber manche Firmen und vor allem auch Universitäten waren in den 80er Jahren in gewissen Bereichen teilweise extrem auf Datenschutz bedacht und fortschrittsfeindlich. Vor allem, wenn es keine technischen Universitäten waren.

Die eigentliche Kunst des ISDN und der Digitalisierung bestand darin, neue Funktionen zu schaffen. Dass ich also nicht nur Sprache, sondern auch Daten übertragen und eine Konferenz oder eine Rufweiterschaltung veranlassen kann. In den Anfangszeiten von ISDN hat man diskutiert, ob man das überhaupt braucht. Böse Zungen haben dann – auch unter dem Eindruck der oben beschriebenen Zurückhaltung bei der Nutzung der Technik – sarkastisch behauptet, ISDN stehe eigentlich für *Innovation Subscribers Don't Need* (Innovationen, die Kunden nicht brauchen). Aber die Digitalisierung war da schon nicht mehr aufzuhalten und ist ein Welterfolg geworden."

Infobox

Intel 8086, Siemens ESWD und ISDN

Es gibt sie noch, die Nutzer von ISDN, dem ersten digitalen Telefonnetz mit zwei je 64-kBit-Kanälen, auch wenn dies im Zeitalter von Flatrate und 50.000 kBit wie eine Technologie aus dem letzten Jahrhundert klingt – und das ist sie ja auch. Es gab zurzeit von ISDN bereits breitbandigere Verbindungen, die aber als Standleitungen fest zwischen den Beteiligten eingerichtet werden mussten. So gesehen war ISDN die erste für jedermann erschwingliche Hochleistungsverbindung. Hier konnte man schließlich Dateien und später E-Mails statt mit einem 12,6-kBit-Wählmodem nun mit bis zu 128 kBit austauschen.

Das Elektronische Wählsystem Digital (EWSD) ist eine Erfolgsgeschichte des Hauses Siemens. Ob Deutsche Telekom oder andere Telefongesellschaften in rund 120 Ländern dieser Erde, sie alle setzen dieses Vermittlungssystem ein. Das ESWD kann sowohl digitale ISDN-basierte als auch analoge Telefonleitungen vermitteln. Es ist für bis zu einer Viertelmillion Leitungen ausgelegt.

Wer kennt von seinem PC oder Laptop nicht den Slogan „Intel inside"? 1978 aber war Intel für viele noch ein unbekanntes Unternehmen, als es den später berühmten 8086 auf den Markt brachte. Der 8086 ist der Gründervater der 80x86-Familie, die Intel seine Weltmarktführung einbrachte. Er war der erste 16-Bit-Mikroprozessor von Intel und löste damit die bis dahin entwickelte 8-Bit-Serie 8085 ab. Sein Bruder, der 8088, wurde von IBM ab ca. 1981 in den IBM-PC XT eingebaut. Schon bald wurde der IBM-PC nachgebaut, sodass der Begriff „IBM-PC kompatibel" zu einem Marken-zeichen wurde. Dies verhalf Intel dazu, den 8086 und den 8088 erfolgreich zu ver-markten. Seitdem beherrscht Intel den weltweiten PC-Markt. ∎

1979

Tusch für den Taschenrechner mit Gedächtnis

27. Februar 1979

Den Weg in die Stadt gehen wir zu Fuß mit dem Kölschglas in der Hand. Schnell komme ich mit Barbara ins Gespräch. Attraktive Mitschülerin von Martin. Sie ist Karnevalsexpertin, zeigt mir den diesjährigen Karnevalsorden und erzählt vom Dreigestirn: Alle drei gehören zum Karnevalsverein „Blaue Funken". Der Prinz Herrmann-Joseph I ist Inhaber einer Maschinenfabrik, der Bauer Rainer Leiter eines Schuhbetriebs und die Jungfrau Hannie (Hans-Georg) Inhaber mehrerer Frisörgeschäfte. Also alle Unternehmer. Unternehmerin möchte Barbara aber nicht werden. Sie hat als Frau ja sowieso keine Chance auf einen Platz im Kölner Dreigestirn. Reine Männersache. Was interessiert sie? Mathematik und Technik. Klasse Kombination: eine nette blonde Frau, die sich für ähnliche Dinge interessiert wie ich.

Sie hat es echt gut. Ihr Vater ist Finanzmathematiker bei einer Versicherung, und sie kann öfter mal seinen High-End-Taschenrechner benutzen: Hewlett Packard HP 38/E. Der ist erst letztes Jahr rausgekommen. Aber der Firma des Vaters geht es gut. Jeder der Ingenieure bekommt so ein teures Ding. Der Rechner ist programmierbar, erzählt sie mir. Und da sie einen programmierbegeisterten Mathelehrer hat, der eigentlich noch Student ist, bereitet sie zu Hause gerade eine Präsentation dieses Rechners vor.

Da laufe ich also mit einem Bierglas in der Hand durch die Straßen Kölns, überall verkleidete „Karnevalsjecken", wie die das hier nennen, und habe eins der interessantesten Gespräche seit Langem. Barbara erklärt mir, wie man einen solchen Rechner programmiert. Programmieren heißt: Der Rechner merkt sich eine Reihe von Anweisungen. Die kann er immer wieder hintereinander ausführen, aber mit unterschiedlichen Daten. Das Demo-Programm, das sie mit ihrem Vater entwickelt hat, approximiert die Quadratwurzel einer positiven Zahl. Aber Barbara kommt mit der Erklärung nicht weit. Je näher wir dem Rosenmontagszug kommen, desto lauter und lebendiger wird es.

Am Zugweg finden sich immer wieder Gruppen von Clowns. Einer schleppt die „dicke Trumm" (eine große Trommel zum Umhängen), auf der der Rhythmus der Karnevalslieder gespielt wird. Alle kennen die Texte, und alle grölen mit. Und dann: „De Zoch kütt" – der Rosenmontagszug kommt. Spielmannszüge von überall her, riesige Wagen. Das ganze dauert gut drei Stunden. Und danach in die Kneipe. Da ist keine Zeit mehr für Gespräche übers Programmieren.

Aber glücklicherweise hat mich Barbara zu ihrer Präsentation heute Morgen eingeladen. Etwas ungewöhnlich. Am Karnevalsdienstag. Die Schüler, die da sind, hängen müde auf ihren Stühlen. Aber es ist die letzte Stunde des Lehrerstudenten. Und das wollte ich mir doch nicht entgehen lassen.

Barbara fängt noch einmal von vorne an. Das Problem, das sie lösen will, besteht darin, die Quadratwurzel einer positiven Zahl n zu approximieren. Das Verfahren startet mit einer ersten Approximation A. Daraus wird dann die neue Approximation

B = (A + (n/A))/2

berechnet. Anschließend wird A durch B ersetzt. Ich habe mir das gerade noch einmal an einem Beispiel klargemacht. Ich versuche, die Quadratwurzel von 9 zu berechnen. Als erste Approximation nehme ich A=1. Dann erhalte ich nacheinander die Approximationen 5, 3.4, 3.02353. Das letzte Ergebnis stimmt zwar noch nicht ganz, ist aber schon ziemlich gut. Das kann sie nun tatsächlich auf ihrem HP 38/E programmieren. Dazu braucht man eine Programmiersprache, in der die Programmiererin dem Rechner sagt, was er machen soll. Für den HP 38/E ist das RPN. Das heißt Reverse Polish Notation. Und so sieht die Formel für den neuen Approximationswert als Programm aus.

RCL1, RCL2, /, RCL2, +, 2, / STO3

Das bedeutet: „Erinnere dich" an den Inhalt in Speicherplatz 1 (RCL: recall, das heißt erinnern). Der ist n. Erinnere dich an den Wert von Speicherplatz 2. Der ist A. Dividiere den vorletzten Wert durch den Letzten. Berechne also n/A. Erinnere dich wieder an den Wert A des zweiten Speicherplatzes. Addiere den letzten und den vorletzten Wert, berechne also n/A + A. Dividiere das Ganze durch 2.

Das ist ja eigentlich ganz logisch. Aber umstellen muss ich mich doch ganz schön, um so zu denken. Ich bin beeindruckt, wie souverän Barbara das alles beherrscht, und wie anschaulich sie es an der Tafel erklärt. Da wachen auch einige vom Feiern erschöpfte Mitschüler aus ihrer Trance auf. Leider ist das Programm weg, als Barbara den Rechner abschaltet. Da müssen sich die Techniker noch etwas einfallen lassen. Aber dieses kleine Wunderwerk an sich hätte schon mehr als einen kräftigen Karnevalstusch verdient.

Infobox

Hewlett-Packard

Die berühmteste Garagenfirma der Welt entstand in Palo Alto, Kalifornien: Hewlett-Packard. Die beiden Pioniere **William (Bill) Hewlett** (1913–2001) und **David Packard** (1912–1996) gründeten ihre Firma bereits 1939 als Technologieunternehmen. Ihr erstes Produkt war ein Tonfrequenzgenerator, von denen die Walt Disney Studios für ihren Zeichentrickfilm „Fantasia" acht Stück kauften.

Der erste wissenschaftliche Taschenrechner der Welt war der HP-35, der 1972 auf den Markt kam. 1978 folgten der **HP-38E** und ein Jahr später sein Bruder der **HP-38C**. Dies waren die ersten programmierbaren Taschenrechner. Damit konnte man neben den bereits mitgelieferten Funktionen und Programmen eigene dazu programmieren. Der HP-38C konnte die Programme sogar speichern.

Mit der Einführung des Tintenstrahldruckers **HP ThinkJet** für den Heimbetrieb begann der Siegeszug von HP als führender Druckerhersteller. Heute ist HP durch Zukäufe von Compaq und EDS im harten Wettbewerb zu IBM zum größten IT-Unternehmen der Welt aufgestiegen. ∎

1980

„Da stimmt wohl was mit dem Computer nicht"

4. September 1980

Heute ist ein historischer Tag. Für wen? Deutschland, Europa oder gar die ganze Welt? Nein, nur für mich! Ich bin achtzehn, und endlich kann ich meinen Traum auch steuern, statt nur darauf zu starren. Seit einer Woche steht er vor der Haustür: ein weißer Opel Kadett C! Klar, nicht gerade ein Kultauto wie eine Ente, aber ich wollte es erstens bequem und zweitens preiswert. Da fiel die Wahl auf ihn, PM 76. So lautet das Kennzeichen. Er wurde 1976 von seinem Erstbesitzer, meinem Vorgänger namens Peter Müller, gekauft und angemeldet.

Also starte ich die Jungfernfahrt zu Axel. Axel ist vor ein paar Wochen auch achtzehn geworden und hat seinen amerikanischen Gastschüler Dave zu Besuch. Der hat einen echten Commodore VC20 mitgebracht. Kam in Amerika erst im Juni raus und soll ab Januar auch bei uns zu haben sein. Um die 1500 D-Mark soll das Teil dann kosten. Das wäre schon ein halber PM 76! Immerhin: Der Rechner verfügt über 5 KB Hauptspeicher. Und Dave will Axel heute zeigen, wie man in BASIC programmiert. Da muss ich doch mal kurz vorbeischauen, ehe ich dann die Fete für heute Abend organisiere. Als ich hinkomme, sind beide tierisch frustriert. Sie bekommen das Ding nicht ans Laufen, trotz Spannungswandler auf 110V. Als ich lapidar feststelle, dass da wohl was mit dem Computer nicht stimmt, schauen die beiden mich derart blöd an, dass ich gleich wieder los bin. Jetzt muss ich erst einmal das Bier besorgen. Mit dem PM 76 geht das echt easy.

Mich haut es heute echt von den Socken. Opa Karl hat sich nicht lumpen lassen und mir den Schüleraustausch mit Südafrika geschenkt. Ich wollte da unbedingt hin, aber die fast 2000 DM für die Reise war meinen Eltern verständlicherweise zu teuer. Opa meinte nur: „Du musst die Welt sehen, damit Du weißt, was Du werden willst."

3. November 1980

Andere Länder – andere Sitten. Wir sind vor zwei Tagen in Südafrika angekommen. Ich bin bei Andrew einquartiert worden. Seine Familie ist echt nett und sein Onkel Danie ist ein waschechter Bure. Sein Englisch allerdings stellt mich auf eine harte Probe. Ich muss unbedingt mal nach England oder in die USA, um mein Englisch zu verbessern.

Heute Abend gab es ein Barbecue, wie das hier heißt. Es ist ja wunderbare 25 °C warm, schließlich wird es bald Sommer hier. Danie war auch da und hat von seinen aktuellen Arbeiten erzählt. Sie haben gerade neue Computer eingeführt. Allerdings waren die grundlegenden Schwierigkeiten, die bei der Einführung herrschten, wohl so, wie es das Computing der Zukunft zu werden verspricht: ubiquitär, also allgegenwärtig. Und das größte Problem war die Akzeptanz. Danie philosophierte: „Wenn Menschen murrend beginnen, einen Computer zu nutzen, wird jeder auftretende Fehler nur zu einem weiteren Beweis für die immanente Fehlbarkeit dieser Maschine."

Und dann holte er etwas aus: „Nachdem 1975 in Südafrika das Farbfernsehen eingeführt wurde, folgte 1976 das Jahr der Computer und der weltweiten Kommunikation. Dabei handelte es sich natürlich nicht um die moderne ICT, die wir heutzutage meinen, wenn wir von Informations- und Kommunikationstechnologie sprechen, sondern vielmehr um Öffentlichkeitsarbeit und Marketing-Kommunikation – um ‚echte' Kommunikation eben." Dieses Zeitalter brach jetzt mit dem Einsatz der ersten PCs am Fachbereich für Kommunikation und Marketing der hiesigen Universität von Pretoria an.

„Das Südafrika der späten 1970er Jahre war von Unruhen geprägt. Der Aufstand in Soweto 1976, die Ausgrenzung einzelner Gruppen, Apartheid, Enteignungen und Ausnahmezustände hatten weitreichende Auswirkungen auf die Gesellschaft, die öffentliche Meinung und die Verfügbarkeit neuer Technologien. Ganz zu schweigen davon, dass Pressefreiheit und der Zugang zu Publikationen, die von der Zensurbehörde verboten wurden, praktisch nicht gegeben war. Trotz dieser Hürden entstanden in Südafrika hochentwickelte Technologien und ein ganzer Sektor, der sich mit deren Entwicklung befasste. Vielleicht geschah dies im Geiste des medizinischen Durchbruchs Dr. Christiaan Barnards, der in den 1960ern Louis Washkanski mit der ersten Herztransplantation zu einem neuen Herzen verhalf.

Für den Durchschnittsbürger war jedoch die Einführung des Farbfernsehens die wohl größte Errungenschaft. Viele von ihnen konnten sich keinen eigenen Fernseher leisten, um die Live-Ausstrahlung der Testbilder 1975 zu verfolgen, also strömten sie abends in die Innenstädte, um die Testbilder auf den winzigen Bildschirmen in den Schaufenstern vieler Einrichtungsgeschäfte zu sehen. Die Ladenbesitzer sahen darin die Chance, Tausende der kleinen Wunderkästen an neue Kunden zu verkaufen.

Die Einführung des Testfernsehens 1976 führte zu einer wahren Explosion an Zuschauern vor den Schaufenstern nach 18 Uhr: Mit geröteten Augen drückten sie sich an den Scheiben die Nasen platt, um die beste Sicht auf das zu haben, was folgen würde. Die erste Ausstrahlung einer Nachrichtensendung und *Haas Das se Nuuskas* (etwa: Die Sendung mit dem Hasen) ist jedem noch gut im Gedächtnis, ungeachtet der Tatsache, dass beide wahrscheinlich vom Staat produziert und zensiert wurden."

Dies ist die Geschichte des PC und dessen Einführung an der University of Pretoria sowie der Verwendung von Datenbanken und Matrixdruckern, die das Leben von anerkannten und weniger professionellen Spezialisten und Verwendern im Bereich Öffentlichkeitsarbeit und Kommunikation bereichert haben.

Danie erzählte weiter: „Eine ganze Weile lang stritten sich die Universitätsverwaltung und die PR-Spezialisten darüber, ob man Großrechnern oder normalen PCs den Vorrang gegen sollte. Laut IT-Experten boten Großrechner die Möglichkeit, das Problem der PR-Datenbanken, des Kundeninformationssystems und anderer Herausforderungen in den Griff zu bekommen. Die Frage war nur, wie lange es dauern würde, ein entsprechendes Programm zu schreiben.

Die erste Runde ging an uns, die Kommunikations- und Verhandlungsexperten. Vielleicht auch deswegen, weil die Entscheidungsträger der Universität wenig von IKT und deren Anwendung verstanden. Die Hauptsache war, dass die Entscheidung die weitere Beschaffung von PC und Druckern vorsah.

Welches Equipment wir von welchem Hersteller beziehen wollten, war noch nicht klar. Wir wussten allerdings schon ganz genau, was das neue Material leisten können musste. Um nur einige Punkte zu nennen:

- Das System sollte die Stammdaten von Sponsoren und potentiellen Geldgebern – wie beispielsweise Namen, Leiter, Adresse, physische Adresse und andere Angaben etc. – speichern.
- Die Informationen sollten in einem Format bereitgestellt werden, mit dem wir das öffentliche Interesse der Sponsoren und Teilhaber sowie die Gesamtsumme der Spenden an die Universität erfassen konnten.
- Die gesamte Korrespondenz mit den Teilhabern sollte erfasst werden.
- Die Namen Einzelner in der Datenbank sollten unter einem Buchstaben pro Gruppe von Teilhabern zusammengefasst und mit diesem verbunden werden und personalisierte Serienbriefe ermöglichen.

Wir kamen zu dem Schluss, dass der Wang 8-Zoll-Disketten-Computer und Matrixdrucker die richtigen Geräte für uns sind. Der Verkäufer bot zusätzlich zu den Geräten einen Einführungskurs, Wartung und sonstige Unterstützung an, einschließlich der Installation des Datenbankgerüsts, das wir für unsere Zwecke benötigten.

Dann kamen schließlich die Kisten an, die auf wundersame Art und Weise die vielen Aktenschränke und Ordner ersetzen sollten – und vielleicht auch unsere Fähigkeit, Hunderte von Namen und Nummern und die Verbindung zwischen Informationen und Menschen im Gedächtnis zu behalten. Darüber hinaus aber liefert das neue System manchen von uns neue Ausreden für ihre Inkompetenz: ‚Die Maschine ist schuld‘, ‚Ich weiß nicht, was passiert ist, aber die Daten sind einfach verschwunden‘, ‚Die Diskette muss kaputt sein‘.

Die Angst vor Veränderung ist offensichtlich sehr groß, zumal wir nur wenig darüber wissen, wie wir diese richtig angehen sollen und wie wir das Bewusstsein und die Denkweise der Beteiligten ändern können. Wir gingen wohl davon aus, dass unsere Kollegen die Innovationen einfach so akzeptieren würden – die Wundertechnologie, die die Arbeit erleichtern und gleichzeitig effizienter machen kann. Wir erwarten einfach, dass sie es irgendwie hinkriegen, aber es gibt Widerstand".

„Seit drei Monaten stehen die Systeme und die Datenbank nimmt langsam Gestalt an, und wir waren froh darüber, dass wir endlich anfangen konnten, Daten zu speichern. Diese beliefen sich auf fast 3000 unseren Anforderungen entsprechenden Dateien. Die ersten Testberichte und Entwürfe für Serienbriefe wurden vor ein paar Wochen gedruckt, und schon wurden Stimmen laut, die sich das alte Ordner- und Kugelkopfschreibmaschinensystem zurückwünschten.

Der ohrenbetäubende Lärm der Matrixdrucker wurde zu unserem ersten Problem. Egal, wo man sich im Büro befand: Telefonieren oder auch persönliche Gespräche waren nicht möglich. Die Antwort des Verkäufers darauf: maßgefertigte Druckerschränke, die dem Aussehen nach an überdimensionale Brutkästen in der Säuglingsstation eines Krankenhauses erinnerten. Der Lärmpegel sank in der Tat, allerdings bereitete es Probleme bei der Papierzufuhr. Wir benutzen Endlospapier, weil es noch keine Papierfächer für größere Mengen einzelner Seiten gibt."

Das mit dem Lärm von Matrixdruckern hat mir auch meine Mutter erzählt. In dem Büro der Spedition, wo sie arbeitet, haben sie auch so ein Ding und es nervt alle, wenn wieder eine Tour über viele Seiten ausgedruckt werden muss.

Zurück zur Datenspeicherung: „Auf den Fluren, im Schriftverkehr und in Unterhaltungen kam immer wieder die Bedeutung von Backups auf. Werden Daten von der Diskette gelöscht, wird sie zerstört oder verschwindet sie, so sind alle Daten unwiderruflich weg. Die Angestellten, die für die Datensicherung zuständig sind, nehmen, wie viele von uns heutzutage, das Thema Backup nicht sehr ernst, und mit einem einzigen Tastendruck waren alle Informationen weg, die wir über Wochen hinweg auf unzähligen Disketten gesammelt hatten. Die Entschuldigung: ‚Da stimmte wohl was mit dem Computer nicht' – oder ist es vielleicht doch passiver Widerstand gegen die neuen Technologien?"

Diese Geschichte ist ganz nach meinem Geschmack – etwas für mein Tagebuch. Danie hat mich eingeladen, auf Safari mitzukommen. Er meinte, ich müsse mir selbst ein Bild von dem Land machen. Auch müsste ich die „Big Five" in der Natur erleben. Was denn wohl die „Big Five" wären, fragte ich. Er schmunzelte nur vielsagend ...

Infobox

Commodore und 8-Zoll Disketten

Das 1954 von **Jack Tramiel** gegründete Unternehmen **Commodore Business Machines** stellte zunächst Schreibmaschinen her. Berühmt wurde es rund dreißig Jahre später mit dem Heim-PC **C64**, der über zwanzig Millionen Mal verkauft wurde. Der Vorgänger **VC20** war der erste Heimcomputer von Commodore und besaß einen Hauptspeicher von 5 KB. Das entspricht etwa einem Millionstel dessen, was heutige Heimcomputer haben. Obwohl Commodore bereits 1962 an die Börse ging, endete die Ära von Commodore 1994 schon wieder, abgelöst von den IBM-kompatiblen PCs anderer Hersteller.

Der wichtigste portable Datenträger jener Zeit war die **Diskette**, auch floppy disk genannt. Der Namen sagt es: Es handelt sich um eine flexible Kunststoffplatte. Das ursprünglich von IBM entwickelte Format einer 8 Zoll (200 mm) großen Diskette war für den späteren PC-Einsatz ungeeignet und wurde durch die dann sehr populär gewordene 5-1/4-Zoll große Diskette ersetzt. Auf den ersten Disketten konnte man zwischen 80 und 160 KB speichern, später erreichten sie bis zu 1,2 MB. Abgelöst wurden Disketten zunächst durch beschreibbare **CD-ROMs**, aber der wirkliche Durchbruch gelang mit den heute populären USB-Sticks, die eine sogenannte **flash disk** besitzen. ■

1981

Ein Sommer in Massachusetts

Sommer 1981

Direkt nach meinem Abitur bot sich mir die Möglichkeit, den Sommer in Amerika bei einem Freund meines Vaters zu verbringen. Er hieß John Norris, lebte in Massachusetts und arbeitete bei einer Firma namens Wang Laboratories, die spezielle Computer baute, um Schreibmaschinen zu ersetzen. Ich durfte in Johns Haus am See wohnen und bekam bei Wang Laboratories für einige Monate eine Praktikantenstelle. Hier sind die Aufzeichnungen aus meinem damaligen Tagebuch.

2. Juni 1981. Ich kam am Flughafen in Boston an, wo John und seine Familie bereits auf mich warteten. Es dauerte ewig, bis ich durch den Zoll und die Einwanderungsbehörde gekommen war. John hat zwei Kinder: Sein Sohn ist drei und seine Tochter fünf. Ich durfte vorne sitzen, um mir die Gebäude von Boston und die Landschaft anzuschauen. Der Ort, in dem John lebt, erinnert mich an meine Kindheit in Deutschland. Er ist klein und von Wald umgeben. Sein Haus liegt an einem See, in dem man schwimmen und auch segeln kann. Der Sommer wird sicher lustig, aber jetzt im Moment bin ich so müde, dass ich einfach nur ins Bett fallen und ein paar Tage durchschlafen will.

4. Juni 1981. Ich glaube, ich bin endlich halbwegs wiederhergestellt. Die meiste Zeit habe ich ferngesehen und versucht, die Sendungen auf Englisch zu verstehen. Nächste Woche muss ich ja bereits im Büro anfangen. John hat angeboten, dass ich gleich am Montag mitkommen soll, weil da eine Einführungsveranstaltung für neue Mitarbeiter stattfindet. Als Praktikant muss ich da zwar nicht hin, aber er meint, es wäre gut für mich, etwas mehr über die Firma zu erfahren, für die ich den Sommer über arbeiten werde. Den Nachmittag habe ich in einem Gummireifen auf dem See treibend verbracht, sehr entspannend. Abends haben wir dann „The Incredible Hulk" gesehen, eine TV-Show, die auf einem Comic basiert. Es geht um einen amerikanischen Wissenschaftler, der sich in ein grünhäutiges Monster verwandelt. Vielleicht suche ich mir mal den Comic raus, um mit der hiesigen Popkultur vertraut zu werden. Ich weiß nicht, ob das hilft, aber wenn schon, denn schon!

8. Juni 1981. John hat mich heute mit ins Büro genommen. Er hat mir erklärt, dass er bei Wang in einem neuen Team arbeitet, das für die Firma Halbleitergeräte baut. Dr. Wang hat die Vision, dass Elektronik immer kleiner wird und Radios und sogar Computer bald auf Chips passen, die so groß wie ein Stück Schokolade sind.

Zum Bau dieser neuen Geräte hat Dr. Wang vor allem Experten eingestellt, die wie John ihren Hintergrund in der Physik haben. Mein Vater hat John in Darmstadt bei dessen Physikstudium kennengelernt. Die Einführungsveranstaltung dauerte fast den ganzen Tag, und wir bekamen vor allem Ton- und Videoaufnahmen vorgeführt, in denen die Geschichte des Firmengründers Dr. Wang erzählt wurde.

Dr. Wang verließ China nach dem Krieg mit Japan und begann ein Studium an der Universität Harvard in Boston. Während er in Physik promovierte, erfand er den „Kernspeicher", der ein wichtiges Element der frühen Rechenmaschinen war. Im Prinzip handelte es sich um eine reihenförmige Anordnung von kleinen magnetisierten Eisenringen, Ringkerne genannt, auf denen Informationen für den Computer gespeichert wurden. Von dem Geld, das ihm große Computerfirmen für seine Erfindung zahlten, gründete Wang sein eigenes Unternehmen.

Zu den ersten Produkten von Wang Laboratories gehörten frühe Elektrogeräte wie Tischrechner, die den von Dr. Wang erfundenen Kernspeicher nutzten. Den Durchbruch aber schafften sie mit einer „elektrischen Schreibmaschine", die das Verfassen von Dokumenten vereinfachte. Man konnte seinen Text nämlich auf einem elektronischen Bildschirm, ähnlich einem Fernseher, korrigieren, bevor man ihn druckte. Die Leute fanden das viel praktischer als die herkömmliche Schreibmaschine.

Auf der Heimfahrt hat John mir erzählt, dass Dr. Wang von allen nur „der Doktor" genannt wird, sogar, wenn er anwesend ist. Das finde ich ein wenig seltsam, aber was soll's? Am Montag bekomme ich meine erste Aufgabe.

13. Juni 1981. Heute haben wir im Kino den neuen Film „Indiana Jones" gesehen. Seine Kinder sind noch zu klein dafür, also ist John mit mir hingegangen. Ehrlich gesagt glaube ich, dass *er* den Film gern sehen wollte und seine Frau keine Lust hatte. Die Schlange vor der Kasse war enorm lang, und der Kinosaal war vollbesetzt. Ich bin mir nicht sicher, ob ich auf Englisch alle Witze verstanden habe, aber ich kann mir den Film ja in Deutschland nochmal anschauen und ihn dann mit dem Original vergleichen.

15. Juni 1981. Heute wurde mir meine erste Aufgabe zugeteilt. Ich glaube, es wird einige Tage dauern, bis ich überhaupt kapiere, worum es hier eigentlich geht. Die ganze Sache ist für mich besonders aufregend, weil es auf der Welt nur wenige Menschen gibt, die wissen, wie man diese großen Halbleiterelemente baut, und ich darf mit ihnen zusammenarbeiten. Darüber schreibe ich später bestimmt noch mehr. Wenn ich das soweit richtig verstanden habe, versuchen wir hier, die Basisfunktionen des Wang-Prozessors in einen einzelnen Chip zu packen. Es gibt bereits einen „Mikroprozessor", der sozusagen das Gehirn des Wang-Rechners ist, aber er stammt von einer anderen Firma. Wir nehmen ein paar einzigartige Eigenschaften davon, wie zum Beispiel das Übertragen von Dokumenten von einem Rechner auf einen anderen, und das wollen wir dann in einen Chip stecken.

Der Prozess insgesamt scheint so abzulaufen, dass zuerst Elektroingenieure festlegen, was das Ziel ist, und das dann in eine „Logik" übertragen, die wie ein Haufen Kästchen mit Etiketten dran aussieht, die mit Linien verbunden sind. Jedes Kästchen, auch „Gatter" genannt, setzt eine elementare Funktion der digitalen Logik um. Ein UND-Gatter schaltet bei zwei anliegenden Eingangsbits wie folgt: 1 UND 1 = 1, 1 UND 0 = 0 sowie 0 UND 0 = 0. Bei einem ODER-Gatter wird wie folgt geschaltet: 1 ODER 1 = 1, 1 ODER 0 = 1, 0 ODER 0 = 0.„. Wenn man alle Kästchen verbindet und mit einer Uhr synchronisiert, können sie tatsächlich etwas leisten, zum Beispiel einen Brieftext durch Signale über ein Kabel übertragen, sodass man ihn von einem Rechner zum anderen transferieren kann.

Im nächsten Schritt überträgt dann ein sogenanntes Layout-Team diese Grafik als Linien und Kästchen auf eine flache Silikonscheibe. Aus den Rechtecken werden dann Transistoren, und die Linien werden zu „Drähten". Die Rechtecke werden wie ein Butterbrot in sogenannten „Layern" (Schichten) aufeinander gepackt, und daraus wird später der tatsächliche Chip. Wenn sich ein Rechteck auf einer Ebene mit einem anderen auf einer anderen Ebene überlappt, entsteht ein Transistor. Diese werden dann auf den obersten beiden Layern verbunden, indem man Metall auf die Oberfläche aufträgt.

Ganz früher haben die Layout-Teams wirklich noch mit bunten Plastikstücken und Messern gearbeitet und die Layer Stück für Stück auf Plastikplatten aufgebaut. Als die Schaltkreise noch simpel waren, war das kein Problem, aber für größere Projekte (beispielsweise einen Rechner in einen Chip zu bauen) ging das natürlich nicht mehr. Irgendwann begann man, Computer mit Computern zu designen. Die Rechtecke und Drähte wurden in Rechnern gespeichert, die die Layout-Teams „Workstation" nannten, und so gestaltete man dann die Layer des Chips. Die Software dafür wird vom CAD-Team[1] geschrieben, und mit denen arbeite ich auch. In ein paar Tagen kann ich sicher besser erklären, was ich genau mache.

Der letzte Schritt im Prozess ist die chemische Umwandlung der Muster in echte Elektronik. Das geschieht, indem auf die Layer eine „Fotomaske" aufgebracht wird. Mit diesen Masken wird immer mehr Material appliziert, bis alle Transistoren an Ort und Stelle sind. Dann werden die obersten beiden Layer verbunden, indem flüssiges Metall in einem Muster aufgesprüht wird. Zum Schluss setzt man den Baustein in eine Plastik- oder Keramikhülle, die Gehäuse genannt wird. Feine Drähte führen von der Oberfläche des Chips zu Kontakten im Gehäuse. Diese Kontakte verbinden den Chip mit der Außenwelt.

18. Juni 1981. Wie man schon an meiner Beschreibung der Herstellung der Halbleiter sieht, ist der Prozess sehr kompliziert und involviert viele verschiedene Leute. Ein einziger Fehler an einer beliebigen Stelle kann alles kaputtmachen, und deshalb ist es wichtig, dass die Qualität ständig überprüft wird, sonst funktioniert der Chip vielleicht am Ende gar nicht. Da das Designen ja am Computer gemacht wird, kann die Kontrolle von einer Software übernommen werden.

Und genau daran werde ich in diesem Sommer arbeiten. Ich helfe dabei, ein Computerprogramm zu schreiben, das „Design Rule Check" heißt. Das Bauen von Transistoren ist nun mal durch die Gesetze der Physik beschränkt, und wenn die Rechtecke nicht passen, dann funktioniert auch der Transistor nicht. Um zum Bei-

---

[1] Computer-aided Design, computergestütztes Design

spiel dem Fotolithografieprozess gerecht zu werden, mit dem die Masken hergestellt werden, müssen die Rechtecke eine bestimmte Länge haben. Wenn sie zu klein sind, werden sie nicht auf der Maske erscheinen, und es wird später kein Transistor entstehen. Auch durch die chemischen Eigenschaften der verwendeten Materialien werden Restriktionen geschaffen: Zum Beispiel müssen sich die beiden überlappenden Rechtecke, die den Transistor bilden, in einem ganz bestimmten Maß überlappen, sonst verhält sich der Transistor nicht richtig.

Mein Job ist es, all die Regeln und Vorgaben, die die Chemiker, die die Chips bauen, festgelegt haben, in ein Computerprogramm zu verwandeln. Das Programm prüft dann die Beschreibung der Rechtecke und Linien und stellt sicher, dass sie regelkonform sind. Das ist ziemlich anspruchsvoll. Der Computer kann nur ganz einfache Geometrie, also muss ich Anweisungen entwerfen, die den gesamten Aufbau aus Rechtecken und Linien über alle Layer des Chips hinweg prüfen und aufzeigen, wo Probleme liegen könnten. Was das Programm dann ausspucken soll, sind bunte Kästchen, die dem Layoutteam zeigen, wo die Fehler liegen. Echt cool. Im Prinzip bringe ich dem Computer bei, einen Satz Linien und Kästchen in einen anderen Satz Linien und Kästchen umzuwandeln.

Nervig ist, dass die Dokumente mit den Regelvorgaben streng geheim sind, weil eine andere Firma die Halbleiter herstellt und dadurch die erforderlichen chemischen Prozesse ihr geistiges Eigentum sind. Die Unterlagen sind in einem abgeschlossenen Schrank, und jedes Mal, wenn ich sie brauche, muss ich sie extra aus dem Schrank holen. Ich darf sie nicht auf meinem Tisch liegen lassen, wenn ich in die Kantine gehe usw. Sie sind sogar auf rotes Papier gedruckt, damit man sie nicht kopieren kann.

24. Juni 1981. Besonders spannend finde ich an meinem Praktikum, dass ich so viele verschiedene Leute kennenlerne, die alle am Herstellungsprozess der Halbleiter beteiligt sind. Die Unterhaltungen beim Essen sind immer interessant. Es gibt hier auch sogenannte Lunch-Seminare, bei denen einer aus dem Team versucht, den anderen zu erklären, was er eigentlich macht. Das ist wichtig, weil alle Schritte im Prozess eng verzahnt sind. Um meine Arbeit gut zu machen, muss ich also zum Beispiel auch etwas von der Physik der Transistoren verstehen. Das ist richtig toll, weil ich so Einblick in verschiedene Disziplinen bekomme, bevor die Uni anfängt.

Einige von den Leuten, die ich bis jetzt kennengelernt habe, sind: 1. Software-Entwickler – Weil Computer im Prozess der Herstellung so wichtig sind, wird viel davon über Software gemacht. Das ist eine interessante Arbeit, weil man nicht nur programmieren können, sondern auch die elektrotechnische Komponente verstehen muss. 2. Physiker und Chemiker – Bei der Herstellung der Bausteine laufen komplexe physikalische und chemische Prozesse ab. Deshalb kommen viele meiner Kollegen aus der Chemie und der Physik. Manche beschäftigen sich mit dem Bau des Transistors und der Drähte an sich, andere mit der „Verpackung" des Bausteins, also dem Gehäuse, der Verbindung nach draußen, und der Platzierung auf der Platine. 3. Statistiker – Weil der chemische Prozess, mit dem Halbleiter gebaut werden, so kompliziert ist, funktionieren am Ende selten alle Werkstücke. Deswegen analysieren Mathematiker die Zwischenergebnisse zu verschiedenen Zeitpunkten und berechnen, welche Varianten zu besseren Resultaten führen. 4. Qualitätsprüfer – An vielen Punkten im Prozess wird von ihnen geprüft, ob alles korrekt gefertigt ist. Am spannendsten ist der Schluss, wenn das Endprodukt getestet und dann einem künstlichen Alterungsprozess unterworfen wird, um zu sehen, wie lange es hält. Die Qualitätsprüfer entwerfen gemeinsam mit den Statistikern Verfahren, die Alterung und Abnutzung simulieren sollen. 5. Maschinenbauer – Weil der Herstellungsprozess so empfindlich auf Verschmutzung reagiert, arbeiten die meisten Maschinen in einer abgedichteten Umgebung. Die Maschinen sind sehr groß und kompliziert, und die Maschinenbauer kümmern sich um ihre Instandhaltung.

2. Juli 1981. In ein paar Tagen fahre ich mit John und seiner Familie in den Urlaub nach Vermont. Vorher habe ich noch ein Sicherheitstraining mitgemacht, auch wenn es jetzt eigentlich egal ist, weil die Wang-Produktion geschlossen sein wird, wenn ich zurückkomme, aber ich war neugierig. Mir war vorher nicht klar, wie gefährlich die Chemikalien sind, die für die Halbleiterproduktion verwendet werden. Ich glaube, die Kernaussage des einstündigen Kurses lässt sich zusammenfassen zu: „Wenn ihr den Alarm hört, rennt um euer Leben!". Besonders gruselig ist die Vorstellung, dass bei einem Alarm automatisch alle Türen abgeriegelt werden, und wenn man dann drinnen gefangen ist, kann man sterben (je nachdem, was das Problem ist). Allerdings ist es seltsam, dass das Gebäude zwei Stockwerke hat und die Büros im oberen Geschoss liegen. So können doch die Chemikalien leichter Richtung Mitarbeiter gelangen, aber die Mitarbeiter können ihnen schlechter entkommen. Das finde ich sinnlos, aber ich habe nichts gesagt, weil ich nur ein Praktikant bin und eh bald heimfahre.

Außerdem hätte man das Gebäude vielleicht nicht direkt neben einen Bahnhof bauen sollen. Die Ausstattung reagiert so empfindlich auf Erschütterung, dass man das Fundament auf Stoßdämpfer bauen musste. Warum? Hätte man nicht einfach an einem Ort bauen können, an dem nicht ständig der Boden wackelt? Ich vermute ja, dass da die örtlichen Behörden dahinterstecken. Scheinbar wurden Dr. Wang kostenloses Land und andere finanzielle Anreize geboten, damit er seine Firma in dieser Gegend ansiedelt. Die Stadt, in der ich arbeite, war eine der ersten amerikanischen Industriestädte, aber viele Fabriken sind schon vor Jahren geschlossen worden, also werden Stellen für Facharbeiter dringend benötigt.

4. Juli 1981. Kurz vor der Abreise in Richtung Berge ist John mit uns nach Boston gefahren, um die berühmten Feiern zum 4. Juli, dem „Unabhängigkeitstag", anzuschauen. Der Feiertag ist so beliebt, dass wir frühmorgens aufbrechen mussten, um für das Konzert und das Feuerwerk am Abend noch Plätze zu bekommen. Die Hauptattraktion ist das Boston-Pops-Orchester, das zum Symphonieorchester von Boston gehört, aber nur populäre Musik spielt. Traditionell spielt das Orchester die Ouvertüre 1812 von Tschaikowski, und an der Stelle, wo normalerweise die Kanonen donnern, setzt dann das Feuerwerk ein.

Die Feierlichkeiten finden an einem speziellen Außengelände am Ufer des Charles River in der Nähe des Hafens statt. Das Feuerwerk wird auf einem Schiff mitten im Fluss gezündet. Bevor es dunkel wurde, zeigte John mir noch den Campus des Massachusetts Institute of Technology, des MIT, am anderen Ufer. Er hat dort nach seinem Deutschlandaufenthalt studiert. Die Musik und das Feuerwerk waren sehr beeindruckend. Für den Heimweg haben wir ewig gebraucht. Einen Teil der Strecke haben wir mit der U-Bahn zurückgelegt, die in Boston den Spitznamen „The T" hat. Ich war froh, dass ich am nächsten Tag ausschlafen konnte. Morgen fahren wir los nach Vermont, aber wir brechen erst mittags auf.

8. Juli 1981. Vermont gefällt mir gut, es erinnert mich sehr an daheim. Viele kleine Höfe, die aussehen, als würden sie auf den Hügeln kleben. Kleine Dörfer. Was aber ganz anders ist als zuhause, ist, dass die meisten Leute, die hier in Vermont leben, eigentlich aus Großstädten wie New York stammen und hierher gezogen sind, um näher an der Natur zu sein. John nennt sie „Hippies". Heute waren wir in einer Eisdiele, die im Örtchen Burlington von zwei Hippies namens Ben und Jerry gegründet wurde. Alle Eissorten hatten witzige Namen wie „Chunky Monkey" und waren extrem lecker, und ich habe danach beim besten Willen kein Abendessen mehr geschafft.

22. Juli 1981. Wir sind seit über einer Woche zurück im Büro. Heute wurden wir alle in den Konferenzsaal gerufen, und man teilte uns mit, dass die Firmenführung, die Organisation und sogar unser Standort komplett umstrukturiert würden. Ich habe keine Ahnung, warum sie das machen. Es schien doch eigentlich gut zu laufen. Mit dem Chip kamen wir gut vorwärts, aber nach dem Meeting saßen alle bloß herum und diskutierten, ob sie kündigen sollten oder nicht, und wie es wohl unter der neuen Führung sein würde. Produktiv ist das ja wohl nicht gerade.

Auf der Heimfahrt habe ich mich mit John darüber unterhalten. Er hat mir erklärt, dass, obwohl Wang eine amerikanische Firma ist, der Doktor den Großteil seines Lebens in China verbracht hat und seine Firma deshalb wie ein chinesisches Familienunternehmen führt. Viele Führungspositionen waren mit seinen Verwandten und Freunden besetzt, aber die meisten Entscheidungen traf er immer noch selbst. Als die Firma an die Börse ging, befürchtete man, dass zu viel von Dr. Wang abhängen würde. Er stand unter Druck, mehr Führungspositionen extern zu besetzen.

Eine normale amerikanische oder deutsche Firma würde in einer solchen Situation gut ausgebildete Leute von außerhalb einstellen, um frischen Wind in die Führungsetage zu bringen. Dr. Wang aber begann, seinen ältesten Sohn auf die Führungsposition vorzubereiten, indem er ihn zum Chef der technischen Abteilung machte, wo alle neuen Produkte entwickelt werden; unser Team gehört auch dazu.

Obwohl er keinerlei Ausbildung oder Erfahrung hat, ist Dr. Wangs Sohn, den alle Freddie nennen, jetzt unser neuer Chef. Freddie hat nicht verstanden, warum die Firma so viel Geld in die Entwicklung dieser teuren Halbleitertechnologie steckte, wenn man die Chips auch einfach von anderen Unternehmen wie Intel kaufen konnte. Er befand, dass eine Firma, die Textverarbeitungsprogramme entwickelte, keine gutbezahlten Chemiker und Physiker brauchte.

Nach dem Meeting war die Stimmung natürlich im Keller. Die meisten Kollegen gingen danach gemeinsam etwas trinken, aber ich war zu jung, um mitzukommen, da man in meinem Alter in den USA nicht einmal Bier oder Wein trinken darf. Nach den ersten paar Tagen wurde klar, dass viele talentierte Kräfte, die mit uns am Herstellungsprozess arbeiteten, die Firma verlassen wollten. Die Konkurrenz im Bereich der Halbleiter war groß, und ihre Dienste waren sehr gefragt. Sie würden ohne Probleme anderswo besser bezahlte Stellen finden.

Das scheint ein großer Unterschied zwischen Deutschland und Amerika zu sein: Hier wechselt man viel öfter den Job. Die Fluktuation ist groß, man ist immer auf der Suche nach dem besten Angebot. Manchmal bleibt man nur ein paar Jahre in einer Firma, besonders, wenn man Fähigkeiten hat, die gerade gefragt sind.

5. August 1981. Freddie (oder Herr Wang?) hat beschlossen, dass wir alle ins Hauptgebäude umziehen sollen, sodass wir enger mit den Ingenieuren der anderen Abteilungen kommunizieren können. Bisher haben wir etwas abseits in einem separaten Gebäude gearbeitet, aber heute ist der Tag des Umzugs, und wir ziehen in ein Gebäude, das die Mitarbeiter „The Tower" nennen. Wir kommen in den dritten Stock. Als wir ankamen, mussten wir feststellen, dass gar nichts vorbereitet war, wahrscheinlich weil so viele wichtige Leute schon nicht mehr da waren. Das Elektronenmikroskop zum Beispiel, mit dem man die Oberfläche der fertigen integrierten Schaltkreise betrachten kann, funktioniert nicht mehr. Hier im dritten Stock verursachen nämlich die Maschinen der anderen Abteilungen so starke Vibrationen, dass das Mikroskop unbenutzbar wird. Der große Plotter, mit dem die Masken für die Chips gezeichnet wurden, hat nicht durch die Tür gepasst, also mussten wir ihn im alten Gebäude zurücklassen.

Für das, was ich tue, brauche ich nur den Digital VAX-Computer, also bin ich weniger abgelenkt als viele meiner Kollegen. Aber heute hat sich sogar das geändert. Ein Buchhalter war hier, um Inventur aufzunehmen, und hat sich aus Versehen den Kopf am Notausschalter gestoßen. Der Computer ist sofort heruntergefahren, und viele Stunden Arbeit waren verloren, was echt frustrierend ist. Ich begreife nicht, wie Firmen, wo so etwas einfach so passieren kann, sich auf dem Markt halten können.

28. August 1981. Morgen geht mein Flug zurück nach Frankfurt, weil ich mich auf meinen Wehrdienst vorbereiten muss. Ich habe bei meinem Praktikum wirklich eine Menge gelernt. Der letzte Monat war nicht ganz einfach, weil meine Kollegen sich kaum auf ihre Arbeit konzentrieren konnten. Ich hatte den Vorteil zu wissen, was ich danach machen würde und dass ich nur für kurze Zeit dort war, deswegen konnte ich meine ganze Aufmerksamkeit der Arbeit widmen. Ich bin auch recht zufrieden mit den Ergebnissen. Leider werde ich nicht mehr da sein, wenn die ersten Chips getestet werden, an denen ich mit dem Layout-Team zusammen gearbeitet habe, aber ich bin mir sicher, dass sie gleich beim ersten Mal funktionieren werden.

Am Freitag hat John mich zum Essen eingeladen, um meinen letzten Arbeitstag zu feiern. Wir haben über die Zukunft von integrierten Schaltkreisen diskutiert. Es ist klar, dass das erst der Anfang ist, und John glaubt, dass ich meine Erfahrung bei

Wang nutzen und eine erfolgreiche Karriere in diesem Bereich starten kann. Der Gedanke ist durchaus reizvoll. Ich werde bestimmt nächsten Sommer ein Praktikum in Deutschland finden.

John hat mir anvertraut, dass auch er Wang bald verlassen wird. Es gibt da eine Startup-Firma namens Apollo Computer, die spezielle Grafikcomputer, sogenannte Workstations, bauen. Im Ingenieurwesen werden diese Computer immer wichtiger, vor allem im Bereich von komplexer elektronischer Gestaltung wie bei Wang. Apollo liegt direkt neben dem ursprünglichen Wang-Gebäude, in dem John und ich am Anfang gearbeitet haben. Ich habe ihm viel Glück gewünscht und mich für das tolle Praktikum und die Chance bedankt, eine Kultur außerhalb Europas kennenzulernen.

Infobox

Wang Laboratories und Apollo Computer

So schillernd wie ihr Gründer Dr. An Wang ist die Geschichte von Wang Laboratories (später Wang Global) selbst. Die 1977 auf den Markt gebrachte Rechnerserie **Wang VS** wurde bis vor kurzem noch unter diesem Namen verkauft. Die Wang VS-Serie wurde von vielen als Minicomputer bezeichnet, allerdings war der Befehlssatz an die IBM S/360-Serie angelehnt – also eher an Großrechner. Die Zielgruppe waren von daher auch potentielle IBM-Kunden. Zu seiner Blütezeit in den Achtzigern hatte Wang rund 40.000 Mitarbeiter und war neben DEC einer der wichtigsten Arbeitgeber im Nordwesten von Massachusetts. 1992 ging Wang Laboratories zunächst in Konkurs und wurde dann Mitte der Neunziger als Wang Global erneut aufgebaut und 1999 verkauft.

Firmen wie DEC und Wang zogen weitere Computerpioniere an, sodass 1980 mit Apollo Computer eine weitere Computerfirma in Massachusetts entstand. Der Gründer John William Poduska ist ein typischer Firmengründer der Szene. Bereits 1981 kam die erste **Workstation** DN100 heraus. In den Folgejahren entwickelte sich Apollo zum drittgrößten Workstation-Hersteller der Welt. Workstations wurden vor allem für CAD-Anwendungen und andere Grafikprogramme genutzt. Nur neun Jahre nach seiner Gründung wurde Apollo Computer an HP verkauft. Die Technologie wurde übernommen, aber das Unternehmen selbst verschwand in den Folgejahren von der Bildfläche. ■

1982

Das Cleverle und das Forschungszentrum

5. Juli 1982

Axel und ich haben letzte Woche eine Studienberatung in unserer Schule genutzt. Die ältere Dame dort erwies sich selbst als nicht besonders gut informiert. Schließlich haben wir aus den ausgeteilten Unterlagen mehr erfahren als von ihr. Axel hat eine klare Vorstellung. Er will Informatik in Karlsruhe studieren. Ich bin noch eher unentschlossen. Entweder Betriebswirtschaft oder Informatik soll es sein. Auch wenn das Praktikum letztes Jahr bei John in den USA Spaß gemacht hat, bin ich doch nicht der absolute Technik-Freak. Außerdem möchte ich lieber nach Darmstadt, das ist näher an zuhause. Meine Freundin Viola macht eh schon ein langes Gesicht, wenn wir darauf zu sprechen kommen, dass ich demnächst unter der Woche nicht da sein werde.

Ich habe die Studienberaterin gefragt, was sie mir denn raten könne. Sie stellte mir dann eine Reihe von Fragen zu meinen Interessen und welche Kurse ich in der Oberstufe besucht hätte. Dann kam sie zu dem Schluss, dass für mich sowohl Betriebswirtschaftslehre als auch Informatik in Frage kämen. Na super, welch ein sensationeller Ratschlag! Damit war ich so schlau wie zuvor.

Axel schlug vor, dass wir einfach mal direkt an die Universität nach Karlsruhe fahren. Er wolle sich dort mal über den Lehrplan informieren und schauen, ob er in so eine Verbindung eintreten könnte. Dort wollte er dann auch ein Zimmer beziehen. „Billiger komme ich nirgendwo unter", grinste Axel. Ideen hat der Kerl, das muss man ihm lassen. Da man sich für Informatik über die Zentrale Vergabestelle für Studienplätze bewerben muss, ist es aber gar nicht sicher, ob er überhaupt nach Karlsruhe kommen wird.

Mit dem Zug ging es also gestern nach Karlsruhe. Ich bin in der Hoffnung mitgefahren, mehr Klarheit für meine eigene Entscheidung zu gewinnen. In Karlsruhe haben wir uns dann zur Fachschaft, der Interessensvertretung der Studenten, des Fachbereichs Informatik durchgefragt. Hier hatte ein fixer Knabe das Sagen, er stellte sich freundlich als Max vor und hat uns einiges über das Studium und die Professoren erzählt. Besonders begeistert hat er von einem Professor Krüger geschwärmt, ein Name, der uns bereits bekannt war.

Das Fach Informatik stehe für ganz neue Horizonte, die es zu erobern gelte. Irgendwann beklagte Max sich dann, wie eng Wissenschaft in unserer Gesellschaft an die Politik gefesselt sei. Er wusste von einer eigentlich geheimen Geschichte zu berichten, die sich in einem kleinen Schwarzwald-Ort abgespielt hatte. Prof. Krüger hatte sie ihm nach einer Sitzung mit Fachschaftsvertretern erst kürzlich erzählt:

Die wichtigen Dinge, so lernen wir aus der Geschichte, ereignen sich immer hinter verschlossener Kulisse. Und oft genug werden sie dabei auch noch von Zufällen gelenkt. Es handelte sich in diesem Fall um ein neu zu gründendes Forschungszentrum Informatik (FZI) an der Universität Karlsruhe. Dahinter steckte nicht nur ein kluger Kopf, der früh in seiner politischen Karriere den Beinamen „Cleverle" erhalten hatte, nämlich der Ministerpräsident von Baden-Württemberg, Lothar Späth. Mindestens ebenso umtriebig in dieser Sache war auch ein ambitionierter Wissenschaftler, der die Gunst der Stunde zu nutzen wusste, als sie überraschend kam: Prof. Gerhard Krüger, der aktuelle Dekan der Fakultät für Informatik an der Uni Karlsruhe.

Die günstige Stunde ergab sich am Rande eines „Wochenendseminars", das der Ministerpräsident mit wichtigen Beratern regelmäßig im exklusiven Ambiente eines Edelhotels in Baiersbronn abhielt. Krüger war in Vertretung eines Kollegen zu diesem Treffen geladen. Diese Veranstaltungen dauerten vom Freitagnachmittag bis zum Sonntagmorgen und versammelten einige führende Köpfe, darunter etwa der damals als Wirtschaftsjournalist und TV-Moderator bekannte Johannes Gross.

In dieser Runde wurden alle möglichen Themen angesprochen, und Krüger begann nach einer Weile, sich zu wundern. Wichtige Menschen philosophierten wortreich und bedeutungsschwanger vor allem in der Weltpolitik herum. Bis nach etwa zwei Stunden der in der Runde weitgehend unbekannte Krüger sich zu Wort meldete und fragte, ob er jetzt nach Hause gehen könne. Auf die erstaunte Gegenfrage, warum er das wolle, stellte Krüger nur fest, dass er eigentlich hier sei, um sich für das Land Baden-Württemberg einzusetzen. Ob man statt über Russland und China nicht besser über Dinge sprechen könne, die im Machtbereich des Herrn Ministerpräsidenten lägen?

Das war ein wichtiger Treffer bei Lothar Späth. Der war nicht nur nicht beleidigt, er griff diesen Einwand sogar auf: „Ab morgen früh wird Schwarzbrot gefressen, da gehen wir mal richtig an die Probleme ran", soll er anschließend gesagt haben. Und dann kam der Moment, in dem Krüger seine Chance erhielt, eine Vision zu entwickeln: ein neues Forschungszentrum für Informatik in Karlsruhe.

In seiner bekannten Überrumpelungstaktik hatte Späth den Informatiker zu einem Rollenspiel eingeladen: Er sei jetzt Ministerpräsident von Baden-Württemberg und hätte beliebig viel Geld, was er damit denn anfangen wolle? Krüger hatte damit nicht gerechnet, entwickelte aber aus dem Stegreif ein Programm mit fünf Argumenten, die für die Einrichtung eines Informatik-Forschungszentrums sprachen, etwa die so wichtige Grundlagenforschung oder die Vorstellung, Informatik in die Schulen zu bringen.

Was Krüger bei seinem Spontanvortrag nicht wusste: Es wurde alles mitgeschrieben. Das hatte man ihm nicht gesagt, und im Nachhinein fand er das auch nicht fair. So rief ihn laut Max vor einigen Tagen ein Beamter an und fragte, wie er eigentlich dazu käme, Witze über Beamte zu machen, wo er doch als Professor selber einer sei? Als Krüger sich erkundigte, woher dieser Mann die Witze kannte, die er während seines Impulsvortrags tatsächlich gemacht hatte, hieß es nur: Ich lese gerade die Abschrift. Späth hatte diesen Vortrag also protokollieren und an seine Minister verteilen lassen.

Prof. Krüger hatte am Ende des Gespräches um absolute Diskretion gebeten, um das Projekt nicht zu gefährden. Dass Max es uns dennoch erzählte, verdankten wir wohl unserer großen Aufgeschlossenheit und der guten Atmosphäre zwischen uns. Für ihn steht offenbar bereits fest, dass seine Vision Wirklichkeit werden wird.

Axel und ich staunten nicht schlecht, wie aktuell dieses Fach auch in der Politik gesehen wird. Ansonsten erläuterte Max den Studienplan, und da wurde mir klar, dass ich nicht nur Informatik studieren will. Ich werde nächste Woche nach Darmstadt fahren und mich über Wirtschaftsinformatik informieren. Das scheint für mich das richtige Studium zu sein. Diesen Entschluss habe ich soeben schriftlich bekräftigt, in einem Brief an meine Großeltern. Die fiebern meinem Studium ebenfalls entgegen und haben mir auch schon ein wenig Geld dafür zukommen lassen.

Infobox

Forschungszentrum Informatik (FZI)

Das 1985 gegründete Forschungszentrum Informatik (FZI) in Karlsruhe ist eine unabhängige Forschungseinrichtung, die mit der Universität Karlsruhe (heute Karlsruher Institut für Technologie, KIT) eng verbunden ist. Sie hat zum Ziel, Unternehmen – vor allem aus dem Mittelstand – und öffentliche Einrichtungen bei Innovationen für Markt, Betriebsorganisation und Verwaltung zu unterstützen. Informatik als Schlüssel zu neuen Technologien steht im Mittelpunkt von Anwendungsforschung, Entwicklung und Technologietransfer. Peter Lockemann ist einer der Gründer des FZI und war über zwanzig Jahre als Mitglied des Vorstands maßgeblich daran beteiligt, dass das FZI als eine der führenden Einrichtungen für angewandte Forschung gilt. Heute sind im FZI rund 130 Wissenschaftler tätig.

Eine besondere Stärke des FZI ist, durch seine interdisziplinären Arbeitsgruppen frühzeitig das Potential der Informatik für neue Anwendungsbedürfnisse zu erschließen. Schon in den neunziger Jahren hat sich das FZI im Umweltbereich engagiert und beispielsweise mit Methoden des maschinellen Lernens die Ultraschallsignale der sogenannten Pipe-Molche ausgewertet, um frühzeitig Korrosionsstellen in Öl-Pipelines zu erkennen und dadurch größere Umweltschäden zu vermeiden. Im gesellschaftlich ebenso relevanten Gesundheitswesen gelang es dem FZI im Projekt **Stroke Angel**, durch Umgestaltung der Prozesskette und die gerätetechnische Ausstattung der Einsatzkräfte im Rettungsdienst die Dauer zwischen Eintritt und Behandlung von Schlaganfällen zu einem großen Prozentsatz unter die 3 Stunden zu drücken, innerhalb derer Langzeitschädigungen der Patienten deutlich reduziert und die Kosten für die Nachsorge drastisch gesenkt werden können. ■

1983

Smalltalk – Programmieren mit eingebauter Müllabfuhr

10. Oktober 1983

Was für ein Kampf! Die letzte Klausur zu Statistik II stand an, ein wirklich hartes Stück Arbeit. Und wie so oft habe ich kein gutes Gefühl – das könnte daneben gegangen sein. Vielleicht sollte ich mich mal ganz verschärft mit diesen Statistikprogrammen beschäftigen. Die mündliche Prüfung soll zu den schwersten zählen. Na, schönen Dank auch, wer soll das eigentlich alles im Kopf behalten?

Nach der Prüfung gab es die Belohnung: Wir sind alle zusammen in die Cafeteria und haben uns mit Kaffee und Kuchen den Bauch voll gehauen. Zufällig traf ich dort Michael. Er hatte gerade seine Vordiplomprüfung in Informatik geschrieben und war genauso platt wie wir. Bei seiner Arbeit hatte er ein Programm analysieren müssen. Die Prüfer wollten wissen, ob es fehlerfrei abliefe. Syntaktisch sei es zwar korrekt gewesen, d.h. es gab keinen „Schreibfehler", aber die Frage war, ob es auch semantisch korrekt sei, also inhaltlich die Aufgabe richtig löste. Dazu hatte Michael eine Aufgabenbeschreibung, eine sogenannte Spezifikation, zum Programm dazu bekommen. Er stellte ziemlich sarkastisch fest, dass diese Beschreibung nicht von jemand gekommen sei, der über eine verständliche Ausdrucksform verfügte. Michael knurrte dann nur noch „Garbage in, Garbage out" (engl. Müll rein, Müll raus). Worauf sein Studienkollege Christian ihn süffisant mit einem „Garbage Collector" (engl. Müllsammler) verglich. Auf meine Frage, was der denn aktuell mache, fragte Christian mich zurück, ob ich denn noch nichts von objektorientierten Programmiersprachen, etwa Smalltalk, gehört hätte. Wahrheitsgemäß und etwas kleinlaut verneinte ich.

Später in der Bibliothek grübelte ich noch immer über diese Bemerkung und stöberte dann in unserem antiquierten Bibliothekssystem nach Büchern oder Zeitschriften über Smalltalk. Diese Bibliothekssoftware ist echt witzig. Du sitzt an einem riesigen Siemens-Bildschirm und füllst ein Formular aus. Wenn du die Seite fertig ausgefüllt hast, schickst du den kompletten Bildschirminhalt per Datenfernübertragung an den großen Siemens-Rechner im Rechenzentrum. Nach mehreren zehn Sekunden kommt dann die Antwort zurück – oder auch nicht, dann gab es bei der Übertragung einen Fehler. Ob Rechnerkommunikation jemals für den Normalbürger funktionieren wird?

Es gab mehrere Artikel zu Smalltalk, und ich beschloss, sie mir über die kommenden Tage auszuleihen. Abends habe ich mir dann die Einführung in Smalltalk vorgenommen. Das war wirklich schräg, was ich dort las. Wenn man zwei Zahlen addieren will, dann schickt man der einen Zahl, sagen wir der „5", eine Nachricht „+" mit einer zweiten Zahl als sogenannten Parameter, etwa die „17". Das Objekt „5" führt dann ein Programm, eine sogenannte „Methode", „Addieren" aus und zählt die beiden Zahlen zusammen. Als Ergebnis erhält man ein neues Objekt, nämlich die „22". Zum Glück schreibt man das Ganze noch „normal", d.h. „5 + 17". Beim weiteren Studieren der Unterlagen wird mir klar, dass durch diese simple Form sämtliche Programmteile als Methoden von Objekten geschrieben werden und dass man ein Programm dadurch startet, indem man einem Objekt eine entsprechende Nachricht schickt. Dieses kann dann seinerseits anderen Objekten Nachrichten schicken und so weiter. Das Programm ist dann beendet, wenn das zuerst angesprochene Objekt sich mit einem Ergebnis wieder meldet. Jetzt raucht der Kopf.

Das mit dem Programmieren hat mir ja schon in den USA bei Wang Spaß gemacht. Irgendwie ist es schon faszinierend, wie man mit den Programmen den Computer dazu bekommt, das auszurechnen, wozu man selbst eine halbe Ewigkeit benötigte. So etwas hätte ich prima für die Klausur heute gebrauchen können.

Also dieses Smalltalk muss ich nach den Gesprächen unbedingt mal ausprobieren. Objektorientiertes Programmieren klingt irgendwie interessant. Bisher habe ich nur die sogenannten prozeduralen Programmiersprachen wie Pascal kennengelernt. Da schreibt man so ein Programm wie eine Abfolge von einzelnen Rechenschritten, bis man das Ergebnis hat. Bei der objektorientierten Programmierung weiß jedes Programmobjekt, was es selbst an Funktionen anbieten kann. Braucht ein Objekt für seine Berechnung ein Ergebnis von einem anderen Objekt, dann ruft es bei dem eine entsprechende Methode auf und nimmt anschließend das Ergebnis für seine eigenen Berechnungen. Klingt schon ein bisschen verrückt, dass Programmobjekte selber wissen sollen, was sie zu tun haben. Werden die Computer jetzt etwa selbständig und programmieren sich am Ende selbst? 1984 ist nicht mehr weit ...

Das Kapitel über Garbage Collection ist witzig. Es kann bei Smalltalk passieren, dass es Programmobjekte gibt, die keiner mehr braucht. So liegen die wie Müll herum, und dann kommt die Müllabfuhr, also der Garbage Collector, und sammelt die Objekte ein, um sie zu entsorgen. Das ist nötig, damit das Programm keinen Speicherplatz blockiert und somit zu langsam wird. Jetzt kann ich mit Christian mitreden. Der wird sich wundern, was so ein schnöder Wirtschaftsinformatiker dann doch zustande bringen kann. Außerdem braucht Smalltalk soviel Rechenleistung und Hauptspeicher, dass das System nur auf großen Workstations läuft. An die kommen wir normale Studenten gar nicht dran. Die sind viel zu teuer, um sie in den Studentenraum zu stellen. Da muss man wie Christian und Michael als HiWi (Hilfswissenschaftler = moderne Form des Sklaventums an deutschen Hochschulen) bei einem der Institute anheuern. Michael arbeitet bei Prof. Encarnação im Institut für grafische Datenverarbeitung. Dort stehen einige dieser Workstations, da diese Grafikprogramme auch so groß sind. Ich werde ihn mal fragen, ob er mich mit-nimmt.

Ich werde in den nächsten Tagen auf jeden Fall mal versuchen, so ein Statistik-programm in Smalltalk zu schreiben. Mal schauen, ob das Programmieren wirklich so einfach ist, wie die Erfinder behaupten. Dann hoffe ich, dass ich das Programm bei den Grafikern ausprobieren darf. Sonst hätte sich der ganze Aufwand nicht ge-lohnt. Jetzt mache ich Schluss. Ist mal wieder Mitternacht vorbei.

Infobox

Simula-67, Smalltalk und Pascal

Programmiersprachen scheint es ebenso viele wie natürliche Sprachen auf dieser Erde zu geben. Leider sind die „normalen" Sprachen ungeeignet, um damit Computer zu programmieren – noch! Daher erfanden Mathematiker und Informatiker immer neue Programmiersprachen, die es erlauben, dem Computer seine Aufgaben einfacher oder zielgenauer zu stellen. Ein solcher Programmtext, zumeist mit einem Texteditor erstellt, wird von einem Übersetzungsprogramm in eine mathematische (Baum-) Struktur übersetzt, dann auf lexikalische und syntaktische Korrektheit überprüft und schließlich in ein rechnerverständliches und somit ausführbares Format übertragen. In der Informatik unterscheidet man außerdem noch zwischen übersetzten und interpretierten Programmen. Erstere werden zunächst in einen ausführbaren *Code* übersetzt und anschließend gestartet (= ausgeführt), während Letztere bei der Übersetzung zugleich ausgeführt werden.

Simula oder auch **Simula-67** genannt war die erste objektorientierte Programmier-sprache. Sie wurde von **Ole-Johan Dahl** (1931–2002) und **Kristen Nygaard** (1926–2002) in Oslo erfunden. Auch Simula basiert auf einer früheren Programmiersprache, und zwar *Algol 60*, an der u.a. der bereits erwähnte Friedrich Ludwig Bauer von der TU München mitgearbeitet hatte. Simula gilt als Vorläufer von Smalltalk.

Smalltalk, oft auch als **Smalltalk-80** bezeichnet, wurde im bereits erwähnten *Xerox PARC* von Adele Goldberg und Alan Kay erfunden. Die Programmiersprache zeich-net sich dadurch aus, dass die Programmstruktur nicht vorrangig algorithmisch und prozedural ist, sondern objektorientiert. Der Grundsatz der Objektorientierung ist, dass ein Programm nicht nach dem, „was gemacht wird", sondern nach „wer macht was" strukturiert wird. Die Akteure werden als *Objekte* bezeichnet, die anderen Ob-jekten Nachrichten schicken. In der Nachricht steht die Aufgabe oder Anforderung, die dann in Form einer Prozedur (auch Methode genannt), also einer Art „Minipro-gramm", von dem empfangenden Objekt ausgeführt wird.

Pascal hingegen ist eine prozedurale Programmiersprache. Sie wurde 1972 von **Niklaus Wirth** an der ETH Zürich erfunden. Wirth wollte damit eine Lehrsprache an-bieten, um Informatikstudenten das strukturierte Programmieren zu lehren. Anstelle eines einzigen Programms wird ein Programm in Hauptprogramm und Prozeduren unterteilt. Dabei sollen Teilaufgaben als Prozedur formuliert und im Hauptprogramm nur die eigentliche Hauptaufgabe programmiert werden. Sich wiederholende Teil-aufgaben können dann durch den wiederholten Aufruf ein- und derselben Prozedur elegant wiederverwendet werden. So bleibt das Gesamtprogramm übersichtlich und auch für den Menschen verständlich. ∎

1984
You have Mail!

Dieses Jahr war ein besonders trauriges, denn wir haben Großvater Karl zu Grabe getragen. Zuletzt war er nicht mehr mit dem Mann vergleichbar, der mich über all die Jahre mit seinem glänzenden Verstand und seinen ungewöhnlichen Ansichten so fasziniert hatte. Zwei Schlaganfälle innerhalb eines Jahres machten ein unbekanntes Wesen aus ihm, das nur noch äußerlich meinem Opa Karl ähnelte. Er hatte auch zuletzt noch immer wieder klare Phasen, in denen man ganz normal mit ihm sprechen konnte. In anderen Momenten aber war er auf einer Zeitreise, auf die ihm keiner folgen konnte. Sprach unverständliche Dinge zu nicht vorhandenen Personen, gestikulierte plötzlich beängstigend heftig, um im nächsten Moment nur noch stumm vor sich hin zu starren und unverständliches Zeug zu brabbeln. So traurig dieser Zustand war, die Trauer über seinen Tod war noch größer. Noch heute denke ich oft an ihn. Aber das Leben ging ja dennoch weiter ...

14. November 1984

Heute Vormittag hatte ich an der Uni erst Theorievorlesung und dann Seminar. Die Vorlesung ist echt mühsam – ein paar aus unserem Semester haben jetzt schon aufgegeben und spielen stattdessen lieber Doppelkopf in der Cafeteria. Ist aber auch kein Wunder bei Themen wie „automateninduzierte Halbgruppen", „kellerentscheidbare Wortprobleme" oder „Zerteileralgorithmen für sackgassenbeschränkte Grammatiken"! Tim meinte neulich zu mir, dass er vielleicht doch besser Streckenbegeher bei der Bundesbahn wird, wenn das so weitergeht. Also ich weiß ja auch nicht, ob man das alles wirklich braucht.

Das Seminar aber war interessanter. Ich bin froh, dass ich damals das Thema Künstliche Intelligenz (KI) und nicht die Kryptografie gewählt habe. Beide Themen klangen ja spannend (und ein bisschen mysteriös), aber Monika und Anna aus dem Vorkurs hatten sich schon auf die Liste des KI-Seminars eingetragen, da habe ich dann meinen Namen einfach dazugeschrieben. Außerdem scheint mir die Künstliche Intelligenz viel praxisrelevanter als die Kryptografie zu sein. Heute zum Beispiel hatten wir einen Vortrag über Bildverstehen – toll, was da schon geht und was man damit in Zukunft alles machen kann, bis hin zu automatisch fahrenden Autos! In zwei Wochen bin dann ich mit meinem Referat zu Expertensystemen dran. Solche Systeme werden mit Regeln über einen Sachverhalt gefüttert und können dann besser als menschliche Experten ein Problem analysieren – zum Beispiel einen Fehler in einem komplexen System finden oder eine Krankheit diagnostizieren. Professor Schmidt meinte bei der Seminarvorbesprechung, dass die nächste Computergeneration nicht mehr programmiert wird, sondern als Inferenzmaschine arbeitet; man würde in Fachkreisen schon von der „5th generation" sprechen. Deshalb setze er sich vehement dafür ein, dass im neuen Studienplan Vorlesungen wie Betriebssysteme, Compilerbau oder Programmiersprachen wegfallen, da das bald niemand mehr benötigt.

Nach der Mensa habe ich Anna und Monika im Terminalraum wieder getroffen. Sie saßen etwas verloren vor einem der neuen UNIX-Terminals von DEC, dem VT100, und da habe ich ihnen gezeigt, wie man damit umgeht und dass man sogar die Schriftgröße verstellen kann. UNIX ist ja etwas ulkig mit seinen Kommandonamen wie grep, cat, kill, yacc[1] und so – aber ich finde es toll, wie das alles zusammenpasst und dass es so praktische Dinge wie ein hierarchisches Dateisystem gibt. Das ist alles viel besser als das alte BS2000-System mit seinen dicken Datensichtgeräten – schon deren blassgrüne Textzeichen haben mich immer an die Radargeräte beim Bund erinnert.

Ich habe Anna und Monika auch noch gezeigt, wie man kleine Briefchen elektronisch verschicken kann – ist ja wirklich easy: Wenn das System „you have mail" meldet, dann kann man mit dem Kommando „mail" den empfangenen Text lesen. Mit „who" sieht man, wer alles angemeldet ist, und wenn man einem davon eine Nachricht schicken will, schreibt man einfach dessen login-Name hinter das „mail"-Kommando und legt los – am Ende muss man nur noch Control-D[2] drücken und ab geht die Post! Michael meinte neulich, dass man vom VAX-Rechner aus jetzt auch Mail an andere Unis schicken kann, wenn man den Routingpfad kennt. So könnten mich mit ...seismo!mcvax!unido!uka!uka-vax!heinz sogar Leute aus den USA erreichen, allerdings dauert es natürlich ein paar Tage, bis eine solche Mail ankommt. Toll – ich muss John, der ja jetzt bei Apollo Computer arbeitet, mal bitten, mir eine Testnachricht zu schicken!

Auch nett ist das UNIX-Kommando „write". Damit kann man direkt etwas auf das Terminal eines anderen Nutzers schreiben, und der kann sofort darauf reagieren. Ich habe das bei Anna ausprobiert, und sie hat gleich geantwortet. So ging das ein paar Mal hin und her. Es ist schon verrückt, im gleichen Raum zu sitzen und trotzdem auf elektronische Art zu „quatschen"! Es fiel mir so auch ganz leicht, Anna zu fragen, ob sie am Samstag mal zum traditionellen Mittagessen unserer Spielgruppe ins China-Restaurant mitkommen möchte. Sie kommt!!

Am Nachmittag war ich dann wie fast jeden Mittwoch zusammen mit Michael bei Tim zu Hause, um gemeinsam die Übungsaufgaben zu lösen. Diesmal sind wir dazu aber gar nicht gekommen, sondern haben uns fast nur mit der neuesten Errungenschaft seines Vaters, einem Macintosh-Computer von Apple, beschäftigt. Ein tolles Ding! Grafischer Bildschirm (512 × 342 Pixel), kleine Disketten (3,5 Zoll in

---

[1] grep: finden von Zeichenketten (z.B. Silben) in einem Dateinamen; cat: Ausgabe von Textdateien in einem Fenster; kill: stoppt einen Prozess; yacc: ein Programm für Programmiersprachenübersetzer

[2] Bei heutigen PCs müssen die Tasten „Strg" und „D" gleichzeitig gedrückt werden.

fester Plastikhülle mit 400 KB!) und vor allem eine „Maus" – im Handbuch mit „Rollkugeleingabegerät" bezeichnet. Allerdings ganz untypisch für einen Computer: keine Kommandoeingabe und kein Compiler – nur fertige Anwendungen wie Mac-Paint oder MacWrite.

Das mit der Maus haben wir schnell kapiert, die interaktive Übung zum treffsicheren Klicken auf bestimmte Stellen auf dem Bildschirm haben wir deshalb nicht zu Ende gemacht. (Tims Vater sollte die Übung aber doch mal machen – wie er erst mit der einen Hand die Maus positioniert und dann mit der anderen Hand die Maustaste drückt, sieht bizarr aus!) Obwohl man den Mac direkt gar nicht programmieren kann, haben wir uns den ganzen Nachmittag damit vergnügt. Unsere künstlerischen Ergüsse mit MacPaint sahen zwar eher wie Kinderzeichnungen aus, wir hatten aber tierischen Spaß damit, die verschiedenen Zeichenwerkzeuge wie Pinsel oder Spraydose auszuprobieren und das fertige Bild auf dem Matrixdrucker auszugeben. Die Bedienung ist ja wirklich intuitiv und kinderleicht – ein einziger Knopf auf der Maus! Auch die Piktogramme beim Mac sind echt gut – etwa der lachende Computer, wenn man die Systemdiskette einschiebt, und sogar die Bombe beim Systemabsturz ist nett gemacht. Tim hatte im Usenet schon herausgefunden, mit welchen Tricks man den Mac doch programmieren kann, und will eine „Fat Mac"-Speichererweiterung von 512 KB kaufen, da die vorhandenen 128 KB etwas knapp für wirklich interessante Anwendungen sind. Tim schwebt ein BTX-Decoder vor, sodass man den Mac anstelle des Fernsehers beim Bildschirmtext nutzen kann.

Tims Idee provozierte dann eine längere Diskussion über BTX. Irgendwie ist das ja genial: Praktisch jeder Haushalt hat einen Telefonanschluss und einen Fernseher. Das Telefonnetz überträgt mit bis zu 1200 Bits pro Sekunde die digitalen Daten zum Fernsehgerät, das als „Terminal" benutzt wird. Derzeit ist das Informationsangebot zwar noch ein bisschen mager: es gibt den Fahrplan der Bundesbahn und Nachrichten. Aber wenn erst mal große Datenbanken hinzukommen, wird es sicherlich interessanter! Wir hatten neulich ein bisschen herumgesponnen: Lexika, Wörterbücher … Aber am spannendsten fanden wir die Idee, das BTX-System mit einem Heimcomputer zu verbinden. Theoretisch könnte damit jeder Nutzer zu einem Informationsanbieter werden! Was die Leute dann für Informationen anbieten werden (vielleicht Schallplatten zum Tauschen?) und wie man einen Katalog für das gesamte sich schnell ändernde Informationsangebot erstellt, ist uns allerdings nicht klar. Und ob die Bundespost so etwas Anarchistisches jemals zulassen wird, da sind wir doch ein wenig skeptisch: An BTX dürfen ja nur postzugelassene Geräte angeschlossen werden und keine eigenen Computer. Aber vielleicht wirken die gut inszenierten Aktionen des Chaos Computer Clubs ja doch irgendwann, der als Hacker-Verein ganz provokativ ein „Menschenrecht auf Kommunikation" fordert. Ein bisschen verrückt sind die ja schon.

Generell bin ich aber sicher, dass das mit der Vernetzung weitergeht. Im Informatik-Gebäude wird jetzt gerade ein Netz in alle Etagen verlegt: in einem dicken gelben Kabel, das wie ein Gartenschlauch aussieht. Alle paar Meter wird es mit einer Box voller Elektronik angezapft und in einer Stichleitung zu einer der neuen Apollo-

Workstations oder einem anderen Computer geführt. Michael meinte neulich, als im Senat der Uni Geld beantragt wurde, um auch andere Campus-Gebäude zu vernetzen, da wäre das mit den Worten „Spinnerei der Informatik" abgelehnt worden.

Mitten in unserer Diskussion legte Tim dann noch seine momentane Lieblings-LP auf: „Computerwelt" von „Kraftwerk". Die passt ja wirklich zum Thema! Wir hören sie oft, die Songtexte sind fast schon so eine Art heimliches Motto für uns geworden, z.B. der Titel „Heimcomputer": „Am Heimcomputer sitz' ich hier / und programmier die Zukunft mir".

Und das zu dieser Wahnsinnsmusik! Ein ganz neuer Stil, irgendwie „elektronisch" und „technisch"! Der Titelsong fängt zwar ein bisschen menetekelhaft an: „Interpol und Deutsche Bank, FBI und Scotland Yard, Flensburg und das BKA / haben unsere Daten da", aber danach geht es doch optimistisch weiter: „Automat und Telespiel leiten heute die Zukunft ein / Computer für den Kleinbetrieb, Computer für das eigene Heim". Genau! Der Titel „Computer-Liebe" ist dann wieder eher melancholisch: „Ich bin allein ... hab' heute noch nichts zu tun ... ich brauch ein Rendezvous ... rufe Bildschirmtext, rufe Bildschirmtext." Das wäre doch wirklich etwas: „Dating" per Heimcomputer, die alle miteinander vernetzt sind! Etwa so, wie ich heute in der Uni mit Anna per Computer „flirten" konnte.

Ziemlich durcheinander von den Ideen und auch ein bisschen aufgewühlt habe ich mich vorhin dann auf den Heimweg gemacht. Aber Schluss jetzt für heute – gleich will ich Fernsehen schauen. Ich bin erst mal auf die Tagesschau gespannt: In der Deutschen Botschaft in Prag sollen schon wieder -zig DDR-Flüchtlinge sein, die in die Bundesrepublik ausreisen wollen. Was passiert eigentlich, wenn das immer mehr werden? Macht die DDR dann auch noch die Grenze zur Tschechoslowakei zu? Und nach der Tagesschau kommt eine weitere Folge von „Heimat", die will ich auf keinen Fall verpassen. Einfach genial, die Story von Maria Simon und dem „Hermännchen" aus Schabbach – die ganze Entwicklung der jüngeren Geschichte aus der Perspektive einer einzigen Familie erzählt!

Infobox

Apple, Unix und BS 200

Wieder war eine Garage die Geburtsstätte eines der größten Computerherstellers der Welt. 1976 wurde **Apple** von **Steve Jobs**, **Steve Wozniak** und **Ronald Wayne** gegründet. 1984 wurde dann die berühmte Apple **Macintosh**-Produktlinie, auch liebevoll **Mac** genannt, auf den Markt gebracht. Der Mac wurde umständlich als Mikrocomputer bezeichnet, da ein echter Apple-Jünger nie von einem PC gesprochen hätte. Mitte der neunziger Jahre erlitt Apple einen dramatischen Umsatzeinbruch und brauchte sogar die Unterstützung des Erzrivalen **Microsoft**. Mit der Einführung des **iPods** 2001 begann der neuerliche Aufstieg von Apple, der mit dem **iPhone** noch gesteigert werden konnte.

1969 war nicht nur wegen des beginnenden Arpanet/Internet ein für die IT wichtiges Jahr, sondern auch, weil **Ken Thompson** den Vorläufer von **Unix** entwickelte. Später haben er und **Dennis Ritchie** Unix auf eine **PDP-11** portiert (siehe Kapitel 1977) und bei der Patentabteilung von **Bell Labs** zum ersten Mal eingesetzt. Die Bell Labs waren damals der Forschungsbereich des Telekomgiganten AT&T in USA. Unix revolutionierte den Markt der Betriebssysteme, der damals durch proprietäre und von Computerherstellern entwickelte Betriebssysteme dominiert wurde. Später entstanden eine Reihe von Derivaten wie etwa **BSD** (Berkeley Software Distribution), **Unix V7** (später auch „System V" bezeichnet) oder **Ultrix** von DEC. 1991 entwickelte Linus Torvalds in Helsinki dann **Linux**, das bis heute die größte Unix-Gemeinde hinter sich vereinigen konnte. Mit Linux ist der ursprüngliche Geist eines freien Betriebssystems für alle Wirklichkeit geworden.

Etwa zur gleichen Zeit wie Unix entstand **BS2000**, ein von Siemens entwickeltes Betriebssystem für dessen Großrechnerserie 7000. Dieses bis heute am Markt angebotene Mainframe-Betriebssystem wurde als Konkurrenz zum IBM-Betriebssystem MVS positioniert. BS2000 ist hauptsächlich in Deutschland und Europa im Einsatz und hat nur einen geringen Bekanntheitsgrad. ∎

ENC – Heidelberger Alternativen zum Internet

16. Juli 1985

Mein Studium als Wirtschaftsinformatiker an der TU Darmstadt läuft inzwischen recht problemlos – vorausgesetzt, dass ich mich ans permanente Büffeln gewöhne. Betriebsblind möchte ich darüber aber nicht werden, deshalb versuche ich, mich über Fachzeitschriften in der Uni-Bibliothek und weitere Quellen ständig über technologische Neuentwicklungen, neue Trends oder Kommunikationsmöglichkeiten auf dem Laufenden zu halten. Auf die Ankündigung und Beschreibung der Gründung des European Networking Center[1] in Heidelberg durch IBM bin ich in der Süddeutschen und der FAZ gestoßen. Der Gründungstag ist heute! In dieser Einrichtung möchte ich gern mal Mäuschen spielen. Insgesamt geht es hier um neue Wege, große Datenmengen über weite Entfernungen möglichst rasch zu transportieren. Aber auf welcher Basis? Am liebsten möchte ich dort mal ein Praktikum machen, fürchte aber, dass das meinen Horizont doch übersteigen dürfte.

Wenn ich mir die derzeitige Lage so anschaue, dann ist die Informations- und Kommunikationstechnik (ITK) durch Großrechner gekennzeichnet, die lose miteinander verbunden sind. Die IBM ist technisch und wirtschaftlich ihrer despektierlich unter dem Sammelbegriff BUNCH[2] zusammengefassten Konkurrenz mit der SNA[3] meilenweit voraus. Die analoge Kommunikation wird von den nationalen Telekomgesellschaften bestimmt. Beide Welten existieren separat nebeneinander und leben gut davon. Die Wissenschaft ist sich einig, dass es nicht dem Fortschritt dienen kann, wenn die Übertragung von ein paar digitalen Fotos von Heidelberg nach Hamburg mit einer Rechnung von DM 25.000 bestraft wird. Diese Form der IT-Infrastruktur ist also schlicht zu teuer.

Nicht nur die Ingenieure wissen, dass IuK[4] technisch zusammenfinden müssen, wenn man billigere und attraktivere Dienste haben will. Ob dieses technische Wissen allerdings die Motivation für die Gründung des ENC 1985 in Heidelberg ist? Dafür lösen sich die Ideen, wie Telekommunikation und Datenverarbeitung in Zukunft organisiert sein sollten, einfach zu rasant ab.

---

[1] ENC, Europäisches Netzwerkzentrum
[2] Wörtlich *Bündel*, steht für Burroughs, Univac, NCR, Control Data, Honeywell)
[3] Systems Network Architecture
[4] Informations- und Kommunikationstechnologie, später auch als IKT bezeichnet

Nachtrag vom 12. Juni 2007

Komme gerade von einem amüsanten Abend nach Hause. Es gab einen Empfang anlässlich eines hochkarätig besetzten Symposiums an unserer Fakultät. Dort habe ich Professor Müller kennengelernt. Wir standen zufällig zusammen in der Schlange vom Buffet, und er erklärte mir die Warteschlangentheorie[5]. Ich war baff. Selbst beim Warten auf das Essen bringen diese Informatik-Professoren nebenbei ihr Wissen an. Auf meine Rückfrage, was er denn so mache, erzählte er mir – während wir uns langsam der reichen Speisenauswahl näherten – aus seinem beruflichen Werdegang. Und da erwähnte er, dass er der ehemalige Gründer und erste Direktor jenes ENCs war, das ich vor 17 Jahren als mein Wunschziel für ein Praktikum ausgeguckt hatte. Das musste ich Müller gleich erzählen. Er schien allerdings inzwischen ein recht gespaltenes Verhältnis zum ENC und seiner Entwicklung zu haben. Er warf jedenfalls einen eher kritischen Blick zurück auf die Entwicklungen im ENC und dessen Einflüsse auf die ITK-Landschaft. Als wir die Pasta à la Panna vom Buffet genommen und uns an einen Tisch in der Ecke zurückgezogen hatten, begann er, aus dem Nähkästchen zu plaudern.

„Ich habe jetzt zwar über 15 Jahre Abstand, seit meinem Ausscheiden dort, trotzdem kann ich diese Zeit nicht objektiv analysieren. Dafür war ich zu sehr in die Geschehnisse involviert. Zwar entstand das ENC erst 1985, aber schon lang vor der Gründung wurden in vielen Begegnungen und Gesprächen seit 1981 die neu entstehenden Rechnernetzaktivitäten in aller Welt analysiert. So entstand die Überzeugung, dass OSI[6] das beste Konzept sei, um die IuK-Vision in naher Zukunft Wirklichkeit werden zu lassen.

Es gab aber noch viele andere Kandidaten. Und das Internet erschien als die unwahrscheinlichste Option. Es verfügte gerade einmal über vier Knotenpunkte und wurde von damals wenig angesehenen Wissenschaftlern namens Vinton Cerf und Robert Kahn in Stanford vorangetrieben. Im mittleren Westen der USA in Madison entstand das CS-Net[7] von Larry Landweber und in New York das BIT[8]-Net von Ira Fuchs. Das europäische OSI hatte kein System, man hatte eine vollständige und nachvollziehbare Architektur, die heute noch in ihrer mathematischen Klarheit Professoren bewegt: Das Referenzmodell und die Schichtenarchitektur, die den technischen Fortschritt nicht hinderten. Die verständlichen Dienstbegriffe, die Raum und Form für die Fantasie zukünftiger multimedialer Anwendungen gaben. Diese Eigenschaften sowie die sicheren Protokolle ließen OSI als die logische Fortentwicklung des SNA erscheinen, die auch die existierenden Infrastrukturen der Telekomgesellschaften einbinden konnten."

---

[5] Theorie, wie wartende Aufträge, beispielsweise beim Betriebssystem „Jobs" genannt, am besten abgearbeitet werden können, z.B. höchste Priorität zuerst oder Reihenfolge nach Ankunft, auch FIFO („first in – first out) genannt.

[6] Open Systems Interconnection, Verbindung offener Systeme

[7] Computer Science Netz

[8] Because It is There

An dieser Stelle unterbrach uns ein herannahender Gast, der unsere Aufmerksamkeit auf sich zog. Er hatte es geschafft, so ziemlich das gesamte Angebot des Buffets durch geschicktes Schichten auf seinem Teller zu einem merkwürdig anmutenden Gebilde zu vereinigen. Er bat, sich zu uns gesellen zu dürfen, und wir verbrachten die nächsten zehn Minuten schweigend mit dem Verzehren unserer Mahlzeiten. Ich stellte mich zum Hauptgang dann wieder mit Müller an der erneut imposanten Schlange an, und er setzte seine Ausführungen fort:

„Die Leitung des ENC erkannte durchaus, dass man auf eine europäische Lösung setzte, die im Widerspruch zur vorhandenen Produktwelt der IBM und der übrigen Welt stand. Die Wissenschaftler des ENC waren von der damals realistischen Illusion beseelt, dass die Wirklichkeit der IBM und die Welt des OSI sich nicht beeinträchtigen und gemeinsam – im Sinne einer Evolution – die alleinige Kommunikationsinfrastruktur in der Welt darstellen werden. Der avisierte Stamm von rund zweihundert fest Angestellten sollte durch dieselbe Anzahl von temporären Gästen zu einem frühen Symbol der Globalisierung der Wissenschaft ausgebaut werden.

Bis 1985 war es, trotz der wenigen Jahre, ein langer, ereignisreicher Weg. Es musste das Vertrauen der Wissenschaft, der Telekomfirmen, der anderen IT-Hersteller und von bedeutenden Kunden für das Paar IBM und OSI erworben werden. Als erster Partner bot sich eine Kooperation mit den Telekomfirmen an. Diese waren weltweit in der ITU (International Telecommunications Union) verbunden und kündigten ihre neuen Pläne bis in die Mitte der neunziger Jahre auf einem Kongress in Genf an. 1987 nahm das ENC für die IBM gemeinsam mit 28 Firmen erstmals mit einer OSI-Lösung an der Telekom87[9] teil. Dabei konnten die folgenden innovativen Errungenschaften präsentiert werden: Erstens wurde erstmals mit X-400 (siehe Kapitel 1993) eine sichere E-Mail-Lösung gezeigt, zweitens wurde ein Gateway, das E-Mail und Teletext verband, gezeigt und drittens eröffnete eine experimentelle Hochgeschwindigkeitsverbindung nach Japan und in die USA völlig ungewohnte multimediale Dienste, etwa Videokonferenz.

Das Deutschen Forschungsnetz und die Gesellschaft für Mathematik und Datenverarbeitung, insbesondere die Darmstädter Niederlassung unter der Leitung des charismatischen Eckhart Raubold, waren die technischen Verbündeten, sodass die Messebesucher den Betrieb des Tokioter Bahnhofes mit seinen beeindruckenden Shinkansen-Zügen ebenso in Echtzeit beobachten konnten wie die Aktienkursentwicklung auf dem New Yorker Times Square. Oder sie konnten ihre Uhren nach dem Läuten des Big Ben in London stellen. X-400 wurde genutzt, um interaktiv z.B. Fahrplanauskünfte oder Aktienkurse zu erhalten. OSI war Wirklichkeit geworden.

In Oberlech am Arlberg trafen sich führende Wissenschaftler auf Einladung der IBM, um über die Zukunft offener Rechnernetze zu beraten. Unter den Organisatoren war auch Robert Plank, der Verantwortliche für Rechnernetze der amerikanischen Standardisierungsbehörde, dem National Bureau of Standards (NBA). Spätes-

---

[9] Eine Messe, die von der ITU organisiert alle drei Jahre in Genf stattfindet, zuletzt als Telecom World 2009.

tens nach der Entscheidung des amerikanischen Verteidigungsministeriums, beraten durch das NBA, für eine offene Rechnernetzarchitektur namens GOSIP[10], durfte das ENC hoffen, dass der Transfer von der Wissenschaft zur Innovation gelingen würde.

Jetzt hatten wir wieder das Büfett erreicht bzw. das, was noch davon übrig war. Zu meinem Bedauern war der Fisch bereits restlos geplündert, und auch die Schweinelende sah eher schweineelend aus. Wir zupften beide recht lustlos in den Resten herum und legten uns Mini-Häppchen auf. Die jeweilige Menge unterbot selbst die Miniportionen, die einem in jenen hoch dekorierten Gourmetpalästen zugeteilt werden, die sich der großen französischen Küche verschrieben haben. Mit diesem traurigen Fang wechselten wir an einen anderen Tisch. Müller führte seine Geschichte fort:

„Zwei große neue Projekte wurden dem ENC genehmigt und von Heidelberg aus mit weltweiter Mission verantwortet: Mit EARN (European Academic Research Network) erhielten mehr als 50 europäische Universitäten Zugang zu einem Rechnernetz, sofern sie einen IBM-Computer mit dem damaligen Betriebssystem VM[11] betrieben. Das EARN war offen und kostenlos. Aber es trennte die IBM-Welt von den anderen und wurde als Marketingmaßnahme der IBM auf dem Weg zurück an die Universitäten verstanden. HECTOR (Heterogeneous Computers Together) wurde mit dem Ziel der Informatisierung von Universitäten konzipiert (siehe 1987). Es ging darum, aus den vielen IT-Ressourcen eine Einheit entstehen zu lassen. Dies war wissenschaftlich spannend, aber noch war eben unklar, wie die Kommunikation zur Außenwelt aussehen sollte."

Ich mahnte Müller, dass wir noch dringend ans Nachtischbuffet müssten. Er wollte aber lieber einen guten Schluck Rotwein und eine Zigarre draußen auf der Terrasse genießen. Ich erzählte ihm dann von meinen Erlebnissen und wie mich 1985 als Student diese Nachricht über ein neues Forschungszentrum in Heidelberg fasziniert hatte. Was wäre wohl passiert, wenn ich damals dort ein Praktikum gemacht hätte? Wir wären vielleicht Kollegen geworden – wer weiß?

---

[10] Government Open Systems Interconnection Profile
[11] Virtual Machines

Infobox

SNA, OSI und TCP/IP

Die Welt der Netzwerkprotokolle ist ebenso wie die der Betriebssysteme zum einen geprägt von proprietären Lösungen der großen Computer- und außerdem auch Netzwerkhersteller, allen voran IBM und DEC, und zum anderen vom Wunsch nach offenen oder auch standardisierten Lösungen. Dabei lernt die Welt in den Achtzigern auch, dass Standards durch die Macht des Faktischen und nicht hinter verschlossenen Türen der Standardisierungsgremien entstehen.

Anfang der Siebziger entstand bei IBM die hierarchisch geordnete Netzwerkarchitektur **Systems Network Architecture**. SNA benötigte einen Großrechner, mit dem dann die anderen Systeme verbunden wurden. Die an einem Rechnernetz beteiligten Einheiten nennt man Netzwerkknoten. Bei SNA wurden die Knoten in Typen eingeteilt, sogenannte Physical Units. Diese boten dann sogenannten Logical Units (das waren Bildschirme und Drucker) die Netzwerkverbindungen an.

Den Wunsch, die Netzwerkprotokolle zu standardisieren, verfolgte die Normungsorganisation ISO durch **OSI** (Open Systems Interconnection). Das OSI-Referenzmodell mit seinen sieben Schichten versuchte, Ordnung in die Welt der Rechnernetze zu bringen. Die Digital Equipment Corporation gehörte mit ihrem zunächst proprietären **DECnet** dann zu den ersten, die das OSI-Referenzmodell vollständig implementierten. Letztendlich wurde das OSI-Modell aber durch die rasante Entwicklung im Umfeld von Arpanet und Unix faktisch ausgebootet.

Das zeitgleich entwickelte TCP/IP-Referenzmodell ist die Grundlage des heutigen Internets. Die für die Vermittlung und Routenfestlegung zuständige Schicht, der Internet Layer, wird durch das IP (**Internet Protocol**) realisiert. Das ursprüngliche Protokoll sieht eine Adressierung eines Netzknotens mittels einer 32 Bit langen Adresse vor. Diese Adresse ist – ähnlich wie bei Telefonnummern mit Landeskennung - Vorwahl - (Stamm-)Nummer - (Durchwahl) – in verschiedene Bereiche eingeteilt. Da diese Adressen seit einiger Zeit knapp werden, gibt es seit Längerem Bemühungen, auf das Nachfolgeprotokoll IPv6 (*IP Version 6*) mit seinen 128-Bit-Adressen umzusteigen (siehe Kapitel 2011). Aufsetzend auf der Internetschicht gibt es die Transportschicht (Transport Layer), die die Verbindung zwischen zwei kommunizierenden Rechnern herstellt. Das am meisten verbreitete Protokoll ist TCP (Transmission Control Protocol), das eine zuverlässige Verbindung und Übertragung der Datenpakete sicherstellt. Die Zuverlässigkeit wird allerdings durch ein aufwendiges Prüfverfahren erkauft, sodass für gewisse Anwendungen wie etwa Videoübertragungen auf das schnellere, aber unbekanntere **UDP** (User Datagram Protocol) zurückgegriffen wird. Schließlich sitzen auf der Transportschicht die Anwendungsprotokolle. Das Bekannteste seit der Einführung des **World Wide Web** ist **http** (Hypertext Transfer Protocol), über das die **URLs** (Universal Resource Locator) aufgelöst werden, um Webseiten in einem Webbrowser anzuzeigen. ∎

1986

Babylon
im zwanzigsten Jahrhundert

23. März 1986

Unser „Sprachengenie" zeigte heute in seiner Vorlesung eine Statistik über die derzeitige Benutzung von Programmiersprachen. Er meinte, es gäbe kaum ein Thema, über das sich Informatiker mehr erregen könnten, als über den Wert einzelner Programmiersprachen. Dieser Streit sei so alt wie die elektronische Rechnerei selbst. Der Streit erinnere teilweise an Diskussionen zwischen Autobesitzern. Dabei gebe es sowohl sachliche Argumente als auch rein emotionale Reaktionen. Ich gebe die Betrachtungen meines Dozenten im Folgenden etwas verkürzt wieder:

Nachdem sich der Wert höherer Programmiersprachen durchgesetzt hatte, brach der Streit zunächst zwischen den jeweiligen Anhängern und Nutzern der beiden Sprachen Fortran und COBOL aus. Die Fortran-Anhänger erklärten die COBOL-Programmierer einfach zu Idioten. Und die COBOL-Programmierer meinen bis heute noch, dass die Fortran-Leute nichts von datenintensiven Anwendungen verstehen. Während Fortran mit der Gleitkomma-Arithmetik glänzte, hielten COBOL-Anwender große Stücke auf die Dezimalarithmetik. Man kann doch Gemüsepreise nicht in Gleitkomma ausdrücken, es sei denn, man ist in Italien. Wegen der hohen Lira-Beträge war Gleitkomma vielleicht eine geeignete Darstellung. Bei uns kommt es darauf an, dass Pfennigbeträge richtig gerundet werden. Das kann nur die Dezimalarithmetik von COBOL.

Um 1960 erschien in Europa die Sprache Algol 60 auf der Bühne. Ihre Anhänger versuchten, sich von Fortran-Programmierer abzugrenzen. Ihre Vorteile liegen nach Meinung unseres Dozenten vor allem in Äußerlichkeiten. So kann man z.B. Variablen-Bezeichner frei wählen. Sie müssen nicht mit I, J oder K anfangen. Auch kann man in Publikationen kleine Buchstaben verwenden, was die Lesbarkeit von in Algol 60 verfassten Algorithmen erheblich erleichtert. Dass man das Konzept der Rekursion[1] realisiert hatte, wurde nur von mathematisch geprägten Programmierern als etwas Entscheidendes angesehen. Ingenieure und Naturwissenschaftler konnten gut

---

[1] Unter Rekursion versteht man ein Programm, das sich selbst wieder aufruft ähnlich der Betrachtung eines rückwärtigen Spiegels in einem Spiegel. Die Rekursion wird dann beendet, wenn ein besonderer Zustand erreicht ist. Beispielsweise ist das Rückwartszählen von zehn nach null eine Rekursion der Form „ziehe von der aktuellen Zahl eins ab", die dann endet, wenn die aktuelle Zahl „0" ist.

darauf verzichten. Was der Sprache im Hochschulbereich sehr half, war die Tatsache, dass ihr Entwurf besonders stark von europäischen Informatik-Professoren[2] beeinflusst wurde. Dazu gab es eine Beschreibung der Sprache, die sogenannte Backus-Naur-Form, die wegen ihrer vielen Klammern fast wie Mathematik aussah. Auch haben europäische und amerikanische Hochschulgruppen in München, Wien und Illinois die ersten Algol-60-Übersetzungen noch selbst geschrieben Obwohl auch einige Hersteller wie IBM sich für Algol 60 stark machten, hat die Sprache außer an Hochschulen nur wenig Benutzer gefunden. Mit der Nachfolgeversion Algol 68 wurde die Sprache derart komplex, dass niemand sie mehr haben wollte. Inzwischen hat sich Algol totgelaufen. Es wurde weitgehend von Pascal verdrängt. Diese Sprache wurde nicht von einem Komitee, sondern von einem einzelnen Wissenschaftler, Niklaus Wirth, entwickelt. Sie hatte großen Erfolg im Lehrbereich, obwohl sie auf viele Dinge verzichtete, die man bei Algol für wichtig hielt.

Nachdem in Bezug auf die Rechnerarchitektur wissenschaftliche und kaufmännische Maschinen mittels der System/360-Architektur (siehe 1965) zusammengeführt wurden, wollte IBM dasselbe bei Programmiersprachen erreichen. So entstand PL/I. Nach der ersten Veröffentlichung der Sprache im Februar 1964 gab es zwei Generationen von Übersetzern. Die Übersetzer der ersten Generation kamen aus den Labors von IBM in Hursley in England und Böblingen in Deutschland. An der zweiten Generation war nur noch das Labor in Hursley beteiligt. Während die Compiler der ersten Generation zwar sehr guten Code erzeugten, waren ihre Laufzeiten kaum zu ertragen. Das änderte sich mit der zweiten Generation, da dann bereits erheblich mehr Speicherkapazität zur Verfügung stand. PL/I fand verhältnismäßig mehr Benutzer in Europa und Japan als in den USA. Das hing damit zusammen, dass die Sprachen COBOL und Fortran in den USA schon viel stärker Fuß gefasst hatten als außerhalb. Als Folge davon wurde PL/I die am häufigsten benutzte Zweitsprache, d.h. reichte entweder Fortran oder COBOL für eine Anwendung nicht ganz aus, war PL/I der bevorzugte Kandidat. Es konnte aber weder Fortran noch COBOL verdrängen.

Von den Autoren des Betriebssystems UNIX, Dennis Ritchie und Ken Thomson, kam mit C eine Sprache, die sich besonders gut für die Erstellung von Systemprogrammen eignete. Später wurde C in Richtung von C++, einer objektorientierte Sprache, von Bjarne Stroustrup weiterentwickelt. Diese Sprachfamilie ist derzeit in aller Munde. Wie man annehmen kann, dass diese Sprachen etwa die Rolle von Fortran oder COBOL übernehmen können, ist mir allerdings ein Rätsel.

Einige Hochschullehrer lieben es, ihren Spott über die sogenannten Sprachen der Vierten Generation (abgekürzt 4GL) auszuschütten. Sie meinen, dass sie eines Informatikers nicht würdig seien. Dabei werden sie in der Praxis mit sehr großem Erfolg für viele wiederkehrenden Aufgaben eingesetzt, etwa das Erstellen von Berichten, die Dateifortschreibung oder die Datenbankabfrage. Abgesehen von SQL haben sie den großen Nachteil, dass sie nicht von internationalen Normengremien

---

[2] Friedrich Ludwig Bauer, Edsger Wybe Dijkstra (1939–2002) und Peter Naur

aufgegriffen wurden, sodass ihre Spezifikationen meist von einzelnen Herstellern kontrolliert werden. Eine Klasse für sich ist RPG. Die Abkürzung steht für „Report Program Generator". Sie ist heute die am meisten benutzte Programmiersprache der Welt überhaupt. Ursprünglich für das System 1401 entwickelt, erlangte sie bei dem System/360-20, das aus dem IBM Labor in Böblingen hervorging, einen sehr beachtlichen Reifegrad. Den Durchbruch erzielte die Sprache aber bei dem System/3 und seinen Nachfolgermaschinen. Hier werden fast 100 % aller Programme in RPG geschrieben, und das bei etwa einer halben Million Maschinen.

Nach dem großen Erfolg, den die Firma SAP mit ihren betriebswirtschaftlichen Anwendungen hatte, trat auch die Sprache ABAP in den Vordergrund. In ihr sind große Teile des System R/3 implementiert. Auch lassen sich mit ihr sehr schnell einfache Transaktionsprogramme schreiben. Klaus Tschira, einer der Gründer von SAP, hat erzählt, dass er einmal von einem frisch gebackenen Diplom-Informatiker im Einstellungsgespräch gefragt wurde, in welcher Sprache denn bei SAP programmiert würde. Als er ABAP erwähnte, sagte der Bewerber: „Wenn das so ist, dann ziehe ich meine Bewerbung zurück". Wem das nicht zu denken gibt, dem ist unser ganzes Ausbildungssystem schnuppe.

Die Erfolgsgeschichten des PC und der Firma Microsoft begannen mit der Sprache BASIC, einer Sprache, die wie eine Schülerversion von Fortran aussieht. Die amerikanische Regierung macht gerade mal wieder einen Versuch, das Gewirr der Programmiersprachen zu bereinigen. Sie hat dazu zum ersten Mal konkurrierende Vorschläge von unterschiedlichen Forschergruppen angefordert. Das Rennen machte der Vorschlag des Franzosen Jean Ichbiah. Die daraus resultierende Sprache heißt jetzt Ada, benannt nach Lady Ada Lovelace (1815–1852), der Tochter von Lord Byron und Mitarbeiterin von Charles Babbage. Ada soll für den Verteidigungsbereich obligatorisch werden. Es bleibt abzuwarten, was daraus wird.

Infobox

COBOL, PL/I, C / C++, BASIC und ABAP

Die *COmmon Business Oriented Language* (**COBOL**) entstand 1960 als eine Gemeinschaftsaktion von *CODASYL*, einer amerikanischen Organisation von Computerherstellern und Anwendern. Ziel war die Entwicklung einer Hochsprache für betriebliche Anwendungen analog dem erfolgreichen **Fortran** für technische Anwendungen. Betriebliche Anwendungen zeichnen sich durch umfangreiche Daten und deren Bearbeitung aus. Sie benötigen im Gegensatz zu technischen Anwendungen weniger aufwendige Berechnungen. Dem sollte COBOL gerecht werden, das als Surrogat aus mehreren Vorsprachen entsprang. Eine maßgebliche Entwicklerin war **Grace Hopper** (1906–1992). Nach ihrer Pensionierung 1966 wurde sie von der amerikanischen Marine aus dem (Un-)Ruhestand geholt und im Alter von achtzig Jahren als Konteradmiral entlassen.

PL/I (Programming Language One) wurde zeitgleich von IBM als Hochsprache für ihre Großrechner entwickelt. PL/I basiert unter anderem auf COBOL und Fortran. Kritiker behaupten gerne, dass PL/I vor allem die schlechten Eigenschaften geerbt hat. Trotzdem hat sich PL/I bei den Anwendern von IBM-Mainframes bis heute gehalten.

Praktisch jeder, der einmal ein betriebssystemnahes Programm geschrieben hat, dürfte dies in **C** oder später **C++** bzw. neueren Derivaten geschrieben haben. Erfunden von Dennis Ritchie, einem der UNIX-Väter, verbreitete sich C durch seine Nähe zu Unix rasant. Allerdings konnte sich die Sprache unabhängig von Unix weiterentwickeln und somit zur meistgenutzten systemnahen Programmiersprache der Welt werden. C++ ist die objektorientierte Weiterentwicklung von C durch Bjarne Stroustrup, der 1979 damit begann.

Durch das Aufkommen des PCs gelang **BASIC** eine weltweite Verbreitung. Diese Programmiersprache wurde 1964 von John George Kemeny (1926–1992) und Thomas Eugene Kurtz am Dartmouth College entwickelt. Sie war keine strukturierte Programmiersprache, da sie Zeilennummern nutzte und sogenannte Sprungbefehle (*GOTO*) besaß. Wie ihr Name verrät, war sie leicht zu erlernen. Mit den neu aufkommenden Heimcomputern etwa von Commodore (siehe Kapitel 1980) und deren BASIC-Interpretern entstand die Blütezeit von BASIC. Auch **Microsoft** nutzte zunächst BASIC, bevor es viel später **MS-DOS** auf den Markt brachte.

ABAP stand zunächst für „Allgemeiner Berichts-Anwendungs-Prozessor" und später für „Advanced Business Application Programming". Sie ist eine proprietäre Programmiersprache von **SAP**, dem größten deutschen Softwarekonzern. Man bezeichnet ABAP auch als eine **4GL** (Fourth Generation Language), mit der sich besonders betriebswirtschaftliche Anwendungen unter intensiver Verwendung von **Datenbanksystemen** programmieren lassen. ABAP folgt somit der Tradition von COBOL. ∎

1987

Vom Ernst des Lebens

2. November 1987

Heute war mein erster Arbeitstag bei Wertkauf in Karlsruhe im Einkauf. Uschi, unsere Sekretärin, hat mir erst einmal gezeigt, wie ich mich am Computer anmelde und einen „Account" für meine elektronische Post einrichte. Wir haben einen Rechner von der Firma DEC. Danach wurde mir gezeigt, wie wir die Lieferungen planen, damit der Ablauf im Lager bei der Ankunft der LKWs reibungslos funktioniert.

Als besonderes Highlight stellte mir mein Abteilungsleiter unseren IT-Chef Herrn Jenkner vor, einen waschechten Karlsruher Informatiker. Im Rechenzentrum herrschte eine andächtige Atmosphäre wie in einem großen Tempel – und Jenkner war der Tempelwächter. Offenbar hat niemand sonst derart Einblick in die höheren Sphären der Datenverarbeitung. Herr Jenkner zeigte mir mit bedeutungsschwerer Miene seine beiden Rechner vom Typ VAX 8300. In einem hoch gesicherten zweiten Serverraum habe er sogar eine VAX 8600, die er kürzlich auf 8 Megabyte Hauptspeicher aufgerüstet habe, was selbstverständlich nur durch seinen kurzen Draht in die USA so schnell möglich gewesen sei, wie er erklärte.

Dann schwärmte Jenkner von der rasanten Entwicklung seiner Branche und erzählte mir von der letzten CeBIT. Die elektrischen Schreibmaschinen mit PC-Ankopplung nannte er schlicht „Kinderei" und „Spielzeugklavier mit Rettungsleine" und verwies nur dezent auf die Hightech-Sammlung in seinen heiligen Hallen. Aber dann kam er auf die neue, 552 Megabyte große Compact Disc zu sprechen: „Das wird ein ganz neues Zeitalter einläuten. Was meinen Sie, was das für ein Staunen gibt, wenn ich dem Vorstand auf so 'nem Silberling mal die ganze Warendisposition unter die Nase reibe?", sagte er etwas großspurig. Ja, und dann öffnete er plötzlich eine Umhängetasche mit den Worten „Portable 3, stoßsichere Festplatte, Plasmabildschirm, mobil und flexibel, nur neun Kilogramm, mein neuer Rechner von Compaq direkt aus den Staaten, da werden die Augen machen auf der nächsten Lenkungssitzung der Rechenzentrumsleiter". Auf jeden Fall sei dieser Rechner etwas anderes als die schon eher betagten Apple II.

Auch den „Hundeknochen", also das schnurlose Telefon von Loewe, fand er nicht so toll: „Kostet 1700 Mark, rauscht, kriegst du Muskelkater beim Telefonieren, und das ganze drahtlose Zeugs setzt sich sowieso nie durch", meinte er nur. Zum Schluss des Rundgangs erklärte er mir noch, dass er eigentlich viel mehr auf EDI setzen möchte, das heißt „Electronic Data Interchange", und da sei eine neue Norm namens EDIFACT in Vorbereitung, die im kommenden Jahr verabschiedet werden solle. „Aber Sie wissen ja, der Vorstand ist ein harter Brocken, wenn es um Innovation geht", meinte er schließlich. Woher soll ich das denn am ersten Arbeitstag wissen? Bin doch erst einmal einfach nur froh, dass ich die Uni hinter mich gelassen habe. Es scheint, als ob ich die nervigen Profs durch den aufschneiderischen Jenkner ausgetauscht habe.

„Immerhin haben sie jetzt mal die Beschaffung von Faxgeräten beschlossen. Den Service gibt es bei der Bundespost schon seit 1979, aber erst jetzt scheint das so langsam in Gang zu kommen." Also insgesamt war dieser Jenkner trotz allem schon beeindruckend.

Abends war ich dann mit Alex unterwegs. Wir haben uns über den „Schwarzen Montag" unterhalten und wie das passieren konnte. Alex meinte, das hänge mit den IT-Systemen der Aktienhändler und Banken zusammen. Als die Kurswerte einzelner Aktien unter einen Schwellwert gefallen seien, hätten die Computer angefangen, die Aktienpakete einfach zu verkaufen. Das habe dann weitere Computer veranlasst, das auch zu tun. So bewegte sich die Spirale immer weiter nach unten. Ganz schön verrückt, was so alles passieren kann, wenn Computer sich verselbständigen. Und über solche Computer-Eskapaden kann inzwischen sogar eine ganze Volkswirtschaft in Schieflage geraten.

Doch allein die Computer waren es wohl nicht, immerhin hatte sich der Dow Jones in den zwei Jahren zuvor fast verdoppelt, und der geschwächte Dollarkurs in Verbindung mit dem US-Handelsdefizit und Inflationsängsten tat sein Übriges. Immerhin konnte der neue US-Notenbankchef Alan Greenspan die Lage etwas beruhigen. Technologie ist eben doch nicht alles, wir Ökonomen agieren da doch in ganz anderen Zusammenhängen, dachte ich mir. Und vielleicht wird man ja die jetzigen Tiefstkurse in ein paar Jahren rückblickend wieder als wahre Schnäppchen betrachten? Wer weiß, ob der Dow Jones trotz allem nicht auch mal die 3000er-Marke knackt?

Alex hat mir dann von seinem Projekt an der Universität Karlsruhe berichtet. Er ist wissenschaftlicher Mitarbeiter am Institut für Telematik und arbeitet an einem Großprojekt mit dem Codenamen „Hector". Das wiederum klang schon sehr spannend, wie die versuchen, alle Computer untereinander zu vernetzen. Der gute alte trojanische Heerführer Hektor steht bei denen leicht abgewandelt für „Heterogeneous Computers Together". Das Teilprojekt von Alex heißt DACNOS[1], und derzeit programmiert er am „KSC". Ich gehe zwar ab und zu ins KSC-Fußballstadion, aber dass „KSC" auch für „Kernel Service Call" stehen kann, war mir wirklich neu. Schrecklich, diese ganzen Abkürzungen der Informatiker.

Als Programmiersprache verwenden sie C, und Alex zählte mir begeistert seine SYS$-Funktionspalette[2] auf. Damit kann er „direkt in die Tiefen der VAX vordrin-

---

[1] Distributed Academic Network Operating System

[2] Das Betriebssystem VAX-VMS stellte den Programmierern Betriebssystemfunktionen bereit, deren Namen alle einen Präfix „SYS$" hatten.

gen", meinte er. Hatte nicht der Jenkner auch so eine VAX im Keller stehen? Sein Kooperationspartner ist IBM, und die große Herausforderung ist es, „dass wir diesen Kisten untereinander die gleiche Sprache beibringen", sagte er. Dazu wühlen sie offenbar in einzelnen Speicherregistern[3], lassen sogenannte „Threads"[4] parallel arbeiten und schlagen sich mit der Frage herum, ob eine Zahl nur so herum oder anders herum im Computer gespeichert wird – keine Ahnung, was das soll. Eigentlich ist das alles doch sehr techniklastig, das wäre wohl doch nicht so mein Ding.

Seine Testprotokolle verschickt Alex übrigens elektronisch mit „EARN"[5] (siehe 1985) an IBM. Immer wieder senden sie sich auch jede Menge Jokes als Textnachrichten zu oder machen ihre privaten „Dates" so miteinander aus, er nannte das auch „Internet". Da erinnerte ich mich an den Besuch mit Vater bei CERN und den dortigen Anfängen des Internets. Das ist mir all die Jahre entfallen gewesen.

Alex erzählte außerdem, sie hätten kürzlich sogar ein Programm gebastelt, mit dem man kleine Grafiken umcodieren und dann zusammen mit einer solchen Nachricht verschicken kann. „War eine echte Herausforderung, so was gibt es wohl sonst kaum, und jetzt haben wir unseren Spaß damit", meinte Alex. Nachdem er jetzt so viel mit IBM zu tun hatte, aber auf DEC-Rechnern programmierte, wollte er zukünftig vielleicht auch mal richtige Projekte mit DEC durchführen, sie hätten da so ein neues Forschungs- und Entwicklungszentrum von DEC direkt in Karlsruhe, das klang interessant.

Meine Erkenntnis für den heutigen Tag ist, dass der Computer am Arbeitsplatz nicht mehr wegzudenken ist, aber dass der Mensch immer noch in der Lage sein sollte, ihn zu beherrschen. So ein „schwarzer Montag" sollte zukünftig verhindert werden können, indem die Technik eben dem Menschen dient und möglichst vorausschauend und „intelligent" agiert. Aber vor allem habe ich auch festgestellt, dass die Informatik und die Wirtschaft oft eine ganz andere Sprache sprechen. Ich denke, wer beide Sprachen beherrscht, der hat wirklich beste Chancen in der Arbeitswelt der Zukunft. Gut, dass ich Wirtschaftsinformatik studiert habe. Zwar war die Zeit bei Dr. Wang nach der Schule auch hoch interessant, aber ich will Rechner eher benutzen und verstehen als programmieren.

---

[3] In einem Register befindet sich jenes Datum, das der CPU vom Hauptspeicher zur weiteren Verarbeitung übergeben worden ist. Von dort wird es auch nach der Durchführung der Rechneroperation wieder in den Hauptspeicher zurück geschrieben.

[4] Ein „Thread" bezeichnet den Ablauf eines Programmteils. Bei parallelen Programmen können mehrere Programmteile unabhängig von einander ausgeführt werden. Hierzu wird pro Ablauf ein „Thread" erzeugt.

[5] European Academic Research Network

Infobox

HECTOR, EBCDIC und EDI

*HE*terogeneous Computers *TogetheR* (**HECTOR**) war ein gemeinsames Forschungs-projekt von IBM und der Technischen Universität Karlsruhe mit dem Ziel, die gesamte Universität so mit einem Rechnernetzwerk auszustatten, dass alle Rechner der ein-zelnen Fachbereiche und Institute vernetzt sein sollten.

Der Extended Binary Coded Decimals Interchange Code (**EBCDIC**) ist eine binäre Kodierung für Dezimalziffern, die von IBM entwickelt wurde. Beispielsweise ist die Zahl 240 als Binärzahl (1111 0000) geschrieben die 8-Bit-Darstellung der Dezimal-ziffer „0" und 249 (1111 1001) für die Ziffer „9".

Der elektronische Datenaustausch zwischen betriebswirtschaftlichen Anwendun-gen wurde mittels **EDI** (Electronic Data Interchange) standardisiert. Der bekannteste Standard ist der UN/EDIFACT (United Nations Electronic Data Interchange For Ad-ministration, Commerce and Transport), der 1988 erstmalig verabschiedet wurde. Er regelt Standardnachrichten, wie zum Beispiel den Lieferabruf (delivery forecast), Buchungsbestätigung (transport booking confirmation) oder auch Rechnung (invoice message). Es gibt eine Reihe von EDIFACT-Varianten, die auf industriespezifische Aspekte eingehen. ∎

1988

Mit Rotwein geht alles besser

13. August 1988

Wer kennt es nicht? Dieses durchdringende Surren der Culicidae, gemeinhin auch Stechmücke oder einfach Schnake genannt, lässt niemanden schlafen. Doch in schwülen Nächten hat man irgendwann mal das dringende Bedürfnis, ein Fenster zu öffnen. Das ist am Balaton, dem Plattensee, im Hochsommer fatal. Als der Morgen anbricht, liege ich schon seit Stunden wach. Anna ist auch ganz gerädert. Urlaub in Ungarn sollte es werden, aber es ist ein einziger Kampf gegen die allgegenwärtigen Mückenschwärme. Unser kleines Ferienhaus ist zwar gemütlich, die Langostinos am Strand billig (umgerechnet zwanzig Pfennig) und das Abendessen schmackhaft, aber die Mücken, diese Mücken, die geben uns den Rest.

Unser Ferienhaus steht in einer kleinen Siedlung. Die Nachbarn kommen zweifelsfrei aus Sachsen, und ihr Trabbi macht einen Lärm und Gestank, der bis in unser Haus zieht. Also schließe ich dann morgens um acht Uhr die Fenster wieder. Dann geht es zum Bäcker, das Brot zum Frühstück holen. Dabei treffe ich unseren Nachbarn beim Bäcker. Er ist sichtlich verlegen, als ich ihn anspreche, und entfernt sich eilends.

Wir verbringen den Tag am Strand, unsere Nachbarn sind auch da, wie ich bei einem Spaziergang feststelle. Am Abend haben wir uns dann im Strandrestaurant eine gute Flasche ungarischen Rotweins gegönnt. Als wir zuhause ankommen, ist es dunkel, und die Armada von Mücken zieht sich etwas zurück, jedenfalls zeigen diese rauchenden Kerzen Wirkung. Es ist ein angenehmer Abend, nicht vergleichbar mit der Schwüle der Nacht. Gegen zweiundzwanzig Uhr kommen die Nachbarn mit ihrem Trabbi offensichtlich von einem Ausflug zurück. Ich gehe auf sie zu und lade sie zu einem Glas Rotwein ein. Nach anfänglichem Zögern stimmen sie schließlich zu. Ich glaube, die sind genau so neugierig auf uns wie wir auf sie.

Wie sich schnell heraus stellt, ist er Professor für Informatik und daher sehr vorsichtig, wenn es um sogenannte Westkontakte geht. Aber das ist natürlich ein Ding: ein Informatiker aus dem Osten! Mich interessiert, unter welchen Bedingungen die Informatik jenseits des Eisernen Vorhangs wohl arbeitet. Nachdem wir die erste Flasche geleert haben und alle etwas weinselig sind, plaudert unser Nachbar dann tatsächlich ein wenig aus dem Nähkästchen:

„Historisch bedingt kommen auch im Osten die ersten berufenen Informatik-Hochschullehrer im Wesentlichen aus den Bereichen Mathematik, Elektrotechnik und Physik. Unabhängig von den gesellschaftlichen Verhältnissen zeigten alle diese

‚Quereinsteiger' von Beginn an großes Engagement, die neu entstandenen Informatik-Einrichtungen arbeitsfähig zu machen und deren erfolgreiche Entwicklung gegen viele innere und äußere Widerstände voranzubringen. Gerade die Anfangsjahre offenbaren aber deutlich, wie sich unterschiedliche gesellschaftliche Verhältnisse auf den Entwicklungsprozess der Informatik auswirken. Im Unterschied zu den Fachgebieten im Bereich der Natur- und Ingenieurwissenschaften standen die Informatik-Einrichtungen von vornherein stark im wissenschaftspolitischen Brennpunkt."

Hier muss ich einfach einhaken und nachfragen, warum das Thema denn so politisch und er so vorsichtig sei. Darauf erwidert unser Freund aus Sachsen:

„Die strategische Bedeutung der neuen Technik und Technologie, Geheimhaltungskonzepte, die Integration in das osteuropäische Wirtschaftssystem, der Umgang mit den westlichen Embargobestimmungen – das alles mögen die Gründe dafür sein. Einen Ruf auf einen Informatik-Lehrstuhl ohne Parteimitgliedschaft zu erhalten, darf als ein besonderer Glücksfall in der beruflichen Karriere gewertet werden. Eine über jeden Zweifel erhabene fachliche Kompetenz, eine günstige stellentechnische Konstellation und natürlich die Unterstützung wohlwollender Förderer und persönliche Beziehungen machen das aber möglich. Ein in einem gewissen Sinne ‚angepasstes' Verhalten, zu dem auch der Verzicht auf private Westkontakte zählt, gehört natürlich auch dazu."

Bei diesen Worten schaut er mich fragend an. Jetzt ist es also heraus. Deshalb war er beim Bäcker so irritiert. Er wollte, nein, er musste jeglichen Anschein von Westkontakten vermeiden. Nur gut, dass unsere Terrasse nicht einsehbar ist. Sonst wäre er sicherlich auch nicht zu uns rüber gekommen. Jetzt will ich wissen, wie denn der Arbeitstag eines Professors für Informatik an der Universität im Arbeiter- und Bauernstaat so aussieht. Schließlich liegt mein Abschluss gerade mal ein Jahr zurück, und ich Wirtschaftsinformatiker, wenn auch der Wirtschaftsteil ausgeprägter ist, aber das sage ich einem „Ostler" lieber nicht so deutlich und betone den „Techniker" in mir. Unser Nachbar ist jetzt in seinem Element und setzt seine Erläuterungen fort:

„Soll wissenschaftliche Tätigkeit erfolgreich sein, bedarf es dazu der notwendigen Ressourcen in ausreichender Menge und Qualität. Dieser gravierende Mangel ist natürlich für die sich entwickelnden Informatik-Einrichtungen ein großes Handicap. Die computertechnische Basis kann nur als mangelhaft bezeichnet werden. Im Bereich der PC-Technik gelingt es nur durch Eigeninitiative, die Leistungsfähigkeit der von der DDR-Computerindustrie gelieferten Geräte etwas zu verbessern. Wenn an einer Einrichtung unter Umgehung der westlichen Embargobestimmungen westliche Importtechnik verfügbar ist, darf diese nur von einem gut ausgewählten Personenkreis genutzt werden."

Ich unterbreche ihn und werfe ein, dass wir auf sogenannten DEC-Systemen arbeiten. Ob er die kenne? Er lächelt vieldeutig und fährt fort:

„Als sehr gravierend erweist sich der fehlende Zugang zu forschungsrelevanter Anwendungssoftware. Ergibt sich bei dienstlichen Auslandsaufenthalten und Tagungsbesuchen die Möglichkeit, durch die Hilfe von westlichen Fachkollegen in den

Besitz einiger Software-Produkte zu kommen, fängt dann zu Hause das von Insidern als ‚Degrammieren' bezeichnete Analysieren an, da Dokumentationen und Quellcode dann oft nicht verfügbar sind. Die positive Seite eines solchen Mangels an gerätetechnischen und softwaretechnischen Ressourcen ist, dass Restriktionen oft die Kreativität der wissenschaftlichen Mitarbeiter fördern. Wer nicht in die Vollen greifen kann, muss sich effizientere Algorithmen und Lösungsstrategien einfallen lassen.

Auch der nicht mögliche Zugriff auf die internationale Fachliteratur macht erfinderisch. Hat jemand auf dienstlichem Wege oder aus privater Hand ein neues Fachbuch oder einen wichtigen Zeitschriftenartikel, wird dies kollegial weitergereicht und illegal auf Microfiches[1] kopiert. Für Leute, die der russischen Sprache mächtig sind, gibt es eine überaus hilfreiche Literaturquelle. In Moskau werden nahezu alle in westlichen Verlagen erschienenen Fachbücher ohne Rücksichtnahme auf irgendwelche Schutzrechte ins Russische übersetzt und in sehr geringer Auflage zu Spottpreisen verkauft. Als Mitglied eines in der DDR existierenden internationalen Buchdienstes kann man relativ bequem in den Besitz der nun russischen Fachliteratur gelangen.

Als starkes Handicap erweist sich in der gesamten Arbeit die generelle Vernachlässigung der Infrastruktur in der DDR und dies besonders im Bereich der Kommunikations- und Bürotechnik. Das Informatikstudium verläuft nach einem für alle Informatik-Einrichtungen der DDR einheitlichen Lehrplan ab, der ohne große ministerielle Eingriffe von einer Gruppe von Fachleuten erstellt wird, natürlich angereichert mit dem üblichen Kanon an gesellschaftswissenschaftlichen Fächern. Die Lehrveranstaltungen machen Spaß, hat man es doch durchweg mit Studierenden zu tun, die nach strengen Leistungskriterien ausgewählt wurden und die ihr Studium als Chance sehen. Sie arbeiten hochmotiviert und mit viel Einsatzbereitschaft für einen erfolgreichen Studienabschluss. Die äußerst minimale Abbrecherquote ist mit westlichen Maßstäben nicht vergleichbar. Natürlich werden die Studierenden auch in gewissem Maße gegängelt, schon allein um den politischen Einfluss auf ihr Verhalten zu gewährleisten. Das System der Seminargruppen mit einem jeweils eine Gruppe betreuenden Gruppenberater aus dem wissenschaftlichen Personal hat neben dem negativen aber auch einen positiven Effekt. Der Gruppenberater ist für alle studentischen Probleme Ansprechpartner und Betreuer und trägt viel zum Studienerfolg bei."

Hier muss ich meine eigenen Erfahrungen einwerfen. Bei uns gab es eine tolle sogenannte Orientierungswoche, bei der man als neuer Student eine Woche lang durch alle Einrichtungen geführt wurde. Danach war man aber völlig auf sich selbst gestellt. Ich frage unseren Gast, wie er denn selbst vom System betroffen sei. Das ist wohl ziemlich plump, ich schreibe es meinem erhöhten Rotweinkonsum zu. Aber er antwortet doch:

---

[1] Auf Filmmaterial aufgebrachte Mini-Abbildungen, die mittels eines Lesegeräts vergrößert werden

„Auch als Professor ist man natürlich in das arbeitspolitische Leben der Arbeitsgruppe, des Instituts und der gesamten Sektion eingebunden. Der Kampf um den Staatstitel ‚Kollektiv der sozialistischen Arbeit' soll den kollektiven Zusammenhalt und das Engagement sowie die Leistungsbereitschaft der Mitarbeiter fördern, aber natürlich auch auf die sozialistische Bewusstseinsbildung Einfluss nehmen. Das durchgängig positive Arbeitsklima ist ein wesentliches Plus, um auch unter schwierigen Bedingungen die anstehenden Aufgaben in Lehre und Forschung erfolgreich zu bewältigen. Zu herausragenden politischen Ereignissen in der DDR, wie etwa Parteitage und besondere Geburts- und Ehrentage, wird immer eine alle erfassende Verpflichtungsbewegung initiiert, die zur Übererfüllung der verbindlichen Jahresarbeitspläne führen soll. Wer geschickt ist, hat in seinem Schreibtisch immer etwas parat, das er zur richtigen Zeit verkaufen kann.

Wie jeder weiß, ist Wissenschaft eine internationale Angelegenheit. Erfolgreiche wissenschaftliche Arbeit braucht den Kontakt zur internationalen Fachwelt. Die politisch verordnete Isolierung ist letztlich einer der wesentlichen Faktoren, die viele Bereiche der Informatik bei uns ins Hintertreffen geraten lassen. Die strengen Kriterien der Reisekaderfestlegung, die fehlenden Devisen für Tagungsbesuche und Literaturbeschaffung, die aus politischen Gründen verhinderten persönlichen und institutionellen Kontakte zu den internationalen Leistungsträgern sind ein schweres Handicap."

Wir plaudern anschließend noch ein wenig über die Dinge des Alltags, und Anna ist richtig entsetzt, als die Frau des Professors ihr etwa über die manchmal mangelnde Verfügbarkeit von Obst in den Läden berichtet. Irgendwann stellen wir dann fest, dass es Zeit ist, ins Bett zu gehen.

14. August 1988. Heute Morgen reisten unsere Nachbarn wieder ab, ohne sich noch irgendwie zu verabschieden. Erst jetzt bemerke ich, dass wir einander gar nicht vorgestellt hatten. Eine verrückte Geschichte. Jetzt geht es wieder zum Strand. Mal schauen, ob wir wieder jemanden von „drüben" treffen werden.

Infobox

Technische Universität Dresden

In der ehemaligen DDR war die **TU Dresden** sicherlich eine der Zentren der ostdeutschen IKT-Forschung. Die Sammlung von Rechentechnik der Fakultät Informatik aus dieser Zeit zeigt den Stand der Technik (siehe auch http://www.mr.inf.tu-dresden.de/~schoene/MUSEUM98.pdf).

Die **Technische Sammlung Dresden** (http://www.tsd.de/) zeigt in ihrem Ausstellungsbereich Rechentechnik u.a. auch die Arbeiten von N.J. Lehmann (siehe 1964), der an der TU Dresden arbeitete und als Gründervater der ostdeutschen Informatik gilt. ■

1989

Als die Bilder ein weiteres Mal laufen lernten

Im Schatten des spektakulären Mauerfalls und der deutschen Wiedervereinigung, die mich persönlich aber eigentlich nicht so sehr beschäftigten, stand dieses Jahr voll und ganz im Zeichen meines beruflichen Werdegangs. Mein Abteilungsleiter erlaubte mir, eine Serie von Weiterbildungsseminaren zu besuchen. Darunter waren auch zwei Seminare an der Uni. Dort traf ich Burkhard. Er war damals gerade von dem Vorhaben besessen, auf dem Rechner Filme abzuspielen. Ich hatte zu der Zeit gerade einen nagelneuen VHS-Videorecorder gekauft und war abends mit dem Programmieren der Aufzeichnungszeiten schon vollauf beschäftigt. Für Burkhard war das allerdings so was von popelig. Er wollte mehr:

Nur zwei Jahre zuvor hatten die Brüder Thomas und John Knoll damit begonnen, ein Bildbearbeitungsprogramm für hochaufgelöste Fotos zu schreiben. John Knoll arbeitete für die Spezialeffekte Firma Industrial Light and Magic, und die Software diente zur Retusche einzelner Filmbilder. Der Film „The Abyss" war die erste Bewährungsprobe für diese Software, zuerst „Display" genannt, die im folgenden Jahrzehnt unter dem Namen „Photoshop" ihren Siegeszug antreten sollte. Auch wenn die Bearbeitung von einzelnen Standbildern schon die Leistungsfähigkeit der aktuellen Rechner auf die Probe stellte, gab es zugleich die ersten Versuche, auch bewegte Bilder, also Video, in den Rechner zu bringen.

Im Prinzip ist es ja ganz einfach: Es ist so wie das Daumenkino, das man als gelangweilter Schüler in die Ecken seiner Hefte und Bücher malte und dann mit dem Daumen abspielte. Der Haken bei der Sache ist die Zahl der benötigten Bilder, mindestens 12 pro Sekunde, um im menschlichen Auge Bewegung vorzutäuschen. Hoffnungslos?

Ich habe dann Burkhard und seine Versuche über das ganze Jahr begleitet und mir einige Aufzeichnungen gemacht und auch einige Mails von ihm in den Unterlagen gefunden, die ich eingearbeitet habe. Heute hatten wir Schlussbesprechung des Seminars. Burkhard war leider nicht gekommen. Er ist gerade in den USA bei den Forschungszentren von Digital Equipment in Palo Alto, Kalifornien. Er hat mit seinen Arbeiten dort soviel Aufmerksamkeit erregt, dass er nun für ein vierwöchiges Praktikum eingeladen wurde. Ich war ja vor ein paar Jahren an der Ostküste der USA in der Nähe von Boston bei Wang, aber an die Westküste nach San Francisco habe ich es noch nicht geschafft. Da ist ja das „El Dorado" der Computertechnik, das sogenannte „Silicon Valley". Irgendwie scheinen alle Computer- und Software-Hersteller da ihre Entwicklungslabors zu haben. Witzige Namen haben diese Orte: Menlo Park, Mountain View und eben Palo Alto. Ob Burkhard auf Dauer auch ins „Mekka der Informatik" ziehen wird?

11. Januar 1989

Digital Equipment führt die brandneue DECstation 3100 ein, und Burkhard wird stolzer Besitzer einer der ersten Maschinen. Der Prozessor kann theoretisch unter idealen Bedingungen 16 Millionen Befehle in der Sekunde ausführen (realistisch erreichbar ist natürlich nur ein Teil davon). Der Bildschirm kann 256 verschiedene Farben gleichzeitig darstellen, schön bunt.

Burkhard schreibt mir: „Was nun? Mmh. Das Ding ist so viel schneller als die alten Rechner. Ob ich damit wohl digitales Video machen kann? Mal schauen."

Im Januar 1988 hatte sich eine Expertengruppe zusammengetan, um einen Standard für digitales Video zu erstellen[1], Burkhard konnte sich die Eckdaten für die Aufgabe von der Gruppe holen:

Die Eingangsdaten sollten auf CD passen, insbesondere die Datenrate darf nicht höher sein als das, was die CD ausspucken kann, macht also 150 KByte/sec. Die Auflösung der Bilder wird in verschiedenen Stufen, vor allem für Videokonferenzsysteme, standardisiert. Burkhard nimmt die Auflösung, die der gängigen VHS-Kassette entspricht: 384 mal 288 Bildpunkte. Wenn er Kinofilmqualität hätte, also 24 Bildern in der Sekunde, könnte er vielleicht jedes zweite Bild nehmen, das liegt dann gerade an der menschlichen Wahrnehmungsschwelle von 12 Bildern in der Sekunde. Also mal rechnen: 384 mal 288 mal 12 gibt 1,3 Millionen Bildpunkte, die jede Sekunde auf den Schirm zaubern müsste.

Burkhard und ich tauschten uns in der Pause des Seminars dazu aus. Er meinte: „Und von der CD habe ich jede Sekunde 150.000 mal 8 gleich 1,2 Millionen Bits, in denen ich die Bildinformation unterbringen kann. Irgendwie müsste ich also in die gesamte Helligkeit und Farbinformation für jeden Bildpunkt in etwas weniger als ein Bit stopfen. Da brauche ich Kompression und Dekompression. Im besten Fall habe ich also etwa 16 Millionen Maschinenbefehle, dividiert durch 1,3 Millionen Bildpunkte oder bestenfalls 12 Befehle pro Bildpunkt.

Und genau betrachtet muss ich ja noch die Daten von der CD lesen, dekomprimieren, irgendwie damit klarkommen, dass der Bildschirm nur 256 verschiedene Farben zur Zeit darstellen kann, aber die Filme Millionen von verschiedenen Farben haben, und außerdem das fertige Bild einmal von meinem Programm in den Bildschirm umkopiert werden muss, damit man es auch sieht. Ach ja, und Ton brauche ich ja auch noch. Das sieht hoffnungslos aus. Schade."

---

[1] Der Standard wird MPEG-1 heißen, aber erst Ende 1992 fertig sein und auch dann noch für Jahre die Leistungsfähigkeit normaler Rechner überfordern.

Sommer 1989

Burkhard schreibt mir nach längerer Pause eine Mail: „Die Aufgabe lässt mich nicht los, mein Ehrgeiz ist geweckt. Eigentlich arbeite ich an einem Projekt für Schulungssoftware namens NESTOR. Da gibt es auch Schulungen, in denen Videos eingesetzt werden, zum Beispiel in Sprachkursen.

Ein Mords Kabelsalat, spezielle Videokarten und ein Laserdisc-Spieler[2] machen die Schulungssysteme zu einem Alptraum.

Wenn ich doch nur das Problem geknackt bekäme. Also okay, spendieren wir mal die Hälfte des Budgets für CD lesen, zum Bildschirm kopieren und den Ton spielen, bleiben mir sechs Maschinebefehle, um zu dekomprimieren und irgendwie den Farbtrick hinzukriegen. Nach sehr viel Nachdenken und Probieren hatte ich es am Schluss tatsächlich raus.

Der Trick besteht am Ende aus zwei Tricks. Der eine: Immer 4 Bildpunkte auf einmal zu bearbeiten, die Maschine hat Befehle, die mit 32 Bits umgehen können, und jeder Bildpunkt hat nur 8 Bits. Der andere Schlüssel zum Erfolg besteht in der Einsicht, dass ich nicht versuchen muss, für jeden Bildpunkt die Farben zwischen Video und Bildschirm umzumodeln, sondern es umdrehen und für jedes Bild einmal die 256 möglichen Farben des Bildschirms vorher berechnen kann."

Herbst 1989

Schließlich erhalte ich folgende Nachricht von ihm: „Geschafft! Immer wieder und wieder rast der wild gewordene Hase aus ‚Who framed Roger Rabbit' über meinen Bildschirm und löst Bewunderung bei Kollegen und Besuchern aus[3]. Ob wir eines Tages auf dem Rechner Film und Fernsehprogramme empfangen werden?"

Infobox

MPEG und Quick Time

Einer der ersten Standards zur komprimierten Speicherung von Videobildern war **MPEG-1**. Dieser wurde Ende der achtziger Jahre von der Moving Picture Experts Group (MPEG) entwickelt und 1993 als Standard freigegeben. Etwa zur gleichen Zeit wurde von der ITU (International Telecommunication Union) ein Standard mit dem Namen **H.261** für Bildtelefonie und Videokonferenz über ISDN entwickelt. Bei all diesen Standards geht es darum, dass die durch Kompression entstehenden Daten- bzw. Bildqualitätsverluste vom menschlichen Auge möglichst wenig wahrgenommen werden. Die ersten Standards waren von der sehr limitierten Bandbreite des Internets bzw. der Wählverbindungen geprägt (etwa bei ISDN).

---

[2] Die LaserDisc ist ähnlich der Video CD, allerdings wurde das Video analog aufgezeichnet.

[3] Im Folgejahr bringt Digital das Ganze unter dem Namen ‚Software Motion Pictures' heraus, im Juni fängt auch Apple mit QuickTime 1.0 und briefmarkengroßen Filmen die Multimediarevolution an.

Apple **QuickTime** kam Mitte 1990 auf den Markt. Damit konnte man Videos ohne zusätzliche Hardware mit einer Bildrate von 10 Bilder/Sekunde ablaufen lassen. 1998 entschied sich die MPEG, für den Standard **MPEG-4** das Dateiformat von QuickTime zu nehmen. QuickTime wird heute im Internet zum Abspielen von Videos genutzt und wurde bereits mehr als eine Milliarde Mal heruntergeladen und installiert. ■

1990
Wandel durch Handel

21. Dezember 1990

Jetzt ist die Wiedervereinigung schon einige Wochen alt, und es kommt einem vor, als wäre die Maueröffnung gestern gewesen. Heute traf ich Professor Krüger vom Institut für Telematik an der Universität Karlsruhe. Wir stießen zufällig in der Kantine des Bundesverfassungsgerichtes aufeinander. Ich hatte ihn ein Jahr zuvor auf der Promotionsfeier meines Freundes Axel persönlich kennengelernt. Das Gericht liegt in der Nachbarschaft seines Instituts, und die Kantine genießt einen ausgezeichneten Ruf. Er kommt oft hierher. Ich dagegen war einer Empfehlung von Axel gefolgt. Krüger hatte einen Gast aus dem Osten unserer nunmehr vereinten Bundesrepublik dabei – und erst beim zweiten Hinsehen fiel bei mir der Groschen. Dieser Professor Hantzschmann aus Rostock, als der er mir vorgestellt wurde, war niemand anders als mein „Balaton-Informatiker" von 1988. Die Welt ist wirklich klein. Auch Prof. Krüger staunte nicht schlecht. Obwohl wir damals nicht einmal die Namen ausgetauscht hatten, war es fast wie das Wiedersehen alter Freunde. Wir erzählten uns gegenseitig, wie wir Wende und Wiedervereinigung erlebt hatten, und stellten erstaunt fest, wie radikal sich die Welt in nur zwei Jahren verändert hatte. Nachdem wir uns dann über die vorzügliche Küche ausgetauscht hatten, sprachen wir ein mir bis dahin weitgehend unbekanntes Thema an: die Evaluierung, also die Bewertung der ehemaligen wissenschaftlichen Einrichtungen der DDR.

Professor Krüger ist einer der vielen Fachkollegen aus westdeutschen Universitäten, die sich mit beispielhaftem Engagement dieser Herausforderung stellen. Was da in einer relativ kurzen Zeitspanne an Entscheidungen zu treffen und an Konzepten zu erstellen ist, nötigt höchste Bewunderung ab. Ich tauchte in das Gespräch der beiden ein. Krügers Gast war Sprecher der Informatik an der Uni Rostock, nahm Anschauungsunterricht in Karlsruhe und besprach Details der Hochschulgestaltung mit seinem Kollegen Krüger.

Als wir gegessen hatten, erzählte Hantzschmann, wie ihn die Wende bewegt hat: „Als 50jähriger die politische Wende und die Wiedervereinigung Deutschlands zu erleben und dabei an bescheidener Position auch mitwirken zu können, ist ein phantastisches Ereignis, das man wohl erhofft, aber kaum noch für möglich gehalten hat. Wer hat in seinem Berufsleben schon das Glück, beim Neuaufbau einer universitären Informatikeinheit in verantwortlicher Position mitwirken und diesen Prozess nach seinen eigenen Vorstellungen beeinflussen zu können? Es gab für mich keinen Zweifel, mich dieser historischen Herausforderung zu stellen und meine ganze Kraft und Erfahrung für den Neuaufbau der Informatik an der Universität Rostock einzubringen. Dieses euphorische Bekenntnis heißt aber nicht, dass es sich hier um eine leichte Aufgabe und einen Prozess ohne große Probleme gehandelt hätte."

Dazu bemerkte Krüger: „Die DDR hatte eigene Mikroelektronik-Entwicklung gemacht. Das war wirtschaftlich gesehen ein Wahnsinn, weil alle Ressourcen da hinein flossen. Honecker wollte eigentlich dem Breschnjew, den Russen, imponieren. Sie lagen aber immer ein oder zwei Generationen zurück. Die DDR ist ja nicht an den Demonstrationen eingegangen, die waren wirtschaftlich am Ende. Die hatten eine Investitionsrate von 3 % gegenüber rund 20 oder 30 % im Westen. Deswegen waren z.B. die Chemiewerke von Leuna in einem Zustand, den man sich kaum vorstellen mag. Das habe ich nicht für möglich gehalten. Nach der eigenen Staatspropaganda wollte die DDR ja bis zuletzt als zehntgrößte Wirtschaftsmacht gelten, und viele haben das geglaubt.

Das erste Erschrecken war, dass niemand ahnte, in welch desolatem Zustand sich die DDR tatsächlich befand. Die Industrie war nicht wettbewerbsfähig. Den Trabant und den Wartburg hat man innerhalb von wenigen Monaten eingestellt. Selbst der westdeutsche Geheimdienst hat den wahren Zustand der DDR nicht gekannt. Es ist aber richtig gewesen, dass man auf Entspannung gebaut hat. Denn wir wären das Opfer des dritten Weltkriegs geworden. Bei uns hätten sie Tabula rasa gemacht. Die militärischen Aufwendungen haben die Russen ja letztendlich auch ruiniert.

Es galt nun also, ein einheitliches Wissenschaftssystem zu schaffen. Da war natürlich auch für einen Laien klar, dass 16.000 Menschen in der Akademie nicht weiter beschäftigt werden konnten. Deshalb hat der Wissenschaftsrat als erstes Kommissionen eingesetzt, die die wissenschaftliche Landschaft durchleuchten soll. Am 2. Oktober diesen Jahres sind wir mit einer Kommission das erste Mal rüber (einen Tag vor der offiziellen Wiedervereinigung). Das war emotional sehr bewegend, ich war ja seit '58 über 30 Jahre nicht mehr drüben gewesen. Man hatte in die Mauer eine kleine Bresche geschlagen, und da mussten wir dann mit unserem Auto in den Osten durch. Die erste Nacht haben wir im Interconti am Alexanderplatz verbracht.

Diesen Monat war ich in Dresden und Berlin. Das ging ja noch einigermaßen, das waren schließlich Vorzeigeobjekte mit Industrieanbindung. Aber schon dort ist einem das Ausmaß der gesamten Problematik bewusst geworden. Aber gestern Abend war ich emotional am Boden, weil mir klar war, dass es Jahrzehnte dauert, bis das wieder vernünftig auf die Beine kommt, und dass das voraussichtlich um die 1,5 Billionen Mark kostet. Wahrscheinlich werden es am Ende eher 2 Billionen gewesen sein.

Nach der Akademie kamen die Hochschulen dran. Da bin ich auch in der Kommission Mathematik/Informatik. Dann ging also die Rundreise durch die Universitäten los. Wobei es hier keinen Unterschied zwischen Universitäten und Fachhochschulen gab. Es gibt etwa die Technische Hochschule (TH) Ilmenau oder die TH Wismar. Die erste Entscheidung war also, was wird jetzt Fachhochschule im westdeutschen Sinne, was bleibt Hochschule? Das Motto ist, eine Technische Hochschule pro neues Bundesland[1]. Es glauben viele ja noch an eine Art zweites Wirtschaftswunder für die neuen Bundesländer. Ob das so kommen wird?

Die DDR folgte ja nach der Teilung dem Grundsatz „Zukunft entsteht durch Technik". Auf dem Gebiet wollte sie den Westen überholen. Da stellte man damals fest, dass ja die Technischen Hochschulen fehlen, es gab nur die eine in Dresden. Im Westen gab es damals immerhin zehn THs. Dann hat die DDR einen großen Kampf gestartet und festgestellt, wir brauchen Technische Universitäten und Fachschulen. Wismar, Chemnitz, Zwickau, diese Standorte wurden alle neu geschaffen. Universitäten gab es mehr, die Humboldt-Universität in Berlin, in Greifswald, Rostock, Halle und Jena. Aber den erhofften Nutzen hat diese Offensive nicht mehr bringen können."

Als Krüger einen Schluck Kaffee nimmt, führt Hantzschmann weiter aus: „Die Bewertung der wissenschaftlichen Qualität der an der Universität in einer Fakultät vereinigten technischen Disziplinen obliegt einer Kommission des Wissenschaftsrates, in der für jede Disziplin mehrere Fachkollegen aus westdeutschen Universitäten vertreten sind. Ich werde diese Evaluierungsberatung nicht so schnell vergessen. Ein mir nur vom Namen her bekannter, aber persönlich unbekannter Professor mit etwas grimmigem Blick fragte gleich nach dem Eintreten: ‚Wer ist hier der Verantwortliche für die Informatik?' Mit meiner etwas zögerlichen Antwort begann meine persönliche Bekanntschaft mit Herrn Krüger."

Wir müssen bei dieser Darstellung gemeinsam kräftig lachen, und Krüger kommt nicht umhin, darauf zu verweisen, dass er sich ja „nicht die Butter vom Brot nehmen lassen wollte". Da sei er eben entsprechend forsch aufgetreten.

Die Bewertung der Rostocker Informatik fiel insgesamt erfreulich positiv aus, allerdings galt es dabei klar zu differenzieren. Anders als die theoretische Informatik und die Computergrafik waren die Arbeitsgruppen der praktischen und technischen Informatik aufgrund ihrer Abhängigkeit von den technischen Ressourcen weniger überzeugend. Die strukturelle Umgestaltung der Informatik hatte bereits in diesem Jahr mit der Umwandlung der damaligen Sektion Informatik in einen Fachbereich Informatik begonnen. Die generelle Neuordnung des Hochschulwesens in Mecklenburg-Vorpommern lag als Entwurf vor und soll auch für die Informatik gravierende Veränderungen mit sich bringen.

Jetzt war Hantzschmann nach Karlsruhe gekommen, um das weitere Vorgehen für die Gründung einer Fakultät der Ingenieurwissenschaften zu besprechen. Die Diskussionen mit den neu entstandenen zuständigen Gremien in der Universität und im Kultusministerium erforderten viel Geduld und Standhaftigkeit. Neue Studiengänge mit neuen Ausbildungsdokumenten waren aber nur ein Problem. Ein weiteres war, dass für die Absicherung des laufenden Studienganges, für den Start

---

[1] 1991 wurde entschieden, dass in Thüringen die TU Ilmenau entsteht, Jena wurde die Technik weggenommen. Was dazu geführt hat, dass Lothar Späth Gerhard Krüger anrief und gefragt hat: „Was macht ihr da eigentlich?" Er war ja inzwischen Chef bei Zeiss.

des neuen Studienganges und für die Informatik-Grundausbildung für nahezu die gesamte Universität nur noch vier Professoren zur Verfügung standen. Krüger schlug vor, junge engagierte Oberassistenten zu bitten, vertretungsweise Vorlesungen zu halten. Er bot Hantzschmann an, sich selbst bei seinen Mitarbeitern dafür einzusetzen. Mir fiel sofort mein Freund Axel ein, aber hielt mich mit einer Bemerkung zurück. Das sollten Krüger und er selbst besprechen.

Das Land Mecklenburg-Vorpommern hatte sich entschieden, den Prozess der personellen Erneuerung im Hochschulwesen des Landes mit erfreulicher Konsequenz nach einem streng gesetzlich festgelegten Drei-Stufen-Konzept durchzuführen. Die Überprüfung der politisch-moralischen Integrität der Mitarbeiter im Rahmen eines Ehrenverfahrens steht zunächst im Mittelpunkt. Die fachliche Evaluierung in einem berufungsähnlichen Verfahren für alle Hochschullehrer und habilitierten Mitarbeiter liegt in den Händen einer Überleitungskommission aus kompetenten Fachvertretern der alten Bundesländer. Daran wird sich dann die Besetzung der laut Stellenplan verfügbaren Stellen durch eine Übernahmekommission anschließen.

Es war vielleicht ein symbolischer Wink des Schicksals, dass ich die beiden Herren Krüger und Hantzschmann ausgerechnet so kurz nach Vollendung der Deutschen Einheit getroffen habe. Schließlich waren die beiden ja immer noch schwer damit beschäftigt, diese Einheit auch auf der Ebene der Wissenschaft wieder herzustellen. Am Plattensee, denke ich schmunzelnd, hat dafür schon ein Fläschchen Rotwein gereicht. Als ich das vorhin Mutter am Telefon erzählt habe, macht sie mich darauf aufmerksam, dass Hantzschmanns doch Freunde unserer Verwandten aus dem Osten sind. Ob ich ihn denn nicht darauf angesprochen habe? Also an diese Begegnung konnte ich mich beim besten Willen nicht mehr erinnern.

Infobox

Akademie der Wissenschaften der DDR und Universitäten/ Technische Hochschulen der DDR

Zur Neuausrichtung dieser Wissenschaftseinrichtungen gab es unterschiedliche Kommissionen des **Wissenschaftsrates** der Bundesrepublik Deutschland. Grundlage hierfür war Artikel 38 des Einigungsvertrages vom 31.08.1990.

Die Akademie der Wissenschaften umfasste die außeruniversitäre Forschung der DDR nach sowjetischem Vorbild und hatte ca. 16.000 Mitarbeiter. Sie hatte damit etwa soviel Personal wie die ganze westdeutsche außeruniversitäre Forschung zusammen – bei einem Budget von etwa 5–7 % des Bruttoinlandsproduktes. Zuständig für Informatik war die Arbeitsgruppe „Mathematik/Informatik" des Wissenschaftsrates.

Die einschlägigen Institute wurden im Oktober/November 1990 besucht. Der Wissenschaftsrat verabschiedete seine Stellungnahme am 13.3.1991. Das Ergebnis war, dass die Mathematik internationalen Standard hatte, aber die Informatik/ Rechentechnik nicht zuletzt aufgrund der westlichen Embargopolitik im Wesentlichen hochgradig anwendungsbezogen gearbeitet hat, was dann informell als Nachlaufforschung zum Westen bezeichnet wurde.

Bei den (Technischen) Universitäten/Hochschulen der DDR war das Ziel nicht die Abwicklung, sondern eine Neustrukturierung der Hochschullandschaft der ehemaligen DDR in den nun fünf neuen Bundesländern und Berlin. Der Auftrag hierzu kam vom Bund und den Ländern. Ein zentrales Thema bei den Ingenieuren war die Aufteilung der vorhandenen Hochschulen in eine universitäre Ebene und in Fachhochschulen (FH), die es ja in der DDR nicht gab. Die Einordnung als FH wurde natürlich von den betroffenen Einrichtungen als Degradierung empfunden, weshalb es erhebliche Widerstände gab.

Die Empfehlungen besagten u.a., dass die Forschung aus den Akademie-Instituten zurück an die Hochschulen kommen sollte und dass jedes neue Bundesland (mindestens) eine Technische Universität bzw. Technische Fakultät haben sollte. ∎

1991

Was ist los in Humenné?

31. Juli 1991

Vom Hörensagen kannte ich schon die überschwänglichsten und abenteuerlichsten Metaphern und Vergleiche für diesen Akt. Aber die Wirklichkeit toppt das noch einmal um Längen: Ich bin zum ersten Mal Vater geworden! Heute Morgen um 05.30 Uhr hat Anna einen gesunden, rasch kräftig schreienden und mit dichten dunklen Haaren ausgestatteten jungen Mann auf die Welt gebracht, von dem wir im Vorfeld schon beschlossen hatten, dass er auf den Namen Paul hören soll. Der kleine Paul mag seine winzigen Äuglein kaum öffnen, er ruht sich erstmal von den Anstrengungen der Geburt aus, trinkt aber schon. Also alles im grünen Bereich. Ein knapper halber Meter von gut 3,5 Kilogramm Gewicht – ein ganz stattliches Kerlchen. Es ist jetzt zwar kurz vor Mitternacht, und ich bin seit gestern gar nicht zum Schlafen gekommen, aber müde werde ich scheint's überhaupt nicht mehr. Und das, obwohl ich heute die Ankunft meines Stammhalters auch noch ganz ordentlich begossen habe. Die Euphorie lässt einfach nicht nach. Werde mich gleich aber zwangsweise hinlegen, denn morgen früh warten Klein-Paule und seine Mutter schon auf meinen Besuch. Gute Nacht, Welt, und lass dich umarmen!

28. Oktober 1991

Heute habe ich den Freund meines Vaters aus dem Odenwald besucht. Gerd hat mir vor Jahren seine Werkstatt gezeigt und viel über Ionen und Bits erzählt. Das war damals ziemlich spannend und hat im Jahr darauf zu einem Besuch beim CERN geführt. Seitdem treffe ich Gerd hin und wieder. Die heutige Geschichte muss ich einfach aufschreiben, da mir das meine hoffentlich noch zahlreicher werdenden Kinder und die vielen Enkel sonst nie glauben würden.

Gerd kommt gerade aus der Tschechoslowakei oder auch Tschechische und Slowakische Föderative Republik (ČSFR), wie sie sich seit letztem Jahr April nennen, zurück. Nach dem Fall des Eisernen Vorhangs ging es auch dort mit der Demokratisierung zügig voran. Es zeichnet sich eine mögliche Trennung der beiden Gebiete Tschechien und Slowakei als eigenständige Staaten ab. Gerds Auftrag war die Errichtung eines Einwohnermeldesystems, da alle Bürger eine „Startprämie" in Höhe von 1500 tschechischen Kronen in Form einer Anleihe bekommen sollten. Dazu mussten die Bürger bei ihrer Gemeinde erfasst sein. Gerd arbeitete mittlerweile bei DEC, jenem Computerhersteller, von dem er vor Jahren eine PDP-11 zuhause hatte. Nix mehr Ionen, nur noch Bits und die möglichst über ein Netzwerk, das war seine berufliche Passion geworden.

Der Internationale Währungsfonds hat das Projekt finanziert. DEC war der Lieferant der Infrastruktur, und die Software AG lieferte die Software für das Melderegister. Zunächst wurden zwei Rechenzentren aufgebaut: eins in Prag (Tschechien) und eins in Pressburg (Slowakei). Beide waren mittels eines Netzwerks verbunden und hielten alle Daten auf beiden Seiten vor – Gerd bezeichnete das als „Spiegeln der Daten". Obwohl als Schutzmaßnahme vor einem Totalausfall eines der Rechenzentren angekündigt, mehren sich bei Gerd die Zweifel und er vermutet, dass diese Zweiteilung eine gute Architektur für ein späteres Aufspalten darstellt.

Allein schon die Projektsitzungen zwischen den Pragern, also den Tschechen, und den Pressburgern, den Slowaken, hatten es in sich. Man traf sich auf quasi neutralem Grund in Brünn (das allerdings eine tschechische Bezirksstadt ist). Gerd und seine Kollegen baten darum, dass die Sitzungen auf Englisch abgehalten wurden, was auch von beiden Seiten begrüßt wurde.

Als Gerd das Rechenzentrum in Prag besucht hat, stand er plötzlich vor einem Nachbau einer VAX 11/780, hergestellt in der Gegend um Zwickau. Sie war ein exakter Klon ihres amerikanischen Vorbilds und für Gerd das richtige Spielzeug, wie ich bei seinen Schilderungen bemerkte.

In den letzten Monaten bereiste Gerd verschiedene Kreisstädte und Gemeinden und installierte in den Rathäusern einen Anschluss für das neue Meldesystem. So kam er auch nach Humenné in der Ostslowakei. Es besitzt ein nettes Renaissanceschloss mit Park und ein Kloster. Das war aber nicht der Grund, warum Gerd so lebhafte Erinnerungen an den Ort hatte. Vielmehr war es die Tatsache, dass ganz in der Nähe ein kleiner Ort existierte, in dem nur der Bürgermeister als einziger einen Telefonanschluss hatte. Die Reise von Prag dorthin war sehr lang und beschwerlich. Sie kamen abends spät dort an und benötigten eine Unterkunft. Da weder er noch sein Kollege der slowakischen Sprache mächtig war, bedurfte es einiger Zeichensprache, gepaart mit englischen Ausdrücken, um schließlich eine kleine Pension in der Nähe zu bekommen.

Am nächsten Tag war dann erst einmal großer Empfang beim Bürgermeister, der die ausländischen Gäste mit einem kräftigen Schluck willkommen hieß. Nach einigen Gläsern Wodka schließlich installierte Gerd zunächst einen Router, der es erlaubte, dass sowohl ein Telefon als auch der Rechner für das Meldesystem an die einzige Leitung angeschlossen werden konnte. Nachdem er ihn mit diesem Hightech ausgestattet hatte, verließ Gerd den freundlichen Bürgermeister und machte sich zurück in das ausgehende zwanzigste Jahrhundert, sprich nach Hause in den schönen Odenwald.

Wenn ich da an unsere Reise nach Ungarn denke, dann frage ich mich, wie es wohl dort in weniger besuchten Gegenden ausgesehen hat. Am Plattensee hatte es immerhin einige öffentliche Telefonzellen gegeben. Und nach der Öffnung der Mauer vor zwei Jahren haben wir ja auch ungläubig auf den desolaten Zustand der Infrastruktur in der ehemaligen DDR geschaut. Vorgebliche Industrienationen auf dem kommunikativen Stand von Entwicklungsländern.

Infobox

Robotron RVS K 1840

Aufgrund des amerikanischen CoCom-Embargos durften keine Computer aus dem Westen in die Länder des ehemaligen Ostblocks geschickt werden. Das veranlasste die Bruderstaaten, sich per Industriespionage die Baupläne und sonstigen Informationen zu besorgen, um dann entsprechende Kopien (Clone genannt) zu bauen. Die RVS K 1840 war ein DEC VAX-11/780-Clone.

Auch die Betriebssysteme wurden kompatibel entwickelt, sodass sowohl ein VMS-Clone (SVP 1800) als auch ein Unix-Clone (MUTOS 1800) existierte. Ebenso wurden Übersetzer für die gängigen Programmiersprachen wie etwa *C* und *COBOL* entwickelt.

Ähnliche Clones wurden auch in anderen Ostblockstaaten wie etwa der UdSSR, Ungarn oder ČSSR gebaut. Die Beliebtheit der VAX-11-Serie fand so auch im Osten ihren Widerhall. ∎

1992

Von Fahrrad- und Prozessketten

6. Juli 1992

Es war ein heißer Sommertag im Juli 1992. Der Tag hatte gut begonnen. Als begeisterter Tennisspieler freute ich mich über den Erfolg von Steffi Graf am Wochenende in Wimbledon und hatte mit großem Interesse die Zeitungsmeldungen gelesen. Was für eine Genugtuung, nachdem vor gerade mal zwei Wochen die deutsche Fußballnationalmannschaft, immerhin amtierender Fußballweltmeister, so peinlich gegen den vermeintlichen Zwerg Dänemark 0:2 verloren hatte. Dänemark, ein Land das nur im Wettbewerb war, weil das bereits qualifizierte Jugoslawien aufgrund des Balkankonfliktes nicht am Turnier teilnehmen konnte! Ich hatte auch Stunden am gestrigen Sonntag damit verbracht, Andre Agassis Sieg am Fernseher zu verfolgen. Wann würde es wohl eine Welt geben, in der die Gene von Talenten wie Agassi und Graf verbunden werden, um den perfekten Tennisspieler zu kreieren?

Ich musste mich sputen, denn ich war zu diesem Kurs über „Effiziente Einkaufsprozesse im Handel" angemeldet. Die Teilnehmer kamen wie ich aus Einkaufsabteilungen unterschiedlicher Handelshäuser. Der Referent dagegen stammte von der Hochschule St. Gallen, und ich fragte mich, warum in Gottes Namen dieses Seminar in Münster durchgeführt wurde? Allein die Anreise über Dortmund auf der A1 war eine einzige Katastrophe. Am Kamener Kreuz stand ich stundenlang im Stau. Der verspätete Anblick der Innenstadt besänftigte mich dann ein wenig, denn der pittoreske Stadtkern mit seinen Säulengängen und den historischen, nach dem Krieg wieder rekonstruierten Häusergiebeln Münsters ist wirklich sehenswert.

Moderner Einkauf bestehe darin, dass man seine eigenen Einkaufsabläufe mit jenen der internen Logistik und dem Verkaufsfilialen abstimme, begann der Referent, ein schneidiges Kerlchen, seine Einführung ins Thema. Auch unseren Lieferanten sollten wir bei der Disposition mit entsprechenden Planvorgaben bessere Planungssicherheit geben. Das sollte auch bei denen für einen Einspareffekt sorgen. So wirke jeder Prozess auf den anderen ein, als ob sie an einer Kette befestigt seien. Im Studium hatten wir dieses Thema schon gestreift, daher war ich eher gelangweilt.

Der Seminarraum war stickig, und ich beschloss, am Nachmittag die Stadt näher zu erkunden. Das ging am besten mit dem Fahrrad, geliehen vom Hotel. Also umkurvte ich einmal den von Linden bestandenen Grüngürtel namens Promenade, der die Innenstadt umschließt. Münster ist ja die fahrradfreundlichste Stadt Deutschlands, am Hauptbahnhof verfügen sie jetzt sogar über ein eigenes Parkhaus für Fahrräder! Ein leichtes, rhythmisches Schleifen beim Radeln wies mich übrigens darauf hin, dass ich es hier auch mit einer Kette zu tun hatte. Einer Fahrradkette, die sich an ihrem Schutzblech rieb. Nach meiner kleinen Rundtour kam ich an der Westfälischen Wilhelms-Universität Münster heraus, die ihren Sitz im früheren Schloss gefunden hat. Ich schaute mich um und las am Aushang, dass es dort seit Kurzem ein Institut für Wirtschaftsinformatik und einen gleichnamigen Studiengang gab. Das erregte meine Neugier, schließlich hatte ich ja Wirtschaftsinformatik studiert.

Ich hatte davon gehört, dass hier in Münster im nächsten Jahr im März sogar erstmals eine ganze Tagung dem Thema Wirtschaftsinformatik gewidmet werden sollte ... Es gab also viele Gründe für mich, dieses Institut einmal näher zu erkunden.

In der Bibliothek im Erdgeschoss fand ich einige Ausgaben der gerade vor drei Jahren zum ersten Mal erschienenen Zeitschrift „Wirtschaftsinformatik". Neugierig studierte ich Artikel, die sich vorrangig mit Fragestellungen der Produktionsplanung und der rechnergestützten Produktionssteuerung, der rechnergestützten Gruppenarbeit (Computer Supported Cooperative Work), dem standardisierten Datenaustausch zwischen Geschäftspartnern (Electronic Data Interexchange), aber auch Themen wie Computerkriminalität, Benutzerschnittstellen und Bürgerinformationssystemen beschäftigten. Eigentlich keine Themen, die einen Einkäufer wie mich interessieren, außer vielleicht EDI. Aber unsere Bestellabwicklung basierte noch auf Papier und hier und da auf Fax. Allerdings nutzen wir Fax nur als Vorabinformation.

Ich beschloss, hier eine Pause einzulegen und einer Vorlesung beizuwohnen. Im Treppengang auf dem Weg zum Hörsaal in der 3. Etage überholte ich zwei Studenten, die sich mit einer schweren silbernen Metallkiste abmühten, offensichtlich dem Datenprojektor. Ich war überrascht, dass fast 100 Studenten sich in dieser Vorlesung zum Thema „Inner- und zwischenbetriebliche Informationssysteme" einfanden. Der Dozent stellte sich kurz vor, und in einer stakkato-artigen Sprechgeschwindigkeit führt er in den Themenbereich der Modellierung, genau genommen der Vorgangskettenmodellierung, ein. Es war von Geschäftsprozessen die Rede und vereinfachten Abbildungen dieser Prozesse, sogenannten Prozessmodellen. Das klang wie mein Referent heute Morgen, aber irgendwie wirkte es lebendiger.

Nachdem der Dozent schließlich seine Klarsichtfolien umfassend abgehandelt hatte, kam auch der mehrere Kilogramm schwere Projektor zum Einsatz. Ein neues Software-Programm wurde vorgestellt. ARIS lautete der Name, und was ich nun präsentiert bekam, war offensichtlich die Betaversion unter dem Betriebssystem MS-DOS 5.0. Wann werden Universitäten wohl endlich beginnen, das neue Windows 3.1 einzusetzen, fragte ich mich. Der Dozent schien eine geradezu verwandtschaftliche Beziehung zu dem Erfinder von ARIS, Professor August Wilhelm Scheer, zu haben. Mehr als diese Beziehung interessierte mich jedoch die grafische Darstellung der Geschäftsprozesse, die ich dort sah. Ereignisse und Funktionen in grellen Farben, ein Geschäftsprozess, hier die Bearbeitung eines Kundenauftrages, in verschiedenen Detaillierungsgraden. Das hatte ich in meinem Studium bislang leider nicht erleben können, obwohl Darmstadt ja das Zentrum der grafischen Datenverarbeitung war.

Sogenannte ereignisgesteuerte Prozessketten wurden erläutert. Welcher Name wäre wohl gewählt worden, wenn dieser Ansatz von Marketing-Experten entwickelt worden wäre, überlegte ich. So simpel und offensichtlich dies alles zu sein schien, so sehr war ich doch davon beeindruckt.

Im Gewirr der Studenten verließ ich den Hörsaal und sah, wie in einem offenen Büro ein Student seine Zeit offensichtlich damit verbrachte, 1,2-MB- und 1,44-MB-Disketten zu formatieren. Ich begab mich wieder in die sommerliche Hitze und schwang mich auf mein Fahrrad. In einem nahegelegten italienischen Restaurant saß ich und sinnierte bei einem Cappuccino über diese neue Methode. Konnten wir sie vielleicht auch bei uns nutzen? Am Ende hatte sich der Ausflug nach Münster doch gelohnt. Vielleicht sollte ich noch eine weitere Reise an die Universität Saarbrücken einplanen und Scheer einen Besuch abstatten.

Infobox

ARIS und CSCW

Die größte Herausforderung für betriebswirtschaftliche Programme ist, dass sie auch das leisten, was der Anwender von ihnen erwartet. Hierzu wird im Rahmen einer Anforderungsanalyse ein Lastenheft – auch Pflichtenheft genannt – erstellt. Dieses Lastenheft sollte einerseits verständlich für den späteren Anwender die Eigenschaften des Programms beschreiben und andererseits exakt genug sein, um das „richtige" Programm zu entwickeln. Dazu erstellen sogenannte Fachberater (Business Consultants) aus dem Lastenheft ein Modell des Programms. Hierzu hat sich weitgehend eine Kombination aus grafischer und textlicher Beschreibung durchgesetzt. **ARIS** (*AR*chitektur integrierter *I*nformations*S*ysteme) ist mittlerweile eine weit verbreitete Methode zur Modellierung betrieblicher Prozesse und wurde von **August-Wilhelm Scheer** entwickelt. Mittels ARIS werden die einzelnen Geschäftsprozesse aus verschiedenen Sichten beschrieben. Hierzu wurden spezielle Programme entwickelt, die sogenannten Modellierungswerkzeuge. Sie erleichtern die Erstellung der ARIS-Modelle durch die Fachberater. Dieser ARIS-Werkzeugsatz wird von der Firma **IDS Scheer AG** vertrieben. Neben ARIS gibt es eine Reihe weiterer Modellierungsmethoden, die ähnlich umfangreich sind wie die Programmiersprachen.

Rechnergestützte Gruppenarbeit (Computer Supported Cooperative Work, **CSCW**) ist ein seit Langem gehegter Wunsch der Nutzer von Computern. Ob es die Arbeit an einem gemeinsamen Dokument ist oder die Durchführung von sogenannten virtuellen Arbeitssitzungen, gewünscht werden Programme, die Gruppenarbeit unterstützen. Der Begriff CSCW kam Mitte der achtziger Jahre auf und bezog sich zunächst auf die Nutzung von Spezialprogrammen, die aber umständlich und nicht in die gängigen Büroanwendungen integriert waren. Wichtigster Ansatz war das sogenannte Application Sharing, bei dem ein Programm zeitgleich auf mehreren PCs ablief, sodass das Team, obwohl räumlich getrennt, parallel an einem Dokument arbeiten konnte. Die Begeisterung über CSCW führte allerdings auch zu einer so breit gefächerten Interpretation von rechnergestützter Gruppenarbeit, dass sich kein Ansatz wirklich durchsetzte. Nach einer Ernüchterung zu Beginn der Neunziger erfuhr CSCW eine Renaissance, als Microsoft **NetMeeting** auf den Markt brachte und somit erstmalig selbst Gruppenarbeit unterstützte. Dann kamen Erweiterungen an **Word** hinzu, die zum einen anzeigen, wer welche Änderungen gemacht hat, und zum anderen auch beim Zusammenführen verschiedener Versionen eines Dokuments helfen. Den neuerlichen Durchbruch brachten dann aber die sogenannten Web 2.0-Programme wie etwa **Wiki** oder **Blog** (siehe Kapitel 2005). ∎

1993

Kosten-Nutzen-Rechnung in einem Biergarten

1. Juli 1993

Seit gestern bin ich in München auf einem Workshop bei DEC. Es geht um die neue Alpha Reihe. Ist ja eine feine Sache, der neue RISC-Prozessor mit 64 Bit Registerbreite und 64 Adressleitungen. Seit Ken Olsen letztes Jahr bei DEC von Bord ging, weiß man aber nicht so recht, wohin es mit dieser Firma geht. Wie IBM muss auch DEC Mitarbeiter entlassen. In der IT-Industrie gibt es eine Krise, aber die Telekommunikation ist der neue Boom. Viele Teilnehmer auf der Informationsveranstaltung sagen, die Telekommunikation wird die IT ablösen bzw. die beiden Technologien werden zusammenwachsen.

Letztes Jahr gingen zwei digitale Mobilfunknetze in Betrieb. Stolz schleppten einige der Besucher ihr Mobiltelefon mit sich herum. Damit wollten sie wahrscheinlich ihre Wichtigkeit demonstrieren. Alles Mögliche ist im Gespräch: Metropolitan Area Networks (MAN)[1] für Städte, Mehrwertdienste für die Mobilfunkdienste usw. Dazu werden neue Telekommunikationsgesellschaften gegründet, um die große Nachfrage zu befriedigen. Über die Bundespost wird hämisch gelacht. Der Beamtenladen kriegt die neue Zeit einfach nicht auf die Reihe, und es wird Zeit, dass richtige Unternehmen die Telekommunikation in die Hand nehmen. Ich bin gespannt, was die Postreform 2 da bringen wird. Der neue Postminister Wolfgang Bötsch hat sie groß angekündigt. Danach soll alles besser werden. Er hat auch entschieden, dass ein Konsortium um Veba und Thyssen die Lizenz für ein weiteres digitales Telefonnetz erhalten sollen. Ob sich das lohnt? So viele Leute gibt es doch nicht, die ein unhandliches und schweres Mobiltelefon haben wollen oder es sich leisten können.

Für ISDN soll es jetzt Bildtelefone geben, um die Übertragungskapazitäten besser auszunutzen. Sogar für analoge Anschlüsse wurde auf der diesjährigen CeBit ein Bildtelefon vorgestellt. Bildschirmtext gibt es jetzt auch schon zehn Jahre und es gibt gerade mal 400.000 Nutzer. Normale Konsumenten sind an diesem Dienst überhaupt nicht interessiert. Ich erinnere mich noch an die Diskussion mit Tim während meines Studiums. Wie unsere Phantasie mit uns durchging, was man mit Btx alles machen könnte. Nach nahezu zehn Jahren ist aus Btx nicht so richtig viel geworden. In Frankreich dagegen wird das Minitel verschenkt und schon gibt es mehrere Mil-

---

[1] Unter einem MAN versteht man ein ringförmiges Glasfasernetz für Telekommunikation, das vorwiegend in Großstädten aufgebaut wurde.

lionen Anwender. Der größte Renner dort sind Sexinformationen. Der alte Werbe-spruch „sex sells" gilt anscheinend auch in der Telekommunikation.

Abends war ich im Biergarten. Wo geht man im Sommer in München abends denn sonst hin? Mit einem Bier und einer Brotzeit setzte ich mich an einen Tisch, an dem schon zwei Leute saßen. Nach einigen Schweigeminuten kamen wir ins Ge-spräch. Der Klangfärbung nach waren es zwei Bayern. Es gab dieses übliche, etwas selbstgefällige Gerede über die bayerische Lebensart, „einziger Platz, wo es sich lohnt zu leben" usw. Seit Stoiber im Frühsommer hier zum Ministerpräsident gewählt wurde, scheint es noch schlimmer geworden zu sein. Naja, irgendwann hatte sich dieses Thema tot geredet, da ich darauf nicht einging.

Die zwei haben sich dann über Computer unterhalten, den Alpha. Da wurde ich wieder hellhörig. Es hörte sich so an, als wären die beiden Mitarbeiter von Digital. Sie schwärmten geradezu von dem neuen Prozessor. Mit seiner einfachen 64 bit RISC Architektur werde er sicher das Geschehen in der Computerwelt entscheidend mitbestimmen. Sie meinten sogar für die nächsten 25 Jahre. Mit diesem Chip könne man das ganze Spektrum vom PC bis zum Supercomputer abdecken. Intel und HP seien da weit hinten dran. Ihren Reden merkte ich den Stolz, den sie auf den neuen Computerchip hatten, richtig an. Sie waren sich sicher, dass damit Digital seine momentanen wirtschaftlichen Probleme mehr als lösen kann. Damit habe man HP und Sun mit ihren Risc Chips richtig abgehängt und Intel hat mit seinem 586 sowie-so keine Chance.

Mit jedem Schluck Bier wurde die Alpha-Welt rosiger. Das Gespräch wurde un-terbrochen, als einer aufstand, um sich um den Biernachschub zu kümmern. Der andere fragte mich, da er anscheinend gemerkt hat, dass ich andächtig zugehört hat-te, was ich denn von dem Wunder-Alpha halte. Es war mir etwas peinlich. Ich er-zählte ihm, dass ich auf einer Informationsveranstaltung zu diesem Thema in Mün-chen sei und ich deshalb so aufmerksam zugehört habe. Da ich aber keine Lust hatte, in diese Alpha-Jubelreden einzusteigen, gab ich mich mit meiner Antwort etwas zu-geknöpft und meinte nur, dass man auch Anwendungen braucht um das theoretisch vorhandene Potential zu nutzen. Der Prozessor kostet momentan zwischen 1500 und 3000 Dollar und die Kunden fragen schon, welche Vorteile sie mit dem neuen Prozessor haben würden.

Da meinte mein Gegenüber, man müsse wahrscheinlich schon etwas am Boden bleiben, wenn er an seine Erfahrungen denke beim Verkauf von E-Mail Systemen. Er meinte, hier hätte er sich auch eine blutige Nase geholt, obwohl er es mit großer Euphorie angegangen sei. „Naja", bemerkte ich, „Euphorie ist ja der Glückszustand kurz vor dem Tod". Er konnte über meinen Sarkasmus nicht so richtig lachen.

Er erzählte mir, Digital hätte ein X.400 basiertes E-Mail System gebaut und die-ses System sei bei mehreren Telekommunikationsverwaltungen im Einsatz, unter anderem basiere auch der Telebox400-Dienst der Bundespost auf dieser Plattform. Er meinte dann, dass er probiert habe dieses System an große Unternehmen zu ver-kaufen, um die interne Kommunikation zu verbessern. X.400 Mailsysteme sind sehr zuverlässig und entsprechen nahezu dem Briefverkehr, einschließlich garantierten

Übertragungszeiten und vielem mehr. Kein Unternehmen wollte so ein System einführen. Dadurch, dass X.400 ein internationaler Standard der Telekommunikationsverwaltungen sei, könnten damit auch Unternehmen untereinander vernetzt werden. Die Kommunikation mit Lieferanten und Kunden gelänge viel einfacher und schneller. Diese Argumente überzeugten nicht wirklich, erzählte meine Biergartenbekanntschaft.

Das sei mehr was für Hacker, meinte man in Großunternehmen, und man sehe keinen positiven Kosten/Nutzen-Effekt im Vergleich zu Faxgeräten, Telefonen und normalen Briefen. Jetzt redete sich meine Biergartenbekanntschaft richtig in Rage. „Wie soll man denn für neue Technologien eine Kosten/Nutzen-Rechnung erstellen? Bei Digital gibt es schon immer E-Mail-Funktionen, und als Ken Olsen das eingeführt hat, hat er vorher sicher keine Kosten/Nutzen-Rechnung erstellt. Ihm reichte der gefühlte Nutzen. Jede Firma hat Telefone, aber garantiert keine Firma hat eine Kosten/Nutzen-Rechnung für ihr Telefonnetz, gar nicht zu reden von den jeweiligen Telefonen auf den einzelnen Schreibtischen. Das Internet hat inzwischen mehrere Millionen Nutzer und verknüpft schon die vorstellbare Zahl von mehreren Tausend Netzen – und das alles ohne Kosten/Nutzen-Rechnung. Ende Juni haben sich sogar das Weiße Haus und der amerikanische Kongress eine E-Mail-Adresse zugelegt, wahrscheinlich auch ohne Kosten/Nutzen-Rechnung. Nur in good old Germany meinen die Unternehmen, dass Faxgeräte vollkommen ausreichen. Da muss man erst noch abwarten wie sich diese technischen Spielereien entwickeln." Er wirkte sehr frustriert. Ich dachte daran, als ich so 1984 herum Monika und Anna zeigte, wie man kleine Briefchen verschickte. Wie würde es denn bei Unternehmen wirken, wenn man ihnen ein solches Mailsystem anpries?

Jetzt kam endlich der andere Kollege mit den zwei Bierkrügen zurück, was anscheinend sehr beruhigend wirkte. Mit wonnigem Blick schaute mein Gesprächspartner auf seinen Krug mit dem frischen Bier. Dann grummelte er was von „streit ma nimma" oder so ähnlich, jedenfalls tranken wir – „Prost!" – und alles war wieder friedlich. Dann meinte der Mailverkäufer, dass Neuerungen oft mehr Zeit benötigten als man denkt. Es sei erschreckend, wie lange es dauere, bis eine Innovation auch als solche wahrgenommen werde. Jetzt ergriff der andere das Wort und erzählte von objektorientierter Programmierung, was schon zehn Jahre die Welt revolutioniere. Da erinnerte ich mich, dass ich schon vor zehn Jahren mit Smalltalk experimentiert habe. Ja, schon nach dem Studium habe ich nichts mehr damit zu tun gehabt.

Es gäbe auch so Spinner, die sich mit so was Unprofessionellem wie dem World Wide Web befassen. Für ihn seien das keine handfesten Techniken, die die Welt braucht, sondern Spielereien von ein paar Freaks an Unis. Ich war natürlich anderer Ansicht, aber so richtig dagegen argumentieren wollte ich nicht. Ich erzählte ihm nur, als man 1881 das erste Telefonnetz in Berlin mit 99 Teilnehmern einführte, habe das dazugehörige Telefonverzeichnis auch „Buch der 99 Narren" geheißen. Kein Mensch brauche ein Telefon, man hätte doch ein sehr gut entwickeltes Botensystem. Die Geschichte hatte ich übrigens von Opa Karl.

So ging es den ganzen Abend durch die ganze Technik. Nachdem ich mir die zweite Maß geholt hatte und meine Tischgenossen an der Dritten tranken, wurde die Diskussion chaotisch. Wir begannen, die Weltprobleme umfassend anzugehen und natürlich zu lösen. Mit zunehmendem Alkoholgenuss hatten wir eigentlich für alles eine Lösung.

Nach der zweiten Maß habe ich mich auf den Weg ins Hotel gemacht. Meine Biergartenbekanntschaften blieben noch. Ich hatte es nicht weit zum Hotel, so dass ich zu Fuß ging, und dabei habe ich noch so vor mich hin philosophiert, wie wohl die Welt so in zehn Jahren aussehen wird. Ein gewisser Howard Rheingold hat soeben ein Buch über die Virtual Community, die virtuelle Gemeinschaft, veröffentlicht[2], in dem er von einer demokratischeren Zukunft durch unzensierten weltweiten Informationsaustausch schwärmt. Ich habe das Buch selbst noch nicht gelesen, nur eine Rezension in irgendeiner Zeitung oder Zeitschrift. Ich glaube aber – im Gegensatz zu meiner Biergartenbekanntschaft –, dass hier die wirkliche Zukunft beschrieben wird.

10. September 1993

Die persönliche Nachricht des Jahres hat dunkle Augen und Haare, wog bei der Geburt 3200 Gramm und hört auf den Namen Tino. Mein zweiter Sohn ist da! Vor einer Woche kam er zur Welt, und in der folgenden Hektik bin ich nicht einmal dazu gekommen, mein Tagebuch weiterzuführen. Auch in der „Wiederholung", also zwei Jahre nach Pauls Geburt, ist das für Anna und mich ein einmaliges Erlebnis. Wir freuen uns über diese Bereicherung unseres Lebens, und der kleine Paul ist ganz närrisch auf sein Brüderchen bedacht, von Eifersucht (noch) keine Spur. Wir haben also zwei Knäblein, die hoffentlich immer gut zusammen halten werden.

Nachtrag 14. Oktober 1993

Ganz rasant stiehlt das Web, wie das WWW inzwischen auch genannt wird, dem E-Mail-Dienst die Schau und mausert sich zu der Killerapplikation im Internet. Fast problemlos lassen sich Dokumente über das Internet von den verschiedensten WWW-Servern auf den eigenen, ans Internet angeschlossenen Rechner herunterladen. Das können Texte sein oder Bilder oder Informationsbroschüren – spielt keine Rolle. Nur mit der Anzeige hapert es manchmal. Mittels sogenannter „Browser" können die Dokumente angezeigt werden. Für die Übertragung der Dokumente, auch als Webseiten bezeichnet, wurde ein neues Protokoll, das HTTP-Protokoll[3] eingeführt. Alle Dokumente erhalten eine eindeutige Adresse, URL[4] genannt, die zumeist mit „http://www." anfängt.

---

[2] Howard Rheingold: The virtual community: homesteading on the electronic frontier. Reading, Mass., Addison-Wesley Pub. Co. 1993

[3] Hypertext Transfer Protocol

[4] Uniform Resource Locator

Infobox

DEC Alpha und X.400

Die erste kommerziell produzierte 64-Bit-Rechnerarchitektur war die **Alpha AXP** von **DEC**. Sie ist eine RISC-Architektur (Reduced Instruction Set Computing) und wurde 1992 als Nachfolgegeneration für die bis dahin dominierende VAX-Architektur (siehe Kapitel 1976) vorgestellt. 1997 wurden kurz vor dem Ende von DEC die Patente samt Entwicklungsabteilung von **Intel** übernommen.

Bereit 1984 wurde das E-Mail-System **X.400** von der ITU (International Telecommunication Union) veröffentlicht und dann vier Jahre später konkretisiert. In Deutschland wurde das E-Mail-System von der Deutschen Bundespost (Vorläufer der Deutschen Telekom) als Telebox 400 vertrieben. Obwohl technisch ausgefeilt, konnte es nie erfolgreich breitflächig umgesetzt werden und wurde schließlich durch Internet-basierte E-Mail-Systeme abgelöst. ■

1994
Go East

10. Oktober 1994

Kürzlich traf ich mal wieder Axel, meinen alten Schulfreund. Der ist jetzt tatsächlich in den Osten gegangen, quasi in die DDR oder was von ihr übrig blieb. Neues reizte den schon immer, und als er dann mit nur 29 Jahren einen Ruf auf eine Professur in Dresden erhielt, war das natürlich eine echte Chance.

Ich muss gestehen, dass ich unsere „Neuen Bundesländer" fast nur vom Hörensagen und aus dem Fernsehen kenne. Da war natürlich das Gespräch mit Hantzschmann am Plattensee und das zufällige Treffen mit ihm und Krüger 1990. Aber sonst … Und zu Schulzeiten wussten wir ja nicht mal, wo Dresden, Leipzig oder Magdeburg ungefähr liegen, auch wenn ich als Neunjähriger mit meinen Eltern sogar Dresden besucht hatte. Natürlich gab es auch bei uns die „von drüben", die vor dem Mauerbau in den Westen „machten". Die haben uns schon manches über den Osten erzählt, aber viel Gutes war da meist nicht dabei. So hat Axel etwa eine ältere Nachbarin, die in den 50er Jahren nach Westen flüchtete. Und als er ihr sagte, dass er demnächst in die Gegenrichtung umzieht, meinte sie nur „O Gott – nein!" – das klang sicher nicht sehr ermutigend für ihn.

Doch Axel klingt erstaunlicherweise sogar eher euphorisch: „Hier im Osten kann man noch so richtig etwas gestalten", meinte er, „da ist die Bürokratie noch nicht verkrustet, und fast immer findet sich eine pragmatische Lösung, sozusagen auf gemütlich sächsische Art." Da musste ich mich eher an diese sächsischen DDR-Grenzer auf der Transitroute nach Berlin erinnern, die waren nicht gerade die angenehmsten Zeitgenossen, als ich damals an der Grenze pinkeln musste. Und der Michael aus unserer Klasse konnte den sächsischen Dialekt in seinen Witzen so gut imitieren.

Aber pragmatisch sind die wohl schon, immerhin muss dort die ganze Universität noch mit einem Internet-Zugang von 64 Kbit pro Sekunde auskommen, das reicht wohl gut für eine Kaffeepause nach jeder E-Mail. Wie hieß gleich wieder das Motto, das Axel dort von seinen Ost-Kollegen gleich zu Beginn lernte: „Kein Kaffee – Kein Kampf" – oder auf gut sächsisch „Geen Goffä, geen Gompf"; die Versorgung mit wichtigen deutschen Grundnahrungsmitteln wie Kaffee wurde offenbar auch zu DDR-Zeiten stets sichergestellt.

Immerhin wird das mit der Rechen- und Kommunikationstechnik dort jetzt wohl wirklich besser: Erstaunt musste ich mir anhören, wie Axel innerhalb von drei Wochen einen Großgerätebeschaffungsantrag durch alle Gremien einschließlich des

Ministeriums brachte. Not macht erfinderisch und unbürokratisch meint Alex. Ich denke eher, dass da wohl mein „Soli"-Beitrag hingeht, aber sage lieber nichts.

Alex meint dann nur: „Wenn ich das mit unseren Uni-Kollegen vergleiche, die müssen solche Beschaffungswünsche oft zwei bis drei Jahre vorab anmelden!" Auch sonst scheint vieles unkonventionell zu laufen, denn Axel erzählte mir unter anderem auch, dass der Kanzler seiner Universität wichtige Berufungsgespräche und Verhandlungen mit der Politik notfalls auch bis weit nach Mitternacht führt!

Für seinen Lehrstuhl hat Axel dabei vier Mitarbeiterstellen erhalten. Der Punkt ist nur, dass alle Stellen fest besetzt sind und die meisten dieser Mitarbeiter 20 oder 30 Jahre älter als Axel sind. Doch auch damit hat er offenbar kaum Probleme: „Du darfst natürlich hier nicht als Ober-Wessi hereinspazieren wie ein Elefant in einem Porzellanladen. Wenn du auf die Leute zugehst, sie gezielt gemäß ihrer Erfahrungen und Fähigkeiten einsetzt und Respekt zeigst, geht vieles", meinte Axel. Offenbar sind die Leute fachlich ganz gut beschlagen, denn Dresden war das Informatik-Zentrum der DDR – was ich ja von Hantzschmann bereits vor Jahren erfuhr –, und dort wurden bereits in den 80er Jahren eigene Technologien für lokale Netze entwickelt.

Nur mit dem Massenmarkt gab es bekanntlich gewisse planwirtschaftliche Probleme. Für uns DEC-Veteranen ist es auch erstaunlich, was Axel über die VAX/VMS-Erfahrungen der Mitarbeiter berichtete: Trotz Embargo wurden gerade DEC-Rechner über graue Kanäle via Österreich in die DDR importiert, und somit gibt es in Dresden echte VMS-Systemexperten. Was ähnliches hat ja auch Gerd über Tschechien berichtet. Sein Einwohnermeldamtsystem schien problemlos zu laufen. Inzwischen konnte Axel auch die ersten externen Forschungsprojekte einwerben und ist nun sogar schon gezielt auf der Suche nach neuen Mitarbeitern.

Dann frage ich Axel, wie es ihm denn sonst so in der Stadt und der Umgebung gefällt. Viel Zeit für Ausflüge hatte er zwar bisher nicht, aber einen ersten Eindruck konnte er sich schon machen. Dabei hat ihm besonders die Dresdner Neustadt gefallen, ein gut erhaltenes Gründerzeitviertel. Natürlich ist vieles verfallen, und aus den maroden Dächern wachsen kleine Birken und andere Bäumchen, aber der Gesamteindruck sei wirklich toll, und daraus ließe sich viel machen, meinte Axel. Auf andere Art beeindruckt hat ihn die Ruine der Frauenkirche, und inzwischen gibt es ja erste Bestrebungen für einen Wiederaufbau. Aber das ist – wie fast alles im Osten – sicher noch ein sehr langer Weg. Kürzlich war Axel auch auf einem Ausflug in die Sächsische Schweiz, ein Sandsteingebirge nicht weit von Dresden. Er war absolut begeistert und meinte, dass das fast mit dem Monument Valley in den USA konkurrieren kann!

Nur mit der Wohnungssuche tut sich Axel noch schwer, denn es herrscht noch immer drastische Wohnungsnot, und die wenigen verfügbaren Angebote sind sehr teuer. So begnügt er sich derzeit mit einem kleinen möblierten Zimmer und pendelt oft noch am Wochenende zwischen Ost und West. Mit dem Zug dauert das zwischen Dresden und Karlsruhe noch fast acht Stunden, eine ganz schöne Tortur. Aber Axel ist ja hart im Nehmen und fährt meistens mit einem polnischen Nachtzug, der über Dresden Richtung Frankfurt unterwegs ist. Wie er mir sagte, kann er notfalls auch auf einfachen Plastikpolstern gut schlafen, wenn kein Liegewagenabteil frei ist. Der würde wohl auch noch nach Russland auswandern, einfach unverwüstlich! Wie er mir sagte, hat er in Dresden auch Geschmack an ukrainischer Soljanka, einer kräftigen Fleischsuppe, gefunden.

Das alles hat mich aber jetzt doch ganz schön neugierig gemacht. Und so habe ich mit Axel vereinbart, dass er mir demnächst mal Dresden zeigt. Ja, in zwei Wochen werde ich ihn dort besuchen. Ich bin schon gespannt, wie es dann wirklich dort ist! Ich werde Mutter bitten, mir die Adresse unserer Verwandten zu geben. Vielleicht ist ja Zeit für einen Besuch bei ihnen wie vor über zwanzig Jahren. Ich hatte damals doch irgendein Spielzeug dabei gehabt. Kann mich einfach nicht mehr erinnern, was das war.

Infobox

VEB Kombinat Robotron

Der Inbegriff ostdeutscher Computertechnik war für viele **Robotron**. Das volkseigene Kombinat wurde 1969 gegründet und entwickelte vor allem Clones von IBM und DEC. 1990 bestand es aus 21 Betrieben und wurde vom VEB Robotron-Elektronik Dresden angeführt.

Nach der Wende wurde das Unternehmen noch eine Zeit weitergeführt und dann aufgelöst. Hieraus sind eine Reihe von Ausgründungen entstanden, die teilweise von größeren IT-Unternehmen übernommen wurde. Hierzu zählte u.a. das SRS Systemhaus in Dresden, das heute Teil von SAP geworden ist. Einen guten Überblick gibt auch http://de.wikipedia.org/wiki/Kombinat_Robotron ■

1995

Mit Sushi und Hummer
in virtuelle Welten

27. Juni 1995

Eine Riesenüberraschung war das heute. Mein alter Kumpel Michael hatte sich mal wieder gemeldet. Er sei gerade in der Stadt und wolle mich auf ein Bierchen treffen. Na, das war ein Hallo, als wir uns abends in „Herbies Jazz Club" nach über einem Jahr mal wieder sahen. Michael ist glühender Jazz-Fan. Er selbst bläst eine meisterhafte Trompete, wie ich von früher weiß, und sein „Gott" heißt Miles Davis. Michael lebt seit vielen Jahren bei Princeton in den USA und ist R/3-Berater – einer dieser teuer bezahlten Experten, die Unternehmen bei der Einführung von sogenannten ERP-Systemen begleiten.

Michael spielte schon seit Jahren die erste Geige als Berater und war bei einer der ersten globalen SAP R/3 Software-Einführungen dabei. Meine Frau Anna fragt sich wohl immer noch, was „SAP R/3" oder „ERP" eigentlich bedeutet – obwohl ich das viele Mal erklärt und dabei nicht einfach nur „ERP" als „Enterprise Resource Planning" übersetzt habe. ERP ist eine Software, die fast alle Tätigkeiten in einem Unternehmen unterstützt und dabei sicherstellt, dass Informationen in einer großen Datenbank abgespeichert werden, sodass jeder Mitarbeiter darauf zugreifen kann. Die Daten über alle Aktivitäten im Unternehmen hinweg sind dabei integriert. So können ganze Arbeitsprozesse „effizienter und effektiver" gemacht werden, wie der Referent damals in Münster sagen würde.

Doch ehe es soweit war, musste die Software-Einführung entsprechend organisiert werden: „prozessorientiert" eben. So ein Software-System bestand aus vielen einzelnen Modulen, die bestimmte Funktionen eines Unternehmens unterstützten: Verkauf, Produktionsplanung, Einkauf, Lagerhaltung, Versand usw. In der Einführung musste dann sichergestellt werden, dass die einzelnen Module so genutzt wurden, dass sie komplette Arbeitsabläufe unterstützten, z.B. die Auftragsabwicklung – vom Eingang eines Kundenauftrages bis zur Auslieferung des fertigen Produktes. Anna meinte letztens, dass wir so ein System auch zuhause bräuchten: Dann wäre z.B. sichergestellt, dass unser Grillabend nicht daran scheiterte, dass ich beim Einkaufen die Holzkohle vergessen hätte. Als ich daraufhin protestierte und ihr erklärte, dass wir im Unternehmen auch solche Software einsetzen, fragte sie nur hämisch: „Ist das bei Dir wie mit den Kindern vom Schuster?"

Michael musste für seinen Job zum Leidwesen seiner Frau natürlich viel unterwegs sein, meist reiste er mit dem Projektmanager des Kunden. Glücklicherweise verstand er sich mit seinen Kunden sehr gut, und schnell hatte man auch ein gemeinsames Hobby entdeckt: gutes Essen. Am Ende langer Arbeitskreissitzungen, in denen Michael „SAP-basierte" Arbeitsabläufe mit den zukünftigen Benutzern definierte, stand dann häufig als Belohnung ein erlesenes Abendessen: Hummer, Sushi oder andere Delikatessen, was immer gerade in Reichweite war. Ich habe Michael zwar nicht um seinen Job, wohl aber um diese tollen Abendessen immer beneidet. Ich muss meine Abendessen leider selbst zahlen, und da reicht das Gehalt nicht ganz für derartige Leckereien.

Aber zurück zu unserem Abend. Michael musste zur Konzernzentrale seines Kunden, und die ist hier in Deutschland. Außerdem besuchte er einen Kurs bei der SAP in Walldorf ... und heute mich! Wir bestellten uns dann bei Herby ein tolles Steak mit Bratkartoffeln, und Michael beichtete mir, dass er das viel lieber äße als allen Hummer der Ostküste. Wer's denn glaubt ...

Michael fing gleich nach dem Essen an, über Software und das Leben zu philosophieren. Er fand überall Hinweise und Analogien zu seinen Projekten: Die Abwicklung in der Küche etwa sei strikt funktionsorientiert wie die Module der Software. Eine Station bereitet die Saucen zu, die andere das Fleisch, eine weitere die warmen Beilagen usw. Am Ende erwarte den Gast aber immer ein komplettes Mahl. Dieser Prozess müsse organisiert werden: hier vom Küchenchef und dem Kellner, bei einer Software-Einführung stattdessen von ihm und seinen Kunden.

Michael begann dann etwas oberlehrerhaft, betriebswirtschaftliche Software zu erläutern. Ich war doch nicht vom Mond! Obwohl ich demonstrativ die Augen verdrehte, dozierte er ungerührt und munter weiter. Dass das mit der Prozessdefinition dann relativ einfach sei, wenn es sich um Arbeitsabläufe handelte, die nicht kritisch für die Wettbewerbssituation seien: Finanzwesen, Personalverwaltung, Einkauf von Standardmaterialien oder ähnliches. In solchen Fällen konnte er einfach die Logik der SAP-Software in den Prozessen abbilden. Resultat waren Geschäftsprozessdefinitionen, die prima von der Software unterstützt wurden.

Meinen Einwand, dass Einkauf alles andere als unkritisch sei, ignorierte er ganz einfach. Das schreibe ich mal unseren mittlerweile fünf Bieren zu. Viel schwieriger sei die Situation bei wettbewerbsrelevanten Prozessen, welche stark durch die spezifischen Produkte oder Kunden beeinflusst würden, erläuterte er weiter. Er hatte sich richtig in Fahrt geredet, was alkoholbedingt mit der leichten Vernuschelung einzelner Konsonanten und der Dehnung bestimmter Vokale einher ging. Hier müsse zunächst der Prozess definiert werden, dann starte der „Kampf" mit der Software. Manchmal sei das, als wenn seine Frau versuche, mit seiner Brille zu lesen, weil sie die eigene nicht finde. Um dann erstaunt festzustellen, dass das ja noch schlechter funktioniere als ganz ohne Sehhilfe.

Bei der ERP-Einführung mussten oftmals komplexe Alternativprozesse definiert oder aber bestimmte Software-Module ergänzt werden, um die gewünschten Effekte zu erzielen. Und dann gingen die Probleme erst richtig los. Aber, so endete sein kleiner Monolog, damit lasse sich als Berater wirklich gutes Geld verdienen.

Überhaupt war bei der Unternehmenssoftware auch die Technologieseite nicht zu unterschätzen: Systeme von Kunden und Lieferanten mussten über aufwendige Schnittstellen angebunden werden, die Software-Wartung war sicherzustellen, und Rechner, Netzwerke oder andere „Hardware" mussten beschafft und installiert werden. Parallel zur betriebswirtschaftlichen Software-Einführung war folglich noch ein vollständiges Technologieprojekt erforderlich, das ebenfalls entsprechende Ressourcen band. Speziell die Anbindung von verschiedensten Fremdsystemen an die ERP-Pakete geriet so oftmals zu einer großen Herausforderung.

Die Reaktion auf diese Situation war eine neue Software, mit der diese Integration vereinfacht wurde: „Enterprise Application Integration" oder EAI-Systeme. Diese EAI-Software erlaubte eine Verbindung vieler verschiedener Systeme, die dann die Daten in einem neutralen Format von einem an andere Systeme übergab. Dies reduzierte die Anzahl der Software-Schnittstellen gegenüber einer „Punkt-zu-Punkt-Integration" erheblich.

Mittlerweile war ich wirklich platt. Ob es an den weiteren zwei Bieren lag oder einfach daran, dass es schon elf war? Ich konnte Michael nicht mehr ganz folgen. Aber er musste noch einen Blick in die Glaskugel werfen und kam zu folgendem Schluss: In zwanzig Jahren werde die Definition der ERP-basierten, ganzheitlichen Geschäftsprozesse sich wie die Einführung der automatischen Telefonvermittlung vor Jahrzehnten anfühlen. Zukünftig könnten einfach ereignisgesteuerte Prozesskomponenten definiert werden, die dann selbständig auf entsprechende Geschäftsereignisse reagierten. Dabei würden auch Ereignisse aus der Umwelt mit berücksichtigt. Statt Hummer, Sushi und ERP hätten wir dann die virtuelle Welt des Internets, in der Unternehmensgrenzen unscharf geworden seien und Prozesse unabhängig von organisatorischen Beschränkungen situationsbezogen definiert werden könnten. Aus irgendeinem Grund ging mir immer nur Münster und Fahrradketten durch den Kopf …

Mir fiel dazu nicht mehr viel ein. Skeptisch meinte ich noch, dass das alles doch etwas weit hergeholt sei. Dann brach ich auf. Ein Wunder, dass ich mich noch dazu aufgerafft habe, diesen Abend gleich niederzuschreiben. Die Besuche von Michael sind halt immer etwas Besonderes.

Nachtrag vom 30. Juni 1996

Michael kommt vor seiner Abreise noch mal bei uns zuhause vorbei. Wir reden über die neuesten Bilder, die er sich zugelegt hat. Michael liebt Pop-Art und sammelt auch junge Nachwuchskünstler. Am Schluss kommen wir noch einmal auf seine Vision einer neuer Software-Welt zurück: Das Vorgehen für diese Prozessdefinition werde mithilfe von „Referenzmodellen" erstellt. Dabei könnten die in der Software abgebildeten Prozesse simuliert und so als Ausgangsbasis für die unternehmensspezifische Gestaltung der Arbeitsabläufe verwendet werden. Man spreche hier von „Best Practice Templates", die an das spezifische Unternehmen angepasst würden. Das sei vergleichbar mit meiner Frau, wenn sie ein Kochbuch nutze, die Rezepte dann aber an ihren ausgeprägten eigenen Geschmack anpasse.

Zukünftig beschafften Unternehmen sich solche Referenzmodelle für Prozess-Komponenten über virtuelle „Communities", wie sie in Ansätzen in Form von sogenannten News-Groups bereits entstanden seien. Michael ist inzwischen schon auf dem Rückweg nach Amerika und kann dabei weiter über seine Visionen sinnieren. Auf jeden Fall geht er heute Abend mit seiner Frau noch Sushi essen. Anna rümpft darüber nur die Nase. Bei uns wird heute Abend gegrillt – und Holzkohle habe ich auch besorgt.

Infobox

ERP und SAP R/3

Ein Unternehmen verfügt über verschiedene Ressourcen wie etwa Mitarbeiter, Betriebsmittel und natürlich Kapital. Diese Ressourcen müssen geplant, beschafft und eingesetzt werden. Die hierzu benötigte Unternehmenssoftware bezeichnet man als **ERP**-Software (Enterprise Resource Planning).

SAP ist der Weltmarktführer für Unternehmenssoftware. 1993 erschien das Produkt **R/3**, das zunächst für Tochtergesellschaften von Großkonzernen und für größere mittelständische Unternehmen vorgesehen war. Durch die starke Verbreitung von Minirechnern und PCs zu sogenannten Client-Server-Infrastrukturen in den Neunzigern wurde es aber schließlich auch für die großen Unternehmen das Hauptprodukt. ■

1996

AltaVista – Wer suchet, der findet

28. November 1996

„It never rains in Southern California", verspricht ein Hit aus den Siebzigern von Albert Hammond. Das mag grundsätzlich schon zutreffen, wie auch die immer wieder auftretenden verheerenden Waldbrände verraten. Es gilt aber offenbar nicht für San Francisco und das Silicon Valley! Jedenfalls ist mein zweiter Besuch in den USA nach 1981 völlig ins Wasser gefallen. Nachdem wir im Cabana auf dem El Camino Real, der elendlangen Hauptstraße des Silicon Valleys, nach endloser Suche endlich eingecheckt haben, geht es direkt weiter in ein Restaurant. Draußen schüttet es wie aus Kübeln. So habe ich mir den Besuch der Labors von DEC nicht vorgestellt! Albert Stone von DEC versichert mir, dass er so etwas auch noch nicht erlebt habe. Schließlich bringt er regelmäßig interessierte Kunden zu den Labors, damit die so wie ich alles einmal aus erster Hand erfahren können. Mein Chef hat mir die Reise als eine Art Bonus verkauft, weil das mit der Gehaltserhöhung (noch) nicht geklappt hat.

Im Lokal treffen wir auf eine Kollegin von Albert. Sie heißt Joella und fällt durch ihre lange blonde Mähne auf. Als Albert sie begrüßt, beschließt sie sofort, uns Gesellschaft zu leisten. Ihr Mann hat sie wohl gerade wegen des Regens versetzt, sein heckgetriebener Porsche zeigt sich angesichts der Wassermassen anfällig für Aquaplaning und reagiert mit Schlingerkurs. Joella arbeitet in einem der Labore, die wir in den nächsten Tagen besuchen. Als ich sie frage, woran sie selbst arbeite, beginnen ihre Augen an zu leuchten: „AltaVista."

Davon hatte ich noch nichts gehört. Ob sie mir nicht mehr darüber erzählen könne. Ok, aber sie wolle nicht den üblichen „Marketing-Pitch" machen, der wäre morgen dran. Vielmehr erzählte sie uns die Entstehungsgeschichte von AltaVista:

„Es war später Nachmittag, als ein gutaussehender Kerl namens Paul Flaherty mein Büro betrat. Er hatte ein süßes Lächeln, und wir hatten uns immer schon gut verstanden. Paul begeisterte sich für Züge, und er wollte einen Zug oder ein anderes Vehikel bauen, das all diese nervigen, unauffindbaren URLs zugänglich machte, die im WWW entstanden waren. Er setzte sich auf die Couch in meinem Büro und sagte: ‚Ich habe da eine Idee.' Ich hörte sie mir an, erklärte ihn für verrückt und sagte dann: ‚Okay, dann lass uns mal nachdenken.' Nachdem er mir genauer erläutert hatte, was er vorhatte, wurde mir klar, dass wir es damit allen zeigen könnten und wieder einmal absolute Pioniere wären. Voller Motivation rief ich: ‚Paul, wir können das hinkriegen, wir müssen das schaffen!'. Wir fielen uns in die Arme und jubelten vor Freude."

Joella führte weiter aus: „Ich hatte von dem Indexer[1] erfahren, den Mike Burrows entwickelt hatte, und wusste, dass Louis Monier an einem „Webcrawler"[2] herumbastelte. Wenn ich die drei Männer in ein Boot bringen und sie dazu bewegen könnte zusammenzuarbeiten, könnten wir es schaffen und wieder einmal Erste sein. Das Problem war, dass Louis Paul nicht leiden konnte, weil der keinen Doktortitel hatte. Außerdem war Louis Franzose und etwas arrogant. Mike lebte zudem ziemlich zurückgezogen und arbeitete am liebsten in seinem dunklen Büro, wo er sich nicht mit seinen Mitmenschen abgeben musste. Aber ich bin eben ich, und ich hatte einen Plan. Ich würde Louis und Paul durch einen Trick dazu bringen, sich zum Essen zu treffen. Allerdings musste ich dabeibleiben, um eine Prügelei zu verhindern.

Am Tag darauf trafen wir uns bei einem Mexikaner in Palo Alto. Paul und ich waren zuerst da, und als Louis hereinkam und Paul bei mir sitzen sah, wollte er sich auf dem Absatz umdrehen und wieder gehen, aber das verhinderte ich, indem ich laut seinen Namen rief. Es war hart, aber alle überlebten das Essen, und ich baute zwischen den beiden eine gewisse Konkurrenz auf, die sehr konstruktiv war. Sie machten sich an die Arbeit und schufteten wie die Irren. Sie kommunizierten stets über mich, da sie immer noch nicht miteinander reden wollten. Sie brauchten etwa zwei Monate, um den Webcrawler zu bauen, den Indexer einzuarbeiten und sich das Konzept der Suchmaschine anzuhören, das Paul für die visuelle Darstellung hatte. Während die Männer sich um die Technik kümmerten, besuchte ich potentielle Kunden und PR-Firmen, um ein bisschen was von unserer Idee durchsickern zu lassen, ohne gleich alles zu verraten. Ich wollte bei unserer Einführung die volle Berichterstattung der Weltpresse!"

Joella war voller Begeisterung dabei, mir die ganze Geschichte zu erzählen. Ich konnte sie praktisch nicht unterbrechen. Albert war auch ganz still und hörte zu, wie Joella weiter erzählte: „Paul und Louis bestanden darauf, dass wir unsere leistungsstarke Suchmaschine ‚AltaVista' nannten. Gemeinsam mit den Webdesignern, Branding-Fachleuten und Marketingfirmen entwarf ich ein Logo. Ich musste feststellen, dass es in Sunnyvale eine schräge kleine Firma namens ‚AltaVista' gab, die T-Shirts produzierte. Der Besitzer hieß Harry, und er ließ keinen Zweifel daran, dass er uns bis aufs letzte Hemd verklagen würde, wenn wir den Namen verwenden würden. Ich versuchte, ihn zu bearbeiten, stieß Todesdrohungen aus und wollte ihm klarmachen, wie groß DEC sei. Ich deutete sogar an, dass mein Onkel Guido – der italienische Zweig der Familie – ihn nur zu gern in Beton gießen werde, aber es nutzte nichts. Ich flehte Paul und Louis an, den Namen zu ändern, und machte Tausende andere Vorschläge, aber sie gaben nicht nach. Wir führten AltaVista ein, und Harry verklagte uns auf 7.000 Dollar.

Am Einführungstag gingen wir auf volles Risiko. Wir sagten dem DEC-Hauptquartier erst in letzter Minute, was wir vorhatten. Bei der Einführung war der Chef der Forschung und Entwicklung anwesend, dazu unser Team und – Harry von der

---

[1] Verschlagwortung von Webseiten im Internet
[2] Ein Programm, das das Web automatisch nach allen erreichbaren Webseiten durchsucht.

T-Shirt-Firma! Da Louis von uns allen im Anzug am besten aussah, steckten wir ihn in einen Smoking und schickten ihn an die Front, um mit der Presse zu reden. Außerdem war es immer noch eine Männerwelt, also musste es ein Mann machen. Zwei Tage später flog ich ins DEC-Hauptquartier, um unser Fehlverhalten zu verteidigen.

Auf einer meiner Folien stand ‚Moses steigt auf den Berg und ruft AltaVista'. Als die Folie erschien, sagte ich zu den zwei Dutzend Anzugträgern nur knapp: ‚Leute, es ist zu spät, wir haben es durchgezogen, und DEC ist berühmt.' Als ich ging, war mir klar, dass sie mich nicht besonders gern hatten. Ich hätte Harry, den T-Shirt-Typen, mitnehmen sollen. Er hätte sie in größerem Stil verklagen können. Seine 7.000 Dollar hatte er bei unserer Einführung längst bekommen. Aber wenn er der Firma mit richtig großen Schadenersatzforderungen gedroht hätte, wäre ihm vielleicht klar geworden, über welche Macht er eigentlich verfügte. Harry hätte dann wahrscheinlich mit dem Geld eine Kampagne gestartet und sein Namensrecht in der Welt bekannt gemacht … Ach ja, die Macht der Werbung und des Marketings."

Infobox

AltaVista

AltaVista war ein Forschungsprojekt am Western Research Lab von **DEC**. 1996 wurde es der Öffentlichkeit vorgestellt und war bis 1999 die bekannteste Suchmaschine der Welt. Erst **Google** löste AltaVista von dieser Position ab.

Als Compaq 1998 Digital kaufte, wurde AltaVista für 75 Millionen Dollar an eine Immobilienfirma verkauft. Das war damals die größte Summe, die Digital je in einem Verkauf erzielt hatte. Seit 2003 gehört AltaVista zu **Yahoo!** ∎

1997

Der allgegenwärtige Computer kündigt sich an

12. März 1997

Endlich ist sie da! Es war mein größter – und heimlicher – Wunsch, endlich auch mal ein Töchterchen zu bekommen, eine kleine Prinzessin, die von mir und ihren Brüdern so richtig verwöhnt werden kann. Seit drei Tagen ist Katrin jetzt auf der Welt. Sie hat ganz niedliche dunkelblonde Löckchen und fast so kreisrunde Augen, wie kleine Heuler (Seehundbabys) sie haben. Und ein kräftiges Stimmchen, in dem eine resolute Durchsetzungsfähigkeit mitschwingt. Na, das kann ja was werden ...

Obwohl die Jungs bei ihren Großeltern sind, komme ich innerlich kaum zur Ruhe. Lesen lenkt mich da immer wunderbar ab. Und diese Woche war eine verrückte Geschichte im „Spiegel". Den lese ich noch immer ab und zu, auch wenn er längst nicht mehr so spannend wie in den 80er Jahren ist. Damals, während des Studiums, fieberte ich ja noch regelmäßig dem Montag entgegen, um dann am Abend und bis tief in die Nacht die neueste Ausgabe zu verschlingen! Übrigens immer von hinten nach vorn, also bei den Stilblüten des „Hohlspiegels" beginnend über die Kultur, Wissenschaft, Ausland und in die Politik nach vorn.

Gekauft habe ich ihn vor meiner Rückfahrt am Bahnhofskiosk in Düsseldorf – nach einer turbulenten und für mich eigentlich gänzlich überflüssigen Sitzung unserer E-Commerce-Taskforce, zu der wir alle stolz mit unseren neuen Firmen-Laptops (mit satten 8 MB Hauptspeicher, 340 MB Festplatte und einer einsteckbaren 28,8 kbit/s-Modemkarte!) angereist kamen. Übrigens nahm diesmal auch Müller-Dellnitz persönlich teil. Ich glaube fast, der möchte aus unserer Firma ein Internet-Unternehmen machen! Wir sollen jedenfalls bis Ende Mai in einer „Roadmap 2000" darstellen, wie aus unserer Firmen-Webseite ein „Portal" für ein interaktives Einkaufserlebnis der ganzen Familie werden könnte. Er hatte einen Berater von Andersen Consulting dabei. Der verwendete tolle Farbfolien (dieses „Powerpoint"-Zeichenprogramm muss ich mir auch mal besorgen!) und warf mit den neuesten Begriffen nur so um sich: Java, Cookies, Click-Streams, XML, Widgets ... Ich glaube, ich muss mir mal ein paar aktuelle Fachbücher besorgen. Seit dem Ende meines Studiums vor zehn Jahren ist doch verflixt viel Neues passiert! Na ja, wenigstens im Fall vom World Wide Web kann mir seit meinem Besuch im Silicon Valley keiner mehr was vormachen. Der Besuch bei den Pionieren von AltaVista war ein Highlight im letzten Jahr.

Was Müller-Dellnitz da vorschwebt ... Ich weiß ja gar nicht recht, was ich mir unter einem „Portal" vorstellen soll! Dennoch klingt es irgendwie gut, das muss man ihm lassen – so nach Palast, eben Einkaufspalast, oder „Himmelsportal", der Eingang zum Paradies, in diesem Fall also unserem Kaufparadies. Aber dürfen wir wirklich davon ausgehen, dass demnächst unsere eher biederen Kunden, die wir – strikt intern natürlich! – ein bisschen despektierlich als „Frau Hinz" und „Herr Kunz" bezeichnen, zu „Internauten"[1] werden? Apropos Hinz und Kunz: Da fällt mir die Geschichte der missglückten Direktmail-Kampagne ein, die mir unser Vertriebsleiter mal erzählt hat. Das muss Anfang der neunziger Jahre passiert sein. Mehrere zehntausend unserer Kundinnen erhielten damals Briefe mit der Anrede „Sehr geehrte Frau Hinz-und-Kunz!". Bemerkt wurde das erst, als die ersten Beschwerden eingingen. Ursache war, dass beim Direktmail-Unternehmen eine andere Shell als Kommandointerpreter verwendet wurde – diese hat das Dollarzeichen als Indikator für eine Variable schlicht überlesen und die Datenbank-Zugriffsvariable „$Hinz-und-Kunz" unserer Skript-Routine dann einfach als Textliteral interpretiert!

Aber zurück zum Spiegel dieser Woche: „Schlaue Schuhe – sprechende Toaster. Der allgegenwärtige Computer" stand außen auf dem Titelblatt. Na, so eine durchgeknallte Sache kommt mir jetzt gerade recht, dachte ich, bestimmt was zum Schmunzeln – und investierte die 5 DM für die Reiselektüre. Neun Seiten lang ist der Beitrag mit dem Titel „Die Chips erweitern die Sinne", und schon die ersten Sätze machten mich neugierig, aber auch nachdenklich: „Der Computer von morgen, so meinen Forscher, ist gänzlich unsichtbar: Ein allumfassendes Netz intelligenter Gegenstände werde unseren Alltag begleiten". Na ja, dachte ich, kleiner werden sie ja laufend, die Computer. Aber unsichtbar? Oder so klein, dass man sie praktisch nicht mehr sieht? Selbst wenn das technisch irgendwann mal geht – wozu soll das denn gut sein?

Dennoch ein wirklich spannender Artikel! Beschrieben wird, wie sich derzeit offenbar die nächste Elektronikrevolution anbahnt, von der noch kaum jemand gehört hat. O-Ton Spiegel: „Während die Computerindustrie den technischen Fortschritt anhand von Kennzahlen wie Prozessortaktraten und Speicherkapazität mit großem Pomp im grellen Scheinwerferlicht zelebriert, gärt die nächste Elektronikrevolution hinter den Kulissen. Ihre Folgen werden, danach zu urteilen, was heute schon in Ansätzen sichtbar ist, viel dramatischer ausfallen als die turbulenten Umwälzungen, die die Erfindung des Transistors vor 50 Jahren auslöste." Nicht gerade bescheiden, wie der Spiegel uns da eine bisher unbekannte Revolution ankündigt!

Behauptet wird, dass schon jetzt Mikrochips den Alltag unauffällig infiltrieren und sich in unzähligen Gegenständen des täglichen Lebens eingenistet haben. Klingt ja wie ein schlechter Science-Fiction-Film, denke ich anfangs noch. Aber dann wird es ernster: Es seien mittlerweile viele elektronische Geräte so weit entwickelt, dass sie miteinander Kontakt aufnehmen und mit ihrer Umwelt kommunizieren können.

---

[1] Die Internauten gibt es wirklich, sie sind ein Kinderportal der Initiative „Deutschland sicher im Netz".

Milchtüten enthalten bald Sensoren, die Füllstand und Haltbarkeitsdatum an jeden vermelden, der mit passenden Radiofrequenzen danach fragt. Dann kann der Kühlschrank den Zustand seines Inhalts abfragen, dies dem Chip im Schuh des Besitzers einflüstern, und der kann es dann dem Auto melden, wenn man in die Nähe des Supermarktes kommt. Und weiter im O-Ton Spiegel: „„Hier wäre eine gute Gelegenheit, Milch einzukaufen', sagt das Auto zu seinem Fahrer, als es sich dem Supermarkt nähert. ,Die Schachtel in deinem Kühlschrank reicht bestimmt nur noch für ein knappes Glas.'"

Der Spiegel illustriert die nette Geschichte auch noch durch eine Folge von Bildern und behauptet, dass solche Szenen zwar noch vor wenigen Jahren als gänzlich utopisch gegolten hätten, heute aber im Rang ernsthafter Forschungsvorhaben stehen würden. Na ja, vielleicht in Amerika, denke ich mir. So verrückte Sachen würde man hierzulande nie als Forschungsantrag durchkriegen. Ich sollte mal Axel, meinen alten Bekannten an der Uni in Dresden, fragen, wie er das sieht.

Dann interviewen die Spiegel-Reporter noch Mark Weiser, den 44-jährigen Cheftechnologen des Xerox Parc Forschungslabors. Aha! Dort wurde ja auch Smalltalk erfunden, das mich im Studium so begeistert hatte! Und nicht nur das. Die legendäre Denkfabrik im kalifornischen Palo Alto hat in der Digitalwelt schon eine ganze Reihe von Meilensteinen gesetzt. Parc-Forscher entwickelten zum Beispiel die grafische Benutzeroberfläche, realisierten mit dem Ethernet die Vernetzung von PCs und konstruierten den ersten Laserdrucker. Die Leute muss man also ernst nehmen! Von Weiser hatte ich bisher allerdings noch nichts gehört. Der Spiegel bezeichnet ihn als Vater des „Ubiquitous computing", was etwa mit „allgegenwärtige Informationsverarbeitung" zu übersetzen wäre. Klingt ja fast schon theologisch! Die Anfänge seines „Ubicomp"-Projektes würden sogar bis ins Jahr 1988 zurückgehen.

Weiser jedenfalls ist der Meinung, dass eine neue Epoche der Computergeschichte unmittelbar bevorstehe. „Eines Tages werden wir auf Schritt und Tritt Hunderte von Computern um uns herum haben, eingebaut in Möbel, Bücher, Laternenmasten oder sogar Kleidung, die uns ständig mit den nötigen Informationen versorgen", sagt er im Interview. Wenn sich jemand zum Beispiel in einem Laden umsieht, könnte der Computer an seinem Körper speichern, für welche Hemden er sich interessiert. Die Hemden sind elektronisch markiert, und der Computer registriert, welche Kleidungsstücke der potentielle Käufer berührt. Wenn er irgendwann später ein Hemd braucht, kann der Computer ihm sagen, wo es das Lieblingshemd am billigsten gibt, er kann sogar beim Laden anfragen, ob die entsprechende Ware noch vorrätig ist. „So ein System erweitert die Sinne", glaubt Weiser. „In 20 Jahren wird man sich im Rückblick auf unsere Gegenwart vielleicht fragen: Wie konnten wir ohne all das leben?".

Wie gesagt, eine verrückte Geschichte, die der Spiegel diese Woche bringt. Aber sie lässt mir keine rechte Ruhe mehr, seitdem ich sie vorgestern gelesen habe. Das von Weiser angesprochene Erweitern der Sinne ist doch wirklich interessant: Wenn man Menschen, indirekt zumindest, mit schärferen Sinnen ausstattet, dann können sie mehr über ihre Umwelt erfahren, werden dadurch mächtiger und fühlen sich sicherer – sind das nicht zwei ganz bedeutende, archaische Triebkräfte? Und Dinge, die miteinander kommunizieren und uns auf etwas aufmerksam machen – ist das nicht auch ein uralter Menschheitstraum, der sich in verschiedenen Märchen findet? Wir erinnern uns an Frau Holle: Da kommt bekanntlich ein Mädchen zu einem Backofen mit Brot, das ihm zuruft: „Zieh mich raus, zieh mich raus, sonst verbrenne ich, ich bin schon längst ausgebacken!" Danach kommt es zu einem Apfelbaum, der ihm zuruft: „Schüttle mich, schüttle mich, wir Äpfel sind alle miteinander reif." Irgendwie ist das schon faszinierend, so eine märchenhafte, „animistische" Welt, in der Dinge kommunizieren können!

Vor allem aber sind damit auch innovative Produkte und neue Geschäftsmodelle möglich, so scheint mir. Zum Beispiel könnte das Supermarktregal dem Lager melden, dass es nachgefüllt werden muss, dann könnte man uns vom Einkauf praktisch überflüssig machen. Oder ein Auto könnte das andere auf der Gegenfahrbahn vor einem Stau warnen. Oder ein Arzneischrank mag um die Verträglichkeit seiner Medikamente und deren Haltbarkeit besorgt sein, und eine Wohnungsheizung könnte mit persönlichen Gegenständen der Bewohner kooperieren wollen, um zu erfahren, ob mit deren baldiger Rückkehr zu rechnen ist. Und wie wäre es mit einer dynamischen Autoversicherung, die ihre Prämie davon abhängig macht, ob schnell oder langsam gefahren wird, ob gefährliche Überholmanöver durchgeführt werden, in welchen Gegenden der Wagen abgestellt wird und auf was für Straßen man fährt?

Je länger ich darüber nachdenke, desto weniger abwegig erscheint mir die Kommunikation von Alltagsdingen – sie ist im Gegenteil sogar wirklich nützlich! Klar, da liegt noch ein weiter Weg vor uns, und eine total informatisierte Welt mag nicht nur paradiesisch sein. Aber spannend ist es! Heute Morgen habe ich mich beim Zähneputzen sogar dabei ertappt, mir vorzustellen, was meine Zahnbürste wohl alles dem Badezimmerspiegel mitteilen könnte, und wie dieser mich für das richtige Zähneputzen belohnen könnte ... Gar nicht so absurd, so ein „Internet der Dinge"!

Infobox

Portal und Ubiquitous Computing

Unter **Portal** oder auch **Webportal** versteht man die Eingangsseite einer Webpräsenz (engl. web site), die zumeist den Zugang mithilfe von Benutzername und Passwort regelt. Bekannte Portale sind u.a. **Yahoo!** oder **AOL**.

Der Begriff **Ubiquitous Computing** wurde von **Mark Weiser** (1952–1999) in seinem 1991 erschienen und weithin beachteten Artikel „The Computer for the 21st Century" eingeführt. Man versteht darunter allgegenwärtige Computer, die uns im Alltag umgeben, zumeist in Form von **eingebetteten Systemen** etwa beim Auto oder bei der Waschmaschine. Hieraus entwickelte sich auch der Begriff „Ubicomp" als eine spezielle Disziplin innerhalb der Informatik. ■

1998

Die Schreibmaschine in der Hosentasche

4. September 1998

Vater hat mich heute besucht und mir zum Geburtstag gratuliert. Er hatte ein tolles Geschenk für mich dabei: einen Akku-Schrauber. Ich mühe mich ja immer noch mit meiner alten Bohrmaschine ab, aber wenn man dann mal fünfzig und mehr Schrauben eindrehen muss, dann ist so ein Akku-Schrauber echt praktisch. Den hätte ich bei meinem Dachausbau gut gebrauchen können, aber der ist bereits seit zwei Monaten fertig gestellt. Egal, für einen Heimwerker gibt es ja immer etwas zu tun.

Später saßen wir beim Abendessen zusammen und diskutierten über die Vorzüge schnurloser Elektrogeräte. Da klingelte es an der Tür, und Rolf kam vorbei. Rolf ist ein guter Freund der Familie und wollte mir kurz gratulieren. Wir luden ihn ein, zum Essen zu bleiben. Als Rolf unserem Thema eine Weile gelauscht hatte, sah er sich irgendwann genötigt, uns seine neueste Errungenschaft vorzuführen: einen brandneuen Nokia 9000 Communicator. Sieht aus wie ein grauer Plastikblock, richtig hässlich dieses Teil. Aber dafür ein kleines Wunderwerk der Technik. Es könne nicht nur telefonieren, erklärte Rolf, sondern auch SMS und E-Mails verschicken. Das rief meinen Vater auf den Plan: Was denn, bitte schön, eine SMS sei?

Rolf holte zur Erklärung etwas aus, typisch für ihn: Sechs Jahre zuvor sei doch der digitale Mobilfunkstandard GSM[1] eingeführt worden. Seit 1992 kommerziell in Deutschland verfügbar, erlaube es mobiles Telefonieren in digitaler Qualität und weltweite Erreichbarkeit.

Rolfs Communicator verfügte über eine Schwarz/Weiß-Anzeige, die Text darstellen konnte. Rolf war bei seinem vorherigen mobilen Telefon der Sinn von Text am Anfang nicht klar gewesen, wollte er doch nur Telefonnummern eingeben, Anrufe entgegennehmen und sprechen. Aus dem Handbuch erfuhr er dann zu seiner großen Überraschung, dass sein Handy auch das Senden und Empfangen von Textnachrichten beherrschte – ein Dienst, der zunächst kostenlos war, da ihn nur wenige für sinnvoll hielten. Doch Rolf wurde zum SMS-Profi. Auf diese Weise konnte er bequem mit Kollegen kurze Nachrichten austauschen, ohne gleich telefonieren zu müssen.

---

[1] Global System for Mobile Communication, weltweites System für mobile Kommunikation

Der Communicator erleichterte ihm das spürbar, da er nicht mit zwei dicken Daumen zig-Mal auf die Tasten 0 bis 9 drücken musste. Vielmehr gab es eine vollwertige Tastatur – wie am PC, nur wesentlich kleiner. Etwas für Zwergenhände. So recht wusste ich nicht, was ich von dem Ding halten sollte. „Unter vollwertig verstehe ich aber etwas anderes", warf ich beim Blick auf die Mini-Tastatur ein. Die konnte man mit Essstäbchen vielleicht gut bedienen, fürs Zehn-Finger-Schreiben war sie jedenfalls nicht geeignet. Aber Rolf schwärmte, wie leicht ihm das Tippen damit falle. Als Vater das Ding schließlich widerstrebend in die Hand nahm und sich beim Eingeben versuchte, vertippte er sich ständig. Das mochte aber auch damit zu tun haben, dass er selbst nie eine Schreibmaschine oder gar einen PC benutzt hatte. Bei ihm gab es noch die gute alte Schreibstube und die „jungen Dinger", die Steno konnten.

Der Communicator ist ein fast vollwertiger, IBM-kompatibler PC im Hosentaschenformat, jedenfalls für große Hosentaschen wie in meinem Blaumann. Quasi eine aufgemotzte Schreibmaschine für die Hosentasche, mit der man auch telefonieren kann. Außerdem kann man mit dem Gerät auch das World Wide Web erreichen. Vor rund fünf Jahren gestartet, besaß es bereits eine große Anhängerschaft. Aber die Webseiten waren auf dem kleinen Bildschirm nicht gut zu sehen. Der Ausschnitt war so klein, dass es keinen wirklichen Spaß machte, mit diesem Winzling zu surfen.

Wir legten das merkwürdige Ding erst einmal beiseite und genossen den weiteren Abend. Rolf konnte wunderbar über seine Erlebnisse im Sport berichten. Als Wettkampfrichter beim Turnen kam er richtig rum. Er kannte sogar den berühmten Eberhard Gienger persönlich, den Olympiasieger im Reckturnen mit dem nach ihm benannten Salto. Und so beendeten wir meinen Geburtstag in netter Runde.

Nachtrag vom 5. September 1998

Heute hat sich Joella aus USA gemeldet und mir nachträglich zum Geburtstag gratuliert. Eigentlich wollte sie mir gestern gratulieren, hatte aber die Zeitverschiebung nicht berücksichtigt. Sie ist gar nicht gut drauf. Nachdem Compaq vor einigen Monaten Digital übernommen hat, wurde auch ihr Baby AltaVista verkauft. Als ich ihr von gestern Abend berichte und dabei Rolfs neuestes Schätzchen erwähne, hat Joella mir gleich von ihrem Communicator vorgeschwärmt. Sie sei schon immer von den mobilen PDAs begeistert. Für ihr Leben als „Nomadenfrau" (so nennt sie sich) braucht sie für ihre E-Mails unbedingt so ein Gerät. Ich sehe schon, die Zukunft wird so sein: Bald hat ihn jeder.

Infobox

PDA und Nokia Communicator

Der persönliche digitale Assistent (**PDA**) ist eine Weiterentwicklung des Taschen-rechners, kombiniert mit einem elektronischen Kalender und weiteren Funktionen. Der erste weithin verbreitete PDA war der **Newton** von Apple, der 1993 auf den Markt kam.

Der **Nokia 9000 Communicator** war die Weiterentwicklung des PDAs hin zu einem Taschencomputer mit Internetverbindung und Telefon, auch als Smartphone be-zeichnet. Obwohl oft als „finnischer Backstein" verunglimpft, war der Communicator ein Meilenstein auf dem Weg zu heutigen Smartphones, denen erneut Apple mit seinem **iPhone** zum Durchbruch verhalf. ■

Wie viele Realitäten gibt es eigentlich auf dieser Welt?

23. Februar 1999

Nachdem ich gestern bis spät in die Nacht gearbeitet habe, bin ich heute früher nach Hause gekommen. Abends wollten Anna und ich uns mal wieder einen gemütlichen Abend vor dem Fernseher machen. Dabei wollte aber das Fernsehprogramm – wie so oft – nicht recht mitspielen, und schließlich sind wir bei einer Wissenschaftssendung gelandet. Ein Beitrag über sogenannte „smarte Objekte". Mir fiel spontan ein Artikel aus dem „Spiegel" wieder ein, den ich vor längerer Zeit gelesen hatte. Es ging dabei um Tassen und darum, dass das Sprichwort vom Fehlen dieser Trinkgefäße im Schrank bald aus der Mode kommen dürfte. Denn diese Tassen – sogenannte MediaCups – waren mit unsichtbarer Elektronik ausgestattet worden. Damit konnten sie ihre eigene Nutzung überwachen, also bestimmt nicht mehr verloren gehen. Auch der TV-Beitrag handelte von diesem smarten Geschirr. Aber mehr noch als in dem Artikel konnten die Tassen im Film ihre Umwelt erkennen, Schlussfolgerungen über die umgebende Situation ziehen und im Verbund Aktivitäten anstoßen.

Die Technologie scheint schon perfekt zu funktionieren. Im Film wurde gezeigt, wie ein Benutzer per Warnung vor dem Verbrühen bewahrt wurde. Außerdem wurde geschildert, dass die Tassen hinter der Tatsache ihrer Ansammlung eine Arbeitssitzung „vermuteten". Ich finde das erstaunlich, aber hinnehmbar. Jedenfalls solange, bis die Tassen nicht auf die Idee kommen, für bessere Arbeitsbedingungen zu streiken oder gegen die regelmäßigen Schikanen in der Spülmaschine. Ich weiß auch nicht – um das noch ein wenig weiterzuspinnen –, ob ich beim Frühstück eine Art sprechendes Brot auf dem Teller haben möchte, das mir nicht nur erklärt, mit welchem Belag es am besten schmeckt, sondern auf Wunsch auch noch solange den Wetterbericht liefert, bis es endlich verschlungen ist.

Das Tassen-Szenario war mit einem elektronischen Raumbelegungssystem gekoppelt, sodass automatisch an der Tür und im Web der Raum der Tassen als belegt gekennzeichnet wurde. Im Sinne ihrer eigentlichen Verwendung konnten die Tassen tatsächlich auch veranlassen, dass Kaffee automatisch frisch gebrüht wurde, wenn sie leer waren. Allerdings nur, wenn damit zu rechnen war, dass auch noch Kaffee benötigt werde. All das wird durch die transparente Kommunikation zwischen den Gegenständen und einer vielfältigen, aber unsichtbaren Sensorik ermöglicht. So etwas kann wohl nur Forschern einfallen. Die Jungs von der Uni Karlsruhe hatten bestimmt so manche Nachtschicht gefahren und vermissten dabei jemanden, der ihnen den Kaffee kochte, der sie durch die Nacht trug. Eigens dafür konnte auch keine Sekretärin eingestellt werden. So hatte die Not offenbar erfinderisch gemacht.

Wirklich faszinierend, wie durch die Kombination von Elektronik und existierenden Gegenständen smarte Objekte entstehen, und wie diese dann in unser Alltagleben integriert werden können. Diese Vernetzung von Menschen, Dingen und Computern führt zu einer ganz anderen Wahrnehmung der Realität, ja zu einer neuen Form des Internets. Dabei nutzen wir das Netz nicht mehr nur für die Kommunikation mit anderen Menschen oder für Recherchen, sondern es kommt zu uns über Dinge, die smarten Objekte.

Ich habe darüber auch mal mit Holger vom Büro nebenan gesprochen, der hat mir dann zum Thema das Buch „The Invisible Computer" von Don Norman[1] empfohlen. Normans Buch habe ich mir natürlich sofort bestellt.

Nachtrag vom 25.02.1999

Das Buch ist heute angekommen. Anna und die Kinder sind heute Abend unterwegs. Da kann ich mal schmökern.

In unterhaltsamer Weise postuliert der Psychologe Don Norman sogenannte „Information Appliances" als nächste Computergeneration. Die „Information Appliances" sind als Kombination von Informationsanwendung und Gerät zu verstehen, in der Software und Hardware untrennbar miteinander verbunden die Funktionalität der Appliance bestimmen. Eine Art elektronische Symbiose also. Das ändert die Bedienung der Geräte radikal: Statt eines Computergerätes benutzen wir ständig mehrere davon, und keines schaut mehr aus wie ein „klassischer" Computer. Die Zukunft wartet eben nicht wie bei „Science Fiction" mit überall blinkenden Lichtern und Bildschirmen auf. Und wenn, dann werden die Lichter zur Entspannung des Menschen oder zur Warnung vor Gefahren eingesetzt.

Dazu müssen diese Kleinstgeräte aber etwas Großes können, nämlich Absicht und Situation richtig beurteilen. „Context Awareness"[2] nennt sich das bei den Forschern, also die Fähigkeit, dass jedes Gerät seine Umgebung erkennt und sich in unübersichtlichen Lagen mit anderen Geräten zusammenschließen kann. Der sogenannte Umgebungskontext kann dabei wohl vieles sein – was genau, haben die Forscher noch nicht festgelegt. Auf jeden Fall gehört die Umgebung irgendwie dazu, ebenso wie die Situation in der Wahrnehmung eines Menschen.

Dieses „Wissen" hilft den Geräten, automatisch das „Richtige" zu tun, oft ohne den Nutzer dafür zu behelligen. So nimmt der Mensch gar nicht mehr wahr, dass er ein Computersystem bedient – schließlich sieht man der Tasse aus dem Film gar nicht an, dass ein Computer in ihr steckt. Dennoch bedient man damit die Kaffeemaschine und das Raumbuchungssystem. Da muss ich erst mal zur gewöhnlichen

---

[1] Don Norman: The Invisible Computer: Why Good Products Can Fail, the Personal Computer Is So Complex, and Information Appliances Are the Solution", September 1998

[2] Etwa: Bewusstsein für den Zusammenhang; hier: Erfassung der Situation – zumeist durch Sensoren. Einfache Beispiele sind Bewegungsmelder in Räumen, die das Licht beim Betreten anschalten, oder Temperaturfühler im Kühlschrank, die das Kühlaggregat steuern.

Kaffeetasse greifen und einen großen Schluck nehmen. Irgendwie beklemmend dieser Gedanke, dass meine Tasse mir morgen vielleicht signalisiert, welche objektive Qualität der Kaffee hat, den ich da schlürfe. Vielleicht schmeckt er mir dann gar nicht mehr?

„Implizite Interaktion" nennen es die Erfinder, wenn die Computersysteme im Hintergrund arbeiten, „anfassbare Benutzschnittstelle", wenn der Mensch durch Berühren und Bewegen von Gegenständen mit Computersystemen interagiert. Da fällt mir ein, dass man im Zentrum für Kunst und Medien (ZKM) in Karlsruhe Pflanzen berühren und damit den Computer steuern kann, welche Bilder er auf einen Bildschirm produziert. Paul war fasziniert davon, als wir vor einigen Monaten dort waren.

Apropos ambient: An die entsprechende Ausgabeschnittstelle haben die Forscher natürlich auch gedacht. Großzügig werden Oberflächen per Projektionstechnik bestrahlt und damit Räume in neue entspannte Sphären transferiert. Sogar das Tischtennisspiel wird beim MIT zum neuen Erlebnis: Beim Auftreffen eines Tischtennisballs breiten sich vom Auftreffpunkt Wellen aus, sodass es scheint, als spielte man auf einer Wasseroberfläche.

Die Arbeiten bei Sony sind da weniger explorativ, sondern mehr anwendungsorientiert angelegt. Holowall ist so ein Beispiel, bei dem ein großes Display an der Wand oder auf dem Tisch nur mithilfe von Handbewegungen – ohne Berührung! – bedient werden kann. Das ist der wirkliche „Desktop"-Tisch-Computer, den man für die Arbeit, aber auch als Plattform für digitale Gesellschaftsspiele für die ganze Familie verwenden kann. Mittels der von Sony entwickelten „Glasstron"-Brille entwickelt sich auch das Bücherlesen zu einem magischen Erlebnis. Die Glasstron gibt es inzwischen schon zu kaufen, wenn sie auch mit über 4.000 DM[3] noch sehr teuer ist. Das kann ich mir wirklich nicht leisten. Interessieren würde die mich aber schon.

„Augmented Reality" ist hier das Stichwort, also die Überlagerung der Sinne mit neuen Eindrücken. Diese Reize schaffen eine gefühlte neue Wirklichkeit. Ich sehe Dinge, die es nicht gibt, ich kann mich in ihnen bewegen, und ich kann sie sogar spüren! Man fühlt sich wie ein Mystiker. Und gelangt automatisch zu der Frage: Wie viele Realitäten gibt es jetzt eigentlich? So langsam werde ich ein wenig kirre. Wer soll das denn alles auseinanderhalten?

Wie schwierig schon der Umgang mit der „einfachen" Realität unserer Lebenswelt sein kann, hat Douglas Adams[4] auf einer Internet-Konferenz in den 90er Jahren mit einer kleinen Anekdote illustriert. Adams schildert, wie er an einem Bahnhof eine Packung Kekse und eine Zeitung kauft, und sich dann in den Wartesaal setzt. Während er Zeitung liest, nimmt ihm gegenüber ein junger Mann Platz. Plötzlich beobachtet Adams, wie sein Gegenüber ganz ungeniert die Packung Kekse nimmt, sie öffnet und sich einen herausnimmt. Adams' fragender Blick erntet ein Lächeln. Eisig fixiert er den jungen Flegel und greift nun selbst zu. Das hindert den jungen Mann allerdings nicht, sich fröhlich immer weiter selbst zu bedienen. Innerlich

---

[3] ca. 2.000 Euro

[4] Englischer Erfolgsautor der kultigen Trilogie in fünf Bänden „Per Anhalter durch die Galaxis".

kochend versucht Adams, die Contenance zu wahren. Bis es irgendwann Zeit wird aufzubrechen. Adams greift nach dem Rest seiner Zeitung auf dem Tisch und entdeckt darunter … seine Kekspackung. Völlig unversehrt. Auf die alte philosophische Erkenntnis daraus, dass nämlich nichts ist, wie es scheint, werde ich mich Zukunft wohl verstärkt besinnen müssen.

Zurück zu den künstlichen Wirklichkeiten: Durch die Glasstron-Brille kann man zum einen die Umgebung, also die Wirklichkeit, sehen, und zum anderen wird auf die Gläser noch mal ein computergeneriertes Bild projiziert. Das menschliche Auge baut diese beiden Welten zu einer zusammen. Es sei schon ein irres Erlebnis, wenn einen plötzlich ein leibhaftiger Tiger anspringt, während man ein Buch aufschlägt, schreibt der Autor über solcherart mögliche 3D-Animationen. Mich muss hier gar nichts anspringen. Aber so ein 3D-Buch hätte ich gern.

Optisch taugt die Brille eher zum Scherzartikel. Sie wirkt systembedingt doch etwas groß und klobig. Ein Modetrend kann das nicht werden. Es ist schon eher die Frage, ob das Tragen einer solchen Brille sozial überhaupt akzeptiert wird? Alle laufen nebeneinander her, aber jeder steckt in einer ganz anderen Welt. In Amerika tragen bereits einige Forscher wie Steve Mann und Thad Starner dauerhaft diese tragbaren Kleinstcomputer. Aber wie man hört, haben sie wohl beim Einchecken ins Flugzeug ab und zu Schwierigkeiten …

Inzwischen bin ich nun doch ein bisschen verwirrt von so viel neuer Technologie, nicht alles scheint mir da in die gleiche Forschungsrichtung zu laufen. Und tatsächlich habe ich beim Stöbern auf dem Sony-Webserver eine gute Darstellung gefunden, welche die verschiedenen existierenden und neuen Ansätze einordnen hilft. Jun Rekimoto unterscheidet hier zwischen dem herkömmlichen PC-Ansatz, der eine neben der Wirklichkeit stehende neue Wirklichkeit der Information schafft, und der Virtuellen Realität, bei der das Ziel die vollständige Überlagerung menschlicher Perzeption (Wahrnehmung) durch eine rechnergenerierte Wirklichkeit ist. Im neuen Ansatz der Augmented Reality werden sowohl die Realität als auch computergenerierte Sinneseindrücke individuell und überlagernd wahrgenommen, während beim Ubiquitous Computing die Gegenstände selbst neue, computergenerierte Ausdrucksformen erhalten.

Bei so viel neuer Technologie werden natürlich eine Menge Computer benötigt, viel mehr als heutzutage. Eine spektakuläre Aussage der Zeitschrift Elektronik aus der Mitte des Jahres lautet, dass in diesem Jahr 0,1 Prozessoren auf je eine Person dieser Welt kommen. Im Jahr 2010 sollen es 100 und im Jahr 2020 sogar 10.000 sein.

Zeit für mich, ins Bett zu gehen und zwar ohne virtuelle Welt, einfach nur ausstrecken und einschlafen. Ich hoffe, ich träume nicht von springenden Tiger und keifenden Kaffeetassen. Auf jeden Fall wird immer klarer, dass Computer nicht gleichbedeutend mit unserem Heim-PC oder dem Großrechner ist. Durch die Miniaturisierung scheint der Computer regelrecht in die Umwelt zu entschwinden, aber trotzdem immer anwesend sein. Wie viel Fluch und wie viel Segen wird das bringen?

Infobox

MediaCup, Invisible Computer und Augmented Reality

Die **MediaCup**-Tasse wurde vom **TecO** entwickelt, einem Forschungsinstitut der Universität Karlsruhe. Diese Tassen waren mit Temperatur- und Bewegungssensoren sowie einem Kleinstrechner ausgestattet. Die Daten wurden an einen Computer übermittelt, der daraus errechnete, ob jemand Kaffee trank und sich somit in dem Raum aufhalten musste, in dem sich die Tasse befand.

Das von **Donald (Don) Norman** verfasste Buch zum unsichtbaren Rechner (**invisible computer**) beschreibt eine Welt, in der die Benutzung von Rechnern sich quasi unsichtbar in die Alltagswelt einbetten lässt. Die Vision ist eine konsequente Weiterentwicklung von Mark Weisers allgegenwärtigen Computern.

Die erweiterte Realität (**augmented reality**) bezeichnet eine Disziplin der Computergrafik, bei der Computerbilder und Wirklichkeit überlagert werden. Zumeist werden hierzu die Computerbilder auf eine Glasscheibe (etwa Brillengläser) projiziert, durch die man gleichzeitig die realen Objekte sieht. Einsatzgebiete sind u.a. die Reparatur von komplexen Anlagen oder die virtuelle Wiederherstellung von Ruinen. ∎

2000

Der Millenium-Bug
und andere Zukunftsvisionen

2. Januar 2000

Wieder daheim. Über Silvester und Neujahr hatten wir meine Eltern besucht, das ist nun ja schon fast eine Tradition geworden. Dass es auch dieses Jahr klappen würde, war anfangs gar nicht klar: Aufgrund der durch das „Jahr-2000-Problem" ausgelösten Ungewissheiten hatte meine Firma zunächst eine Urlaubssperre verfügt, aber schließlich wurde ich doch nur in die Kategorie 2 des Krisenteams eingeteilt. Ich glaube, am Ende wurde allen klar, dass so viel gar nicht zu befürchten war.

Tatsächlich verlief der Jahreswechsel friedlich. Das von manchen erwartete oder gar herbei geredete Chaos durch den „Millenium-Bug Y2K" blieb aus. Ebenso aber anscheinend auch viele der mit Glanz und Gloria inszenierten Feiern zum Jahrtausendwechsel – fast alle unsere Freunde zogen es jedenfalls wie wir vor, den Jahreswechsel eher unspektakulär zu begehen. Mein Tennispartner Rudolf, ganz Mathematiker, wurde ja auch nicht müde zu erwähnen, dass das 3. Jahrtausend erst nächstes Jahr beginnt und es daher keinen Anlass für irgendetwas Besonderes gäbe!

Die letzten Monate waren natürlich trotzdem etwas hektisch und von Unsicherheiten geprägt. Und das alles nur, weil man in den Anfangszeiten der elektronischen Datenverarbeitung die Jahreszahlen bei Datumsangaben nur zweistellig notiert hatte! Um kostbaren Speicherplatz zu sparen. Klar, dass es dann zu Mehrdeutigkeiten kommt: „00" wird nun nicht als „2000" verstanden, sondern als „1900", das Jahr 2001 wird mit dem Jahr 1901 verwechselt etc. Ich glaube aber, dass das meistens gar nicht aus Sparsamkeitsgründen geschah, sondern zweistellige Jahresangaben einfach aus Faulheit oder Unwissenheit verwendet wurden – außerhalb der IT-Welt hat ja auch kaum jemand das Jahr vierstellig geschrieben, und viele Programmierer machten das auch noch in den letzten Jahren so, als zwei Byte mehr in einem Datensatz wirklich fast nichts mehr kosteten.

Jedenfalls haben wir bei uns in der Firma das Problem frühzeitig angepackt. Spannend wurde es dann bei der Hauptprobe im November: Da wurden alle Computeruhren künstlich auf den 1. Januar 2000 vorgestellt. Dabei traten keine Probleme auf. Nur danach, beim Zurücksetzen auf das wahre Datum, passierte es dann – aber das ist eine andere Geschichte.

In den Fachzeitschriften, vor allem aber in den allgemeinen Medien wurde in den letzten Wochen ja eine wahre Panik verbreitet, „Y2K" wurde das Problem getauft. Es wurde prophezeit, dass deswegen in großem Maß Computer abstürzten, dass der Strom ausfiele, das Bankensystem zusammenbräche und es in der Folge zu einer Wirtschaftskrise käme und noch vieles mehr. Der Hamburger Informatik-Professor Klaus Brunnstein, von den Medien als „Virenpapst" oder „erster deutscher Y2K-Pessimist" betitelt, forderte von Minister Trittin sogar das Abschalten der Kernkraftwerke und prophezeite das Versagen mikroprozessorgesteuerter Benzinpumpen in Autos. Insofern war ich ja fast ein wenig enttäuscht, als ich vorgestern Abend überhaupt nichts vom Y2K-Bug bemerkte!

Vorhin im Fernsehen meinte Brunnstein, dass die deutsche Wirtschaft eine Reihe der Probleme der Öffentlichkeit einfach verschwiegen habe, um sich nicht zu blamieren. Die eigentlichen Schwierigkeiten würden noch kommen. Mal sehen! Die einzige „Katastrophenmeldung" in den Nachrichten betraf einen amerikanischen Videoladen, der 90.000 Dollar von einem Kunden verlangte, weil dieser einen Film für 100 Jahre ausgeliehen habe. Wenn's weiter nichts ist! Nett war auch das Interview mit Kubas „Máximo Líder" Fidel Castro. Die ganze Aufregung um das Jahr-2000-Problem sei ein gigantisches Täuschungsmanöver und nichts als ein kapitalistischer Trick gewesen, mit dem sich die Computerindustrie eine goldene Nase verdient habe, meinte er. Tatsächlich war das ganze ja eine recht teure Angelegenheit: Nach vorläufigen Schätzungen gaben Industrie und Regierungen weltweit mehr als 600 Milliarden Mark dafür aus!

Das nächste Problem wird schon Ende Februar erwartet – jedenfalls von den Pessimisten. Dieses Jahr ist ein Schaltjahr, und der 29. Februar 2000 sei in den meisten Computerprogrammen schlichtweg nicht vorgesehen. Und schließlich noch der 19. Januar 2038: In vielen Systemen wird die Zeit als die Zahl der seit dem 1. Januar 1970 vergangenen Sekunden dargestellt, und die 31-Bit-Zähler würden dann überlaufen. Mal sehen, ob ich das noch erlebe. Ich vermute ja, dass es 2038 gar keine 32-Bit-Maschinen mehr gibt und mindestens 63 Bit für den Sekundenzähler zur Verfügung stehen. Das sollte dann für weitere 290 Milliarden Jahre reichen.

3. Januar 2000

Meinen freien Tag habe ich heute sehr genossen. Ein kurzer Anruf in der Firma am Morgen hat meine Vermutung bestätigt: „All systems go", keine Probleme mit dem Y2K-Bug. So beruhigt bin ich dann mit Katrin, Tino und Paul, wie Weihnachten versprochen, zur Schlittschuhbahn gefahren. Paul war erst gar nicht von seinem „schönsten" Weihnachtsgeschenk, einer Nintendo-Spielkonsole, wegzulocken – aber das Versprechen hat dann doch gewirkt, auf dem Rückweg bei Saturn vorbeizufahren und „Diddy Kong Racing" zu kaufen – noch ein Videospiel für seine neue Konsole! Diese Spielkonsolen sind schon tolle Dinger – 100 MHz-Prozessoren, 32-Bit-Farbe, Dolby-Sound; wer hätte vor ein paar Jahren gedacht, dass solche „Supercomputer" einmal als Spielzeug genutzt werden!

Anna war mit einer ihrer alten Klassenkameradinnen in der Stadt verabredet, so hatte ich die Kinder für mich alleine – oder besser andersherum: Sie hatten mich ganz für sich! McDonald's musste daher nach dem Eislaufen sein. Für einen gemütlichen Nachmittag nahm ich mir dann die „Weltpostille" mit heim – in den letzten

Wochen kam ich ja kaum mehr dazu, etwas kulturell Anspruchvolles zu lesen. Die haben sich etwas wirklich Nettes für ihre erste Nummer im Jahr 2000 ausgedacht: Alte Vorhersagen zum Jahr 2000! Nachdem in den letzten Wochen überall so viel spekuliert wurde, was für Wunder uns im 3. Jahrtausend erwarten würden, jetzt also quasi der „Reality Check" bezüglich früherer Prognosen. Ich war ja gespannt, was davon inzwischen eingetroffen war – es versprach, vergnüglich zu werden!

Um das Ergebnis vorwegzunehmen: Irgendwie lagen die früheren Propheten meist ziemlich schief oder gar ganz daneben mit ihren Prognosen. Ziemlich ernüchternd! Woran das liegt, muss ich noch herausfinden. Denn wenn das heute noch immer so ist, dann können wir uns in der Firma die teuren Zukunftsseminare mit den Berufsfuturisten ja sparen! Die Technikprognosen vergangener Zeiten verhießen wirklich Phantastisches: Lehrmaschinen ersetzen Pädagogen, Farbfaxgeräte und Bildtelefone finden sich in jeder Wohnung, und Haushaltsroboter erledigen den Abwasch und servieren Kaffee. Nichts davon ist eingetroffen! Dagegen das Web, E-Commerce, Suchmaschinen, SMS oder Spielkonsolen, also all die Segnungen des Informationszeitalters, die vor 10 Jahren noch nicht existierten, deren Namen noch nicht einmal erfunden waren, aber ohne die wir heute kaum mehr auskommen können, die scheint niemand vorhergesehen zu haben!

Lustig sind sie aber schon, die alten Prognosen zum Jahr 2000. Insbesondere die Bilder – da scheint in manchen Aspekten die Zeit einfach stehen geblieben zu sein, in der Mode zum Beispiel oder in der Rollenverteilung der Geschlechter. Ein paar Bilder habe ich ausgeschnitten, zum Beispiel das von 1906 über die Verwendung der drahtlosen Telegrafie im Zukunftsalltag: Ein Mann und eine Frau im Park, die ihren persönlichen portablen und drahtlosen Telegraphenapparat mit mobiler Antenne am Hut etwa so nutzen, wie man heute seine SMS-Nachrichten checkt. Sie liest mit verzücktem Gesicht eine Nachricht von ihrem weit entfernten Liebsten, während er gespannt die Ergebnisse des Pferderennens verfolgt.

1910 gab es dann eine wunderbare Vorhersage von einem Robert Sloss. Dieser prophezeite das „drahtlose Jahrhundert" und schrieb: „Es wird jedermann sein eigenes Taschentelephon haben, durch welches er sich, mit wem er will, wird verbinden können, einerlei, wo er auch ist, ob auf der See, ob in den Bergen, dem durch die Luft gleitenden Aeroplan oder dem in der Tiefe der See dahinfahrenden Unterseeboot." Das Taschentelephon würde trotz seiner Kompliziertheit ein Wunder der Kleinmechanik sein, nicht größer als eine Pillenschachtel. „Kleinmechanik"! Aber klar, Elektronik gab es ja noch nicht! Und weiter heißt es: „Die Bürger jener Zeit werden überall mit ihrem drahtlosen Empfänger herumgehen." Die Nutzung scheint fast einfacher zu sein als die Bedienung eines modernen Handys, denn man muss nur den „Stimm-Zeiger" auf die Nummer einstellen, die man zu sprechen wünscht, und der Gerufene wird sogleich erreicht, „wobei es in seinem Belieben stehen wird, ob er hören oder die Verbindung abbrechen will."

Schon toll, was sich Sloss damals vorgestellt hat! (War der Sprechfunk seinerzeit überhaupt schon erfunden? In Opas Erzählungen tauchte die „drahtlose Telephonie" eigentlich erst später auf. Dieser Sache muss ich auch mal nachgehen.) Die „Weltpostille" erwähnt dann den Ingenieur Anton Lübke, der 1927 ein Buch „Technik und Mensch im Jahre 2000" schrieb. „Radioelektrische Fernschreibeeinrichtungen" würden seiner Meinung nach im Jahr 2000 den Briefverkehr revolutionieren, und telefoniert wird so, dass „Frau Schultze auf der Welle 1,2534 m ihres Heimsenders Frau Lehmann auf Welle 1,4283 m anruft und zum Kaffeekränzchen bittet." Heimsender mit privater, exklusiver Funkfrequenz – auch eine lustige Vorstellung!

Die Zeitung wird laut Lübke zukünftig durch ein elektrisches Fernsichtgerät ersetzt: „Ein kleines Pult, das eine Milchglasscheibe bedeckt, erstrahlt im Licht. Man sieht Buchstaben, das Neueste vom Tage, Leitartikel, Feuilletons in reicher Auswahl, vielleicht auch bewegliche Bilder im Texte verstreut." Bibliotheken werden überflüssig, denn „man kann sich durch Radioanruf mit der Fernsehbibliothek verbinden und sich irgendein interessantes Buch einschalten lassen."

Das klingt wirklich gut, fast wie ein Web-Browser für Zeitungen! Ganze Zeitungen im Web dürfte es sicher bald geben, davon bin ich überzeugt. Für die beweglichen Bilder müsste wohl die Bandbreite der Heimanschlüsse noch höher werden, aber mit dem neuen ADSL-Protokoll oder zumindest dem geplanten VDSL-Standard der Telekom dürfte das ja demnächst kommen – hoffentlich auch zu erschwinglichen Preisen! Vermutlich wird die Fernzeitung aber nur im Abonnementbetrieb und per Passwort funktionieren, denn Gratiszeitungen gibt es ja lediglich in Form von Anzeigeblättchen. Die fernnutzbare Bibliothek werde ich aber wohl nicht mehr erleben, denn wer sollte die Digitalisierung ganzer Bibliotheken bezahlen? Ein Privatunternehmen wohl kaum, und die öffentliche Hand hat dafür bestimmt auch kein Geld übrig. Schade eigentlich!

Die „Weltpostille" druckte auch ein ulkiges Zukunftsbild von 1929 mit zwei jungen Frauen, die während einer Zwischenlandung ihres Privatjets mit den Kindern zu Hause videophonieren – das Display des mobilen Gerätes sieht aus wie ein Handspiegel, und wenn mich nicht alles täuscht, trinken sie einen Latte Macchiato ... Dazu dann das Originalzitat: „Die Menschen tragen Einheitskleidung: Rock und Hose, beides mit Reißverschluss. Jeder hat nun sein eigenes Sende- und Empfangsgerät und kann sich auf einer bestimmten Welle mit Bekannten und Verwandten unterhalten. Aber auch die Fernsehtechnik hat sich so vervollkommnet, dass man dem Freunde gleichzeitig ins Angesicht schauen kann. Sende- und Empfangsgerät sind nicht mehr an den Ort gebunden, sondern werden in einem Kasten von der Größe eines Photoapparates immer mitgeführt."

Bei dieser Beschreibung muss man sich erst mal vergegenwärtigen, dass Fotoapparate damals größere Kisten waren – wir haben ja in unserer Glasvitrine noch Opas Agfa-Box-Kamera aus den 30er Jahren mit dem angenieteten praktischen Tragegriff stehen, mit der er damals seine neugeborenen Zwillinge – meinen Vater und Tante Hilda – auf 6×9-Rollfilm fotografierte. Zum Glück sind unsere heutigen Handys aber handlicher als die unförmigen Sende- und Empfangskisten im Zukunftsbild!

Auf das Video-Feature beim Telefonieren müssen wir aber wohl noch eine Weile warten. Oder kann man das vielleicht schon demnächst mit dem angekündigten UMTS-Standard realisieren? Apropos UMTS: Wie mir Michael neulich erzählt hat, will die Regierung die Lizenzen dafür diesen Sommer versteigern. So eine verrückte Idee – ob die wirklich glauben, dafür mehr als ein paar müde Mark zu bekommen? Egal, ich brauche bestimmt kein Videophon und will mir beim Telefonieren auch nicht „ins Angesicht schauen" lassen!

Wenn man es sich recht überlegt, dann handelt es sich bei all diesen frühen Vorhersagen ja eigentlich nur um Wunschvorstellungen. Wie man diese realisieren sollte, dazu machten sich die Autoren keinerlei Gedanken. Aber dass wir manches davon in unserer heutigen Zeit wiedererkennen, ist schon toll – mit E-Mail, Mobiltelefon und Web-Browsern haben wir also tatsächlich alte Träume wahr gemacht! Wenn man genauer hinsieht, fällt aber doch eines auf: Das alles geht heute nur mit Digitaltechnik, also Computern. Die Digitaltechnik hat damals aber niemand vorhergesehen. Sie war anscheinend tatsächlich unvorstellbar.

Ich glaube, Anna kommt endlich heim – Schluss also für heute!

4. Januar 2000

Gestern war ich beim Schildern der alten Vorhersagen zum Jahr 2000 unterbrochen worden. Das will ich heute unbedingt gleich fortsetzen. Denn das eigentlich Interessante sind nicht die fast 100 Jahre alten Phantastereien über unsere heutige Zeit, sondern das, was die professionellen Zukunftsforscher und Computerexperten der letzten 50 Jahre für das Jahr 2000 ganz konkret erwartet hatten. Daraus sollte man doch dann Erkenntnisse ableiten können, wie es in Zukunft mit unserer Profession und Disziplin weitergehen kann.

Noch in den 70er Jahren wird der Öffentlichkeit allerdings ein ziemlich naives Bild vom Computer der Zukunft präsentiert. Die „Weltpostille" zitiert dazu aus dem Buch „Die 7 Weltwunder von morgen"[1], wo es um die Wohnung im Jahr 2000 geht: „Eine andere revolutionierende Neuerung in der Wohnung 2000 ist der Heimcomputer." Er wird „zum gleichen Preis wie eine Waschmaschine" erhältlich sein und „direkten Zugang zu einer zentralen Datenbank haben". Was aber kann man mit einem Heimcomputer anfangen? Der Buchautor meint, dass dieser Versicherungen, Steuern, Renten, Mitgliedschaften, Anschriften und „Fernseh-Telefonnummern" immer auf dem neuesten Stand parat hat und zu jeder gewünschten Zeit auf einem Bildschirm sichtbar macht.

Das ist nun doch ein bisschen mager! Dass man heute mit dem Heimcomputer anstelle einer Schreibmaschine – und sogar noch viel einfacher und besser – auch Texte schreiben kann, dass man weltweit elektronische Briefe versenden und empfangen kann, dass man ihn als Spielkonsole nutzen kann, Fotos und auch Videos damit betrachtet, Musik hört, chattet, interaktiv im Informationsangebot fremder Computer herumstöbert, in Sekundenschnelle Auskunft zu fast jedem Stichwort erhält, Bücher online bestellen kann, das alles war in den 70ern für den Heimcomputer des Jahres 2000 offenbar nicht vorgesehen.

---

[1] Ulrich Schippke: Die 7 Weltwunder von morgen. Gütersloh, Wien: Bertelsmann-Sachbuchverlag, 1971

Aber nun zu den professionellen Futuristen. 1968 erschien der Bestseller „The Year 2000" von Herman Kahn und Anthony Wiener, er wurde im gleichen Jahr noch ins Deutsche übersetzt. Darin zählen die Autoren als Ergebnis ihrer gründlichen wissenschaftlichen Studie technische Neuerungen auf, welche bis zum Jahr 2000 „sehr wahrscheinlich realisiert werden". Genüsslich zitiert die „Weltpostille" diese Woche einige davon:

- Verwendung atomarer Sprengstoffe im Bergbau
- Menschlicher Winterschlaf über Monate oder Jahre
- Aufschub des Alterungsprozesses, teilweise Verjüngung
- Synthetische Nahrungsmittel
- Ständig bemannte Satelliten- und Mondstationen
- Interplanetarische Reisen
- Dauernd bewohnte Unterseestationen, vielleicht sogar Unterseekolonien
- Persönliche Flugplattformen
- Extensive Anwendung von Cyborg[2]-Methoden
- Extensive Verwendung von Robotern als „Sklaven" der Menschen

Damit lag man offenbar ziemlich daneben! Aber die private Computernutzung sehen die Autoren immerhin als Möglichkeit und formulieren etwas vorsichtig: „Eines Tages wird es wahrscheinlich in jeder Wohnung Computerkonsolen geben, die vielleicht mit öffentlichen Versorgungscomputern verbunden sind, sodass jeder Nutzer auf einem Zentralrechner persönlichen Speicherplatz hat, um die Library of Congress zu nutzen, private Aufzeichnungen aufzubewahren, Einkommensteuererklärungen anhand der gespeicherten Belege zu machen ...".

Also keine „Heimcomputer" oder PC, sondern nur Konsolen als entfernt angebundene Ein-/Ausgabeschnittstelle zu einem „öffentlichen Versorgungscomputer". Klingt merkwürdig. Aber wenn ich es mir so recht überlege: Man hat natürlich auch keinen Ärger damit, Software und Virenscannern zu installieren oder Daten zu sichern, wenn alles zentral beim „Versorger" gemacht wird. Virtuelle Computer sozusagen. Oder Computing als Service. Klingt doch gut! Ob da andere auch schon draufgekommen sind? Vielleicht sollte ich mit so einer Idee ja auch eine Firma gründen, wie es jetzt Mode geworden ist. Wie Michael in Gießen zum Beispiel. Als der letzten Sommer in Stanford einen Vortrag hielt, kamen danach Trauben von Menschen auf ihn zu, die unbesehen gleich seine ganze Arbeitsgruppe nach USA in einen „Incubator"[3] holen wollten. „Money is no problem", war die Parole, die er immer wieder hörte. Auf eines der Angebote ist er dann eingegangen. Muss ihn mal wieder anrufen, um zu hören, wie es ihm und der Firma jetzt geht und ob er sie schon an die Börse gebracht hat. Und ob auch er meint, dass die Börsenkurse am Neuen Markt noch weiter steigen werden. Ich traue der Sache ja nicht so recht.

---

[2] Mischwesen aus lebendigem Organismus und Maschine

[3] Ein „Incubator" ist ein Gründerzentrum, das neben Räumlichkeiten auch Managementberatung und andere Dienstleistungen Firmengründern anbietet.

Aber weiter mit Kahn und Wiener von 1968: „Bis zum Jahr 2000 werden Computer wahrscheinlich manche der menschlichen intellektuellen Fähigkeiten erreichen, simulieren oder übertreffen können. Sie werden vielleicht ästhetische und schöpferische Eigenschaften des Menschen nachahmen und zusätzliche Fähigkeiten besitzen, die der Mensch nicht hat." Das war nun eine totale Überschätzung der Computerleistung! Umgekehrt haben Kahn und Wiener aber so etwas wie das Internet überhaupt nicht vorhergeahnt. Nicht einmal dem Mobiltelefon geben sie eine Chance, dabei wäre dies als Verlängerung technischer Trends eigentlich prognostizierbar gewesen, denn nicht nur Walkie-Talkies für Militär und Polizei, sondern auch private Autotelefone – allerdings noch auf Analogtechnik basierend, 15 kg schwer und über 10.000 DM teuer – gab es seinerzeit ja schon.

Ich finde diese Fehlprognosen schon irritierend. Ist es denn wirklich so schwierig, auch nur einigermaßen zutreffende Vorhersagen zu machen? Sind unsere heutigen Erwartungen an die Zukunft dann etwa auch Unsinn?

Heute Morgen beim Frühstück habe ich von den Fehlprognosen erzählt. Katrin hat sich daraufhin nur wortlos die Bilder des „Weltpostille"-Artikels angesehen, aber Paul meinte, dass in seinen alten Elektronikzeitungen aus Opas Nachlass so etwas doch auch drin sei. Es sei aber „schwer, weil auf Englisch". Kurz darauf schleppte er dann tatsächlich eine Ausgabe der „Proceedings of the Institute of Radio Engineers" von 1962 mit dem vielversprechenden Titel „Communications and Electronics 2012 AD" herbei. Der Junge wusste ja gar nicht, was er da für einen Schatz hatte! Da versuchen ausgewiesene Elektronikexperten sich auszumalen, was in den 50 Jahren nach 1962 alles passieren könnte!

Was also? Miniaturisierte Computer werden in Zukunft so preiswert werden, dass sich jeder Student seinen eigenen leisten wird. Das muss 1962, im Zeitalter raumfüllender „Mainframes", eine sehr mutige und provokative Aussage gewesen sein! Elektrische Schreibmaschinen reproduzieren getippten Text über Kontinente hinweg, Videokameras sind nur noch wenige Zoll groß, Musik wird auf Molekularspeichern abgelegt, sodass mechanische Antriebe zur Musikwiedergabe überflüssig werden, und Autos werden elektronisch gesteuert – „the driver is limited to pushbuttoning his chosen exit".

Weiter wird es in Zukunft Bildtelefon und Heimfax geben, Briefe werden elektronisch übermittelt, Lexika werden Animationen enthalten, man hat elektronischen Zugang zu Bibliotheken, und Bargeld gibt es nicht mehr, höchstens noch Münzen für Verkaufsautomaten. Anstelle von Banknoten nutzt man eine kodierte Identifikationskarte, die Steuer wird bei jeder Geldtransaktion automatisch abgezogen. Seine Einkäufe erledigt man vorwiegend von zu Hause aus, indem man den Bestellkatalog in Form eines zigarettenschachtelgroßen „memory packs" in den „home viewer" schiebt.

Ich bin begeistert! Wahres und Falsches bunt gemischt! Und in den noch ausstehenden letzten 12 Jahren des Prognosezeitraums kann ja auch noch einiges geschehen – vielleicht also doch das Bildtelefon? Nur an automatische Autos mag ich eigentlich nicht glauben – wird wohl vorerst ein Wunschtraum bleiben, auch wenn (oder gerade weil!) es schon damals im KI-Seminar an der Uni so schien, als stünde dies unmittelbar bevor.

Aber dann beim Weiterlesen werde ich wieder ernüchtert. Eine Breitband-Kommunikationsinfrastruktur im Weitverkehrsbereich sehen die Experten kritisch: Koaxialkabel wären hierfür nicht ökonomisch, und Mikrowellen-Richtfunkstrecken seien für die erforderlichen Bandbreiten nicht geeignet und würden den Äther verstopfen. Glasfaser und Laser waren wohl noch unbekannt, oder? Dem Mobiltelefon geben sie auch keine Zukunft, vor allem, weil sie den Nutzen nicht sehen. Dafür soll es tragbare Übersetzungsmaschinen geben, deren Effekt enorm sei: Da dann jeder jeden versteht, würde diese Technik zum gegenseitigen Verständnis der Völker beitragen und damit den Krieg unmöglich machen. Den größten Nutzen würde die Menschheit zukünftig allerdings von den Denkmaschinen haben, die viel klüger als der schlaueste Mensch sind und ihre Denkergebnisse in natürlicher Sprache kundtun.

Also das finde ich jetzt wieder schwach! Die Experten haben den Wert persönlicher Mobilkommunikation überhaupt nicht erkannt und die heutige Internet-„Kultur" als Konsequenz aus der Technikentwicklung nicht im Geringsten vorausgeahnt. Dinge wie persönliche Webseiten, Video-Spielkonsolen, Suchmaschinen, Diskussionsforen, Online-Kasinos, Instant Messaging oder SMS tauchen in den Vorhersagen nicht einmal ansatzweise auf.

Wieso sind selbst Experten so kurzsichtig? Ich glaube, darauf habe ich jetzt eine Antwort gefunden: Möglicherweise liegt es daran, dass sich innerhalb weniger Jahrzehnte gleich mehrfach die Erscheinungsform von Computern geändert hat – und zwar in radikaler Weise. Damit sind natürlich auch Vorhersagen über die zukünftige Verwendung eines solchen sich ständig wandelnden „Wesens" praktisch unmöglich.

Lassen wir die bisherige Entwicklung einmal Revue passieren: Anfangs waren Computer ja nichts weiter als automatische Rechner – daher auch ihr Name. Erst in den 60er Jahren, als Speichermedien höherer Kapazität eine Verarbeitung größerer Datenmengen möglich machten, wurden Computer zunehmend auch zu einem ganz anderen Zweck verwendet, nämlich als Informationssystem. So wurden die elektronische Datenverarbeitung und damit die Automatisierung administrativer Prozesse möglich.

Eine weitere radikale Änderung der Nutzungsform von Computern setzte dann in den 70er Jahren mit dem Aufkommen des Mikroprozessors ein. Nun wurde es sowohl technisch als auch finanziell möglich, den Computer in einer abgespeckten Hobbyausgabe vom klimatisierten Rechenzentrum ins traute Heim zu holen. Allerdings wurde mit diesem „Heimcomputer" ganz anders – viel direkter und interaktiv – umgegangen als mit seinen großen Brüdern. Der Hauptzweck eines PC liegt nicht in der EDV, sondern er unterstützt mit „Desktop Publishing" und Tabellenkalkulation viele Bürotätigkeiten unmittelbar. Damit entwickelte sich der Computer zu einem persönlichen Werkzeug für Verwaltungs- und Geistesarbeiter.

Im Verlaufe der letzten Jahre kam es dann aber nochmals zu einer so sicherlich nicht erwarteten „Umnutzung" des Computers: Zum einen entwickelte sich der PC im privaten Bereich zu einer Multimedia-Maschine, mit der Fotos bearbeitet, Musik wiedergegeben und „Games" gespielt werden konnten. Zum anderen wurde mit Web-Browsern das Internet in einfacher und ansprechender Weise nutzbar. Damit ist nun die Computertechnologie zu einem Kommunikationsmedium für jeden geworden.

Kurz gesagt machte der Computer eine grandiose Metamorphose vom Rechenautomat über einen Datenverarbeiter und ein persönliches Werkzeug zu einem Medium durch. Und das alles in nur rund 50 Jahren! Wird die Computer-Evolution weitergehen? Ich denke schon! Aber wohin bloß?

Ich glaube, wenn ich mal im Ruhestand bin, dann muss ich mir die Computergeschichte ernsthaft vornehmen. Aus dem persönlichen Rückblick sozusagen. Vielleicht sollte ich vorsorglich dazu mein Tagebuch ab jetzt elektronisch verfassen? Apropos Tagebuch: Neulich beim Herumstöbern im Web habe ich ja gesehen, dass es Leute gibt, die jeden Tag ihre private Homepage um Aktuelles aus ihrem Leben ergänzen – also praktisch eine Art Web-Logbuch führen. Verrückte Idee, sein Leben im Internet so öffentlich zu machen!

Infobox

Y2K

Die Abkürzung **Y2K** steht für **Year 2000** und bezeichnet ein Computerproblem, das 1999 für viel Gesprächsstoff sorgte. In den früheren Jahren der IT war Speicherplatz knapp und teuer, vor allem Hauptspeicher. Daher hatten viele Programmierer für die Jahreszahl eines Datums nur zwei Ziffern vorgesehen, z.B. 01.01.99. Wenn die Uhren dann auf den 01.01.00 umspringen, bestand die große Sorge, dass die Programme dies als 1. Januar 1900 interpretieren würden. Man befürchtete Rechnerabstürze bei Energieversorgern ebenso wie bei Banken und rechnete mit einem allgemeinen Chaos. Dies trat dann letztendlich doch nicht ein. Es bescherte aber Programmierern, die oftmals bereits schon in Rente waren, ein gutes Geschäft, da vor allem alte Programme, die in alten Programmiersprachen geschrieben waren, davon betroffen waren. ■

2001

Erst reden sie wie wir – und dann sehen sie auch noch so aus!

29. November 2001

Was war das heute wieder für ein Tag! Ich sollte nach Budapest fliegen und an einer Sitzung über neue benutzerfreundliche Technologien für Computerarbeitsplätze teilnehmen. Mein Chef hatte die Einladung bekommen und war verhindert. Clou der Veranstaltung war eine Demonstration des Redens mit einem Computer. Ja, ich weiß, so mancher Windows-Nutzer lacht jetzt hysterisch auf und denkt dabei an Schimpftiraden der übelsten Art, gerichtet an einen gern grauen Kasten, der sich weder wehren noch zurück kalauern kann. Ich kenne aber wirklich kaum jemanden (mich eingeschlossen), der seinen PC noch nicht beschimpft hat. Weil gerade wieder etwas hängen bleibt, ins Stocken gerät, abstürzt oder nicht mehr zu stoppen ist. Gut, Meckern ist für mich – im Gegensatz zu andern Mitmenschen – nicht ganz exakt deckungsgleich mit Reden, aber verbale Kommunikation mit dem Computer ist das allemal. Und demnach doch nichts grundlegend Neues, oder?

Na ja, der Flug wurde kurzerhand wegen Warnstreiks des fliegenden Personals abgesagt. Um dies bezeugen zu können, war ich also heute um fünf Uhr in der Früh aufgestanden und zum Flughafen gefahren. Wirklich klasse. Das bedeutete dann: Ohne Frühstück zurück ins Büro und ran an meinen Laptop. Brav getippt – und von wegen Spracheingabe! Die gute alte Methode Doppel-Adler, zwei Finger suchend kreisen und dann zustoßen lassen. Geht mittlerweile erstaunlich fix.

Jetzt sitze ich vor dem Fernseher und bin putzmunter. Kann einfach nicht einschlafen und zappe so durch die Programme. Bleibe bei Phönix hängen. Die haben gerade einen Beitrag über den deutschen Zukunftspreis des Bundespräsidenten. Davon habe ich noch nie etwas gehört. Klaus-Peter Siegloch, der Moderator vom ZDF, interviewt Wolfgang Wahlster. Wahlster hat den Preis für sein Projekt „Sprachverstehende Computer als Dialog- und Übersetzungsassistenten" bekommen. Jetzt bin ich echt baff. Da brauchst du ja gar nicht bis Budapest fliegen, sondern bekommst es frei Haus im Pantoffelkino. Das lasse ich mir gefallen. Dann wollen wir mal zuhören:

„Klaus-Peter Siegloch: Man sagt ja immer, die deutschen Wissenschaftler haben ein bisschen Schwierigkeiten, aus ihren Forschungsideen praktische Produkte zu machen. Sie haben das überhaupt nicht.

Wolfgang Wahlster: Nein, gar nicht. Ich habe auch viel Spaß dabei, wenn die Dinge wirklich wirtschaftlich umgesetzt werden und auch wieder Geld in die Kassen unserer Industrie bringen, denn letztendlich leben wir davon als Forscher. Wir arbeiten bei uns am Forschungszentrum DFKI sehr stark mit Industriemitteln, und insofern freuen wir uns, wenn die Industrie mit unseren Ideen schließlich auch Geld macht.

Siegloch: Ist es denn ein Vorurteil, dass es bei den anderen Forschern doch so ein bisschen schwierig ist, oder sehen Sie das schon, dass in Deutschland der Weg von der theoretischen Entwicklung bis zur praktischen Umsetzung doch manchmal recht lang ist?

Wahlster: Ich glaube, das ist in den letzten Jahren viel besser geworden. Gerade das Zusammenspiel zwischen Industrie, Hochschul- und Forschungsinstituten ist in Deutschland, ich würde sagen, fast vorbildlich, und gerade in den USA – was oft so als Beispiel angeführt wird – läuft die Kooperation oftmals gerade zwischen Großunternehmen und Forschungsinstituten gar nicht so gut, wie man hier landläufig meint.

Siegloch: Gut. Sie sind in Europa Spitze. Sind Sie es denn auch weltweit? Wenn man sich die USA jetzt anschaut, wie würden Sie sich im Verhältnis zur USA sehen?

Wahlster: Es ist ja immer schwierig, ein Urteil über sich selbst zu fällen. Aber wir hatten gerade vor einigen Wochen eine große Konferenz über das Thema Mensch-Technik-Interaktion, und da kam ein Chefentwickler von Microsoft persönlich auf eigene Rechnung. Den hatten wir gar nicht eingeladen. Es kamen viele amerikanische Software-Spezialisten, und es kamen Professoren aus den hochberühmten Universitäten wie Stanford, CMU auf eigene Rechnung – das heißt schon was. Früher sind wir immer in die andere Richtung geflogen. Jetzt kommen die Herrschaften halt hierher, um sich die neuesten Sachen anzugucken. Ich glaube wir stehen sehr gut da und können mindestens mit USA und auch Japan mithalten."

Siehst Du, das habe ich auch schon immer gesagt. In den Staaten wird auch nur mit Wasser gekocht. Unsere deutschen Forscher sind viel besser als ihr Ruf. Das ist wieder mal so ein typisch deutsches Verhalten. Alles von anderswo ist besser als das bei uns. Hatte nicht Encarnação auch mal gesagt, dass wir auf unsere IT-Forschung stolz sein sollen?

„*Siegloch*: Zum Schluss, Herr Professor Wahlster, doch noch mal zu einem Blick in die Zukunft. Es ist ja doch alles so ein bisschen in Richtung Künstliche Intelligenz, und man liest auch kluge Leute, die sagen, wir müssen uns fürchten vor einer Entwicklung in Richtung Künstliche Intelligenz, die uns dann möglicherweise einmal über ist. Ist das alles nur Science Fiction?

Wahlster: Das ist Science Fiction, das ist die Welt von Odyssey 2001, HAL und so weiter. Wir haben die Systeme im Griff. Außerdem muss man sagen, wenn wir die Intelligenzleistung dieser Systeme betrachten, dann brauchen wir uns in den nächsten 100 Jahren keine Sorgen zu machen, dass diese Systeme uns übertreffen."

Ok, jetzt will ich aber noch wissen, was es mit dem Projekt auf sich hat. Ich suche mal im Internet, ob ich was finde. Jetzt ist es eh egal.

Im Internet finde ich die Presseerklärung: „Wahlster und seiner Arbeitsgruppe ist nach zwanzig Jahren intensiver Forschung mit der Entwicklung einer innovativen Sprachverarbeitungsmethode ein international vielbeachteter Durchbruch gelungen: Das Verbmobil-System, das als Prototyp Ende 2000 vollständig realisiert wurde, erkennt gesprochene Spontansprache, analysiert die Eingabe, übersetzt sie in eine Zielsprache (derzeit: Deutsch, Englisch, Japanisch), erzeugt einen Satz und spricht ihn aus."

Mensch, Japanisch kann das Verbmobil auch. Das werde ich morgen meinem Chef erzählen. Der wird bestimmt genauso staunen wie ich. Ich würde das ja gerne mal ausprobieren.

„Verbmobil ist ein Meilenstein nicht nur hinsichtlich seiner technischen Fähigkeiten: Bis jetzt wurden bereits verschiedene, vollständig implementierte und marktfähige Sprachdialogsysteme daraus entwickelt und vermarktet und sechs Spin-off-Firmen von ehemaligen Verbmobil-Mitarbeitern gegründet.

Erst wenn es prinzipiell für jeden Menschen möglich wird, in seiner Muttersprache spontan eine Anfrage oder ein Kommando in Computersysteme zu sprechen, und wenn die entsprechende Antwort oder Reaktion wiederum für ihn verständlich in Alltagssprache ertönt, wird die Mensch-Computer-Interaktion den Stand erreicht haben, der den Computer zum integralen Bestandteil einer universalen Technik für die Wissensgesellschaft macht."

Jetzt bin ich erst einmal versorgt und gehe ins Bett. So hat sich der Tag am Ende doch noch richtig gelohnt. Danke an die Kollegen der Lufthansa! Ohne den Streik wäre ich wohl nicht auf den Beitrag gestoßen.

Nachtrag am 30. November 2001: Habe heute noch ein wenig im Internet gestöbert und bin dabei auf einen weiteren Bericht gestoßen. Eigentlich wollte ich noch mal nachschauen, was Encarnação zu den deutschen Forschern gesagt hatte. Dabei ist mir der folgende Artikel in die Hände gefallen, der die Informationen sprachlicher Kommunikation über und mit dem Computer sinnvoll ergänzt, nämlich der visuelle Aspekt. Auch hier bieten sich viele Schnittstellen in die digitale Welt, die der Laie relativ leicht bedienen kann, etwa durch Touchscreens.

„Durch die Fortschritte der Mikroelektronik gibt es nun die Möglichkeit zur Realisierung von Spezialprozessoren, sogenannten Grafikkarten, mit beschleunigter Verarbeitung von Grafikalgorithmen, Video- und Sensortechniken können dazu integriert werden. Eine neuartige Form der Realität wird geschaffen: Virtuelle Realität (VR), Erweiterte Realität (AR) oder sogar Simulierte Realität (SR).

Bis in die 90er Jahre schaffte man immer komplexere, realitätsnahe, dynamische rechnergenerierte Realitäten. Man nennt sie Virtuelle Realitäten. Durch das Aufkommen von Multimedia war es naheliegend, als nächstes Videos und Informationen, ,die man sehen kann', in rechnergenerierten Realitäten zu integrieren. Dadurch entstanden die ,erweiterten Realitäten' (Augmented Realities, AR). Durch die immensen Möglichkeiten der heutigen Hardware und der heutigen Prozessoren (billiger, schneller, eingebettet) kann man es sich leisten, nicht nur mit Matrizen bei der Bildbeschreibung und bei Transformationen zu arbeiten, sondern mehr mit Differentialgleichungen und Differentialgleichungssystemen, bei denen die Zeit ,die echte Zeit' der Anwendung ist. Man spricht heute dann von rechnergenerierten, ,simulierten Realitäten' (SR).

Die Entwicklung der grafischen Datenverarbeitung ist geprägt durch die Fortschritte in der Darstellung, die Fähigkeit zur Interaktion, die Möglichkeit zur Darstellung von Bewegungen und durch die immer komplexer werdenden Bilder, die nicht nur zweidimensional, sondern jetzt auch in 3D, farbig, mit und ohne Texturen versehen sind. Man entwickelte neue Formen der Beschreibung von visuellen Abläufen, sogenannte digitale Drehbücher, und der Interaktion mit VR-, AR- und SR-Umgebungen. Um den Mensch in den immer komplexer werdenden Anwendungen natürlicher zu integrieren, werden an den Mensch-Rechner-Schnittstellen mehr und mehr sogenannte Avatar-Technologien verwendet bzw. weiterentwickelt. Unter einem Avatar versteht man einen grafischen Stellvertreter einer echten Person in einer virtuellen Welt. Das Wort leitet sich aus dem Sanskrit ab. Dort bedeutet Avatāra „Abstieg", was sich auf das Herabsteigen einer Gottheit in irdische Sphären bezieht. Der Begriff wird im Hinduismus hauptsächlich für Inkarnationen verwendet.

Diese Entwicklung ist noch völlig im Fluss. Bilder werden immer komplexer, realitätsnah und realzeit-dynamisch. Immer mehr Anwendungen werden dabei erfasst bzw. dafür erschlossen." Genau wie bei der Sprachtechnologie von Wahlster. Habe festgestellt, dass Wahlster und Encarnação sogar gemeinsam forschen. Jetzt werden die Computer reden und sehen immer besser aus bzw. das, was auf dem Bildschirm erscheint.

Dann schreibt Encarnação noch eine kleine Anekdote: „Wie rasant diese Entwicklung ist, kann ich am besten mit einer kleinen Geschichte darstellen. Bei der Feier zu meinem 60. Geburtstag (2001) wollte ich als Gag die Besucher durch meinen ,Zwillingsbruder' verabschieden lassen. Dafür wurde ein Avatar entwickelt, der so aussehen sollte wie ich! Der Arme hatte aber rollende Augen, keine Lippensynchronisation bei der Sprachausgabe und bei weitem noch keine realitätsnahe Darstellung. Ein Besucher sagte mir dann tröstend: ,Sie sehen aber etwas besser aus!' … Gott sei Dank."

Infobox

Verbmobil und Avatar

Dass Computer als Simultanübersetzer eingesetzt werden können, erträumen sich viele. Im Projekt **Verbmobil** des Deutschen Zentrums für Künstliche Intelligenz (**DFKI**) wurde dieser Traum für die Übersetzung von Deutsch nach Englisch und Japanisch ein Stück Wirklichkeit.

Virtuelle Menschen, sogenannte **Avatare**, sind die 3D-Computergrafik einer Person. Sie kommen vor allem in den sogenannten **virtuellen Welten** wie etwa „World of Warcraft" oder Second Life vor. Bei der Fußball-WM 2006 in Deutschland wurden auch Avatare aus einem Gemeinschaftsprojekt von DFKI und dem Fraunhofer Institut für grafische Datenverarbeitung in Darmstadt eingesetzt. ■

2002

Polka in Zeitlupe oder im Schweinsgalopp

Wien, 15. Juni 2002

Zufällig bin ich nach Wien gekommen, einfach ein spontaner City-Kurzurlaub. Und ebenso zufällig stieß ich in meinem Hotel auf einen Prospekt, in dem wirklich in den höchsten Tönen vom Haus der Musik in der Stadt der Opernbälle und weltweit übertragenen Neujahrskonzerten geschwärmt wurde. Ich hatte noch keine konkreten Pläne geschmiedet, und dieses klingende Haus musste ich einfach erleben, die Lobeshymnen klangen zu verlockend. Die Österreicher verstehen sich eben darauf, die wenigen wirklichen Highlights, die so ein „kleines Alpenvolk" hervorbringen kann, gut in Szene zu setzen – ich sage nur: Swarovski, Niki Lauda, die Event-Paläste von André Heller ... und Beethoven! Ja, viele Übersee-Völker halten ihn ja für einen Österreicher, weil es in ganz Wien von seinen Reliquien nur so wimmelt, aber diese Übersee-Völker halten bekanntlich einen gewissen gebürtigen Braunauer auch für einen Deutschen – wieder so eine Meisterleistung der Österreicher.

Liebes Tagebuch, Du wirst wahrscheinlich denken: Wien hat doch -zig Museen und Ausstellungen über Musik, von Staats- und Volksoper und den vielen anderen Aufführungsorten ganz zu schweigen. Also: „yet another" Musikmuseum, trocken und öde, in ein paar Jahren verstaubt wie alle anderen? Nein, dieses Haus wurde nicht nur toll angekündigt, es *ist* ein tolles Erlebnis.

Viele Exponate sind computerunterstützt. Dabei sieht man den ganzen Tag keinen Computer! Irgendwie genial – so wünsche ich mir das überall: statt eines blöden PC auf dem Büroschreibtisch einfach „intelligente" Unterstützung bei meiner Arbeit und Freizeit, ohne Tastatur und Maus, ohne langweilige Klicks und Menüs und ellenlange Web-Adressen. So macht es auch Spaß, Neues und Interessantes über Töne und Instrumente, über Tonformung und Gehör zu „erleben". Oder endlich meine Lücken über die „Klassischen sieben großen Wiener Musiker" (natürlich inklusive Beethoven) ein wenig zu schließen. Das Ganze erinnert mich an den Beitrag zur Kaffeetasse vor einigen Jahren. Auch dort wurde der unsichtbare Computer prognostiziert. Wenn die von der „Weltpostille" vor zwei Jahren von dem Museum gewusst hätten, wäre sicherlich ein Vergleich zu den Zukunftsvorhersagen über die Musik auch sehr spannend gewesen.

Als Extrembeispiel unsichtbarer Computer ist fast das ganze obere Stockwerk mit einer – verbesserten – Neuauflage der „Brain Opera" ausgestattet, mit der das berühmte MIT in Massachusetts so viel Aufsehen erregte. Eine interaktive Musik-Reise ins eigene Gehirn, behaupten die. Im ersten Teil, „Mind Forest" genannt, meint man wirklich, in einer Art gigantischem Gehirn herumzulaufen; man kann synapsenartig aussehende „Instrumente" mit seinen Sinnen steuern (durch Berührung, Gestik, Sprechen, Singen – je nachdem). Außerdem kann man eigene Kompositionen machen und diese in einem „Blender" mit Kompositionen anderer Teilnehmer vermischen und so quasi ein virtuelles Netz der Amateur-Komponisten bauen.

Na ja, riesig und toll ist dieses amerikanische Meisterwerk sicherlich, aber nach dem Preis frage ich lieber nicht – allerdings werfe ich diesen Moderne-Tonkunst-Installationen vor, dass sie keine Musik erzeugen können, mit der man eine nennenswert große Bevölkerungsgruppe begeistern könnte. Da hat mich das „Personal Orchestra" mehr begeistert: Man kommt in einen Raum, wo die Wiener Philharmoniker gerade auf ihren Plätzen im Orchester ihre Instrumente stimmen – natürlich kommt das vom Computer und wird auf einer großen Videowand dargestellt, aber das ist alles gekonnt verpackt, vom Computer keine Spur. Und dann steht da ein Dirigentenpult mit einem Taktstock bereit.

Man nimmt den Taktstock – der natürlich elektronisch aufgerüstet ist –, und schon machen sich die Jungs bereit – hähä, die Wiener Philharmoniker achten auf *mein* Kommando! Oh, ich kann noch ein Musikstück wählen, dazu zeigt der Taktstock seinen Zweitnutzen als Laserzeiger. Hm … Blaue Donau, Radetzkymarsch …, ah da, die Annenpolka, die nehm' ich. Spannung im Raum, alle – Museumsbesucher und Philharmoniker (schwitz!) – schauen mich an. Ich dirigiere los – und die spielen wirklich!! Und zwar so, wie ich dirigiere: neee, nicht so schlecht wie ich, sondern mal schneller und mal langsamer, fast wie in akustischer Zeitlupe, lauter und leiser, je nachdem was ich anzeige – und das geht ganz einfach, ich hab's mir vom vorherigen Besucher abgeguckt: Man muss bloß schneller oder langsamer „wedeln" und große oder kleine Bewegungen machen. Man kann sogar die Streicher, Bläser, Pauken usw. hervorheben, wenn man sich ihnen zuwendet, so wie ich das beim Konzert mit Zubin Mehta „in echt" gesehen habe – kein Wunder, der ist hier Ehrendirektor oder so irgendwas.

Mittendrin will ich die mal ins Schwitzen bringen, hähä: Ich wedle immer schneller, schließlich mit einem Affenzahn. Das ist dann Strauß im Schweinsgalopp, grinse ich innerlich. Aber dieses System lässt sich nicht kirre machen, im Gegenteil: Ich glaube, ich spinne! Da brechen die auf einmal ab, einer der Philharmoniker steht auf und beschwert sich bei mir – ich sei ein lausiger Dirigent und solle das gefälligst nochmals probieren! Wie machen die das? Und wie haben die die Videoaufnahmen hingekriegt? Jedenfalls traue ich mich nicht, nochmals Zicken zu machen, und dirigiere brav zu Ende. Dafür gibt's Beifall!

Ich bleibe noch lange da und bemerke, dass die „Beschwerdeszene" nicht immer dieselbe ist, die müssen das in X Varianten gedreht haben. Irgendwann kommt einer der Entwickler des Systems selbst vorbei – das Haus feiert heute sein zweijähriges Bestehen – und führt einer VIP-Gruppe das Exponat vor. Dabei erfahre ich, dass man auf zwei Sachen besonders stolz ist: auf die Benutzerschnittstelle, d.h. die unsichtbaren Computer, Beschwerdeszenen usw., davon bin ich auch begeistert, und auf das „Time Stretching". Darunter verstehen sie die Anpassung der Musikaufnahmen-Tonspur an die Geschwindigkeit: Mit dem Bild, also dem Video, sei das lange nicht so schwierig, sagt er, aber beim Audio sei es wie mit der alten analogen Langspielplatte: wenn man sie schneller oder langsamer abspielt, ändert sich die Tonhöhe. Gutes „Time Stretching" sei schwierig und verbrauche viel Rechenzeit am Computer. Aha. In der hier hörbaren Qualität sei es derzeit nicht mal mit einem Superrechner in Realzeit zu schaffen, sie hätten es aber mit einem genialen Konzept auf einem Apple Macintosh zum Laufen gebracht, ein toller wissenschaftlichen Fortschritt. Er meinte, gutes „Time Stretching" in Realzeit auf herkömmlichem Weg werde noch rund drei Jahre Entwicklung brauchen, und dann sei noch nicht sicher, ob man wie hier laufend die Geschwindigkeit beliebig wechseln könne.

Eine Anekdote fand ich besonders interessant: Vor über zwei Jahren hätten sie bei einem der weltweit größten Konzerne aus der Medienbranche, einem japanischen Multi natürlich, eine Sponsoring-Anfrage gestartet. Darauf sei eine Delegation aus Tokyo eingeflogen, habe einen Geheimhaltungsvertrag für alle Informationen und Dokumente unterschrieben und sich alles zeigen lassen. Sie seien höchst interessiert gewesen und hätten gesagt, das OK ihrer Bosse sei sicher nur noch Formsache. Dann habe man etliche Wochen nichts mehr von ihnen gehört, und plötzlich sei in Deutschland eine Pressekonferenz angekündigt worden, wo dieser Medien-Multi doch tatsächlich die vor der Vollendung stehende Entwicklung eines virtuellen Dirigenten für eine Expo am Potsdamer Platz mit den Berliner Philharmonikern angekündigt habe! Er habe ganze Textpassagen aus der Ankündigung wiedererkannt – so dreist kann man sein. Wie er sagte, hätten die Wiener schnell ihre eigene geplante Presskonferenz vorverlegt, um vor den Berlinern das System vorzuführen. Ich fragte natürlich, warum sie nicht gerichtlich vorgegangen seien, aber er war total entspannt: Das mit dem „Time Stretching" hätten die nicht hinbekommen, das Konzept hätten sie den Japanern auch nicht verraten, daher würde sich beim Berliner Exponat nur die Lautstärke ändern lassen Ich nehme mir mal vor, 2003 wieder danach im Web zu suchen.

Randnotiz: Tatsächlich – das Berliner Ding ist weg!

4. September 2002

So recht wollte ich ja heute nicht aus dem Bett raus. Mit vierzig ist die Jugend endgültig vorbei. Bei mir ist zurzeit echt Katerstimmung. Im Büro klappt gerade gar nichts und das überträgt sich auch auf zuhause. Ich habe mir vorgenommen, in den nächsten Wochen mal mein Tagebuch auf Vordermann zu bringen. Da sind ja eine Reihe von Lücken und ich merke, dass ich mich an manche Geschichten nicht mehr so ganz genau erinnern kann. Ich werde mal mit Mutter und Vater sprechen, um meine Aufzeichnungen zu vervollständigen.

3. November 2002

Die meisten Nachträge ins Tagebuch habe ich erledigt. Eigentlich haben im Wesentlichen nur meine Kindheit und Jugendzeit gefehlt. Schon interessant, wie schnell sich die IT in den letzen vier Jahrzehnten entwickelt hat. Man spürt regelrecht, wie der Computer in unser aller Leben getreten ist. Aber die letzten Jahre zeigen auch, dass er in Zukunft mehr und mehr unsichtbar werden könnte.

Infobox

Brain Opera und Personal Orchestra

Einmal mit Musikprofis gemeinsam ein Musikstück spielen? Die **Brain Opera** verbindet virtuelle Musikinstrumente, die von jedermann bedient werden können, mit von Profis gespielten Musikstücken. Diese Installation befindet sich seit Juli 2000 im Haus der Musik in Wien.

Ebenfalls dort befindet sich eine weitere Installation der Augmented Reality: das persönliche Orchester (**Personal Orchestra**). Hierbei dirigiert man die Wiener Philharmoniker so realitätsnah, als hätte man das berühmte Orchester wirklich vor sich. Mittlerweile gibt es auch eine Software gleichen Namens aus den USA, mit deren Hilfe man ein Orchester zusammenstellen kann. ■

Einkauf im Dritten Jahrtausend

28. April 2003

Anna gehörte schon immer zu der Sorte Mensch, für die Einkaufen kein notwendiges Übel darstellt, sondern einen höchst willkommenen Zeitvertreib. Kein Modeladen und kein Schuhgeschäft waren vor ihren Beutezügen sicher. Das Ergebnis konnte ich am Monatsende immer auf dem gemeinsamen Kontoauszug bestaunen – oder auch beklagen, je nachdem. Leider war das nicht der einzige Punkt über den wir uns in den letzten Jahren immer wieder gestritten haben. Unsere Interessen sind inzwischen halt doch weiter auseinander als zu Beginn unserer Beziehung.

Es soll ja Zeitgenossen geben, die Einkaufen – oder auf Neudeutsch: „Shopping" – sogar in einer Reihe mit klassischen Hobbys wie Klavier spielen oder Tennis nennen. Für mich hingegen war der Großeinkauf am Wochenende immer verbunden mit einem hin und her gerissen sein zwischen gähnender Langeweile einerseits und einem leichten Gefühl von Überforderung andererseits. Langeweile, weil sich mir die Faszination von Einkaufszentren und Boutiquen noch nie so recht erschlossen hat. Überforderung aber auch, weil mich die Warenangebotspalette eines nur mittelgroßen Supermarkts manches Mal schier erschlug und ich sehr schnell dazu überging, mit dem Einkaufszettel in der schweißnassen Hand durch die Gänge zu irren. Wie viele der Posten meines Zettels es dann bis in die heimische Küche schafften, darüber möchte ich an dieser Stelle lieber gar nicht sprechen – „Customer Confusion" nennt dies der Experte. Meine nicht vorhandenen Kochkünste trugen das Übrige dazu bei. Hierzu nur soviel: Sollte ich in Zukunft bei der Lebensmittelversorgung jemals auf mich allein gestellt sein, werde ich vermutlich nach einigen Wochen bitteren Siechtums mit Pizza und „Bohneneintopf Mexicana" aus der Dose an gravierenden Mangelerscheinungen zugrunde gehen.

Bedenkt man, dass ich jetzt fünfzehn Jahre im Einkauf bin, erst bei Wertkauf und seit drei Jahren bei Quelle, dann klingt das Bekenntnis schon merkwürdig. Aber es ist eben etwas anderes, ob man zwei Lastzüge voll Christstollen ordert oder einen davon im Supermarkt kauft. Das weiß halb Deutschland spätestens seit dem Film „Pappa ante Portas" und Loriots verzweifelter Kampf im Ruhestand. Ich will das auf keinen Fall und trage mich mit dem Gedanken, einfach mal etwas anderes anzufangen. Da mich die IT schon immer fasziniert hat, könnte ich meine angestaubten Informatikerkenntnisse mal wieder auf Vordermann bringen.

Vor diesem Hintergrund war die Eröffnung des Extra Future Store, in dem sich „die Zukunft des Handels" präsentiert, ein besonderes Erlebnis. Der Future Store ist ein Projekt des Handelsgiganten Metro. Bei der Eröffnung war nicht nur ich, sondern auch das Model Claudia Schiffer dabei. Hinter dem Future Store in Rheinberg bei Düsseldorf verbirgt sich auf den ersten Blick eine herkömmliche Filiale der Metro-eigenen Extra-Markt-Kette, die jedoch mit einer ganzen Reihe technischer Neuerungen ausgestattet ist. Dazu gehört vor allem die neuartige RFID-Technik, von der ich zuvor schon gehört hatte. RFID steht als Abkürzung für den Begriff der „Radiofrequenzidentifikation" und ist eine Technik zur Identifikation beliebiger physischer Gegenstände per Funk. Dazu werden sogenannte „Transponder Labels" auf das zu identifizierende Objekt aufgeklebt, die mit einem Lesegerät über eine Distanz von bis zu drei bis vier Metern erkannt werden können.

Die Idee hinter RFID ist es nun, die vielen Aktivitäten in der Logistik eines Handelskonzerns zu verbessern, bei denen die Erkennung von Einzelprodukten oder auch von Lieferungen ganzer Paletten notwendig ist. Was ich bereits kannte, war natürlich Logistik auf Grundlage der EAN[1] und des zugehörigen Strichcodes, auch „Barcode" genannt. In der Realität bietet RFID aber eine ganze Reihe von Vorteilen: Zunächst benötigt RFID keine Sichtverbindung, d.h. ganze Paletten oder Gegenstände in einem Karton können ohne weiteren Aufwand gelesen werden. Außerdem sind RFID-Transponder wesentlich robuster gegenüber Feuchtigkeit oder Verschmutzung als jedes bedruckte Label. Vor allem die Möglichkeit, Abläufe, die bisher auf dem fehleranfälligen und langsamen Identifizieren per Hand beruhten, zu automatisieren, ist es allerdings, die den größten Nutzen versprechen. Wie so oft stimmt bei uns die Lieferung mit der eigentlichen Bestellung nicht überein. Meistens merken wir es erst viel später, wenn man nicht mehr prüfen kann, ob zu wenig Ware gekommen ist oder der Abverkauf nicht ordnungsgemäß verbucht wurde. Klar, dann gibt es noch den berühmt berüchtigten Schwund, über den keiner in unserer Branche sprechen will.

Im Vordergrund des Future Stores steht aber nicht nur die Logistik eines Handelsunternehmens. Dies wäre auch für die meisten Kunden nur von begrenztem Interesse. Vielmehr ging es um die Neugestaltung des Einkaufs selber. Denken wir nur einmal 50 Jahre zurück: in die Zeit des Tante-Emma-Ladens in unmittelbarer Nähe des eigenen Wohnorts mit seinem sehr überschaubaren Warenangebot und persönlicher Bedienung jedes einzelnen Kunden. Jahrzehnte später hatten wir uns daran gewöhnt, zum Einkaufen kilometerweit mit dem Auto aus der Stadt herauszufahren und in lagerhausartigen Gebäuden mit einem Einkaufswagen aus Metall ausgerüstet, aus Tausenden oder sogar Millionen von Produkten auszuwählen. All dies hatten wir seinerzeit als völlig normal empfunden, ebenso wie das Warten an der Kasse, das trotz Fließband und Barcodescannern immer noch viel zu lange dauern konnte. Dabei war das Verbesserungspotenzial eigentlich offensichtlich, doch erst im Future Store bekam ich einen Vorgeschmack auf das, was technisch möglich war. Bereits beim Betreten wurde ich mit einem „Personal Shopping Assistant",

---

[1] European Article Number: eine eindeutige Produktnummer im Handel, allerdings im Allgemeinen ohne Seriennummer daher nur typspezifisch.

einem etwa DIN A4 großen Rechner mit Bildschirm und Lesegerät, ausgestattet, der an meinem Einkaufswagen befestigt wurde. Damit konnte ich durch einfaches Einscannen eine Liste aller eingekauften Produkte erstellen; die Zwischensumme der Preise wurde automatisch berechnet und auf einem Display angezeigt. Von der Übersichtlichkeit abgesehen, hatte das Gerät noch einen anderen entscheidenden Vorteil: An der Kasse war kein Einscannen mehr nötig. Das Gerät wurde von der Kassiererin ausgelesen, und man konnte sofort bezahlen.

Etwas zu futuristisch finde ich jedoch den „Selbst-Checkout", eine Kasse, an der man den ganzen Bezahlvorgang selbst erledigen kann. Dazu muss ja wirklich an jedem Produkt ein RFID-Label sein. Die sollen zwischen 10 und 20 Cent das Stück kosten. Was mache ich bei einem Joghurtbecher, der nur 19 Cent kostet?

Spannender war hingegen die „intelligente Waage", die mit einer Kamera selbstständig erkannte, welches Gemüse oder Obst man gerade kaufen wollte. Viele Leute vergessen ja leider überhaupt, das Frischgemüse und Obst zu wiegen. Daher scheint sich doch die Kasse mit integrierter Waage durchzusetzen. Allerdings muss die Kassiererin die Produktgruppe wissen. Wenn das diese Waage abnehmen könnte, wäre das sicher eine Erleichterung.

Metro ist mit dem Future Store ein echter Coup gelungen, das Unternehmen erzielte damit weltweite Aufmerksamkeit. Dass ein Handelsunternehmen sich als Innovator positionierte, ist ja noch ein sehr ungewohnter Gedanke. Natürlich gibt es auch kritische Stimmen, die auf mögliche Risiken für den Datenschutz oder den Abbau von Arbeitsplätzen verweisen.

Ob ich mit meinen Interessen und Kenntnissen auf diesem neuen Gebiet eine Chance für einen Neuanfang habe? Als Wirtschaftsinformatiker mit umfangreichen Kenntnissen im Einkauf bei Handelsunternehmen scheint das ein günstiger Moment zu sein. Ich werde mal im Internet bei „monster.com" schauen, was so abgeht.

Infobox

Future Store, RFID und PSA

Der Metro Future Store ist ein Modell-Supermarkt in Rheinberg, in dem neue Formen des Einkaufs mithilfe moderner, unsichtbarer IT realisiert wurden. Er wurde 2003 durch Claudia Schiffer eröffnet und hat ein riesiges Presseecho ausgelöst.

Die maßgebliche Technologie für den Supermarkt der Zukunft heißt RFID (Radio Frequency IDentifier). Hierbei handelt es sich um einen Chip mit einer Antenne, die zumeist auf einem selbstklebenden Etikett aufgebracht sind. Auf dem Chip ist eine eindeutige Nummer gespeichert, mit der man genau dieses Objekt identifizieren kann. Im Gegensatz dazu kann der bekannte Barcode im Allgemeinen nur eine Produktart (etwa Mineralwasser von Hersteller XY), aber nicht die konkrete Wasserflasche bezeichnen. Außerdem benötigt man bei RFID keinen Sichtkontakt mit einem Laserscanner, sondern er kann schon ausgelesen werden, sobald er in Reichweite eines RFID-Lesegeräts kommt.

Um dem Kunden den Einkauf zu erleichtern, sind persönliche Einkaufsassistenten (Personal Shopping Assistants, **PSA**) erfunden worden. Das sind mobile Computer mit einem berührungsempfindlichen Bildschirm (touch screen), die sowohl die Daten der Kundenkarte auslesen als auch feststellen, welche mit RFID versehenen Produkte sich im Einkaufswagen befinden. Sie sollen den Einkauf sowohl erleichtern, indem sie den Kunden direkt zu den gesuchten Produkten führen, und zum anderen ergänzende Angebote oder auch Alternativen anzeigen. ■

2004
Auf dem Weg zu neuen Ufern

27. April 2004

Nach zwanzig Jahren trennen sich Annas und mein Weg. Ich suche die neue Herausforderung, aber sie empfindet das nur als typische „Midlife Crisis". Wir haben uns so weit auseinandergelebt, dass jeder seinen eigenen Weg weiter gehen muss.

19. Oktober 2004

Ich habe es endlich geschafft, die Einladung von Danie, Andrews Onkel, anzunehmen und bin vierundzwanzig Jahre nach meinem Schüleraufenthalt wieder Richtung Südafrika unterwegs. Schon der Flug hat mein Leben von Grund auf verändert. Sie heißt Nicoletta und stammt aus Südtirol, genauer gesagt aus Bozen. Im Flugzeug nach Kapstadt saß sie neben mir. Im Gegensatz zu mir war sie geschäftlich unterwegs. Sie ist Musikerin (Klavier) und hatte ein Vorspiel für ein internationales Orchester, das in Kapstadt zusammengestellt werden sollte. Ihren Sohn Francesco hatte sie bei den Großeltern in Bozen gelassen. Es war „Liebe auf den ersten Blick", die ich eigentlich für „Traumschiff"-Klischees gehalten habe. Die Flugzeuge in meinem Bauch waren so heftig, dass ich befürchtete, ich schaffe es nicht bis nach Kapstadt. Dort angekommen, haben wir uns gleich für den nächsten Abend verabredet. Wir fuhren dann mit einem Wagen hinaus nach Stellenbosch und haben auf einem der Weingüter hervorragend zu Abend gegessen. Die milde Frühlingsluft lud zum Spaziergang über das weitläufige Gelände ein, und dabei ist es passiert.

Am nächsten Tag hatte Nicoletta ihr Vorspiel, und ich war mit Andrew und Danie verabredet. Es ging zunächst auf den Tafelberg. Eigentlich wollte Danie gar nicht hoch, da die Wolken so tief hingen. Aber da wir am nächsten Tag nach Johannesburg fliegen wollten, blieb für mich nur dieser Tag, um auf das Wahrzeichen hoch zu fahren. Da standen wir im totalen Nebel und es schneite! Es war kalt und ungemütlich. Also rein in das Café an der Bergstation der Seilbahn. Nach zwei Cappuccino und ohne Aussicht auf Wetterbesserung machten fuhren wir wieder hinunter und zum Jachthafen, wo die Sonne uns die erhoffte Wärme lieferte. Wir beschlossen, auf der Terrasse eines nahe gelegenen Hotels zu Mittag zu essen. Ich habe ein Straußensteak bestellt. Während wir auf das Essen warteten, fragte ich Danie, wie es ihm nach dem Desaster mit den verlorenen Daten ergangen ist. Da hatte ich voll ins Schwarze getroffen. Er war gerade wieder mit einem neuen Projekt beschäftigt, bei dem es um die Einführung von rechnergestützter Weiterbildung für Lehrer handelt. Aber nicht irgendwo in Kapstadt oder Johannesburg, nein in den ländlichen Gebieten, weit weg von jeglicher Infrastruktur.

Danie nutzte die Zeit, bis das Essen kam, um ein wenig die Geschichte des Projektes zu schildern: Im Jahr 2000 sagte der südafrikanische Staatspräsident Thabo Mbeki, dass man an den Mangel an Lehrkräften für Mathematik, Naturwissenschaften und Fremdsprachen beheben müsse. Außerdem waren Englischkenntnisse von grundlegender Bedeutung, da Englisch als internationale Unterrichtssprache galt. Für viele Lehrer war Englisch lediglich die Zweitsprache, was ein weiteres Hindernis auf dem Weg zu qualitativ hochwertigem Lernen darstellte. Einer Umfrage des Forschungsrats für Humanwissenschaften[1] zufolge gaben nur 1,4 % von 12.200 Schülern der zwölften. Klasse an, später ein Lehramt studieren zu wollen. Diese Umstände führten zu einem gravierenden Mangel an kompetenten Absolventen mit den notwendigen Fähigkeiten, dem nötigen Fachwissen und Qualifikationen, die ein Land braucht, um auf dem technologieorientierten nationalen und globalen Markt mithalten zu können. Das Problem wurde auch in der 3. Internationalen Mathematik- und Naturwissenschaftsstudie deutlich, die zeigte, dass südafrikanische Achtklässler deutlich hinter ihren internationalen Kollegen zurückliegen. Sowohl diese Krise als auch der Aufruf des südafrikanischen Staatspräsidenten Thabo Mbeki, die Ausbildung von Lehrkräften zum Schwerpunktthema zu machen und IKT ins Lehren und Lernen zu integrieren, leitete eine Bewegung ein, die sich bemühte, geeignete Lösungen für das Problem zu finden.

Jedweder Ansatz zur Lösung dieser Krise musste zwingend die Entwicklung und Einführung neuer, innovativer lernbezogener Methoden beinhalten sowie neue Lern- und Lehrtechnologien einführen, um Lehrkräften eine fundierte Ausbildung in Mathematik, Physik und fachsprachlichem Englisch bieten zu können. Im Jahr 2000 stellte das Bildungsministerium der Nordwest-Provinz 13.347 Lehrkräfte für Mittel-, Gesamt- und weiterführende Schulen ein. Die Restrukturierung des demokratischen Südafrikas war vollständig abgeschlossen, und die University of North West machte es sich zu einer ihrer Hauptaufgaben, Lehrer sowohl vorbereitend als auch berufsbegleitend auszubilden.

In Zusammenarbeit mit dem Bildungsministerium der Nordwest-Provinz, der Deutschen Gesellschaft für Technische Zusammenarbeit und einer Reihe von Unternehmen initiierte die University of North West im Jahr 2002 das „Africa Drive Project" (ADP), um den drastischen Mangel an qualifizierten Lehrern in den Bereichen Physik, Mathematik und IKT zu bekämpfen. Danie war von dieser Idee so fasziniert, dass er sich entschloss als Leiter anzuheuern. In den letzten zwei Jahren wurde dann eine für den Kulturkreis passende Lösung entwickelt. Das Africa Drive Project scheint eine Chance für Südafrika zu sein, sich einiger seiner schwerwiegendsten sozialen, wirtschaftlichen und bildungserzieherischen Herausforderungen zu stellen. Insbesondere wurde mit diesem Projekt beabsichtigt, südafrikanische Lehrkräfte mit den notwendigen Fähigkeiten und dem Fachwissen auszustatten, damit sie der Gemeinschaft einen Lehrplan für die Kernbereiche Physik und Mathematik bieten können, der in jeder Hinsicht auf dem neuesten Stand ist.

---

[1] Human Science Research Council, 2002

Das Hauptziel bleibt jedoch die Weiterentwicklung von Lehr-, Technologie- und Unternehmensmodellen, um allen Lehrkräften der Nordwest-Provinz, den anderen südafrikanischen Provinzen, den Ländern der südafrikanischen Entwicklungsgemeinschaft und dem ganzen afrikanischen Kontinent den Zugang zu E-Learning und anderen innovativen Lehrmethoden zu erleichtern. Der Bildungsminister Professor Kadar Asmal drückte seine Ansichten zum „Africa Drive Project" in einem Brief an die Projektleitung aus: „Wir fanden Ihre Präsentation während des Treffens am 24. April 2003 sehr inspirierend. Ich möchte Ihnen zu Ihrer Initiative gratulieren, dem Bedarf an hochwertigen Ausbildungsmaßnahmen für Lehrer in Berufstätigkeit durch den Einsatz von ICT gerecht zu werden. Das Bildungsministerium teilt Ihre Ansichten zur Ausbildung mit E-Learning-Systemen, begrüßt Ihre Bemühungen und ist sich sicher, dass Sie dazu beitragen werden, das Lehren und Lernen durch den Einsatz von ICT zu verbessern."

Die Umsetzung des Projekts verzögerte sich mehrere Male. Gründe dafür waren hauptsächlich mangelndes öffentliches Verständnis für die neuen Konzepte und Technologien, bürokratische Hindernisse, die Fusion der North West University mit der University of Potchefstroom und veraltete Denk- und Handlungsweisen der Lehrer und Akademiker bei Lehrmethodik und -inhalt, wie zum Beispiel die Tendenz weg vom Einzelunterricht oder Unterricht im Klassenverband wie zu Zeiten der Apartheid („Bantu Education"). „Apartheid", das war natürlich das Stichwort. Ich habe nur das Halbwissen, das man sich über Zeitung und Fernsehen aneignen konnte. Danie, obwohl Bure, ist von der Notwendigkeit der Überwindung der Apartheid absolut überzeugt. Leider konnten wir das Gespräch nicht fortsetzen, da das Essen kam. Das Steak war vorzüglich, und meine Gedanken waren mehr bei dieser neuen Frau, Nicoletta. Am Nachmittag trafen wir uns dann endlich und spazierten am Hafen und in der Stadt. Mit dem Engagement in dem Orchester hat es nicht geklappt. Gestern ist Nicoletta wieder zurück nach Italien geflogen, und ich bin jetzt in Johannesburg angekommen. Wir werden uns auf jeden Fall wiedersehen.

Nachtrag vom 6. Dezember 2004

Mittlerweile haben wir sogar schon eine gemeinsame Wohnung. Ganz schön fix dafür, dass wir uns erst vor sieben Wochen kennengelernt haben. Aber manchmal weiß man eben sehr schnell und sehr genau, was man wirklich will. So wie Nicoletta mich und ich sie. Ihr fünfjähriger Sohn Francesco lebt bei uns. Er spricht ebenso so wie sie selbst übrigens fließend Deutsch und Italienisch. Die Trennung von Anna verläuft weiterhin unspektakulär, die Scheidung nächstes Jahr ist hoffentlich nur eine Formsache. Gott sei Dank klappt es mit den Kindern gut. Wollen wir hoffen, dass das so bleibt ...

Infobox

ADP und eLearning

Das Africa Drive Project (**ADP**) hatte als Ziel, die Lehrer in den ländlichen Gebieten von Südafrika mithilfe von computergestützten Lernzentren und Internetzugang auszubilden. Aufgrund der großen räumlichen Distanz und der schlechten Verkehrswege ist es Lehrern oft nicht möglich, an einer Weiterbildungsmaßnahme teilzunehmen. Mit ADP wurden die Lehrinhalte über das Internet zu den Lehrern in den ländlichen Schulen gebracht.

Der Begriff **eLearning** ist ein Kunstwort, das eine Form des Lernens mithilfe von Computer und Internet beschreibt. Hier unterscheidet man synchrones eLearning, bei dem Schüler einem Lehrer mittels Video- oder Audiokonferenz ähnlich wie im Klassenraum folgen, und asynchrones eLearning, bei dem der Schüler eigenständig die Kursinhalte studiert. Die letzte Lernform hat sich aufgrund der geringeren Kosten besonders bei der beruflichen Weiterbildung etabliert. ■

2005

Web 2.0 – Von Blogs, Poesiebüchern und der Weisheit von vielen

1. Oktober 2005

20 Millionen Blogger können sich nicht irren, oder? Heute habe ich von meinem Freund Axel einen bemerkenswerten Artikel von einem Tim O'Reilly geschickt bekommen, der von gestern datiert. In diesem Artikel mit dem Titel „What is Web 2.0?" geht O'Reilly auf das Phänomen ein, dass das Internet zunehmend als Plattform zur Präsentation genutzt wird und nicht mehr nur zum Konsumieren professioneller Informationen. Das habe ich gleich ein wenig recherchiert und bin auf Xanga.com gestoßen, die wohl die erfolgreichste Blogger-Seite. Spontan werde ich selbst auch ein Blog-Star. Ich erkläre mich nun zum freien und unabhängigen Blogger. Werde meine Meinung aller Welt kund tun und schauen, was dann passiert.

Ich bin dabei unter Facebook.com auch auf eine neue Form der Poesiebücher gestoßen. Die sind im letzten Jahr an der Universität Harvard gestartet und haben sich rasant entwickelt. Leider kommt man aus Deutschland noch nicht auf Facebook. Daneben gibt es schon seit längerer Zeit MySpace.com. Die wurden gerade vor drei Monaten von Rupert Murdoch für 580 Millionen US-Dollar gekauft. Das ist für mich Grund genug, kein Mitglied dieser Community zu werden. Axel hat mir noch geschrieben, dass er Gerüchte über eine deutsche Community mit dem Namen StudiVZ gehört hat. Sie soll sich in diesen Tagen gründen. Ob die wohl mit den amerikanischen Communities mithalten können?

Die erste Community, von der ich gehört habe, war vor einigen Jahren Napster.com. Die haben so eine Tauschbörse für Musik konzipiert, und 2001 hatten die 80 Millionen Nutzer und über 2 Milliarden Musikstücke ausgetauscht. Das hat mich aber irgendwie nie interessiert. Ich bin sowieso kein großer Musikfan, obwohl der von Apple letzten Monat vorgestellte iPod Nano ein tolles Teil ist. Leider kommt der Nano erst nächstes Jahr nach Deutschland. Für den iPod brauche ich aber kein Napster, sondern diese iTunes-Musikbörse von Apple selbst. Das ist aber keine Community, sondern blanker Kommerz.

Ich habe Nicoletta auch zum Bloggen gebracht. Vorhin hat auch sie ihren ersten Blog erstellt. Sie meinte nur, dass sie doch sowieso nichts Besonderes zu berichten hat. Ich glaube, sie ist kein Community-Fan, jedenfalls noch nicht. Also habe ich einen weiteren Versuch unternommen und Flickr.com aufgerufen. Dieses Bilderportal wurde in Tim O'Reillys Artikel als Protagonist für das Web 2.0 aufgelistet. Dort kann man seine Bilder speichern und dem Rest der Welt zeigen. Natürlich kann man den Zugriff auf Freunde und Verwandte beschränken, aber mehr als 80 % aller Flickr-Kunden zeigen ihre Bilder frei zugängig. Flickr wurde von Yahoo im März aufgekauft, um damit ihr Portal noch attraktiver zu machen. Nicoletta merkte nur kritisch an, dass sie nicht jedem unsere Bilder zeigen will. Es entwickelte sich eine lebhafte Diskussion über den Exhibitionismus, den diese Communities zu fördern scheinen. Schließlich schnappte sich Nicoletta ihr aktuelles Buch und vergrub sich auf dem Sofa unter der Decke.

Jetzt nehme ich mir LinkedIn.com vor. Dort kann man seine Visitenkarte und seinen Lebenslauf anlegen. Außerdem kann man sich mit seinen Kollegen und Bekannten vernetzen. Das wird ein richtiger Sport, sagt jedenfalls Axel. Irgendwo habe ich mal gehört, dass man über sechs Stufen mit fast jedem Menschen auf der Erde verbunden sein soll. Na ja, ich werde es wohl nicht überprüfen können. Aber die Idee von LinkedIn finde ich klasse. Bin sowieso mit meinem jetzigen Job recht unzufrieden. Vielleicht bekomme ich ja über diese Plattform auch eine Möglichkeit, einen neuen Job zu finden. Die Versuche mit „monster.com" vom letzten Jahr haben noch nicht den Durchbruch gebracht.

Was mache ich dann nur mit all diesen Communities? Ich habe doch nicht jeden Abend Zeit, mich durch alle meine verschiedenen Gemeinschaften zu klicken. Schließlich bin ich noch auf YouTube.com gestoßen. Dort kann jeder seine Videos hochladen und beurteilen lassen. Das scheint auch ein Renner im Reich des Web 2.0 zu werden. Vor allem Amateurvideos von irgendwelchen Mitgliedern scheinen neben Mitschnitten die Highlights zu sein. Ich habe mir mal ein paar angeschaut, aber das war ziemlich ballaballa …

Am meisten hat mich Wikipedia.com beeindruckt. Diese Enzyklopädie, die allein durch ihre Community aufgebaut hat, ist für mich ein echter Fundus an Informationen. Bei der Recherche heute Abend habe ich nicht nur O'Reillys Artikel, sondern auch Wikipedia nutzen können. Gut, dass der Mitbegründer Jimmy Wales im Juni 2003 die Wikipedia-Stiftung ins Leben gerufen hat. Dort liegen jetzt alle Rechte an Wikipedia, das sichert die Unabhängigkeit. Wikipedia ist für mich eine echte und auch wertvolle Community. Leider hat diese freie und kostenlose Community-Welt des Web 2.0 auch seine Kehrseite: Oft findet man eingeblendete Reklame, sogenannte „Ads", die einen nach einer Weile richtig nerven. So gesehen ist Wikipedia eine wohltuende Ausnahme. Trotzdem hat Tim O'Reilly Recht, wenn er sagt, dass der „Self Service"-Charakter, verbunden mit dem „Community"-Ansatz des Web 2.0, einen echten Mehrwert darstellt. Kombiniert mit dem leichten Verknüpfen der verschiedenen Webdienste entstehen viele neue Anwendungsfelder, oft auch sehr spezifische Nischen.

Schließlich habe ich noch eine interessante Buchempfehlung für Nicoletta gefunden: „The Wisdom of Crowds"[1] von James Surowiecki, das im letzten Jahr erschienen ist. Surowiecki ist ein New Yorker Kolumnist, der die These aufstellt, dass

---

[1] The Wisdom of Crowds: Why the Many Are Smarter Than the Few and How Collective Wisdom Shapes Business, Economies, Societies and Nations. 2004

eine große Menge durchschnittlich gebildeter Menschen eher richtig liegen können als eine kleine Gruppe von Experten. Die Theorie klingt spannend ... Wikipedia hat sogar auch schon eine Webseite[2] zu dem Buch. So schließt sich ein Kreis.

Jetzt ist Mitternacht vorbei. Nicoletta liegt seit zwei Stunden im Bett, und mir fallen fast die Augen zu. So ist das also als Community-Mitglied. Man hängt die ganze Zeit vor der Kiste, und zum Lesen meiner E-Mails bin ich auch nur zum Teil gekommen. Schade, eigentlich wollten Nicoletta und ich uns heute einen Film anschauen: „Schindlers Liste" – ein Klassiker. Sie hat die DVD in der Bibliothek ausgeliehen. Die sollten wir uns unbedingt morgen anschauen. Liam Neeson als Oskar Schindler und Ben Kingsley als Itzhak Stern sind begnadete Schauspieler. Am Schluss bei der Grabszene läuft es mir immer eiskalt den Rücken runter. Das kann ich von den Blogs oder diesen Videos auf YouTube, die ich heute gelesen bzw. gesehen habe, nicht behaupten.

Infobox

Web 2.0, Blog, Wiki und Social Networks

Als Begründer des Begriffs **Web 2.0** werden verschiedene Personen genannt. Die größte Aufmerksamkeit wurde jedoch eindeutig dem Artikel von **Tim O'Reilly** „What is Web 2.0" zuteil. Er fasste dabei eine Reihe von neuen Webanwendungen zusammen, die den Internetnutzer nicht mehr nur zum Konsumenten, sondern auch zum Produzenten von Webinformationen macht. Der sogenannte Prosumer war geschaffen.

Ein **Blog** ist eine Art Tagebuch im Web. Wenn der Besitzer es erlaubt, können Leser seine Einträge kommentieren. Ein Blogger möchte über seinen *Blog* oftmals eine gewisse Meinung kundtun, ähnlich wie bei der Speaker's Corner im Londoner Hyde Park.

Die Gruppenarbeit kann mittels eines **Wikis** im Web unterstützt werden. Hierbei handelt es sich um eine Website, die durch alle berechtigten Autoren bearbeitet werden kann. **Wikipedia**, die größte Online-Enzyklopädie der Welt, ist ein solches Wiki. Auch das Buch **Heinz' Life** wurde mittels eines Wikis erstellt.

Unter **Social Networks** versteht man Treffpunkte im Web, wo Freunde ihren neuesten Klatsch und Tratsch (etwa auf Facebook oder MySpace) hinterlassen oder aber Geschäftspartner und Kollegen informieren (LinkedIn und Xing). ∎

---

[2] http://de.wikipedia.org/wiki/Die_Weisheit_der_Vielen

2006
Überall und doch unsichtbar

1. Juli 2006

Ich habe es endlich geschafft. Ich bin in die Logistik eines Großhändlers gewechselt, der sich mit den neuen Technologien rund um RFID beschäftigt. Über meine „Blog"-Einträge ist der Personalreferent auf mich aufmerksam geworden. Mein Interesse an den Arbeiten von Metro und anderen hatten ihn veranlasst, mich zu kontaktieren. Meine erste Anstellung ohne formelle Bewerbung. Wir haben zunächst alle Daten und Informationen über das Web ausgetauscht, einschließlich einer Präsentation mittels „Web-Conferencing", bei dem wir die Dokumente beide gleichzeitig auf dem Bildschirm hatten. Nur für die finalen Verhandlungen bin ich dann in die Zentrale nach Bonn gefahren. Seit heute bin ich der technische Leiter der Logistik, zuständig für „Neue Technologien und Anwendungen".

19. Dezember 2006

Gestern ging das Jahr der Informatik offiziell zu Ende. Die Abschlussgala in Berlin muss groß und feierlich gewesen sein. 400 Ehrengäste! Ich war leider nicht dabei – aber wozu gibt es Fernsehen? Die Wissenschaftsministerin sprach von einem Wissenschaftsjahr mit „herausragender Bilanz", das „Begeisterung für die Informatik" geweckt habe. Ausgerichtet wurde das Informatikjahr vom Bundesministerium für Bildung und Forschung zusammen mit der Gesellschaft für Informatik und der Initiative Wissenschaft im Dialog. Ziel war es, die Wissenschaft möglichst großflächig unter die Leute zu bringen und vor allem Jugendliche mit Ausstellungen, Spielen, Workshops und Vorträgen anzusprechen. Insgesamt haben über 400 Schulen, Universitäten, Vereine und Unternehmen mitgemacht, und deutschlandweit gab es über 1500 Veranstaltungen. Die Zahl überrascht mich, denn vom Informatikjahr habe ich eigentlich gar nicht viel mitbekommen.

Spät abends habe ich noch recherchiert, was es mit den Veranstaltungen auf sich hatte. Wie immer half mir das Web auf die Sprünge. Ich erinnerte mich, dass ich im Sommer mit Paul auf einem Ausstellungsschiff war, dessen Ausstellung Sport und Informatik behandelte. Zu sehen gab es unter anderem Turnschuhe, die Daten über den Läufer und seine Bewegungen sammeln konnte, was bei der Verbesserung der Trainingsmethoden hilft. Auch wurden Computersimulationen vorgestellt, um die Bewegungen von Menschen zusammen mit Sportgeräten besser zu verstehen und alles besser aufeinander abzustimmen. Wenn ich mich recht erinnere, wurde eine

Simulation von Tennisschlägern vorgeführt. Die Botschaft war: Informationstechnik findet sich überall, auch wenn man sie nicht sieht, sogar im Turnschuh und Tennisschläger. Das Ausstellungsschiff legte in vielen deutschen Häfen an und nahm geduldig Schulklassen und Familien in seinen Schiffsbauch auf, der die Ausstellung beheimatete. So auch Paul und mich. Als wir da waren, war es recht voll.

Als ich Nicoletta heute Morgen beim Frühstück fragte, ob sie denn wisse, was wir für ein besonderes Wissenschaftsjahr hätten, antwortete sie: Wissenschaft? Ich dachte, wir haben das Jahr der Fußballweltmeisterschaft in Deutschland!

Da hatte sie natürlich recht. Was waren 1500 Informatikveranstaltungen gegen ein Spiel der Nationalmannschaft mit 50.000 Zuschauern im Stadion und Millionen Fans vor den Fernsehern. Ich grübelte, ob wohl unsere Nationalspieler sensorbestückte Schuhe anhatten und das gute Abschneiden der Mannschaft auf die Optimierung der Trainingsmethoden mit Hilfe der Informatik zurückzuführen war. Wir hatten ja immerhin den dritten Platz erreicht. Schade, dass wir es nicht ins Endspiel geschafft haben, aber zum Trost sangen die Sportfreunde Stiller direkt nach dem verlorenen Halbfinale: „54, 74, 90, 2010 werden wir Weltmeister sein!"

Nicoletta fragte mich: Ja und? Welche Wissenschaft ist es denn? Nachdem ich es ihr verraten hatte, diskutierten wir lange über den Rang der Informatik als Wissenschaft als solche und die Notwendigkeit oder Nichtnotwendigkeit ihrer Popularisierung. Natürlich erachtete Nicoletta die Informatik, zumindest im Vergleich zu Physik oder Mathematik, als weniger bedeutsame Wissenschaft, und fragte mich gleich nach den großen Erkenntnissen, die die Computerwissenschaft in ihrer „doch so langen Geschichte von wenigen Jahrzehnten" für die Menschheit hervorgebracht hatte. Außerdem verdienten die Informatiker doch praktisch von allein Geld – warum mussten sie dann so viel Rummel um ihr Fach machen? Bei theoretischer Physik oder Mathematik könne sie es ja noch verstehen; das seien ja beinahe so etwas wie Künste.

Da ich mich auf diese Diskussion nicht einlassen wollte, lenkte ich das Gespräch zurück auf das Wort „Bedeutung" und beschrieb den großen Einfluss der Informatik auf unseren Alltag, den man sich auch mal bewusst machen sollte, und dass sie doch wisse, dass die Informations- und Kommunikationstechnik an praktisch allen modernen Innovationen beteiligt ist. Viele nennen sie einen Wachstumsbeschleuniger, ja sogar einen Jobmotor. Gerade Jugendliche müsse man für diese Wissenschaft begeistern, da sie die Zukunftstechnologie ist, interessante Berufs- und Karrierechancen bietet und auch klassische Branchen wie Maschinenbau und Elektrotechnik nicht mehr ohne sie auskommen. Für einen Moment war es, als ob ich neben mir stand und mir beim Reden zuhören konnte. Schöner hätte es auch die Kanzlerin nicht formulieren können!

Nicoletta hatte ich offenbar beeindruckt, denn sie antwortete anders als sonst erst nach einer längeren Pause. Vermutlich dachte sie über diese Fragen sonst nicht so viel nach. Sie ist zwar nicht technikfeindlich, aber als Musikerin und insbesondere als Pianistin einerseits konservativ (ein elektronisches Klavier kommt nicht ins Haus!), andererseits interessiert sie sich vielleicht gar nicht für die Grundlagen oder die Ingenieurleistung einer Hardware oder Software. Darüber gesprochen hatten wir nie, entsprechend neugierig war ich auf ihre Antwort.

Dann fing sie an: Sie frage sich gerade, wie man junge Leute von einer Wissenschaft begeistern kann, die doch meist unsichtbar bleibe. Computer mögen nützlich sein und sich rasant ausbreiten, aber sie werden doch auch immer kleiner und verschmelzen geradezu mit Allerweltsobjekten wie die Elektronik im Handy, Auto oder in der Waschmaschine (oder im Turnschuh, ergänzte ich in Gedanken). Wie ein Musikinstrument muss auch die IT unsichtbar werden, wenn man sie anwendet – erst dann ist sie wirklich nützlich, ergänzte sie. Man muss sich intuitiv mit ihr bewegen können, ganz in die Sache eintauchen – ob nun in die Musik oder irgendeine Softwareanwendung. Aber was gibt es dann noch zu erklären?

Ich entgegnete ihr, dass man doch auch das Unsichtbare erklären kann und dass doch wohl jede Wissenschaft ihre abstrakten Seiten hat. Es gab 1500 Veranstaltungen im Informatikjahr. Da muss doch für jeden etwas dabei gewesen sein. Und bestimmt ist auch etwas bei den Leuten angekommen. Sogar Paul und ich waren in einer Ausstellung auf einem Museumsschiff, in der gezeigt wurde, wo überall im Sport die Informatik eine Rolle spielt.

Nicoletta legte nach: „Das ist doch so, wie wenn man im Radio einfach mehr klassische Musik spielt, um die Leute von der Musik zu begeistern." „Warum nicht?", fragte ich. „Weil es nicht reicht", sagte sie. „Man wird sich doch erst für Musik begeistern, wenn man mitmachen kann, wenn man ein Instrument in der Hand hat, es nach und nach spielen lernt und dabei die Musik mit allen Sinnen erlebt. Aber lernst Du etwas über die Informatik, wenn Du einfach nur erklärt bekommst, wo sie überall nützlich ist? Wenn Du die Maschinen und Systeme vorgestellt bekommst, die Informatik enthalten?"

Ich dachte an meine Kindheit zurück und an den Robotermann-Baukasten, den ich vor ein paar Jahren auf dem Speicher wiedergefunden hatte. Auch im Studium als angehende Ingenieure mussten wir viel basteln und tüfteln. Selbst bei der Ausstellung zu Sport und Informatik war mein erster Gedanke, den Turnschuh auseinanderzubauen, um den Sensor herauszuholen und genauer anzusehen. Das hätte aber, wie mir schnell klar wurde, nur wenig gebracht; man muss schon die „DNA" der Geräte, die Programme anschauen. Dass dies dann eine reine Kopfsache ist, stimmte aber. Eigentlich hatte Nicoletta recht.

Gestern Abend hatte ich auf der Webseite des Informatikjahrs eine hübsche Rubrik gefunden: Der Algorithmus der Woche. Vorgestellt wurden unter anderem Verfahren zum schnellen Suchen, Sortieren und dem fairen Teilen. Allerdings dachte ich schon gestern, dass es für viele Leser zu schwierig oder zumindest sehr mühselig sein wird, die Algorithmen zu lesen und zu verstehen – zumindest dann, wenn man nicht selbst programmieren kann. Ich hatte mich allerdings ziemlich festgelesen, da ich nicht alle der vorgestellten Algorithmen kannte. Irgendwann fiel mir aber auf, wie wenig die Welt dieser kleinen Beispielalgorithmen mit der Komplexität heutiger Softwaresysteme zutun hat. Wenn man die doch den Laien besser verständlich machen könnte, dachte ich. Auch geben die kurzen, anspruchsvollen Texte kaum etwas von dem Einfluss der Informations- und Kommunikationstechnik auf unseren Alltag und die Wirtschaft wieder. Rein akademische Fingerspiele.

Nach dem Frühstück hatte ich noch etwas Zeit und surfte noch einmal im Internet auf der Suche nach Leuten und Organisationen, die sich der Frage nach der Popularisierung der Informatik verschrieben haben. Mir war schon klar, dass ich nicht der erste war, der sich diese Fragen stellte. Und ich wurde fündig: Offenbar hat sich in den vergangenen Jahren eine ganze Industrie entwickelt, die sich mit der Wissenschaftsvermittlung beschäftigt. Wissenschaftsmuseen – so genannte Science Centers – entstehen in allen Regionen des Landes und locken Familien mit Exponaten zum Anfassen und Experimentieren. So wird Naturwissenschaft erlebbar und die ein oder andere Theorie wird auch den kleinsten Besuchern verständlich. In Gießen gibt es sogar ein eigenes interaktives Mathematikmuseum. Da schau her – das wäre bestimmt ein interessantes Ausflugsziel. Ich erinnere mich an Vaters und meine Reise ins Deutsche Museum, als ich noch ein Teenie war.

Wenig später werde ich auch bei der Informations- und Telekommunikationstechnik fündig. Allerdings finde ich keine Wissenschaftsmuseen, sondern „offene Entwicklungslabore", so genannte „Living Labs". Was für ein interessanter Name! Hier können Endbenutzer zukünftige, noch in Entwicklung befindliche Technologien erproben und eigene Ideen beisteuern. Der Lerneffekt bei den Laien steht nicht im Vordergrund, sondern der Wunsch, IT-Lösungen zu entwickeln, die nicht nur durch neue Technologien getrieben sind, sondern auch und vor allem durch die Bedürfnisse der Benutzer und durch die Akzeptanz der neuen Lösungen. Aber natürlich wird man in einem solchen Living Lab auch die Grenzen der IT besser wahrnehmen können, die Herausforderung der Entwicklung sowie die Chancen und Risiken, die mit der Technologie verbunden sind. Außerdem kann man direkt mit den Entwicklungsingenieuren sprechen – und ein direkter Austausch ist bekanntlich immer am besten.

Offenbar tun sich für die Living Labs meist mehrere Unternehmen, zum Teil auch mit Universitäten, zusammen. Weltweit gibt es bereits mehrere Dutzend davon. Ihr Ziel ist, in einem offenen Gespräch gemeinsam mit Partnern an Innovationen zu arbeiten, die sich schneller und besser in Produkte verwandeln lassen.

Die ersten Living Labs sind schon einige Jahre alt. Das wichtigste Thema waren lange Zukunftsvisionen für das Wohnen: die Idee zum Beispiel, durch IT älteren Menschen ein angenehmes und selbstständiges Leben zu erleichtern. In Holland können sich offenbar Interessierte für einige Stunden oder sogar Tage in einem Living Lab einquartieren, um die neuen Technologien wirklich zu spüren und darin einzutauchen. Nicoletta war schon aus dem Haus, sonst hätte ich sie gleich zu einem Aufenthalt dort zu überreden versucht. Vielleicht ein gutes Weihnachtsgeschenk? Wer weiß, vielleicht sind wir später eines der ersten älteren Ehepaare, die in einem durch IT optimierten Haus wohnen. Vielleicht gibt es so ein Zukunftshaus auch schon in Deutschland; da muss ich mich noch einmal genauer informieren.

Andere Living Labs beschäftigen sich mit den nächsten Generationen von Handys und anderen mobilen Endgeräten oder auch mit Werkzeugen für Büroarbeitsplätze (für die „knowledge worker"). Im November haben sich 20 europäische Living Labs zu einem Netzwerk zusammengeschlossen. Schade, dass man davon gar nichts im Fernsehen sieht oder in den Zeitungen liest (zum Glück gibt's das Internet). Ich möchte wetten, dass man in Zukunft mehr von den Living Labs hören wird – auch wenn sie im Jahr der Informatik noch nicht die große Rolle gespielt haben.

Infobox

Wissenschaftsjahr Informatik

Die Initiative Wissenschaft im Dialog organisiert seit dem Jahr 2000 jährlich ein **Wissenschaftsjahr**. 2006 war das Jahr der **Informatik**. Gemeinsam mit der Gesellschaft für Informatik und dem Bundesforschungsministerium wurde eine Vielzahl von Veranstaltungen rund um das Thema Informatik durchgeführt. Es gab u.a. ein schwimmendes Museum, die MS Wissenschaft, ein 105 m langes Binnenschiff.

Dort wurde der Slogan „Dank Informatik" geprägt, der von vielen Medien aufgenommen wurde. Am Tag der Schlussveranstaltung fand auch zugleich der erste **IT-Gipfel** unter Leitung von Kanzlerin Angela Merkel in Potsdam statt. Dieses jährliche Spitzentreffen der Branche soll helfen, die große Bedeutung der IKT-Wirtschaft der Bevölkerung näherzubringen. Schon heute stellt die IKT-Branche mit die meisten Arbeitsplätze, und sie wächst noch immer.

Zum Informatikjahr siehe auch http://www.informatikjahr.de ■

Von unechten Mühlrädern
und echten Produkten

23. März 2007

Vor zwei Wochen lag die Einladung von SAP auf meinem Schreibtisch: Die SAP er-
öffnet heute ihre neue Deutschlandzentrale in Walldorf. Eingeladen ist alles, was
Rang und Namen hat – unter anderem auch Kunden wie ich. Scheinbar gehöre ich
auch zu den Wichtigen. Das kann allerdings auch mit unserem jüngsten Kauf neuer
Logistiksoftware zu tun haben. Wir steigen jetzt nämlich ebenfalls in das Zeitalter
der kleinen Funksensoren namens RFID ein. Ich war ja 2003 bei der Eröffnung des
Metro Future Store dabei und habe Claudia Schiffer hautnah – na ja, fast – erlebt.
Schon damals hat mich das Thema RFID fasziniert. Allerdings hat meine damalige
Firma sich dagegen entschieden, weil uns die Sache damals als noch nicht ausgereift
erschien. Daher wechselte ich vor rund neun Monaten den Job und fühle mich nun
pudelwohl.

Um es vorweg zu nehmen: Was ich bei der SAP zu sehen bekam, hat mich rund-
um fasziniert. Ob das auch für die politische Prominenz galt, darunter auch der
Bundesminister für Wirtschaft und Technologie sowie der Innenminister aus Baden-
Württemberg, vermag ich allerdings nicht zu sagen. Der Wirtschaftsminister erweck-
te bislang immer den Eindruck, Informationstechnologie interessiere ihn ungefähr
so sehr wie die Sandflöhe in der Sahara. Bei Herby in der Kneipe hörte ich letztens
in Anspielung auf seinen bürgerlichen Beruf jemanden knurren: „Müller, bleib halt
bei deinem Mühlrad."

Das neue SAP-Gebäude mit seinem Vorhof ist ein echter Blickfang. Man wird
direkt am Eingang des Geländes von einem unter Glas liegenden, bläulich schim-
mernden künstlichen Bach empfangen und geleitet. Ich folge dem Wasser bis zu
einer rund zwölf Meter hohen „Nadel", die ebenfalls blau angeleuchtet ist, und als
ich dort meine Hände auf zwei Sensoren lege, flackert das Licht im Rhythmus meiner Herzfrequenz. Paul würde das „absolut megacool" nennen. Von der Nadel biegt
der künstliche Bach rechtwinklig ab und führt mich direkt zur Eingangshalle. Dort
stoße ich auf ein blaues, im Boden befindliches Lichtband, das den Bach im Gebäude fortführt. Dann, man glaubt es nicht, läuft es direkt auf ein Mühlrad oder besser
Wasserrad zu. Nein, das Rad ist nicht echt, sondern das blaue Lichtband führt über
dieses Rad hinweg, dessen Innenseite sich wirklich dreht. Ein toller Effekt. Das blaue
Band führt vom „Wasserrad" direkt zum Aufzug in die vierte Etage. Der Aufzug ist

aus Glas, und auf der Rückseite läuft dieses Lichtband mit nach oben. Dort oben angekommen mündet es auf einer riesigen Anzeigetafel gleichsam in einem See – nur dass dieser an der Wand hängt.

Dort oben habe ich mich dann erst einmal umgeschaut. Das Gebäude ist – wie zwei andere auch – als Stern mit fünf strahlenförmig vom Kern ausgehenden Flügeln gebaut. In einem der Flügel war das neueste Highlight der SAP-Forschung ausgestellt, die „Fabrik der Zukunft". Dort wurde uns ein Einblick in die Fertigung und Logistik von morgen gegeben. Hier war ich richtig. Links das Champagnerglas und rechts eines dieser leckeren Schnittchen in der Hand zog ich los, um mir die Zukunft näher anzuschauen. Die Forscher zeigten hier ihre eigenen Arbeiten. Das war überaus erfrischend und so gar nicht, wie ich das sonst von SAP-Beratern gewohnt war. Das Megathema hinter der „Fabrik der Zukunft" war das sogenannte „Internet der Dinge" und die vollständig vernetzte Welt.

Zu den Folgen einer solchen vernetzten Welt gehören ja mittlerweile auch viele Probleme, die uns seit Beginn des Jahrhunderts beschäftigen: der Energieverbrauch steigt, der Klimawandel wird beschleunigt, der Terrorismus nutzt die Kommunikationsmöglichkeiten, neue Bedrohungen von Online-Kriminalität können zu hohem Schaden bei Unternehmen und Privatpersonen führen. „Vernetzt" zu sein allein genügt also nicht mehr, die Welt muss vor allem auch „smarter" werden. Anders ausgedrückt: In die Abläufe, in die Geschäftsprozesse, fließt zusehends „Intelligenz" ein. Damit meinen die SAP-Forscher aber nicht die „Intelligenz" von uns Benutzern, sondern neue Technologien, die der Software mehr „Intelligenz" verschaffen. Ich weigere mich, an die „Intelligenz" von Software zu glauben, und beschließe, es bei höherer Genauigkeit der Daten zu belassen. Diese „Intelligenz" greift ein in alle Prozesse, Systeme und Infrastrukturen, die wir brauchen, um Produkte zu entwickeln und zu produzieren, um den Austausch von Waren, Leistungen, Geld oder Informationen zu erleichtern.

Und wie soll das funktionieren? Ein SAP-Forscher spricht hier vom „Internet der Dinge": jede Person, jeder Gegenstand, jeder Prozess und jede Dienstleistung wird Teil einer digitalen Infrastruktur werden, die unser reales Leben und alles, was in der realen Welt transportiert wird, in einer virtuellen, digitalen Welt abbildet. Und beim Abbilden allein bleibt es nicht: All diese vernetzten Gegenstände und Systeme werden „intelligenter", kommunizieren miteinander und verdichten ihre Daten zu aussagekräftigem Wissen, und zwar in Echtzeit. Dieses Phänomen also ist gemeint, wenn man vom „Internet der Dinge" spricht.

Was das für unseren Alltag bedeutet, haben die Forscher bereits ausgemalt. In einigen Jahren soll etwa der Tiefkühlrahmspinat die Mikrowelle so programmieren, wie er sie braucht. Und das Hackfleisch zeigt auf dem Kühlschrankdisplay an: „Koch mich heute oder du kannst mich morgen wegwerfen."

Die Grundlage dafür ist schon längst gelegt. Jede H-Milch, jeder Brief und jeder Schiffscontainer trägt einen Barcode. Der sagt der Kasse, was die Milch kostet, dem Postzentrum, wo der Brief hin soll, und dem Hafenarbeiter, auf welchen Lkw der Container gehört.

Der nächste Schritt heißt RFID, ein kleines Funketikett, das sehr viel mehr Informationen als ein Barcode trägt: bei der Milch etwa Herkunft, Alter und Verfallsdatum. Metro hat das ja vor vier Jahren bereits in Rheinberg eindrucksvoll demonstriert. Allerdings waren damals die betrieblichen Anwendungen noch nicht auf RFID ausgerichtet gewesen. In den Folgejahren wurden besonders für die Bereiche Warenausgang und Wareneingang erste Lösungen auf den Markt gebracht. Genau das hat uns ja auch bewogen, jetzt in die Logistiksoftware zu investieren. Toll, dass ich hierher gekommen bin und jetzt sehen kann, was wir zukünftig alles damit anfangen können. Sobald diese Technik etabliert ist, sollen die Funkchips um Sensoren für Temperatur und Feuchtigkeit erweitert werden. Dann merkt sich der Spinat, wenn ihm beim Transport zu warm geworden ist, und Fleisch und Geflügel können vom Erzeuger bis ins Supermarktregal verfolgt werden. Aber auch die Echtheit von Medikamenten oder Flugzeugersatzteilen kann so überwacht werden. Warenströme werden somit kontrollierbarer, effizienter und billiger.

Jetzt kommen wir zu einem Kern der Sache: Der junge Forscher zeigt uns, wie man mithilfe dieser neuen Technologien Konsumenten und Unternehmen besser vor Produktpiraterie schützen kann. „Brand Protection" heißt das Zauberwort, also der Schutz der Marke vor Missbrauch durch Plagiate. Und der ebenfalls „smarte" Forscher zeigt uns allen, wie man das mittels eines handelsüblichen Fotohandys herausfinden kann. Das sollte sogar dem Wirtschaftsminister gelingen. Ob der dabei an gefälschtes Mehl oder Weißwürste denkt?

Und so funktioniert es: Sie zeigen eine Medikamentenpackung herum, auf der sich ein Bild befindet, dass sie als „Copy Detection Pattern" bezeichnen. Es besteht aus scheinbar beliebig angeordneten schwarzen Punkten. Etwas Ähnliches sieht man jetzt immer häufiger auf den Briefen als „Porto". Jedes dieser Muster ist einzigartig. Versucht man, es zu kopieren oder zu scannen, dann wird die Kopie weniger Punkte haben als das Original, und so kann die Fälschung entdeckt werden. Alles, was man jetzt noch braucht, ist ein Fotohandy, mit dem das Muster fotografiert wird. Dabei nimmt man gleich den daneben befindlichen 2D-Barcode dazu, mit dessen Hilfe der Hersteller und das Produkt identifiziert werden. Damit kann genau diese Medikamentenschachtel auf ihre Echtheit untersucht werden. Der Forscher schickt nun das Foto mittels MMS an eine Telefonnummer, hinter der sich der Markenschutz-Server befindet. Nach wenigen Sekunden meldet sich das Handy. Es hat eine SMS erhalten, in der die Rückmeldung steht. Die Packung ist echt und sollte sich laut Logistikprotokoll in der EU aufhalten. Jetzt vergesse ich, den Mund zu schließen. So einfach geht das? Dann zeigen sie das Ganze auch noch über das Internet. Ich glaube, damit kann ich bei meinem Chef nächste Woche echt punkten. Ich werde ihm die Idee mal vorstellen.

Im Klartext bedeutet das nicht weniger, als dass ich demnächst im Urlaub im märchenhaften Singapur oder an den südlichen Gestaden der Türkei relativ rasch erkennen kann, ob das Feilschen sich lohnt. Wer allerdings ernsthaft glaubt, für 100 Euro eine echte Rolex ergattern zu können, dem wird vermutlich auch die beste Software nicht helfen können. Immerhin besteht in Zukunft vielleicht die Chance, die jeweilige Rolex-Imitation auf ihre Qualität prüfen zu lassen, denn auch hier bestehen signifikante Unterschiede. Die eine gibt nach einer Woche den Geist auf, die andere erst Jahre später. Anhand bestimmter Details dieser Fälschungen identifiziert das System eine Reihe von Plagiaten und kann sie entsprechend zuordnen, die Skala reicht hier von „reiner Plastikschrott" bis „durchaus tragbar". Als ich den Dozenten im Anschluss an die Präsentation auf diese Idee anspreche, ernte ich allerdings nur ein demonstrativ müdes Lächeln: „Interessanter Einfall", sagt der junge Mann. Wenigstens ist er höflich.

Ich bin mir gar nicht so sicher, ob alle Anwesenden begriffen haben, welch gigantisches Signal diese kleine Präsentation in Richtung Handel der Zukunft bedeutet. Außer beim Herrn Minister: Da bin ich sicher, dass er es nicht verstanden hat. Wenn solche Vorgänge als automatisierte Ablaufketten möglich sind, könnte das die gesamte Logistik revolutionieren. Ich erinnere mich, von einer Konferenz gehört zu haben, die vor ungefähr zehn Jahre in London stattgefunden hatte und auf der Visionäre wie Nicolas Negroponte vom berühmten Massachusetts Institute of Technology über das Internet als *die* künftige Handelsplattform schlechthin fabulierten. Damals krebste deren Anteil am gesamten Handelsvolumen bestenfalls im einstelligen Prozentbereich herum. Die Vorstellung von der zentralen Bedeutung des Internets als immer umfassenderes Medium und Plattform unterschiedlicher Lebensbereiche erschien damals übrigens als genauso verrückt, wie es heute die Vorstellung wäre, wir lebten noch auf dem technologischen Stand von damals. Und „damals" meint hier nur etwas mehr als eine Dekade.

Infobox

Brand Protection und Copy Detection Pattern

Der Schutz vor Plagiaten ist ein vitales Interesse sowohl des Konsumenten als auch des Herstellers von Markenprodukten. Dabei geht es Unternehmen oftmals darum, dass der Wert ihrer Marke nicht leidet. **Brand Protection** ist ein webbasierter Dienst der neu gegründeten Firma **Original1**, um Unternehmen und ihre Marke besser vor Raubkopien zu schützen. Hierbei statten die Markenhersteller ihre Produkte mit eindeutigen Kennungen aus, die dann vom Konsumenten oder auch vom Zoll mit Fotohandy abgelichtet und zur Prüfung per MMS an „Original1" geschickt werden. Per SMS meldet dann Original1 dem Kunden, ob das Produkt echt ist, und je nach Fall sogar, ob es dort auch verkauft werden darf, wo der Kunde es gerade erwerben möchte.

Das Verfahren **Copy Detection Pattern** (CDP) erlaubt eine relativ sichere Analyse, ob ein gedrucktes Merkmal kopiert wurde. Um damit Cloning zu entdecken, kann mittels CDP festgestellt werden, ob eine Kopie vorliegt, indem die Bildpunkte des vorliegenden Bildes mit dem Originaldruckbild verglichen werden. Weichen die beiden Bilder zu stark voneinander ab, muss eine Kopie vorliegen, da beim Kopieren (also clonen) immer Bildpunkte verloren gehen. ■

2008

Human Touch
in der virtuellen Welt

19. Mai 2008

Meine Tochter Katrin hat einen Freund. Oder besser gesagt, ihr Avatar hat einen Avatar-Freund. Da sie erst elf ist, ist mir ein virtueller Freund lieber als ein leiblicher. Seit einigen Monaten klebt sie in jeder freien Minute am Computer. Angefangen hat es mit endlosen Chats mit ihren Freundinnen über Skype, einem kostenlosen Dienst, in dem man sich über Videoverbindung auch gegenseitig sehen kann. Dann kam Videos auf YouTube zu schauen, schnell gefolgt von einem schier endlosen Austausch von Meinungen zu einem Video mittels eines Videos, was natürlich weitere Videos nach sich zog. Ich konnte an den Wochenenden oft ihre aufgeregte Stimme hören, wie sie ihre Lieblingsband Tokio Hotel in die Webcam verteidigte, und ganz stolz war, wenn es auf ihr Video dann viele Video-Antworten gab. Das Ganze kam mir zwar ein bisschen vor wie umständliches E-Mailen, war aber für sie Lebensinhalt – zumindest für ein paar Wochen. Dann war für sie nur noch Facebook aktuell, wo sie im Detail verfolgte, wer mit wem befreundet ist und wer wie viele Freunde hat. Beim Abendessen erzählte sie von den ganzen Intrigen und dass es als völlig normal gilt, mit jemandem „Schluss" zu machen, indem man seinen Facebook-Status von „in einer Beziehung" auf „Single" ändert. Angespornt von ihrer Begeisterung habe ich da auch reingeschaut und tatsächlich einige alte Kollegen wiedergefunden, sogar einige aus der Studienzeit. Es hat mir Spaß gemacht zu sehen, wie die Leute heute aussehen und wo sie sind. Einer war um die ganze Welt gereist und zeigte hunderte Fotos von sich in allen möglichen Ländern. Vor drei Jahren, als ich mich für das Thema Web 2.0 interessierte, steckte vieles noch in den Kinderschuhen. Jetzt sind es die Kids, die diese Webseiten nach oben bringen.

Aber natürlich war meine Tochter innerhalb kurzer Zeit schon wieder von etwas Neuem fasziniert. Der neueste Renner sind „Virtuelle Welten". Dort baut man sich einen Avatar, quasi eine „digitale Persönlichkeit", und läuft in konstruierten Landschaften rum und trifft andere Avatare. Von diesen Virtuellen Welten gibt es etwa 150, aber keine boomt so wie Second Life. Man liest davon in allen Zeitungen, wo sich die Journalisten schwer tun zu beschreiben, wie normale Leute neben ihrem normalen Leben eine zweite Existenz aufbauen. Wie das so ist mit den Medien, wird natürlich das Sensationelle hervorgehoben, d.h. Sex, Glücksspiele, Spekulationen und alles, was sonst noch extravagant oder anrüchig ist. Es gibt Fotostrecken von tollen Inseln mit phantasievollen Gebäuden, aber auch aufwendig nachgebaute Sehenswürdigkeiten, wie den Kölner Dom[1]. Eigentlich haben die Betreiber von Second Life ein geschicktes Modell aufgebaut: Die Benutzer entwerfen selbst ihre Traumhäuser und Traumkleider, welche von anderen Benutzern bestaunt werden, und da alles käuflich ist, können die Leute damit auch echt Geld verdienen.

Zum Glück gibt es eine Jugendversion von Second Life, und dafür habe ich meiner Tochter das OK gegeben. Es war spannend zuzusehen, wie sie mit einem „generischen" Avatar begann und zuerst mal lernen musste, wie der bedient wird, sie musste quasi „laufen lernen". Am Anfang hatte sie etwas Mühe und rannte mit ihrem Avatar in Wände oder saß unverhofft auf anderen Avataren drauf, aber rasch hatte sie's gelernt und flog über die Hochhäuser und durch die Wälder – bei Second Life muss man sich nicht mit profanem Spazierengehen begnügen, sondern kann durch die Luft zum Zielort sausen. Natürlich entdeckte sie sehr schnell die Einkaufsstraßen und kleidete sich von Kopf bis Fuß in der aktuellen Second-Life-Mode ein: Minirock mit weißen Stiefeln bis über die Knie, wallende Bluse, funkelnde Ohrringe, unmöglich hohes Haar und natürlich die trendigen Engelsflügel. Ihre Freunde waren auch in Second Life, und sie trafen sich in virtuellen Jugendklubs oder an einer der Phantasie-Strandbars zum Rumhängen, Chatten und Tanzen. Und ungefähr dann kam der Punkt, an dem sie keine Lust mehr hatte, ihrem Vater zu zeigen, was sie in Second Life macht. Na ja, dass dieser Moment kommen musste, war zu erwarten.

Der Second-Life-Hype in den Medien klingt nicht ab. Die Berichte teilen sich in zwei Lager: auf der einen Seite immer sensationellere Geschichten über doppelte Existenzen wie z.B. im Spiegel „Der Digitale Maskenball", und gleichzeitig versuchen die Behörden sich klarzuwerden, wie sie mit diesem neuen „Land" umgehen sollen, und sprechen von Verboten und Steuern. Irgendwelche Experten definierten die Second-Life-„Sucht", nachdem es Fälle von Leuten gab, die täglich 16 Stunden in der virtuellen Welt lebten. Es gab einen Ansturm auf den Kauf von Land, nachdem bekannt wurde, dass eine Frau mit Grundbesitz in Second Life umgerechnet 1 Million US-Dollar verdiente. Aber auf der anderen Seite gibt es immer mehr Berichte über seriöse Anwendungen und Firmen, die echtes Potential für Geschäftsanwendungen in virtuellen Welten sehen. So investiert IBM 10 Millionen US-Dollar, um Second Life für Produktmarketing, Training und virtuelle Meetings zu nutzen. Die Baufirma Implenia benutzt Second Life für die Gebäudeautomation, und bei Adidas kann man im Second-Life-Geschäft selber Turnschuhe designen und sich diese nach Hause schicken lassen. Das erinnerte mich an unseren Besuch beim Museumsschiff anlässlich des Wissenschaftsjahrs „Informatik" vor zwei Jahren.

Ich beschloss, das auch auszuprobieren, und meldete mich im „Erwachsenen"-Second-Life an. Mir und meinem Avatar bleiben natürlich das In-die-Wände-laufen und Auf-Leuten-sitzen auch nicht erspart, aber „wir" lernen es schnell, und ich habe großen Spaß mit dem Herumfliegen. Die Welt war vielschichtiger, als ich es aus der

---

[1] http://www.koinup.com/Liqueur/work/88726/

Presse verstanden hatte. Da gibt es Kunst zu bestaunen, mein Avatar kann testweise einen Mercedes fahren, und es sind Leute aus der ganzen Welt online, die in allen Sprachen miteinander chatten. Aber nach einigen Tagen geht es mir so wie wohl vielen: Wenn man nicht gerade auf der Suche nach flüchtigen Bekanntschaften ist und niemand online ist, den man kennt, ist es nicht so lustig, alleine durch die Welt zu laufen, auch wenn es eine sehr schöne, abwechslungsreiche Welt ist.

Ich dachte schon, dass das Thema für mich abgeschlossen sei, aber im März stolperte ich auf der CeBIT wieder darüber. Die CeBIT als weltweit größte Messe für Informatiker ist in diesem Jahr mit 5800 Aussteller und fast 500.000 Besucher ein Monstrum. Das Gelände ist so weitläufig, dass man sich auf der Website einen Plan anfertigen lassen kann, der einen optimal durch die Hallen an die ausgewählten Stände führt. In einer Halle gab es Mobiltelefone, soweit das Auge reichte. Der große Renner war das brandneue Telefon von Apple, geschickt iPhone benannt, damit alle gleich wissen, dass es verwandt ist mit dem iPod, dem Renner unter den Musikabspielgeräten, und der Musiksoftware iTunes. Jeder wollte ein iPhone in der Hand halten und den Bewegungssensor ausprobieren, um irgendein Spiel zu spielen.

Bei den betriebswirtschaftlichen Anwendungen fühlte ich mich zuhause. Die Stände der Firmen waren enorm groß, alle visuell ansprechend und mit Teppich ausgekleidet, zum Teil sogar zweistöckig! Da sieht man, dass Software ein richtig großes Geschäft ist, und ich staune wieder einmal, denn mir sind die Anfänge der Computer durch meine Recherchen vor einigen Jahren präsent, als sich nur Akademiker und Freaks mit der Technologie beschäftigten. Ich betrachte gerade den Stand der Software AG, als sich plötzlich eine große Menschentraube auf den SAP-Stand zubewegt. Es ist doch tatsächlich die Bundeskanzlerin Angela Merkel mit ihrer Entourage an Presse, Beratern und Sicherheitsleuten. So nahe war ich noch nie dran an einer Berühmtheit! Abgesehen von Herrn Glos im vergangenen Jahr bei der SAP, aber der zählt nicht so richtig. Sie steigt auf die Bühne zu Henning Kagermann, dem Vorstandsvorsitzenden der SAP, den ich natürlich von der Presse her kenne. Er erklärt, dass die Bundeskanzlerin nun eine Demo über die Zukunft des Einkaufens sehen wird, und zwar in Second Life. Das lasse ich mir natürlich nicht entgehen. Eine Forscherin von SAP Research, Erica Dubach Spiegler, läuft mit ihrem Avatar „E3a" durch einen virtuellen Supermarkt und schaut sich die Regale mit erstaunlich realistisch anmutenden Produktverpackungen an. Auf dem Stand greift dann die Bundeskanzlerin, ohne zu zögern, zu den Tasten und fängt an, den Avatar selbst hin und her zu bewegen. Alle Achtung, Frau Bundeskanzlerin! Man sieht den beiden von SAP an, dass das so nicht geplant war, aber dann ist der Avatar wieder richtig positioniert, und die Demo geht weiter. So ein beherztes Eingreifen kann die schönste Choreografie ins Wanken bringen.

Alle sehen das Regal an der Wand hinter der Gruppe an, das aussieht wie das Regal in Second Life. Tatsächlich sind die zwei Regale – das echte und das virtuelle – miteinander verbunden, was in der Vorführung gleich klar wird. Die junge Dame auf dem Podium entfernt eine Packung Nudeln aus dem Regal, und schwups! verschwindet auch die Abbildung der Nudeln aus dem Gestell in Second Life. Und nach der letzten Packung Nudeln ist das Gestell auf dem Podest leer, und in Second Life gibt es einen Hinweis, man solle doch bitte das Gestell wieder auffüllen.

Das ist zwar ein guter Effekt, aber wie das funktioniert und den Sinn dahinter verstehe ich erst, als es der Bundeskanzlerin erzählt wird: An alle Nudelpackungen ist ein kleiner RFID-Transponder angeklebt, sodass das intelligente Gestell mittels RFID-Leser erkennt, wenn eine Packung entfernt wird. Diese Information wird in Second Life übertragen und dort angezeigt, sodass Geschäftsführer oder Produktverantwortliche von ihren Sesseln aus sehen können, welche Regale voll sind und welche aufgefüllt werden müssen. Wie im letzten Jahr wieder ein tolles Anwendungsbeispiel für diese neue Technologie. Werde ich gleich mit meinen Jungs besprechen. Die Einführung ist bei uns ja voll im Gange. Wir wollen Ende des Jahres unseren Feldversuch starten. Das mit Second Life ist pfiffig, aber vermutlich werden unsere „hohen Herren" wieder auf die Innovationsbremse treten, wie so oft.

Katrin ist übrigens nicht mehr in Second Life. Für SchülerVZ ist sie noch ein Jahr zu jung. Der Kinderschutz wird mittlerweile ernster genommen. Ich fühle mich ehrlich gesagt auch wohler dabei.

Infobox

Second Life und CeBIT

Virtuelle Welten im World Wide Web wurden nicht zuletzt durch den Spieltrieb vieler Internetnutzer ab Mitte des Jahrzehnts sehr populär. Die Heim-PCs verfügen sowohl über die Rechenleistung als auch die entsprechenden Grafikkarten, um diese 3D-Welten praktisch in Echtzeit abspielen zu können. Die 2003 vom **Linden Lab** gestartete Welt **Second Life** wuchs rasant und konnte über 15 Millionen Teilnehmer (quasi Bewohner) gewinnen. Das zog auch Unternehmen an, sich in Second Life zu präsentieren. Bezahlt wird in „Linden Dollar", die von Linden Lab gegen harte Währung ausgegeben und auch wieder zurückgetauscht werden. Angeblich soll es schon Linden-Dollar-Millionäre geben, die durch erfolgreiche Geschäfte in Second Life reich wurden.

Die weltgrößte Fachmesse für Informations- und Kommunikationstechnologie ist die jährlich im Frühjahr stattfindende **CeBIT** in Hannover. Sie wird regelmäßig am Eröffnungstag auch vom Bundeskanzler besucht. Beim Rundgang stellen Unternehmen ihm oder ihr die neuesten Innovationen vor. Traditionell ist die versammelte Weltpresse bei dem Rundgang dabei. ■

2009

Die Wissensoase im Wüstensand

23. September 2009

Ich traue meinen Augen nicht. Bislang haben wir immer zuerst auf die USA und dann vielleicht noch auf Indien oder China geschaut, wenn es um Innovationen ging – und nun das! Eine Pressemitteilung hat mich drauf gebracht:

„Die King Abdullah University of Science and Technology (KAUST) wird nach nur drei Jahren Bauzeit feierlich eröffnet. Mehr als 500 Studenten werden hier auf der grünen Wiese bzw. dem roten Wüstensand einmalige Studienbedingungen vorfinden. Gefördert durch ein entsprechendes Stipendium und angeleitet von einer Reihe von international führenden Professoren werden sich die Studenten u.a. mit Fragen zur Erforschung des Roten Meeres beschäftigen."

Der Text geht noch weiter und klingt zunächst nicht wirklich spannend. Aber ich habe einfach mal im Internet nach diesem Thema gesucht, und was da herauskommt, ist echt verblüffend. KAUST wird aus dem Nichts eine der reichsten Universitäten der Welt werden. Das Gründungsvermögen soll bei 10 Milliarden US-Dollar liegen. Der König von Saudi-Arabien will mithilfe von KAUST sein Land weltweit wettbewerbsfähiger machen für die Zeit, wenn die Ölquellen weniger üppig sprudeln. Obwohl die Saudis das nie aussprächen, denn sie sind überzeugt davon, noch lange über ausreichende Ölvorkommen zu verfügen.

Wenn man sich anschaut, was KAUST so plant, dann steckt jede Menge Informationstechnologie drin. Jeder Student hat Zugriff auf ein Hochleistungsnetz von Rechnern und kann in CPU-Stunden geradezu schwelgen. Was machen die damit? Na klar, Simulationen über die Ölvorkommen in Saudi-Arabien und dem Roten Meer entwerfen. Außerdem ist ihr Campus perfekt ausgestattet mit allerlei Sensorik, um etwa die Klimaanlagen oder andere Energieverbraucher zu steuern …

Aramco scheint der Schlüssel zum Glück zu sein. Das ist die saudische Ölfirma und somit wohl das reichste und umsatzstärkste Unternehmen der Welt. Kein Wunder also, dass sie die derzeit modernsten Anlagen installieren und Vorreiter im Einsatz vieler Hightech-Produkte sind. Allein deren Leitstelle in der Zentrale in Dharan hat eine der größten Bildschirmwände der Welt. Dort sehen sie ebenso die aktuellen Fördermengen jeder Bohrung als auch, wo in der Welt sich ihre Öltanker aufhalten. Gerade seit die Piraten vor rund zwei Jahren anfingen, die Öltanker zu kapern, ist diese Information besonders wichtig geworden.

Aramco setzt pro Tag mehr als eine Milliarde US-Dollar um. Das bedeutet im Jahr mehr als 350 Milliarden und damit wahrscheinlich mehr, als die meisten Länder dieser Erde als Bruttoinlandsprodukt erzielen. Bisher war Microsoft für mich das Maß der Dinge, aber jetzt …

Wenn ich es mir recht überlege, dann ist das vielleicht auch gar nicht so überraschend. Die Vereinigten Arabischen Emirate liegen ja auch dort. Wer kennt nicht Dubai mit seinem Sieben-Sterne-Luxushotel „Burj al Arab" und seiner ungebrochenen Bauwut – auch wenn seit gut einem Jahr die Preise purzeln und einige ehrgeizige Pläne aufgegeben wurden! Die Palmeninseln oder die Weltkugel sind schon wahre Weltwunder der Moderne. Auch Bahrain und Kuwait gehören dazu, allerdings sind sie nicht so in den Medien präsent. Dubai und Bahrain sind dabei sicherlich weltoffener als Saudi-Arabien, aber wie man sieht, darf man die Saudis nicht unterschätzen.

Auf den Webseiten von KAUST steht, dass sie bereits 2007 ihren ersten IT Summit hatten. Hier waren knapp zwanzig Experten aus USA und Europa eingeladen, über die Zukunft der Informationstechnologie zu diskutieren. Die Bilder zeigten eine geradezu feudale Umgebung. So würde ich unsere Informationsveranstaltungen auch gerne gestalten wollen. Durch die immer noch anhaltende Wirtschaftskrise sind wir allerdings froh, wenn wir uns im Unternehmen überhaupt weiterbilden dürfen.

Bei dieser Veranstaltung wurde auch über das Internet der Zukunft diskutiert. Es waren einige der Größen des Internets dabei, darunter der Chef-Technologe von Amazon, Werner Vogels, der damalige Forschungschef von Yahoo und auch der von SAP. Die Ausführungen von Werner Vogels zum Thema „Cloud Computing" waren faszinierend. Für ihn werde es in Zukunft eigentlich nur noch wenige Rechenzentren geben, sogenannte „Clouds". Dabei handelt es sich um Zigtausende, ja Hunderttausende von Rechnern, die mit anderen derartigen Rechenzentren eine „Cloud" bilden. Es wird wenige „Cloud"-Betreiber geben, etwa Amazon, Yahoo (da hat er wohl noch nichts von dem Chaos von dem Übernahmeversuch gewusst), eBay, IBM und vielleicht noch HP. Niemand brauche mehr eine eigene IT-Abteilung. Wir können alle unsere Anwendungen in seiner Cloud laufen lassen.

Na ja, heute sieht das noch nicht ganz so aus. Auch wenn alle von der Miet-Software, der sogenannten „Software as a Service", sprechen, so recht hat das noch nicht eingeschlagen. Sicherlich hat die Wirtschaftskrise auch die Software-Branche umdenken lassen und neue Geschäftsmodelle hervorgebracht. Aber ich kenne niemanden, der seine IT-Abteilung aufgegeben hätte. Auch wir vertrauen lieber zunächst unseren eigenen Leuten und nutzen nur hier und da mal Software-Dienste aus dem Netz. Der Öko-Rechner etwa, den wir jetzt einsetzen, um den CO_2-Bedarf von Produkten zu errechnen. Seit das Thema Nachhaltigkeit mehr und mehr salonfähig wurde, müssen wir alle uns darum kümmern. Ob das die Saudis oder ihre Nachbarn schon berührt? In Bahrain kostet eine Tankfüllung acht Bahrain Dinar, das sind rund sechzehn Euro. Aber KAUST selbst – so steht es in den Webseiten – wird nachhaltig gebaut …

Wer hätte das gedacht? Die Saudis und die Arabischen Emirate mischen jetzt auch im Hightech-Umfeld mit. Bedenkt man, dass zumindest die Emirate ersehntes

Paradies vieler Inder sind und Dubai gerade mal zwei Flugstunden entfernt – so weit wie von uns nach Mallorca –, dann könnte sich dort eine attraktive Wirtschaftszone bilden, die auch die Informationstechnologie nachhaltig beeinflussen kann. Mit den USA in der Krise und zugleich dem wachsenden Wohlstand im mittleren Osten könnten sich die indischen Experten bei der Wahl ihres zukünftigen Arbeitsplatzes von dem glorreichen Silicon Valley abwenden. „Armer Arnold Schwarzenegger", sage ich nur. Ohne Inder und Chinesen wird es im bisherigen Mekka der IT – die Metapher ist ja richtig pikant – nicht mehr ganz so einfach werden. Auch dort purzeln immer noch die Immobilienpreise, und viele Zugereiste haben Kalifornien den Rücken gekehrt. Präsident Obama wird zwar nicht müde zu verkünden, dass die Amerikaner es schaffen können. Aber die Banken haben weltweit ein Chaos angerichtet.

Ich behalte die Jungs aus dem Mittleren Osten auf alle Fälle mal im Auge. Wer weiß, vielleicht ergeben sich ja noch einige Möglichkeiten in der Zukunft.

Infobox

KAUST, Cloud Computing und SaaS

Die King Abdullah University of Science and Technology (**KAUST**) hat ihren Betrieb zum Wintersemester 2009/2010 in Thuwal in Saudi Arabien aufgenommen. Sie ist aufgrund einer Spende von 10 Milliarden US-Dollar eine der reichsten Universitäten der Welt.

Warum soll man sich teure Rechner und Festplatten kaufen, wenn man diese nach Belieben und Bedarf für relativ wenig Geld mieten kann? Hinter dieser Idee steckt das Geschäftsmodell **Cloud Computing**. Der Begriff ist (noch) nicht eindeutig definiert. Im Allgemeinen ist hiermit die zeitlich befristete Anmietung von Rechnern und Speicher gemeint. Einer der ersten großen Anbieter war **Amazon**, das zunächst auf diese Weise seine Rechenzentren besser auslasten wollte, aber mittlerweile daraus einen eigenständigen Service aufgebaut hat.

Mietsoftware oder auch Software as a Service (**SaaS**) ist ein neues Geschäftsmodell vor allem bei Unternehmenssoftware. Der Vorteil für das Unternehmen liegt darin, dass für den Betrieb der Unternehmenssoftware keine eigene IT-Abteilung benötigt wird. Auch entfallen die oft sehr kostspieligen Wechsel auf neuere Versionen der Software (sogenannte Upgrades), da dies vom Betreiber der Mietsoftware übernommen wird. Diese wiederum können kostengünstiger die Software für alle Kunden gemeinsam betreiben, als wenn jedes Unternehmen das selbst machen würde. Die Betreiber setzen dabei durchaus Cloud-Infrastrukturen ein. ■

2010

Wenn die Umgebung beginnt
mitzudenken

21. Januar 2010

Heute Abend saß ich mit Axel, Max und José zusammen. José ist jener berühmte Professor aus Darmstadt, den ich als junger Steppke in Berlin im Heinrich-Hertz-Institut das erste Mal kennengelernt habe. Er ist seit wenigen Wochen pensioniert oder wie man bei Professoren zu sagen pflegt: emeritiert. Max, der mir vor vielen Jahren gemeinsam mit Axel in Karlsruhe über den Weg gelaufen war, und José arbeiten, wie es der Zufall so will, heute gemeinsam. Und seit ich seit 2005 bei LinkedIn.com, einem der virtuellen Netzwerke, bin, findet mich praktisch jeder. Ich habe festgestellt, dass es oft nur maximal zweier Personen bedarf, um auf jemanden zu stoßen, den man kennt. So sind auch wir heute Abend zusammen gekommen. Social Networking heißt das auf gut Neudeutsch.

Wir saßen bei einem guten Glas Rotwein und einem tollen italienischen Essen zusammen und spekulierten gemeinsam über die Zukunft. Anschließend habe ich versucht, einige höchst interessante Ausführungen zusammenzufassen. Das Phänomen der „Umgebungsintelligenz" spielte dabei eine wesentliche Rolle:

„Der Fortschritt wird weitergehen. Durch das Hinzukommen von Nanotechnologie, von neuen Sensor- und Interaktionstechniken, durch die Konvergenz der Medien und durch das starke Aufkommen der Mobilität durch IT wird es zu einem neuen Paradigmenwechsel kommen. Der Mensch ist nicht mehr der ‚Be-Diener' der IT-Welt, sondern er wird von seiner Informationstechnologie ‚bedient'."

Damit meinte José, wie er auf meine Rückfrage erklärte, dass durch viele kleine Computersysteme, Sensoren und andere Elektronik die Software selbst erfasst, was uns etwa bei der Arbeit helfen kann. Als Beispiel nannte er ein System in einem großen Warenlager, das dem Packer einer Warensendung nicht nur mitteilt, wo sich die nächste Lieferposition im Regal befindet, sondern die Software ermittelt auch den kürzesten Weg für den Packer, und das Ganze erfährt er sowohl über einen Bildschirm als auch akustisch per Sprachausgabe. Und dabei ist der Mensch nicht allein, sondern dies gilt gleichermaßen auch für Dinge und für Maschinen. Da das Visuelle und das Interaktive dabei eine entscheidende Rolle spielen, wird die grafische Datenverarbeitung auch hierbei immer mehr zu einer Schlüsseltechnologie.

José fuhr dann mit seiner kleinen Vorlesung fort und erklärte mir zunächst, was es mit dem neuen Begriff „Ambient Intelligence" auf sich habe: „Durch die Konvergenz, d.h. das Zusammenführen von Telekommunikation, digitalen Medien und mobilen Endgeräten wurde eine neuartige Form von Kleinstrechnern erfunden. Das iPhone ist ein prominentes Beispiel. Ist das iPhone ein Telefon, ein MP3-Spieler, ein Minifernseher, ein Mini-Computer oder ein Navigationssystem? Eigentlich alles zusammen, ein richtiges Multitalent. Google hat auch vor Kurzem sein ,G1' präsentiert, und andere Hersteller haben ähnliche Geräte auf dem Markt. Die Fachwelt spricht hier vom ,Ubiquitous Computing' (s.a. Info-Box Kapitel 1997). Hat man so ein Gerät, dann kann man sich natürlich eine Reihe von solchen Hilfestellungen für den Benutzer vorstellen, etwa die automatische Ermittlung seines Standortes und was ,in der Nähe' sein könnte. Somit können solche Multitalente den Benutzer dabei unterstützen, etwa die nächste gelegene Haltestelle der Straßenbahn zu finden, oder zu ermitteln, welches der in der Nähe befindlichen Restaurants die besten Kritiken erhalten hat."

„Das mit den Restaurants", warf ich ein, „ist wirklich eine tolle Sache". Wir hatten gerade unsere Antipasti verspeist, und der Montepulciano mundete vorzüglich. Axel musste jetzt zum Zug. Er wollte noch weiter nach Bonn. Sein Kalender erinnert mich stark an meinen Zahnarzt. Der hat auch alle 20 Minuten den nächsten Termin. Wir verabschiedeten Axel und vertieften uns wieder in unser Gespräch, besser gesagt in Josés Vorlesung.

José führte dann weiter aus: „Die so entstandenen Umgebungen nennt man Intelligente Umgebungen. Mit solchen Lokations- und Sensortechnologien, integriert in intelligenten Umgebungen, entsteht das, was man heute ,Ambient Intelligence' nennt, ein neues Paradigma für die Informatik und Informationstechnik.

,Ambient Intelligence' ist die Vision von einer Welt, deren Umgebungen selbstständig, von sich aus, intelligent und situationsspezifisch auf die Bedürfnisse der in ihnen sich aufhaltenden Menschen eingehen können.

Die Interaktion des Menschen mit den intelligenten Umgebungen wird multimodal, d.h. Spracheingabe, eventuell Gestik und berührungsempfindliche Bildschirme, und multimedial, d.h. Sprachausgabe, Video und 3D-Simulationen. Die visuelle Kommunikation und somit die grafische Datenverarbeitung ist auch hier von entscheidender Bedeutung."

Das musste ich über der Pasta, Penne mit Trüffel, erstmal verdauen. Wenn José sich über sein Spezialgebiet auslässt, dann sind seine Ausführungen gespickt mit fachlichen Einzelheiten. Gott sei Dank ist er auch ein begnadeter Witzeerzähler. Leider kann ich mir die Witze nie merken, aber herzhaft lachen konnte ich mehrmals während unseres Plausches. Vor dem Hauptgang setzte José dann noch eins drauf:

„Miniaturisierung der Elektronik und drahtlose Kommunikationstechnik ermöglichen den Durchbruch zur ,intelligenten Umgebung': Kleinste Elektronikbauteile enthalten Mikrochips, Sensoren und Funkmodule. Sie verwandeln alle Gegenstände und Infrastrukturen, die den Menschen umgeben, von passiven Objekten in aktive Subjekte. Die eingebettete Elektronik bindet nicht nur Elektrogeräte, sondern die ganze Umgebung des Menschen – Kleidung, Bücher, Tische, Tapeten, Fenster, Rollos, Teppiche – in die Kommunikationsnetze ein und stattet sie mit zusätzlichen Funktionen aus. Mithilfe dieser Informationen kann die Technik selbständig Aktionen ausführen, sich an Veränderungen anpassen und Funktionen überwachen. Sie ‚denkt mit'. Solche vernetzten, integrierten Systeme – für Haus, Auto, Werkzeugmaschine und Kleidung – werden of als ‚intelligent' bezeichnet.

Sie bilden um den Menschen herum eine allgegenwärtige elektronische Assistenz. Die versteckt agierenden elektronischen Helfer sind allzeit bereit. Da die lokalen Netzwerke in die globalen Informations- und Telekommunikationsnetze eingebunden sind, kann der Mensch jederzeit und an jedem Ort alle gewünschten multimedialen Informationen abrufen. Die Vision der ‚intelligenten Umgebung' geht darüber hinaus – zu einer umfassenden Assistenz und aktiven Unterstützung, die dem Menschen Arbeit abnimmt und sich an die Wünsche und Bedürfnisse des Nutzers anpasst. Nicht der Mensch bedient die Technik, sondern die Technik bedient den Menschen." Hier haken Max und ich ein. Einerseits klingt das nach einem wahr werdenden Traum für alle, die sich täglich Stunden mit ihrem PC herumschlagen. Andererseits schürt es die Angst vor der allgegenwärtigen Kontrolle und Überwachung. José kontert trocken: „Ihr seid wohl auch von der Fraktion ‚Wir wollen uns waschen, ohne uns nass zu machen'." Das war's dann: 1:0 für ihn.

„Wenn die Medien- und Telekomtechnologien mehr und mehr konvergieren und das ‚Ubiquitous Computing' immer größere Fortschritte mit sich bringt, dann wird die Vision von ‚Ambient Intelligence' und den damit implizierten ‚intelligenten Umgebungen" immer mehr Wirklichkeit werden. ‚Hauptanwendungen' sind die Nutzungen in allen Lebens- und Arbeitsformen, das sogenannte ‚Ambient Assisted Living'."

Jetzt folgte der Hauptgang: eine Dorade in der Salzkruste. Wir genossen den Fisch und schwiegen für eine Weile. „Assistiertes Leben" – das klang irgendwie befremdlich und auch zugleich bedrohlich. Ich will nicht, dass mir jemand oder etwas beim Leben assistiert. Dass diese Wissenschaftler immer so komische Begriffe verwenden müssen. Ich fragte José, ob da nicht Orwells „1984" oder Huxleys „Schöne Neue Welt" und mit ihnen – nach der Assistenz – die totale Überwachung drohe. Er meinte dazu nur humoristisch, dass dies doch schon längst existiere. Ich solle mich doch nur mal umschauen. Was ich auch prompt machte und ihn so zu einem Lachanfall reizte. Was ich wahrnahm, war jedoch nur mediterranes Ambiente, kein intelligentes.

Es kam zum Abschluss ein vorzügliches Tiramisu. José beendete seine kleine Vorlesung: „Wir leben heute in einer ‚Internet-Welt'. Überträgt man die Grundideen von ‚Ambient Intelligence' und ‚Ambient Assisted Living' auf eine Welt der verteilten, intelligenten Umgebungen, so entstehen neue Visionen für die Kommunikation zwischen Menschen, also dem Internet der Menschen, für die Logistik mit intelligenten Produkten, das sogenannte Internet der Dinge, und das Anbieten und Erbringen von Dienstleistungen, eben dem Internet der Dienste. IKT wird zur Grundversorgung, etwas, das wie Wasser, Licht oder Telefon für jedermann und für alles, zu jeder Zeit und an jedem Ort und für jeden Zweck verfügbar und nutzbar sein wird. Multimedialität und Multimodalität sind dabei entscheidend und auch hier ist die grafische Datenverarbeitung eine der wichtigen Schlüsseltechnologien.

Wie sagte doch mein alter Chef Giloi immer so treffend: ‚Der Mensch ist ein Augentier' … und das gilt auch noch, wenn er sich in intelligenten Umgebungen bewegt und mit intelligenten Produkten in einer vernetzten Welt umgeht!"

Das war ein ebenso amüsanter wie lehrreicher Abend für mich. Ich danke den sozialen Netzwerken für ihre Existenz und die Möglichkeit, dass wir uns darüber in dieser Runde treffen konnten. Vielleicht ist der tatsächliche Nutzen einer intelligenten Umgebung doch nicht zwingend daran geknüpft, ein gesellschaftliches Horrorszenario wie bei Huxley oder Orwell entstehen zu lassen. Wir werden sehen.

Infobox

Ambient Intelligence und Ambient Assisted Living

Ein wenig scheut man sich ja schon, von der Intelligenz der Umgebung (**Ambient Intelligence, AmI**) zu sprechen. Es geht auch weniger um Intelligenz, sondern um Sensorik, die Eigenschaften wie Temperatur, Lichteinfall, Beschleunigung u.ä. erfasst. Diese Daten werden dann in Kleinstcomputern für gezielte Aufgaben analysiert, etwa um das Kühlaggregat zu starten, die Jalousie herabzulassen oder den Fahrer bei einem zu geringen Sicherheitsabstand zu warnen. All dies erfolgt durch unsichtbare, aber allgegenwärtige IT.

Ein wichtiges Feld für AmI wird die Betreuung der älter werdenden Bevölkerung sein. Damit auch gebrechlichere und kränkliche Mitmenschen länger in ihren eigenen vier Wänden bleiben können, werden mithilfe von AmI Dienstleistungen entwickelt, die bei der Bewältigung des Tagesablaufs helfen (**Ambient Assisted Living**). ∎

2011

Die neuen Internet-Adressen kommen

22. Juli 2011

Bei meinen täglichen Ausflügen ins Internet surfte ich heute eher zufällig ein echt spannendes Thema an – uns gehen die Internet-Adressen aus! Das wäre, als reichten plötzlich die vierstelligen Pin-Codes für unsere Bankkarten nicht mehr. Oder die inklusive Vorwahl elfstelligen Handy-Nummern müssten auf zwölf oder dreizehn erweitert werden. Das brächte Paul vielleicht ein wenig zur Besinnung, der hat ja schon seine dritte oder vierte Nummer. Wegen des neuen Handys, das es dann gratis immer dazu gibt. Aber wieso brauchen wir, und das ging aus dem Beitrag klar hervor, neue Internet-Adressen?

Derzeit haben etwa 20 % der Weltbevölkerung Zugang zum Internet, aber schon 75 % der vorhandenen IPv4-Adressen sind vergeben, gewissermaßen durch eine Internetelite. Vor uns liegt jetzt die große Aufgabe, das elitär geprägte Internet zu einem Internet für jedermann zu machen. Selbst in Deutschland sind noch circa ein Viertel der Haushalte nicht „im Netz", zumeist die älteren Leute oder jene mit geringem Bildungsstand.

Wenn wir es schaffen, das Internet jedem einzelnen der aktuell sechs Milliarden Menschen auf der Erde und den prognostizierten neun Milliarden im Jahr 2050 zugänglich zu machen, dann kann jeder Mensch im Internet ein Einheimischer werden und nicht nur ein sporadischer Besucher. Das erinnert mich an Katrins Ausflüge in „Second Life" und dem Supermarkt dort vor drei Jahren, der auf der CeBIT vorgestellt wurde. Auch wir haben uns dann daran versucht. Ich hatte Helmut überzeugt, dass wir das mal ausprobieren sollten. Der Aufwand hielt sich in Grenzen. Allerdings auch der Erfolg. Die „Internet-Community" zieht halt rasch weiter.

Damit wir alle „Internetizens" werden, braucht man natürlich technologische Innovation, aber zuallererst müssen wir daran arbeiten, dass die neue Version des Internet-Protokolls (IPv6) flächendeckend durchgesetzt wird. In einem Leitartikel prognostiziert Latif Ladid, Präsident des IPv6-Forums, dass als Ziel eine weltweite Abdeckung von 35 % bis 2015, 50 % bis 2020 und 75 % bis 2030 angepeilt wird, was – wenn man Asien als Maßstab betrachtet – mit den nötigen Mitteln und Bemühungen auch durchaus realistisch ist.

Das Problem ist, dass die Adressenvergabe eine grundlegende Bedeutung für das Internet hat. Das Internet wird zwar nicht zusammenbrechen, wenn uns die IPv4-Adressen ausgehen, aber die technischen Möglichkeiten werden drastisch eingeschränkt werden. Manche Experten meinen, dass Fortschritt damit im Keim erstickt wird, nicht nur vom technischen Aspekt, sondern auch von der wirtschaftlichen und sozialen Seite her. IPv4 ist inzwischen nur noch eine befristete Lösung, die mehr Probleme schafft als löst. Angst vor einer Verknappung der IP-Adressen gibt es schon länger. In den Anfangstagen des Internets, noch bevor die regionalen Vergabeorganisationen, die sogenannten Regional Internet Registries (RIR), gegründet wurden und das World Wide Web seinen Triumphzug antrat, wurden die Adressen recht großzügig vergeben. Von den RIR gibt es zurzeit weltweit fünf Organisationen, die jeweils einen Teil der Welt abdecken. Für Europa ist das Réseaux IP Européens Network Coordination Centre (RIPE NCC) zuständig. Weil aber früh klar war, dass die Adressen schnell ausgehen werden, wurden Änderungen in der Zuweisungspolitik und der Technologie eingeleitet. Die Adresszuweisung richtete sich von nun an mehr nach dem tatsächlichen Bedarf. Zu den Schlüsseltechnologien innerhalb IPv4 gehört „Network Adress Translation" (NAT). Per NAT können private Netzwerke, die Adressen aus einem bestimmten Adressbereich verwenden, die jeder in seinem eigenen Netzwerk nutzen kann, mithilfe einer beschränkten Anzahl öffentlicher IP-Adressen mit dem Internet verbunden werden. So reduziert sich der Verbrauch von IPv4-Adressen. Allerdings hat die Verwendung von NATs auch zwei bedeutende Nachteile: Zum einen verhindert sie die direkte Kommunikation von Gerät zu Gerät, weil man ein zwischengeschaltetes System benötigt, das die Kommunikation von privaten Adressen über das öffentliche Internet ermöglicht.

Noch schwieriger wird die Sache dadurch, dass das System zwei verschiedene Klassen von Computern schafft: jene mit öffentlichen Adressen und jene mit privaten Adressen. Dadurch entstehen zusätzliche Kosten bei Einrichtung und Pflege der Netzwerke sowie beim Entwickeln von Anwendungen.

Ich habe mir das mal an meinem eigenen kleinen Heimnetzwerk klar gemacht. Wir haben zuhause jetzt zwei PCs: einen für mich und einen für Nicoletta. Dazu habe ich noch eins dieser leichten Netbooks, mein aktuelles Lieblingsspielzeug. Macht also drei Geräte … halt, nein, vier – da ist ja noch der iPod touch von Nicoletta, der hat ja auch einen drahtlosen Netzwerkanschluss. Alle hängen über so ein drahtloses WLAN-Router-Modem am Internet. Der Router hat eine dieser öffentlich bekannten IP-Adressen, vergleichbar der zentralen Telefonnummer unserer Firma, während die vier anderen nur interne Adressen haben, analog zu den Telefonen in den Büros, bei denen wir uns untereinander über die Kurzwahl anrufen.

Die Verfügbarkeit von IPv4-Adressen könnte auch mit anderen Methoden verlängert werden. Dass es inzwischen einen Markt gibt, auf dem IPv4-Adressen gehandelt werden, könnte Unternehmen einen Anreiz bieten, ihre ungenutzten Adressen zu verkaufen. Allerdings gelten IP-Adressen genaugenommen nicht als Besitz. Zudem laufen sie Gefahr, zu einer kostspieligen Ressource zu werden, und zwar ausgerechnet für jene, die ohnehin ärmer sind, die Schwellen- und Entwicklungsländer. Deshalb stehen die RIRs der Entwicklung eines solchen Markts bislang skeptisch gegenüber. Das habe ich mir so noch nie überlegt. Was wäre, wenn ich meine Telefonnummer kaufen müsste? Oder beim Kauf des nächsten Laptops eine „IP-Adresse" erwerben müsste? Mit Paul habe ich ja schon heftig darüber diskutiert, ob wir nicht auf Linux gehen, um die Lizenzgebühren für Windows zu sparen. Über die IP-Adressen haben wir dabei überhaupt nicht gesprochen.

Aber tatsächlich habe ich vor einigen Wochen bereits die ersten Versteigerungsangebote für IPv4-Adressen bei eBay entdeckt, Mindestgebot 100 Euro. Das ist noch nicht besonders spektakulär, aber teilweise verzögern sich die Adressvergaben in einigen Regionen bereits, sodass dieser Markt durchaus noch Entwicklungspotenzial besitzt. Aufgeschreckt hat mich auch ein informeller Krisengipfel, den die G7-Staaten soeben gemeinsam mit den BRIC-Staaten (Brasilien, Russland, Indien, China) durchgeführt haben. Hier ging es noch nicht so sehr um die Adressproblematik, sondern vordergründig eher um Themen wie das „Internet der Dinge" oder „Mobile Internetgeräte". Da das neue iPhone III jetzt auch in den BRIC-Staaten verkauft wird, wird der Druck auf das bestehende Adresssystem sprunghaft und immens anwachsen. Eine ganze Generation preiswerter und mobiler Internetgeräte überschwemmt seit einiger Zeit die Schwellenländer und trägt ihren Teil zur wachsenden Nachfrage bei.

Eine Alternative wäre, bereits zugeteilte Adressblöcke, die nicht oder kaum genutzt werden, wieder zurückzufordern. Die technische Durchführung könnte sich aber schwierig gestalten, sodass man hier den Nutzen einer verlängerten Lebenszeit des Adress-Pools gegen die möglichen entstehenden Kosten abwägen müsste.

Latif führt in seinem Artikel dazu aus, dass solche Lösungen zwar für eine kurze Atempause sorgen, aber früher oder später der bestehende IPv4-Pool der steigenden Nachfrage nicht mehr gerecht werden wird. Wenn man zu lang an IPv4 festhält, riskiert man eine unnötige Verkomplizierung und eine Zersplitterung des globalen Internets. Die schnellstmögliche Einführung von IPv6 wäre also die bessere Taktik. Alles läuft über IP, und IP läuft überall. Das sagt Latif, und das finde ich echt spannend. Was wäre, wenn es morgen nur noch ein Netzwerk gäbe, d.h. keinen Unterschied zwischen Telefonnetz, Datennetz, Fernsehnetz und gar Stromnetz mehr? Kommende Innovationen in der Internettechnologie werden eine neue Welt der Kommunikation schaffen und neue Geschäftsmodelle ermöglichen, die in Ausmaß und Effizienz ihre Vorgänger weit übertreffen. Das Erfolgsgeheimnis des Internets liegt in seiner Einfachheit und darin, dass es so kostengünstig einsetzbar ist. Dabei müssen aber Latif zufolge ein paar wichtige Grundregeln beachtet werden: Als wichtigste bezeichnet er die Einhaltung des sogenannten „Endpunkt-zu-Endpunkt"-Prinzips, d.h. die direkte Verbindung von der anfragenden IP-Adresse zur Ziel-IP-Adresse.

Im Moment bewegen wir uns vom InterNET auf ein InterNAT zu. Es liegt jetzt an uns, eine Kehrtwende zu machen und das „Endpunkt-zu-Endpunkt"-Prinzip wiederherzustellen. Und hier kommt die neue Version des Internet-Protokolls IPv6 ins Spiel. Anwenderbezogene Technologien und Inhalte sind es, die das heutige Internet von früheren Netzwerken abheben. 75 % des Internet-Verkehrs verläuft heutzutage über Peer-to-Peer (P2P), d.h. die direkte Kommunikation zwischen zwei Endsystemen, an denen dann im Allgemeinen auch jeweils die beiden Nutzer sitzen.

Die User haben sich emanzipiert, indem sie das Internet so nutzen, wie es ursprünglich gedacht war. Der Fokus liegt zunehmend auf P2P und nicht mehr nur auf Client-Server-Architekturen. IPv6 wird die benötigten P2P-Funktionen unterstützen und das Internet so für Bereiche nutzbar machen, die bisher noch nicht erschlossen waren.

Laut Latif wird bis zum Jahr 2030 die Vernetzungsdichte des Internets auf unserem Planeten höchstwahrscheinlich so eng sein wie das Kapillarsystem des menschlichen Blutkreislaufs. Der Transfer von Informationen und Entscheidungen in jeden Winkel der Erde und auf jedes beliebige Gerät wird so lebenswichtig sein wie Sauerstoff. Stattfinden wird dieser Austausch vornehmlich drahtlos über leistungsstarke Hochleistungsnetze als weltweites „Rückgrat". Dieses Netz wird Orte abdecken, die mit festen Leitungen zuvor nicht erreichbar waren. In diesem Zusammenhang erinnere ich mich schmunzelnd an das wild entschlossene Zukunftsbekenntnis des damaligen Wirtschaftsministers Glos zum dritten nationalen IT-Gipfel vor drei Jahren, als er davon sprach, das Breitband bis zum letzten Gebirgsbauernhof und zu jeder Hallig bringen zu wollen. Das hörte sich fast so an, als wolle er selbst die Republik durchwandern, ein unsichtbares Netz hinter sich herziehend. Allerdings war es von da auch nicht mehr weit bis zu seinem Rücktritt und bis zu unserer Skihütte im Oberallgäu hat er es bis dahin offenbar noch nicht geschafft, jedenfalls verfügte die über keinen Internetanschluss. Sonst hätte sich Paul jeden Abend nicht so gelangweilt. Ich fand das prima. Aber hier geht es nicht um die persönlichen Vor- und Nachteile ständiger Erreichbarkeit, sondern um eine neue technologische Dimension. Na ja, Glos ist ja jetzt auch schon lange weg von der großen politischen Bühne. Die Ausdehnung des Breitbandnetzes ist aber ein weltweites Thema, wie man aus verschiedenen Berichten zu Europa oder auch Australien entnehmen kann.

Das simple, aber effektive Internet-Protokoll in IPv6, das in allen Geräten, von Nanotechnologie über Sensoren bis RFID, integriert sein wird und damit nahtlose Kommunikation ermöglicht, wird die Informationsgesellschaft entscheidend verändern. „Intelligente Geräte" werden unser soziales Umfeld umgestalten und verbessern. Manche Geräte werden sich mit uns unterhalten, manche werden uns unterrichten, uns führen, uns als Warnsystem dienen, über unsere Gesundheit wachen, uns politisch beraten, sie werden unser Blackjack-Partner sein, unser Diät-Coach, unser Börsenexperte, unser Spielgefährte, unser Steuerberater, unser Butler und unser Chauffeur, und manche werden zu Freunden werden. Aber manche werden auch „Spam" produzieren, Viren anziehen, uns Albträume bereiten, eine Quelle täglichen Ärgers sein – wie manche Menschen eben auch!

Latif sagt voraus, dass im Jahr 2030 fünfzehnjährige Teenies als die globalen Weltbürger, die sie sind, ihre Musik- und Kunstleidenschaft mit ihren Freunden in Foren diskutieren und über ihr eigenes „MyTube" von ihren Smart Devices aus ihre neuesten Kreationen und Entdeckungen austauschen. Ob der Paul kennt? Der macht das nämlich heute schon so. Er „chattet" mit Gott und der Welt, als ob es die Kumpels von der Nachbarstraße wären. Brauchen wir da wirklich noch zwanzig Jahre? Andere werden ganze Filmreihen in 10 TeraB-USB dabeihaben, die sie auf ihren mobilen TV-Geräten anschauen, die bereits 2012 populär sein werden. Über 1.000 Fernsehsender wird man übers Internet per Global Mobile Gigaband bei einer Reaktionszeit von nur 50 Millisekunden empfangen können.

Allein in den vergangenen zehn Jahren wurden so viele Daten produziert wie davor in der gesamten Weltgeschichte. 2030 werden wir für diese Menge nur noch ein Jahr brauchen. Nur mit leistungsstarken Suchmaschinen, die besonders auf Audio- und Videodateien spezialisiert sind, können wir dann noch den Überblick behalten. Ein wichtiges Thema in der Forschung wird also sein, wie grobkörnig man die Suchvoreinstellungen definiert.

Wenn ich mir das so recht überlege, dann finde ich „Googeln" eigentlich ziemlich nervig. Da entdecke ich doch selten genau das, was ich suche. Aber was soll so eine Suchmaschine auch machen, wenn sie nur einen Begriff hingeworfen bekommt? Da finde ich die Geschichten um das sogenannte „Semantische Web" viel spannender. Was wäre, wenn die Maschinen verständen, nach was ich „wirklich" suche? Ich habe da neulich von einem großen Kongress in Berlin gelesen. Dort wurden die Ergebnisse des Forschungsprogramms „Theseus" vorgestellt, dem „Leuchtturmprojekt" in Deutschland zum Thema „Internet der Dienste" mittels „Semantischem Web". Dabei wird gar nicht mehr von der Suchmaschine gesprochen, sondern ausschließlich vom „Finden". Das „finde" ich echt besser. Die wollen das Internet der Dienste in Zukunft allen zugängig machen. Das sollte Ladid sich auch mal anschauen.

Eine der innovativsten Neuheiten, mit denen man in den nächsten Jahren rechnen kann, ist das Prinzip des natürlichen Zugangs zu Umgebungsinformationen und deren Verarbeitung. Vermutlich wird das iPhone bald durch die iGlasses abgelöst, bei der Blickfokussierung und Wimpernbewegung die Maus ersetzen und das Bild zu jeder beliebigen Größe projiziert werden kann, von Palm-Bildschirmformat bis zu HDTV, je nachdem, welche Anwendung angeklickt (beziehungsweise angeblinzelt ;-)) wurde. Der Computer wird praktisch verschwinden, vollständig in beliebige Geräte oder Sensoren integriert, die unsere fünf Sinne (Sehen, Hören etc.) optimieren.

Nachtrag vom 17. Dezember 2011

Das Problem mit den ausgehenden Internet-Adressen ist gelöst. Eine UNO-Sonderversammlung hat wegen eines plötzlich drohenden Kollapses im Internet-Verkehr das Grundrecht eines jeden Menschen auf eine eigene Internet-Identität und -Adresse ausgerufen. Gleichzeitig wurde beschlossen, das neue IPv6 mit Jahresbeginn 2012 zur neuen Basis des Internet-Verkehrs zu machen. Diese Einführung und Umstellung wird für die meisten Nutzer völlig unbemerkt vonstatten gehen, die wenigsten haben sich ja bislang mit ihrer IP-Adresse beschäftigt. Das wird auch in Zukunft so bleiben. Aber der Wandel unter der Oberfläche wird die oben beschriebenen Möglichkeiten der Anwendung geradezu revolutionieren.

Infobox

IPv6 und P2P

Tatsächlich wurde **IPv6** bereits 1998 (!) vom zuständigen Standardisierungsgremium, der Internet Engineering Task Force (**IETF**), als Standard verabschiedet. Trotzdem dauerte es rund zehn Jahre, bis die ersten größeren Organisationen darauf einschwenkten. Das bisherige Internet Protocol, auch IPv4 bezeichnet, ist durch die starke Verbreitung des Internets so zentral, dass sich niemand so richtig an die Renovierung herantraut. Erst die seit 2008 geführte Diskussion um die Adressenknappheit aufgrund des rasant wachsenden mobilen Internets und der zu erwartenden Umgebungsintelligenz (siehe Kapitel 2010) bringt Bewegung in die Einführung. IPv6 und IPv4 werden sicher noch lange nebeneinander bzw. miteinander existieren.

Die direkte Kommunikation zwischen zwei Rechnern ohne über einen Vermittlungsknoten im Netz bezeichnet man als Peer-to-Peer (**P2P**). P2P-Netze sind zumeist selbst organisierend, d.h. kommt ein neuer Rechner dazu, dann meldet er sich, und seine Partner, die Peers, bestätigen, dass sie ihn entdeckt haben. Auf diese Weise können vor allem auch Kleinstrechner, sogenannte Sensorknoten, schnell ein komplettes Sensornetz aufbauen, ohne dass ein Systemadministrator eingreifen muss. ■

2012

Fünfzig! – Mit allem, was das Herz begehrt

4. September 2012

Wer wird schon gerne älter? Zunächst glaubt man mit Passieren der 30er, man habe bereits einen gewissen Früh-Seniorenstatus erlangt, die 40er-Hürde nimmt man dann mehr oder minder gelassen, aber bei Erreichen der 50 zählt man sich plötzlich zur Altersgruppe der UHUs („unter Hundert"). Den Bammel vor diesem Tag, verbunden mit dem natürlichen Stolz auf ein rundes Lebensjubiläum habe ich ganz gut kompensiert. Unter anderem habe ich mir selbst ein schönes Geschenk gemacht. Aus Faulheit – oder gereifter Effizienz? – kopiere ich die folgende Mail ins Tagebuch:

04. September 2012
An: Wolfgang@ETH.EDU.CH Von: Heinz@MesseGMBH.DE
Betreff: Geburtstag

Lieber Wolfgang,
heute werde ich 50, und zur Feier des Tages habe ich mir eine neue holografische Kamera mit WiMAX-Schnittstelle mit 10 Gigabit/Sekunde zugelegt. Zum Glück ist seit Anfang des Jahres die flächendeckende Einführung von IPv6 pünktlich abgeschlossen! In den letzten Jahren sind Milliarden internetfähiger Geräte produziert worden, und nachdem letztes Jahr die allerletzten IPv4-Adressen vergeben worden sind, hätte das Internet ohne den neuen Spielraum bei der Adresszuweisung gar nicht fortbestehen können. Es ist wirklich praktisch, mit so vielen technische Spielereien online zu sein. Die Fotos, die ich mit der HOLO-G10 mache, werden automatisch über meinen Heimserver hochgeladen und in mein Blog und mein Picasa-Album eingebunden.

Im Jahr 2008 wurde viel über das „Internet der Dinge" diskutiert, und einige der Vorhersagen sind heute tatsächlich Realität geworden. All diese programmierbaren Geräte können sowohl untereinander als auch mit Servern kommunizieren. Als Konsequenz wurden in kürzester Zeit zahlreiche Dienste entwickelt, die für den Benutzer das Gerät bedienen. Die Unterhaltungsmedien haben sich seit meiner Jugend ganz schön verändert. Statt bloß einer Handvoll Fernseh- und Radiosender gibt es jetzt buchstäblich Millionen von Audio- und Video-Unterhaltungsquellen.

Es gibt kein festes Programm mehr, sondern man wählt einfach per Websuche oder Verzeichnissen aus, was man gern sehen oder hören möchte. Ein Unterhaltungsmanagementdienst lädt automatisch alles, was man möchte, auf den eigenen Server runter, sodass man es auf jedem geeigneten Abspielgerät anschauen oder anhören kann – egal ob im Haus, im Auto, im Büro oder direkt aus der Jackentasche. Und seit die PDAs Geschwindigkeiten von mehreren Mega- oder sogar Gigabits pro Sekunde schaffen, ist es auch kein Problem mehr, Mediendateien jederzeit abzuspielen oder zu streamen.

Letzten Sonntag wollte ich mit Nicoletta Risotto kochen, also haben wir schnell nach Rezepten gesucht – Du weißt schon, mit der neuen ServFindermaschine, die mit der neuen Semantik, echt toll! – und bei YouTube ein Video gefunden, das wir auf dem videofähigen Kühlschrank abspielen und dann einfach den Anweisungen folgen konnten. Ich kann mir kaum vorstellen, wie wir es noch vor einem Jahrzehnt ohne diese Annehmlichkeiten ausgehalten haben! Aber es überrascht mich, wie schnell wir uns daran gewöhnt haben, überall und jederzeit zu allen möglichen Informationen Zugang zu haben. Dazu hat sicher die geografische Indexierung der Daten beigetragen. Letztes Jahr waren wir im Urlaub in Amerika und hatten beschlossen, ein Hausboot zu mieten und damit ein paar Tage lang auf dem Lake Powell in Arizona zu schippern.

Während wir auf dem Weg in die kleine Stadt Page waren, besprachen wir, was wir zum Kochen auf dem Boot einkaufen sollten und entschieden, dass wir gern Paella machen würden. Mein erster Gedanke war: „Wie sollen wir in diesem Kaff an Safran kommen?". Da mein iPhone passablen digitalen Empfang hatte, suchte ich nach „Page Arizona Supermarkt Safran" und fand eine Webseite, auf der es außer dem Namen und der Adresse eines Ladens auch eine kleine Karte gab. Ich klickte auf die Telefonnummer und fragte die Stimme, die sich am anderen Ende meldete, ob sie Safran vorrätig hätten. Es wurde nachgeschaut, und man sagte mir ja, also folgten wir der Landkarte zum Geschäft und kauften den Safran für unsere Paella. Es ist doch verblüffend, dass man dermaßen viele Informationen einfach in der Hosen- oder Handtasche mit sich tragen kann. Wären die allerdings in Page so modern eingerichtet gewesen wie der neue supermoderne Laden in Regensdorf in der Schweiz, dann hätten wir sogar schon gleich die Ware mithilfe der ServFinder-Maschine bestellen können, und sie hätte dann zur Abholung bereit gelegen. Gezahlt hätten wir mit unserer neuen Handy-Kreditkarte – wirklich praktisch.

Weißt du, Wolfgang, die Sache mit dem Internet wird langsam wirklich interessant. Inzwischen sind drei Milliarden Menschen online, viele davon per Handy, und ich habe gelesen, dass die Europäische Weltraumorganisation, die NASA und andere nationale Raumfahrtorganisationen Systeme einsetzen, die das Internet auf der Erde mit Raumsonden vernetzen, von denen immer mehr in Umlauf gebracht werden. Das Interplanetarische Internet wird langsam betriebsfähig.

1998 haben Forscher im amerikanischen Jet Propulsion Laboratory[1] es sich erstmals zum Ziel gesetzt, eine umfassende Vernetzungsfähigkeit bis ins All auszu-

---

[1] Labor des kalifornischen Technologieinstituts Caltech, das sich mit dem Bauen und Steuern von Satelliten und Weltraumsonden beschäftigt

dehnen. Mit dieser neuen Protokollarchitektur im Hinterkopf wurde das Deep Space Network so überarbeitet, dass man jetzt mit Raumfahrzeugen, die Milliarden von Kilometern entfernt sind, so einfach kommunizieren kann, als würde man im Internet surfen. Natürlich gibt es durch die astronomischen Entfernungen und die gähnend langsame Geschwindigkeit des Lichts eine Zeitverzögerung! Dank neuartiger optischer Kommunikationstechnologien können Datenpakete mit Geschwindigkeiten von 200 MB pro Sekunde ins All übermittelt werden, sodass Forscher viel genauere und detailliertere Informationen erfassen können. Durch die umfassende Vernetzungsfähigkeit werden komplexe Missionen möglich gemacht. Mehrere Raumfahrzeuge können lokal untereinander, mit in der Umlaufbahn kreisenden Satelliten oder mit Anlagen auf der Erdoberfläche kommunizieren, oder sie können zum Beispiel nebeneinander im Tandem in der Umlaufbahn fliegen, um Interferenzmessungen im Weltraum durchzuführen. Ich freue mich darauf, in den kommenden Jahren und Jahrzehnten diese Technologien bei bemannten und unbemannten Missionen in Betrieb zu sehen.

Genau wie damals IPv6, das ja schon 1990 entwickelt wurde, aber sich erst Jahre später wirklich durchsetzen konnte, hat das Interplanetarische Internet auch mehr als ein Jahrzehnt gebraucht, um zu seiner heutigen Form zu finden. In solchen Dingen zählt wohl Ausdauer!

Wolfgang, ich schicke Dir die URL zu meinem Fotoarchiv, damit Du dir ein paar interessante 3D-Bilder von meiner neuen HOLO-10G anschauen kannst. Melde dich mal. Ich hoffe, wir sehen uns in zwei Wochen in Beutelsbach beim Wiedersehenstreffen mit den Kollegen!

Mit herzlichen Grüßen, Heinz

Infobox

WiMAX, Hologramme und Picasa

Seit Jahren gibt es vor allem in den USA Bestrebungen der Städte, sich beim Internetzugang von den Telekomgesellschaften unabhängig zu machen. Mithilfe von **WiMAX** (Worldwide Interoperability for Microwave Access) kann man sich sowohl mit bestehenden DSL- oder UMTS-Netzen verbinden als auch ein eigenes lokales Internet aufbauen. In Deutschland gibt es seit 2005 erste kommerzielle Angebote.

Ein **Hologramm** ist ein derart aufbereitetes fotografisches Bild, dass es eine echt dreidimensionale Darstellung wiedergibt.

Picasa ist eine von Google zum Download bereitgestellte Software zur Erstellung von Webfotoalben. ∎

2013
Handel im Wandel

23. Juli 2013

Es ist sechs Uhr abends, und ich sitze mit einem Glas frisch gepresstem Orangensaft in meinem Sessel. Es ist schon unglaublich, wie sich das Leben in den vergangenen Jahren verändert hat. Die Leute werden immer älter, einiges hat wohl auch damit zu tun, dass sie sich immer gesünder ernähren. Auch bei mir habe ich einen solchen Wandel festgestellt. Während ich vor einigen Jahren noch geraucht und ab und zu ein Gläschen zuviel getrunken habe, genieße ich heute viel lieber meinen Fruchtsaft. Die Technik ist eindeutig mehr auf die Gesundheit des Menschen ausgerichtet, als dies früher noch der Fall war.

Biosensoren in meinem neuen Medico-Checker lesen Gesundheitswerte wie Blutdruck, Blutzucker oder die Leberwerte aus. Mein digitaler Assistent wertet diese Informationen aus und berechnet daraus automatisch meinen persönlich abgestimmten Menü- bzw. Diätplan. Diese Daten werden auch meinem Arzt automatisch weitergeleitet, der meine Werte so viel effektiver überwachen kann. Das ist möglich geworden, weil die Bundesregierung endlich eine Lösung für die Gesundheitskarte gefunden hat. Nach zähem Ringen wurde schließlich eine zeitgemäße Nutzung des Internets für Gesundheitsdaten möglich. Nachdem ich mich mit meinem Diätplan angefreundet habe, wird dieser an meinen Kühlschrank weitergeleitet, der den Bestand prüft und die fehlenden Zutaten automatisch bestellt. Den neuen Kühlschrank haben wir uns vor drei Monaten zugelegt. Er ist mittlerweile unser dreißigstes Gerät mit Internetanschluss.

Zum Glück ist meine Tochter Katrin gerade nicht anwesend. Sie würde mir sonst einen Vortrag über den Carbon-Footprint[1] der von mir bestellten Waren halten. Aber für mich, der ja viel unterwegs ist, ist es eben einfacher die Waren automatisch zu bestellen, als die Herkunft jeder einzelnen Ware zu überprüfen und entsprechend zu bestellen. Und erst das Kochen! Das habe ich inzwischen kräftig geübt. Über einen Knopf am Herd kann ich mir das komplette Rezept auf den Kühlschrankbildschirm projizieren lassen. Und falls mich Katrin danach fragt, woher die einzelnen Zutaten stammen, so kann ich mir diese Informationen direkt anzeigen lassen. Bis auf den Hof genau kann ich herausfinden, woher Fleisch, Fisch oder Gemüse aus meinem Kühlschrank stammen. Für heute steht Pasta auf dem Programm. Ich frage mich, ob die Pasta auch frei von Gluten ist, wo doch mein Sohn Paul unter Zöliakie leidet und heute mit mir essen will. Ein kurzes Antippen des Knopfes „Al-

---

[1] Gemessener Kohlenstoff-Ausstoß, der bei Herstellung und Logistik eines Produkts entsteht

lergie-Check" lässt mich aufatmen. Die Information auf meinem Display verrät mir, dass die Pasta tatsächlich frei von Gluten ist. Wenn Nicoletta da wäre, würde sie das natürlich selber wissen. Tja, mit Pasta kennt sie sich halt aus.

Ich genieße die Tatsache, dass ich mir die Waren direkt nach Hause liefern lassen kann und dafür nicht mehr im oft überfüllten Warenhaus einkaufen muss. Meine Tochter Katrin geht viel lieber selbst in den Laden, als sich die Waren direkt und automatisch nach Hause liefern zu lassen.

Die technische Entwicklung hat in den vergangenen Jahren einen riesigen Sprung gemacht. Katrin kauft sehr gerne Kleider für sich und kann dabei auch schon einmal den Großteil eines Tages in den verschiedenen Geschäften verbringen. Dabei wird ihr Shoppingerlebnis durch verschiedene technische Errungenschaften erleichtert. Ich erinnere mich noch, wie mühsam es früher war, wenn man in der Garderobe bemerkt hatte, dass die ausgewählte Hose doch eine Nummer zu klein war. Heute muss man sich dazu nicht erneut anziehen, um im Regal eine größere, passende Hose zu finden. Über einen in der Garderobe eingebauten Touch-Screen ist es Katrin möglich, mit dem Verkaufspersonal direkt Kontakt aufzunehmen und die Verkäuferin zu bitten, eine andere Hose für sie zu bringen.

Die größere Hilfe für Katrin ist jedoch der interaktive Spiegel in der Garderobe. Zu meiner Zeit war ein Spiegel noch einfach ein Spiegel. Heute ist ein Spiegel in der Garderobe in der Lage, ein Kleidungsstück dem Kunden als Hologramm anzuziehen. Katrin hat damit die Möglichkeit zu sehen, ob das Kleidungsstück passt, ohne es selbst tatsächlich anziehen zu müssen. Vor einiger Zeit hat sich Katrin dazu überwinden können, ein 3D-Scan ihres Körpers anfertigen zu lassen. Mithilfe dieser Daten ist es dem System nun möglich, Katrin die Kleider anzubieten, die ihr auch passen. Nach dem Verlassen der Garderobe hat Katrin zudem die Möglichkeit, sich mithilfe ihres Handys über weitere Details der einzelnen Produkte wie z. B. deren Herkunft zu informieren. Am Ende ihres Einkaufs genießt es dann jedoch selbst Katrin, wenn sie nicht mehr mühsam im Geldbeutel kramen muss, sondern die Rechnung bequem per Handy-Kreditkarte bezahlen kann.

Mein innovationsbegeisterter Sohn Paul ist da das komplette Gegenteil: Je mehr Technik im Spiel ist, desto größeren Spaß scheint Paul bei der ganzen Sache zu haben. Obschon er, wie ich, die Einkäufe meist von zu Hause aus erledigt, ist er im Vergleich zu mir viel interaktiver, wenn es darum geht, das für ihn richtige Produkt zu finden.

Für Paul beginnt der Kauf eines neuen Produkts vor seinem Computer. Über verschiedene Foren macht er sich schlau über die verschiedenen Varianten der einzelnen Produkte. Es kann schon einmal vorkommen, dass Paul einen ganzen Tag damit verbringt, Testberichte zu lesen, oder Bewertungen von anderen Personen einzuholen.

In der heutigen Zeit wird die Diskussion über die einzelnen Produkte auf diesen Seiten viel öffentlicher geführt als früher. Das ermöglicht den Herstellern im Gegenzug, Trends schneller zu erkennen und so rascher auf die Bedürfnisse der Kunden zu reagieren. Dies wird durch die Produzenten noch dadurch gefördert, dass sie

Websites aufschalten, wo die Kunden explizit Wünsche und Verbesserungsvorschlä-
ge für die einzelnen Produkte anbringen können. Dieses Jahr wurde bereits eine
Reihe von Produkten auf den Markt gebracht, die mithilfe von Web 3.0 nur durch
die Kunden entwickelt wurden. Die haben sich da zusammengetan und ausgetauscht. Ist schon verrückt. Da kannst du dir deinen eigenen mobilen Video-Player
entwerfen, und wenn genügend Leute mitmachen, bauen die das Ding auch noch.
Die Kreativität eines Steve Jobs wird jetzt durch eine ganze „Gemeinde" überflügelt.
Na ja, die Apple-Freunde bleiben dir ja erhalten.

Paul geht nur noch selten selbst in einem Geschäft einkaufen. Und wenn er es
dennoch tut, dann ist auch hier das Erleben der Technologie ein absolutes Muss.
Während des Tages sammelt er über sein Handy Angebote von Werbeschildern,
Plakatwänden, aus Radiosendern oder Onlinespielen ein. Manche Ketten haben wie
damals auf der CeBIT ihre „Einheitsläden" in „Second Life" nachgestellt. Paul kann
sich dort bereits virtuell mit dem Produkt vertraut machen.

Im Laden angekommen wird er ohne Umwege zum richtigen Regal gelenkt,
kann dort die Ware begutachten oder ohne Begutachtung sich nach Hause schicken
lassen. Dazu schnappt er sich als Erstes einen digitalen Einkaufsassistenten. Dieser
intelligente Einkaufswagen hat mit dem Einkaufswagen aus der Zeit meiner Jugend
nicht mehr viel gemein. Über das eingebaute Display hat Paul die Möglichkeit, dem
System mitzuteilen, welche Produkte er sucht. Umgehend wird die kürzeste Route
berechnet und auf dem Display angezeigt. Vorbei sind die Zeiten, wo das Verkaufspersonal über den Standort der einzelnen Produkte Auskunft geben musste. Paul
braucht nur noch dem Pfeil auf seinem Display zu folgen und hat so in der kürzesten Zeit alle seine Sachen beisammen.

Gerade kürzlich habe ich Paul davon erzählt, wie ich mit meiner Mutter oft am
Wochenende beim Großeinkauf vor leeren Regalen stand, weil das spezielle Produkt
nicht mehr verfügbar war. Paul hat mich dabei nur ungläubig angeschaut. Für ihn
sind leere Regale und fehlende Waren etwas völlig Unverständliches. Heutzutage erfolgt das Nachfüllen der Regale auch ein wenig anders als früher: Gleich unterhalb
der Regale befindet sich das Lager, das über ein automatisches Fördersystem die einzelnen Regale automatisch und konstant auffüllt. Die Einkaufshilfen von heute
können jedoch noch bedeutend mehr, als bloße Richtungsangaben zu geben. Sie berechnen fortlaufend den Warenwert des Warenkorbes, geben Informationen über
laufende Aktionen, ermöglichen das Abrufen der persönlichen Einkaufsliste oder
liefern automatisch Rabattkarten, die zum Einkauf passen.

Es ist schon verrückt, wie radikal sich der Handel in den vergangenen Jahren
gewandelt hat. Aber vor fünf Jahren hatte ich ja die Vision bereits bei der CeBIT erleben können. Auch wir sind mit der Zeit gegangen und setzen mittlerweile RFID
großflächig im Unternehmen ein. Jetzt prüfen unsere Bosse, wie wir das Internet
noch mehr nutzen können. Seit einiger Zeit ist das „Internet der Dienste" live gegangen, und viele Unternehmen bieten ihre Dienstleistungen über entsprechende
Plattformen an. Vor allem das leichte Kombinieren von Diensten hat zu einer Fülle
neuer Angebote im Internet geführt. Das Netz hat sich zu einer echten Geschäfts-

plattform entwickelt. OECD-Berichten zufolge soll über das „Internet der Dienste" in weniger als fünf Jahren mehr Geschäfte abgewickelt werden als über irgendeine andere Infrastruktur.

Doch solange ich am Ende des Tages noch einen realen Teller vor mir habe und dieser nicht plötzlich auch noch durch ein Hologramm ersetzt wird, geht das für mich in Ordnung. Eine holografische Pizza etwa wäre wirklich der Gipfel der Geschmacklosigkeit. Francesco oder Fabio liefen Amok, wenn ich ihnen mit einem solchen Fake den Appetit verderben würde. Elektronische Spielereien können halt eine gute Pizza nicht ersetzen, erst recht nicht den verführerischen Duft von möglichst viel Aioli obendrauf.

Infobox

Web 3.0 und Internet der Dienste

Der Begriff **Web 3.0** wird **Tim Berners-Lee** zugeordnet, dem Begründer des World Wide Web. Man versteht hierunter die Erweiterung des *Web 2.0* um sogenannte **semantische Technologie**. Das semantische Web beschreibt die Bedeutung der Inhalte im Web derart, das Programme diesen verstehen können. Somit soll es möglich sein, dass man bei einer Suche im Web nicht mehr Suchtreffer erhält, sondern dass das Gesuchte gefunden wird. Deutsche Forscher und Entwickler sind führend, wenn es um semantische Technologien geht. Hierzu wurde 2006 auch **Theseus** gestartet, das größte Forschungsprogramm in Deutschland und Europa. Bis 2011 wollen mehr als 300 Forscher das „Web 3.0" für einige Themen Wirklichkeit werden lassen.

Das **Internet der Dienste** ist eine Vision, die auf das **Web 3.0** aufsetzt. Zukünftig wird das Internet bzw. das World Wide Web die wichtigste Infrastruktur für Dienstleistungen werden. Dabei geht es neben der eigentlichen Dienstleistung, etwa einer Flugreise, vor allem um die Bündelung von verschiedenen Dienstleistungen, etwa die Suche nach dem günstigsten Flug, dem passenden Mietwagen oder dem Hotel der Wahl. Weitere Dienstleistungen sind die Bezahlung über das Internet per Kreditkarte, der Abschluss einer Reiserücktrittsversicherung, ein Online-Reiseführer, der genau jene Attraktionen zusammenstellt, für die sich der Reisende interessiert, und schließlich das Online-Fotoalbum, das – um Landkarten und Satellitenbilder ergänzt – aufgrund der GPS-Daten die Bilder exakt den Standorten zuordnet. ∎

2014
Auto mit Authentifizierung

14. Juli 2014

Ja, dieser 14. Juli, an den kann ich mich noch gut erinnern. Es war eine insgesamt verflixte Woche. Ich hatte einen Unfall mit meinem Auto und war nun unterwegs mit einem Ersatzfahrzeug, das mir von der Niederlassung meines Herstellers zur Verfügung gestellt worden war. Mensch, das war ein tolles Gefährt, vollgestopft mit allen nur erdenklichen Sonderausstattungen, von deren realer Existenz ich aber erst im Laufe der (Fahr-)Zeit immer deutlicher Notiz nahm.

Mir wurde sehr bald bewusst, dass dieses Fahrzeug über eine gewisse Intelligenz verfügen musste. Es erkannte mich, wenn ich mich ihm näherte. Ja, manchmal hatte ich sogar das Gefühl, dass es meine Stimmungslage erfassen konnte und schon wusste, wohin die Reise geht, bevor ich das Navigationssystem aktivierte. Und dann konnte ich mit dem Auto sprechen … so richtig in Form eines natürlichen Sprachdialogs und nicht über vordefinierte Kommandos. Das hat unseren Umgang miteinander sehr erleichtert … und uns einander vielleicht auch etwas näher gebracht. Trotzdem verlangte das Fahrzeug, dass ich mich bei Fahrtantritt – durch die Eingabe eines Codes – authentifizierte. In der Niederlassung hatte man mir gesagt, das sei nun mal erforderlich, „damit ich die im Fahrzeug zur Verfügung stehenden Dienste" auch wirklich nutzen könnte. Das hatte ich nicht ganz verstanden … aber egal.

An diesem besagten 14. Juli haben „wir" einen Großkunden aus Asien am Flughafen abgeholt. Siebzig Kilometer waren zu fahren. Durch die drahtlose Übertragung der Daten aus meinem digitalen Notizbuch und die Eingabe einiger weiterer Daten über die hervorragend gestaltete Mensch-Maschine-Schnittstelle war das Fahrzeug voll informiert, wohin die Reise ging. „Wir" waren früh unterwegs und kamen so richtig zügig auf der Autobahn voran. Entspannt konnte ich die Nachrichten über das Radio verfolgen. Es war kein normales Nachrichtenprogramm: Die Informationen waren speziell auf meine Wünsche zugeschnitten. Meine Informationsinteressen hatte ich vor Antritt der ersten Fahrt über die im Fahrzeug integrierte Bedienschnittstelle einem Service-Provider zukommen lassen, der mir nun allmorgendlich ein speziell auf meine persönlichen Wünsche ausgerichtetes Nachrichtenprogramm per Internet ins Fahrzeug übertragen ließ. Dieses sogenannte „Personal Radio" ist wirklich eine ganz tolle Sache. Und es funktioniert nicht nur für die Aufbereitung von Nachrichten, sondern ebenso bei der Zusammenstellung von Musikalben oder dem Vorlesen von Zeitungsausschnitten. Kürzlich konnte ich meinen

Kindern zeigen, dass damit sogar die Übertragung von persönlich ausgewählten Fernsehprogrammen aus Übersee möglich ist. Diese konnten aber nur über die im Fondbereich des Fahrzeugs integrierte Videoanlage wiedergegeben werden. In der Niederlassung hatte man diese Funktionalität auch als „Rear Seat Entertainment" bezeichnet.

So ungefähr 20 Kilometer vor dem Ziel hat das Fahrzeug über die Internet-Verbindung Kontakt mit der Flughafenauskunft aufgenommen. Wir fuhren also auf der Autobahn und sausten gleichzeitig über den Daten-Highway. Durch diese Verbindung realer und virtueller Mobilität wussten „wir", dass die Maschine aus Singapur pünktlich um 7:45 Uhr landet, am Terminal 2 abgefertigt wird, das dazu nächstgelegene Parkhaus die Nummer P20 hat … und „wir" nun – durch einfachen Tastendruck auf das zentrale Bedienelement – die Reservierung des Parkplatzes B 2415 über die Parkplatzleitstelle durchführen könnten. Natürlich taten „wir" das, und der Blick auf das Navigationsgerät zeigte, dass nun der Fahrweg bis zum (reservierten) Parkplatz definiert war. Bei der Einfahrt ins Parkhaus wurde das Fahrzeug vollautomatisch identifiziert. Diese Identifizierung bei der Ein- und späteren Ausfahrt ermöglichte die minutengenaue Erfassung und bargeldlose Abrechnung der Parkplatzgebühren.

Mit Frau Ling und ihren beiden Kollegen fuhren wir dann stadteinwärts. Der Verkehr wurde immer dichter bis hin zum Stop-and-Go. Ich aktivierte den Stauassistenten, woraufhin das Fahrzeug mir die lästige Aufgabe der Fahrzeugführung im Schleichbetrieb abnahm und sich voll autonom in der Kolonnenfahrt bewegte – unter Wahrung ausreichender Abstände zu den umgebenden Fahrzeugen. Frau Ling war begeistert. Kurz darauf bat mich ihr Kollege, Herr Yan, doch noch rasch an einem Blumenladen vorbeizufahren, damit er einen schönen Strauß für die Sekretärin meines Chefs besorgen konnte. Über (natürliche) Spracheingabe forderte ich das Navi-System auf, mich zum nächstliegenden Blumenladen zu navigieren. Schnell war die Adresse – über ein Internet-Portal – identifiziert, und bald standen wir vor dem Geschäft. Die Parkplatzsuche und das (autonome) Einparken übernahmen die im Fahrzeug integrierte Parkassistenzfunktion. Bezahlt habe ich den Strauß mit meiner im Fahrzeugschlüssel integrierten Kreditkarte.

Das Meeting mit den Gästen verlief in gewohnt freundlicher Atmosphäre. Herr Yan war ein zäher Verhandler … und die Besprechung dauerte bis in den Abend hinein. Ich war froh, dass mein Chef anbot, die Gäste ins Hotel zu chauffieren. So war ich vom obligatorischen Abendessen entbunden und durfte nach Hause fahren.

Die Heimfahrt ging ich als reine Routinesache an. Doch bald warnte mich das Navigationssystem vor einem durch einen Unfall verursachten längeren Stau auf meiner Fahrstrecke. Wieder einmal war ein Geisterfahrer die Unfallursache. Das hätte mir wohl kaum passieren können, denn mein Auto verfügte über einen Geisterfahrerassistenten, der mich schon beim Einfahren auf die Autobahn in falscher Richtung als Geisterfahrer identifiziert und gewarnt hätte. Schnell wurde eine Ausweichroute gefunden, und ich folgte den neuen Angaben des Navigationsgeräts. Doch auf der Landstraße verlor ich viel Zeit, insbesondere da ein vor mir fahrender schwerer Laster kein zügiges Fortkommen erlaubte. Ich kannte die Route und wusste, dass auf dieser kurvenreichen Strecke an Überholen nicht zu denken war. Dies wurde auch im Navigationsdisplay perfekt angezeigt ... mit dem weiteren Hinweis, dass frühestens nach 6800 Metern ein Streckenabschnitt käme, der ein Überholmanöver überhaupt ermöglichte. Geduld war gefragt; ich schaltete das Personal Radio ein und aktivierte den Fahrdynamikassistenten. Daraufhin übernahm das Fahrzeug im teilautonomen Modus die Längsführung: Es hielt nun immer einen adäquaten Abstand zum Laster, beschleunigte und bremste in angemessen komfortabler Weise vor und nach einer Kurvendurchfahrt sowie beim Befahren von Steigungen ... und reduzierte dadurch auch noch den Verbrauch. Noch 100 Meter bis zum überholtauglichen Streckenabschnitt. Ein Blick auf die Gegenfahrbahn, ein Druck aufs Gaspedal, und schon war das Überholmanöver sicher ausgeführt.

Nun ging es mit erhöhtem Tempo heimwärts. Ich fühlte mich beim Fahren sehr sicher, denn das Night Vision System würde mich rechtzeitig warnen, sollte sich ein Fußgänger oder Radfahrer am Straßenrand befinden. Ich näherte mich dem Ort, in dem ich wohnte. Beim Passieren des Ortsschildes erschien im Head Up Display[1] der Hinweis 50 km/h. Die Anzeige blinkte mehrfach auf, bis ich die Fahrgeschwindigkeit auf ein angemessenes Niveau reduziert hatte. Nun noch 500 Meter, dann war ich zu Hause. Ich positionierte das Auto auf dem Fahrweg zur Garage und stieg aus. Ich öffnete das Garagentor und dann ... ein Druck auf den Autoschlüssel, und das Fahrzeug fuhr vollautonom in die Garage hinein. Wirklich eine tolle Erfindung, dieser Garagenparkassistent!

Infobox

Authentifizierung

Die Überprüfung der Zugangsberechtigung etwa bei einem Computer wird in der IT auch als **Authentifizierung** bezeichnet. Dabei authentisiert sich der Benutzer etwa über einen Benutzernamen und ein Passwort. Dies wird vom Computer geprüft, und der Benutzer ist dann authentifiziert und somit autorisiert, gewisse Programme bzw. Programmteile auszuführen. Beispiele hierzu sind E-Mail-Server oder Online-Banking.
∎

---

[1] Auf die Windschutzscheibe projizierte Daten

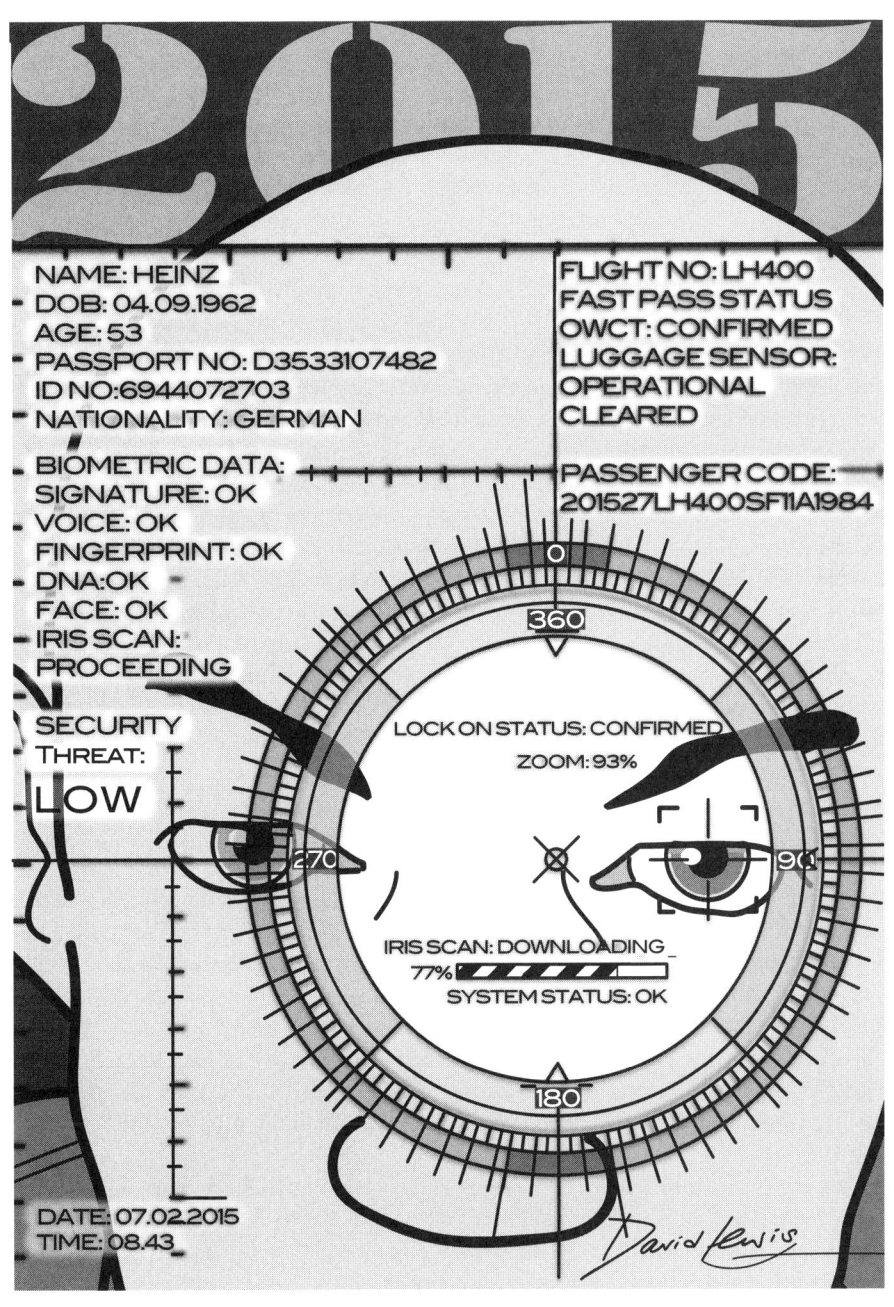

NAME: HEINZ
DOB: 04.09.1962
AGE: 53
PASSPORT NO: D3533107482
ID NO:6944072703
NATIONALITY: GERMAN

BIOMETRIC DATA:
SIGNATURE: OK
VOICE: OK
FINGERPRINT: OK
DNA:OK
FACE: OK
IRIS SCAN:
PROCEEDING

SECURITY
THREAT:
LOW

FLIGHT NO: LH400
FAST PASS STATUS
OWCT: CONFIRMED
LUGGAGE SENSOR:
OPERATIONAL
CLEARED

PASSENGER CODE:
201527LH400SF1A1984

0

360

LOCK ON STATUS: CONFIRMED
ZOOM: 93%

270

90

IRIS SCAN: DOWNLOADING
77%
SYSTEM STATUS: OK

180

DATE: 07.02.2015
TIME: 08.43

David Lewis

2015

Einchecken wie im Fluge

11. September 2015

Der 11. September 2001 hat die Welt in vielen Lebensbereichen massiv verändert. Der Terroranschlag auf das World Trade Center in New York hatte einen maßgeblichen Einfluss auf die weltweiten Reisesicherheitsbestimmungen. Reisende mussten sich in lange Schlangen einreihen und zahlreiche Sicherheitskontrollen über sich ergehen lassen, bevor sie sich zu ihrem Gate begeben konnten. Die Prozeduren bei der Einreise waren ineffizient und mühselig. Bei Flügen in die USA musste man 24 Stunden vorher eine Reiseerlaubnis beantragen und persönliche Daten angeben. An allen Flughäfen gingen die Kosten pro Passagier in die Höhe, und der Zeitaufwand, den man, abgesehen vom Flug an sich, für die Reise einkalkulieren musste, stieg enorm.

Vierzehn Jahre später ist, dank ständiger Fortschritte in der IT, eine neue Normalität eingekehrt. Ubiquitäres Computing hat die Vorgänge beim Check-in und den Sicherheitskontrollen effizienter gemacht und die Risiken für Fluglinien, Flughafenbetreiber und Passagiere minimiert. Ich habe einen interessanten Zeitungsartikel in der „Welt" gefunden, in dem die Reisebedingungen beschrieben werden, die neu eingeführt wurden – aber nur für ein exklusives Publikum. Die Überschrift „Relaxen beim Reisen" hatte mich neugierig gemacht:

„Herr Schweiger bereitet sich zuhause auf seinen Flug von Berlin nach New York vor, wo er sich mit seinem Agenten treffen will, um seinen neuesten Film vorzustellen. Die Internet-Dienstleistungsfirma hat ihm sein elektronisches Ticket für den Flug LH400 auf sein Handy geschickt, das auch als persönlicher elektronischer Butler dient. Er schaltet das Handy ein und identifiziert sich, indem er auf das Display schaut. Dabei wird automatisch ein Foto gemacht und mit seinen biometrischen Daten abgeglichen. Nach der Bestätigung seiner Daten wird er über die aktuellen Abflugzeiten informiert, aus denen er ersehen kann, dass der Flug pünktlich starten soll.

Bei seiner Ankunft am Flughafen meldet er sich am Self-Check-in an, indem sein Handy die Daten seines elektronischen Tickets per Nahfeldkommunikation an das Terminal übermittelt. Da er bei Lufthansa einen Fast-Pass-Status hat, erkennt ihn das Terminal per Gesichtserkennung und über einen verschlüsselten Code seines Handys. Im Hintergrund erledigt nun dieser Fast-Pass-Service den gesamten Check-in- und Sicherheitsprozess, damit Herr Schweiger so schnell und einfach wie möglich zum Gate kommt. Dynamisch konfigurierte Webdienstleistungen bauen aktuelle Meldungen und Updates von Flug- und Flughafenbestimmungen in den Ablauf mit ein, darunter auch Warnungen vom Zoll und der Polizei. So können hohe Sicherheitsstandards garantiert werden, aber der Reisende wird nur gestört, wenn es wirklich notwendig ist.

Zusammen mit dem elektronischen Boardingpass vom Self-Check-in erhält er auf seinem Handy auch sein One-Way Clearance Ticket (OWCT). Sein aufzugebendes Gepäck wird elektronisch versiegelt, da er einen intelligenten Koffer verwendet, der mit der Gepäckabfertigung direkt kommunizieren kann. Der Koffer hat eingebaute Sensoren, die wiederum mit dem Handy von Herrn Schweiger kommunizieren und bestätigen, dass das elektronische Siegel korrekt an- und abgeschaltet wird. Falls der Zoll den Koffer öffnen will, müssen sie einen elektronischen Schlüssel von Herrn Schweiger anfordern und ihn autorisieren lassen – gewissermaßen die virtuelle Version von „Würden Sie bitte Ihren Koffer öffnen?".

Er gibt sein Gepäck ab und erhält dafür eine Transportnummer zur Nachverfolgung, die ebenfalls auf seinem Handy gespeichert wird. Zügig strebt er auf sein Gate B42 zu. Dank seines Fast-Pass-Status darf er abkürzen und passiert die gewöhnlichen Sicherheitskontrollen mit den immer noch langen Schlangen zügig. Herr Schweiger denkt: Warum tun sich Leute das immer noch an? Sein Handgepäck, das am Check-in elektronisch versiegelt und markiert wurde, wird nur kurz von RFID-Scannern, Kameras und Biosensoren überprüft.

Schließlich wird noch einmal das Kamerabild mit seinen biometrischen Daten abgeglichen. Sein OWCT, das zusammen mit seinem elektronischen Pass für die automatische Identifizierung zuständig war, wird aktualisiert und bestätigt die Vollständigkeit, während er die Schleuse verlässt. Sobald er sein Abflug-Gate erreicht, wird das OWCT gelöscht. Am Gate wird ein letzter biometrischer Datenabgleich mit seinem Handy vorgenommen. In seinen elektronischen Pass wird ein Eintrag gespeichert, sodass er später bei seiner Ankunft in den Staaten den Einreiseprozess abkürzen kann. Da die Webdienstleistungen der Lufthansa und des deutschen sowie des amerikanischen Zolls untereinander kompatibel sind, garantieren sie so einen sicheren Transfer seiner Daten, sobald die Maschine auf amerikanischem Boden gelandet ist.

Herr Schweiger nimmt sich am Gate seine bevorzugte Tageszeitung mit, die frisch für ihn gedruckt wurde, als er den Flughafen betrat, und steigt ins Flugzeug. Im Jahr 2001 musste man noch zwei Stunden im Voraus am Flughafen sein; jetzt dauert die Abfertigung nur 20 Minuten, was dem Fußweg entspricht, den man vom Eingang bis zum Gate zurücklegt."

Ich werde mal bei Lufthansa nachfragen, wie ich in diesen erlauchten Kreis kommen kann.

Infobox

Fast Pass, OWCT und Nahfeldkommunikation

Unter **Fast Pass** wird die beschleunigte Abfertigung am Flughafen verstanden. Hierbei liegen alle relevanten Daten des Reisenden sowohl der Sicherheitskontrolle und der Bundespolizei als auch der Fluglinie vor. In diesem Fall wird mittels des elektronischen Passes oder des elektronischen Personalausweises anhand der dort gespeicherten Daten bei der Ankunft am Flughafen ein Abgleich der Buchungsdaten gemacht. Als Ergebnis wird ein **OWCT** (One Way Clearance Ticket) ausgestellt, also eine erweiterte elektronische Bordkarte.

Nahfeldkommunikation (Near Field Communication, NFC) ist ein kontaktloser Austausch von Daten, zumeist zwischen einem Handy und einem Lesegerät. Zurzeit gibt es Feldversuche, um per NFC das Bezahlen mit Kreditkarte zu realisieren, d.h. das Handy wird selbst zur elektronischen Kreditkarte. ∎

2016

Oh, Mandy! – Alles unter Kontrolle

11. September 2016

Ich fühle mich nicht wohl ... Eigentlich war das schon vor einer Woche so, als ich meinen 54. Geburtstag feierte. Und das schon beim Aufstehen. Direkt nach dem Wecken hatte mir mein neuestes Spielzeug, mein MultiKom, zwar noch einen Videospot mit Geburtstagsgrüßen meiner Lieblingsband vorgespielt. Aber schon nach dem Aufstehen merkte ich, dass etwas nicht stimmte.

Dabei ist es eigentlich echt irre, wie die virtuellen Bands sich inzwischen an die individuellen Vorlieben der Fans angepasst haben. Nachdem vor gut drei Jahren, nach der vermutlich hundertsten Auflage von „Deutschland sucht den Superstar", das Publikum endgültig von realen Interpreten die Nase voll hatte und sich virtuellen Stars zuwandte, habe auch ich meine Liebe für den „Vir-Rock", wie er inzwischen genannt wird, entdeckt. Und die virtuellen Typen, besonders die Vir-Girls, sehen auch einfach geiler aus als die echten. Style-Wechsel in wenigen Sekunden. Das hatten früher nicht mal die modischsten Bands geschafft. Ich war wirklich zufrieden. Tolle Überraschung vom neuen Provider und ein echtes Argument für das neue Web, das ich seit kurzem verwende.

Mit einem leichten Grinsen erinnere ich mich noch an die Zeiten, als Computer, Telefon und Fernsehen sowie viele andere elektronische Begleiter noch nicht zum MultiKom fusioniert waren. Meist musste man Befehle damals sogar noch eintippen oder nach Fernbedienungen suchen, um die Geräte in Gang zu setzen. So gesehen kann ich mich eigentlich freuen, dass ich im Jahr 2016 lebe. Und dass ein MultiKom gerade mal so viel kostet wie vor zehn Jahren ein Fernsehapparat, ist für mich eine kleine Sensation. Muss wohl an der Massenproduktion liegen, die wesentlich einfacher wurde, nachdem man sich vor drei Jahren auf Weltstandards in der Kommunikation geeinigt hatte. Nur die Chinesen und einige islamische Länder sind noch nicht überzeugt worden, doch das ist wohl auch noch nur eine Frage weniger Jahre.

Aber ich schweife zu sehr ab: Die Freude über das Geburtstagsständchen hielt nämlich nur kurz. Statt die von mir gebuchten News-Formate, besonders die Spots der wichtigsten Sportereignisse, aufzurufen, meldete sich der elektronische Nachrichten-Manager. Als ich mich vor einiger Zeit für MultiKom zu interessieren begann, dachte ich noch, dass man Nachrichten-Manager aufrufen oder abstellen könne wie früher Mailprogramme auf Computern. Das hatte in der Startphase auch noch gegolten, bis das vor Kurzem besonders in der Europaregierung umstrittene Informationspflichtgesetz klare Regeln schuf. Andere Länder hatten sich damit nicht so schwer getan. Seitdem sind Nachrichten-Manager mal gern gesehene Gäste, mal lästige Mahner – aber man wird sie einfach nicht mehr los. Immerhin kann man ja das Design wechseln. Einfache Textmeldung oder virtuelle Nachrichtensprecherin. Mein Nachrichten-Manager heißt Mandy und ist blond.

Als ich Mandy an meinem Geburtstag morgens sah, war ich dennoch nicht begeistert: „Lieber Heinz, Du bist heute 54 und ich habe ein paar wichtige Aufgaben in deine To-do-Liste gestellt", zwitscherte sie. Was dann folgte, mochte ich keineswegs als Geburtstagsgeschenk interpretieren. Die Erlaubnis zum Führen sämtlicher Verkehrsmittel erlischt mit 54. Auf die notwendigen medizinischen Checks für eine Verlängerung hatte ich mich bereits eingestellt. Und immerhin gab's ja drei Monate Frist, ehe der Chip auf meinem Führerschein den Bordcomputer jedes Autos lahmlegt, mit dem ich fahren will. Also kein Grund zur Panik. Lästiger sind da schon die Pflichtvorsorgeuntersuchungen, die nicht nur das Gesetz, sondern besonders auch meine Krankenversicherung verlangen.

Punktabzug für fehlende Prävention kann eben schnell teuer werden. Doch dann kam die Meldung, die mich zunächst erstarren ließ, obwohl sie mich nicht ganz unvorbereitet traf: „Die Biosensoren in Ihrem MultiKom haben festgestellt, dass die Grenzwerte verschiedener Gesundheitsparameter Ihres Körpers überschritten sind", zwitscherte Mandy gelassen mit ihrem so nett programmierten Augenaufschlag. Ich wurde nachdenklich. Auch bei meinem Vater hatten die Biosensoren letztes Jahr gewarnt. Der hatte das zunächst ignoriert – und wenig später rollte er unter Blaulicht in die Notaufnahme. Anderseits erzählen Freunde immer, dass sie die Bio-Message ignorierten. In ein paar Tagen sei dann alles wieder okay gewesen. Und so mies ging's mir ja auch nicht. Ich beschloss schließlich abzuwarten …

Inzwischen war also eine Woche vergangen. Die heutige Meldung hatte mich zunächst geärgert, aber inzwischen ging es mir erheblich schlechter als vor einer Woche. Mandy hatte über MultiKom daheim und an meinem Arbeitsplatz sowie beim Einschalten des MobilKom mehrmals dringlich auf die Biosensorenmeldung aufmerksam gemacht. Schließlich setze sie eins drauf: „Ihre Biosensoren melden seit einer Woche bedenkliche Werte. Deshalb hat sich Ihr MultiKom vertragsgemäß mit Ihrer Krankenkasse in Verbindung gesetzt und Ihre Daten an das von Ihnen in den Grundeinstellungen ausgewählte Vertragsarztzentrum übertragen. Seien Sie beruhigt. Es besteht keine ernsthafte Gefahr. Aber die Schnellanalyse hat ergeben, dass eine medizinische Untersuchung im Vertragsarztzentrum notwendig ist. Ihr Krankenkassensystem hat deshalb automatisch für heute um 11 Uhr einen Termin in Ihrem medizinischen Versorgungszentrum gebucht. Gemäß Ihres Zusatztarifs wurde gleichzeitig eine kostenlose Fahrt mit öffentlichen Verkehrsmitten auf Ihre Gesundheitskarte gebucht. Ich wünschen eine schnelle Genesung."

Genesung von was eigentlich? Ursprünglich hatte ich mir den Vormittag etwas anders vorgestellt. Aber Mandy hat ja recht. Ich fühle mich wirklich schlapp, und mir ist klar, dass ich die Krankheit nicht weiter verschleppen darf. Ein Blick auf die gerade eingeblendete Zusatzbelehrung erleichtert meine innere Überwindung, heute endlich zum Arzt zu gehen: „Laut Sondertarif mit Ihrer Krankenkasse haben Sie sich verpflichtet, im Falle einer Biokom-Aufforderung, eine medizinische Untersuchung oder Versorgung in Anspruch zu nehmen, dieser Aufforderung Folge zu leisten. Andernfalls erfolgt eine tarifliche Höherstufung. Zudem machen wir darauf aufmerksam, dass bei besonderen gesundheitlichen Problemen automatisch Ihre Fahrerlaubnis sowie die Bedienung technischer Geräte durch Sie gesperrt wird, weil andere Personen gefährdet werden könnten."

Nun gut – so unangenehm ist ein Arztbesuch heutzutage auch nicht mehr. Besonders dazu beigetragen hat, dass nach flächendeckender Nutzung der Gesundheitskarte das lästige Sitzen im Wartezimmer entfällt, über das meine Eltern früher immer so geschimpft haben. In Deutschland hatte man jahrelang gestritten, welche Funktionen die Gesundheitskarte haben dürfte. Trotz strenger Datenschutzgesetze herrschten grundsätzlich große Bedenken. Erst als nahezu ganz Europa die Vorteile der einheitlichen Gesundheitskarte nutzte und die europäische Gesetzgebung dieses schließlich auch für Deutschland vorschrieb, war man auch hierzulande gefolgt. Diskussionen hatte es danach nicht mehr gegeben, denn inzwischen vertraute selbst der letzte Skeptiker der modernen Datenschutztechnik. Und immerhin hatte Deutschland inzwischen weltweit die technische Führung in diesem Sektor übernommen. Es wäre also schon peinlich gewesen, wenn ausgerechnet die Deutschen hier weiterhin geblockt hätten.

Auf der Fahrt zum Arzt erinnere ich mich, was meine Eltern und Großeltern früher vom „Doktorbesuch" erzählt haben. Ich muss trotz eines beklemmenden Gefühls in Brust und Magen lachen. Der „Halbgott in Weiß" ist längst ebenso Geschichte wie die langen Spritzen, mit denen noch vor einigen Jahren Arzneimittel injiziert wurden. Nicht zuletzt hat das Pflichtfach „Private Healthcare" an den Schulen dafür gesorgt, dass es ein breites Wissen über medizinische Versorgung und optimale Behandlungswege gibt. Schon zu Zeiten des Internets war online alles über Diagnosen und Behandlungspfade sowie das Qualitätsranking der behandelnden Versorgungszentren abrufbar. Ärzte sind inzwischen entweder fachkundige Lotsen durch die Gesundheitsversorgung oder absolute Spezialisten für Sonderfälle. Auch von falschen oder unwirksamen Medikamenten hört man kaum noch etwas, seit man seine gentechnischen Daten auf die Gesundheitskarte speichern lassen kann. Gute Krankenkassen bieten die Gentests inzwischen als kostenlosen Service an, der – obwohl gesetzlich als freiwillig festgelegt – vom überwiegenden Teil der Bevölkerung genutzt wird. Missbrauch von Gendaten steht europaweit allerdings auch unter so schwerer Strafe, dass sich Übeltäter wirklich lange überlegen, hieraus irgendeinen Profit zu ziehen.

Nun bin ich also das erste Mal seit gut zehn Jahren auf dem Weg zum Arzt. Ich wundere mich, dass mein Taxi heute so schnell durch den Großstadtverkehr rauscht. Als ich den Fahrer frage, warum das heute so flott gehe, erklärt der mir seine neueste Errungenschaft. Während der Navipilot in anderen Autos diese schnellstmöglich nach Berechnung des zentralen Verkehrscomputers ans Ziel bringt, habe sein System ein Modul für „besondere Gäste". „Der Navi hat beim Funkkontakt mit Ihrer Gesundheitskarte, über die übrigens auch die Taxirechnung bezahlt wird, erkannt, dass Sie um 11 Uhr beim Arzt sein müssen. Da es schon ein wenig spät ist, räumt der zentrale Verkehrscomputer uns wohl Priorität ein und lenkt uns um den Stadtverkehr herum. Ist doch toll, oder …?" Das erinnerte mich sofort an den Mietwagen vor zwei Jahren und dass ich mir auch so eines dieser Hightech-Wunder zulegen wollte. Darum werde ich mich in den nächsten Tagen endlich mal kümmern.

Als ich wenige Minuten vor elf an der Arztpraxis vorfahre, werde ich am Empfang persönlich begrüßt. „Wir haben Ihre Akte bereits aufgerufen. Wir bitten Sie, die Daten Ihrer Biosensoren noch einmal formell freizugeben, damit Dr. Müller sie auswerten kann. Dann bitten wir sie noch kurz an unseren Diagnostikcomputer, der schnell noch einmal Ihren Genstatus identifiziert, damit Sie optimal versorgt werden können", so die freundliche Praxismanagerin. Während ich über den perfekten Ablauf und Service noch staune, werde ich schon ins Sprechzimmer gebeten. Der Arzt fragt mich erneut nach Symptomen und Beschwerden. „Obwohl wir uns auf unsere Biosensoren inzwischen gut verlassen können, überprüfen wir die Diagnose grundsätzlich noch einmal nach traditionellen medizinischen Untersuchungen am Menschen", so Dr. Müller. „Wie es aussieht, haben Sie sich eine dieser modernen Virusinfektionen zugezogen. Nicht ungefährlich bei der Geschwindigkeit, in der die Stämme heute mutieren oder auf bestimmte Medikamente immun reagieren. Ich habe die Diagnosedaten inzwischen mit dem Medico-Netz[1] abgeglichen. Keine Sorge. Wir haben ein Mittel, mit dem Sie in drei Tagen wieder fit sind. Ich habe das Rezept übrigens bereits ans Apothekennetz übertragen. Ihre Vertragsapotheke dürfte Ihnen die Tabletten innerhalb der nächsten Stunden also ins Haus liefern."

Ich bin erleichtert. Nachdem kürzlich der amerikanische Apotheken-Konzern Blue&Happy auch in den deutschen Markt eingestiegen ist, hat der Wettbewerb dafür gesorgt, dass jedes Medikament in kürzester Zeit beim Patienten ist, ohne dass dieser sich bemühen muss. Und sollte ich einmal vergessen haben, wann ich welche Dosis nehmen soll – Mandy in meinem MultiKom würde sicherlich gleich den Chip auf der Packung scannen und mich informieren. Eigentlich dürfte Mandy dabei nicht ein so freundliches Gesicht machen. Immerhin bin ich ja krank, denke ich, und überlege, ob ich den Tag, an dem ich jetzt krank geschrieben bin, nicht auch nutze, um aus dem Web einige ernstere Gesichtsausdrücke für Mandy herunterzuladen. Die könnten mich schneller überzeugen, auf Mandys Rat in Sachen Gesundheit zu hören … Und ansonsten kann Mandy mich demnächst auch ruhig duzen.

Dr. Müller hat derweil meine anonymisierten Daten ins Medico-Netz übertragen. Dieses analysiert inzwischen landesweit alle Krankheitsfälle, dokumentiert Häufigkeiten und steuert die Arzneimittelversorgung und -distribution. Die Krankheitsrate der Bevölkerung kann so in Echtzeit ermittelt, Kosten des Gesundheitssystems können kalkuliert und Ressourcen gesteuert werden. Gäbe es dieses System nicht, wären die Kosten der solidarischen Basiskrankenversicherung schon längst ins Unbezahlbare ausgeufert, und auch die inzwischen üblichen privaten Zusatzver-

---

[1] Das wurde nach dem Ende des Forschungsprogramms Theseus bundesweit eingeführt und hilft bei Vergleichen und beim Einholen von Expertenmeinungen ungemein.

sicherungen hätten angesichts der demografischen Entwicklung gewaltige Probleme. Stattdessen ist das Gesundheitswesen 2016 nicht nur ein wesentlicher Faktor für Lebensqualität, sondern einer der größten Wirtschaftszweige mit ungebrochenem Trend zu weiterem Wachstum geworden. Und mir geht es irgendwie auch schon besser ...

Infobox

MultiKom

Angeregt durch Apples **iPhone** und Googles **G1** entwickelte sich in den Folgejahren ein wahrer Boom der sogenannten **Smartphones**. Ziel war der Wunsch vieler Leute, diese Geräte mit noch mehr Persönlichkeit auszustatten. Man machte Anleihen bei den virtuellen Welten wie Second Life und integrierte **Avatare** in bestechender 3D-Form. Geboren war das MultiKom, das sich in den Folgejahren zum Kultgerät entwickeln sollte. ■

2017
Reisefreuden – Reiseleiden

22. Juli 2017

Endlich ist es soweit: Urlaub! Wir haben eine Flugreise nach Indien gebucht. Und tatsächlich verreisen wir nach langer Zeit wieder als Familie. Der Arzt hat mir grünes Licht gegeben. Nachdem ich den Virus vom letzten Jahr endgültig losgeworden bin, steht einer solchen Reise nichts mehr im Weg.

Paul hat Semesterferien und war, nachdem ich mich bereiterklärt habe, die Reise zu bezahlen, gern bereit, mitzukommen. Katrin begleitet uns – ungeachtet einiger gemurmelter Bemerkungen über den Zusammenhang zwischen der Klimaerwärmung und Fernreisen per Flugzeug – ebenfalls. Entscheidend war wohl die Chance, ihr Lieblingsthema „Ajurveda" einmal an Originalschauplätzen zu erleben. Tino bleibt lieber zuhause und bereitet seine Klausuren vor. Francesco ist mit seinem Vater irgendwo in Italien unterwegs. Fabio ist mit seinen zehn Jahren natürlich am meisten aufgeregt von uns allen.

Überhaupt haben wir vermutlich ganz unterschiedliche Beweggründe, nach Indien zu reisen. Paul etwa will sicher besonders günstig Elektronik kaufen. Nicoletta dagegen schwärmt von der Kultur des Landes und möchte möglichst viel besichtigen. Und ich? Ich bin einfach froh, mal wieder wegzukommen. Weit weg. Wir werden von Frankfurt nach Bangalore fliegen. In Bangalore selbst gibt es schon viel zu sehen, wenn man bereit ist, sich mit dem seit fast 20 Jahren zunehmend chaotischen Verkehr zu arrangieren. Ich habe bei früheren Dienstreisen dorthin erlebt, dass es bei allem, was man in Indien unternimmt, von großem Vorteil ist, sich rechtzeitig die Geduld eines Hindu-Priesters zuzulegen. Und die ist verdammt groß.

Ich war zwar schon ein paar Mal in Indien, aber bislang immer beruflich. Jetzt möchte ich auch einmal die touristische Seite kennenlernen. Wir planen zwei Wochen Aufenthalt in Goa: Strand, Gewürzplantagen und portugiesische Kirchen! Katrin hofft, dass vielleicht doch noch irgendwelche Relikte des alten Hippie-Paradieses auffindbar sein könnten. Ich denke, Nicoletta reizt der Slogan „Das Wohlfühl-Beach Resort". Sie freut es vor allem, drei Wochen ihre Lieben um sich zu haben. Das schließt Sightseeing und Shopping natürlich nicht aus. Früher hat sie stets für alle gepackt, was routinemäßig zu Übergepäck führte. Wenn ich selbst packe – etwa bei Dienstreisen – fehlt immer etwas. Na ja, solange der Ausweis und die Kreditkarten „an Bord" sind, kann der fehlende Rest mühelos ergänzt werden. Natürlich hilft uns auch Mandy, unser MultiKom. Mandy hat bereits eine umfangreiche Liste von Möglichkeiten je nach Laune zusammengestellt, und wie immer, seit es die ServFinder-Maschine gibt, sind diese Angebote auch wirklich für uns maßgeschneidert.

Es ist schon erstaunlich, wie sich das Reisen verändert hat. Das fängt mit der Auswahl des Reiseziels an: Ich erinnere mich, dass ich als notorisch unterfinanzierter Student einmal eine einwöchige Busreise an die Costa Brava gemacht habe. Die Kosten für eine Flugreise hätten mein Budget gesprengt. Schon vor dem Jahrtausendwechsel konnte man für den gleichen Betrag „Last Minute" fliegen. Einige Jahre später wurde der überwiegende Teil der Reisen über das Internet gebucht, und einige Reisebüros bekamen Schwierigkeiten.

Ich war übrigens einer der frühen Innovatoren in diesem Bereich. Auf der Feier zum 50. Geburtstag von Herrn Borchers in Bochum Anfang des neuen Jahrtausends fragte der Festredner Ernst Denert, wer denn im laufenden Monat etwas über das Internet bestellt habe. Viele Gäste meldeten sich, aber die Mehrzahl hatte ausschließlich Bücher gekauft, während ich immerhin meine Tickets per Computer erstanden hatte. Aber das liegt lang zurück. Herr Borchers ist nun auch schon im Ruhestand, und ein Großteil des Handels wird selbstverständlich „online" erledigt. Dieser Begriff ist eigentlich nur sinnvoll, wenn man alternativ auch „offline" sein kann. Das kommt heute aber kaum noch vor, da jeder praktisch stets in irgendeiner Weise in elektronische Kommunikation eingebunden ist, ohne aktiv „online" gehen zu müssen.

Wie dem auch sei: Unsere Indienreise habe ich ebenfalls online gebucht. Mittlerweile kann man ja auch eine umfassende elektronische Reiseberatung nutzen. Das hat einerseits reale Reisebüros in Schwierigkeiten gebracht; andererseits hat aber auch diese computerunterstützte Assistenz ihre Tücken, sodass manch einer zur Beratung durch qualifiziertes Personal ins Reisebüro zurückkehrt. Im Grunde hat mich eine dieser computerunterstützten Fehlleistungen auf den Gedanken gebracht, nun auch einmal privat nach Indien zu reisen. Seit Jahren besteht die Möglichkeit, automatisch ein Profil der persönlichen Gewohnheiten pflegen zu lassen. Das sind natürlich sehr sensible Daten, die aber den Vorteil bieten, ohne viel Kommunikationsaufwand und Rückfragen auf die eigenen Vorlieben zugeschnittene Dienstleistungen zu bekommen. Bemerkenswert ist, dass eine zunehmende Anzahl von Leuten ihr Profil öffentlich zugänglich macht – das ist schon ein seltsamer Exhibitionismus! Wer es dagegen geheim halten will, kann auf verlässliche, moderne Schutzmechanismen zurückgreifen.

Aber diese schützen eben nicht vor Missverständnissen bei der Auswertung der Profile. In meinem Fall scheint aus den Dienstreisen nach Indien die Schlussfolgerung gezogen worden zu sein, ich sei ein Indien-Fan, und die nächste Reise sei überfällig. Erst war ich ein wenig ärgerlich über diesen dummen, trivialen Fehler; dann habe ich jedoch entschieden, dass eine private Reise in ein Land, das ich schon so lange beruflich kenne, eigentlich ganz schön sein könnte. Der Rest der Buchung war ein Kinderspiel.

Glücklicherweise sind die Zeiten vorbei, als man nächtelang Hotelangebote vergleichen musste. Heute übernimmt das der virtuelle Buchungsassistent: Es war kein

Problem, passende Hotels zu den Flügen zum günstigsten Preis zu reservieren, das Rahmenprogramm passend zu unseren Interessen direkt mit zu buchen und unsere jeweils getrennten Pläne so zu synchronisieren, dass wir viel Zeit gemeinsam verbringen können … ob die Kinder das wohl schätzen werden? Manchmal erinnert mich diese durchgeplante Freizeitgestaltung an die Pauschalreisen meiner Jugend und die Bemerkung im Reiseablauf: „Nachmittag zur freien Verfügung!". Ist Freizeit nicht eigentlich definiert als jene Zeit, für die kein vorgegebenes Programm existiert? Vielleicht bin ich ja auch einfach rückständig. Die Generation der Kinder scheint solche Probleme nicht zu kennen.

Apropos Kinder: Nicoletta ruft, dass sie uns gleich abholen werden, um zum Flughafen zu fahren. Ich werde wohl unterwegs in einer ruhigen Minute weiterschreiben …

… Da sitzen wir nun im Flugzeug von Frankfurt nach Bangalore. Meine schmerzenden Füße belegen, dass der Fortschritt der IT nur bestimmte Distanzen verringert; die Gehentfernungen in einem Großflughafen gehören eindeutig nicht dazu. Dafür haben wir das Fast-Pass-System genutzt. Das ging jedenfalls zügig und ohne Warteschlangen vor den Sicherheitskontrollen. Wir fliegen in einem Airbus A380. Bei modernen Flugzeugtypen ist der Hang zur massiven Nutzung von Software auch in sicherheitskritischen Funktionsbereichen ungebrochen. Es ist beeindruckend, dass es gelingt, derartig komplizierte Systeme aus mechanischen und elektronischen Komponenten einschließlich der riesigen Menge an Software sicher zu entwickeln und über lange Zeiträume verlässlich zu warten. Dazu hat die Forschung im Software-Engineering wichtige Beiträge geliefert, etwa die weitgehend automatisierte Sicherheitsanalyse auf Basis von Modellen oder die umfassende Verwendung von Produktlinien.

Leider ist ja schon vor langer Zeit die „netzfreie Zone" Flugzeug gefallen, sodass nun nach Herzenslust telefoniert und gesurft wird. Die Zeiten, zu denen man Langstreckenflüge dazu nutzen konnte, einmal ungestört zu arbeiten oder einfach auszuspannen, sind leider vorbei. Heute sitzt man im schlimmsten Fall neben einem dieser berufsmäßigen Wichtigtuer, die ihre Bedeutung durch ständiges Telefonieren unterstreichen. Dies wird dann meist auch noch besonders laut erledigt und in der üblichen Sprachmixtur, deren ungezwungene Verwendung ein sehr starker Indikator für einen beachtlichen Mangel an Sprachgefühl ist. Der Typ neben Paul scheint ein Musterexemplar dieser Gattung zu sein: Schlecht angezogen und ständig schwitzend „scheduled" er ein „Meeting" nach dem anderen …

… Endlich angekommen in Bangalore: Dem wichtigen Vieltelefonierer ist übrigens kurz vor der Landung sein unverzichtbares Utensil ins Weinglas gefallen. Das gab eine ziemliche Sauerei, aber wenigstens war dann Ruhe: Telefon-Software in Rotwein!

Ich weiß nicht genau, wie oft ich schon in Bangalore war. Ich kenne die Stadt eigentlich bereits seit Beginn des indischen IT-Booms Anfang des Jahrtausends, als viele Unternehmen Niederlassungen gründeten. Manch einer befürchtete, Indien könne – insbesondere aufgrund der niedrigen Kostensätze in Kombination mit hochqualifiziertem Personal – im IT-Bereich den bis dahin führenden Ländern den Rang ablaufen. Andere waren der Meinung, man könne Kodieraufgaben nach Bangalore auslagern, wenn man die Systemkompetenz zurückbehalten würde. Tatsächlich hat sich das alles als Unsinn erwiesen. Heute hat Indien in der IT-Welt eine wichtige Position.

Die Kostensätze haben sich weitgehend an europäische Standards angeglichen, weil die Steigerungsrate der Gehälter in Indien sehr viel höher als in Europa war. So fehlt nun das antreibende Moment der niedrigen Kosten. Hinzu kommt, dass die mangelhafte Infrastruktur in Städten wie Bangalore bereits von Beginn an ein Hindernis war. Trotz entsprechender Maßnahmen war es kaum möglich, mit dem Wachstum Schritt zu halten. Erst als sich dieses verringerte, wurde die zeitweise chaotische Verkehrssituation etwas besser. Heute ist Bangalore eines der Zentren der IT-Industrie. Komplette Systeme werden hier konzipiert, entwickelt, geprüft und gewartet. Und der Verkehr ist nach wie vor ziemlich katastrophal. Dazu mag aber auch die traditionelle Abneigung vieler Inder gegenüber Verkehrsregeln bei-tragen. Viele Aspekte des täglichen Lebens haben sich nachhaltig verbessert. So ist heute beispielsweise die Stromversorgung relativ stabil. Ich kann mich noch gut daran erinnern, dass zu Beginn des Jahrtausends mehrmals pro Tag der Strom aus-fiel. Jedes IT-Unternehmen hatte sich daher mithilfe unterbrechungsfreier Strom-versorgung vom Netzstrom unabhängig gemacht. Das ist nun nicht mehr nötig.

Wir haben unmittelbar nach dem langen Flug unsere Hotelzimmer bezogen. Wir bleiben für zwei Tage in unserem Quartier in Bangalore, bevor es dann nach Goa weitergeht. Das Hotel ist ein Hilton, das an das „Internet der Dienste" ange-schlossen ist. Unsere in den Profilen abgespeicherten Vorlieben wurden routiniert berücksichtigt. Das ist sehr angenehm im Vergleich zu den diversen Verhandlungen mit der Rezeption, die früher erforderlich waren, um die üblichen Kleinigkeiten zu regeln. Das in Pauls Profil erfasste Interesse an Elektronik jeder Art hat direkt zu entsprechenden Angeboten der einschlägigen Läden aus der hoteleigenen Ver-kaufsmeile geführt. Seine Müdigkeit ist unmittelbar verschwunden – er selbst eben-falls. Das Gleiche gilt für Katrin: Sie hat etliche Angebote erhalten, in indische Therapien, Philosophien und weitere Praktiken einzusteigen. Tatsächlich erschien sie nach längerer Abwesenheit mit aufwendiger Henna-Bemalung auf Hand- und Fußrücken, gepaart mit einem seligen Lächeln auf den Lippen und für ihre Verhält-nisse seltsam entspannt. Sonst ist sie technischen Errungenschaften gegenüber eher kritisch eingestellt und pflegt eine etwas esoterische Grundhaltung.

Für den Technik-Freak Paul ist das alles Hokuspokus. Zu meiner Überraschung hat Katrin Pauls neue Errungenschaft sehr bewundert: einen MultiKom, der prak-tisch alle elektronischen Kommunikationsformen mobil unterstützt. Ihre normale Reaktion wäre eine beiläufige Bemerkung über klimaschädlichen, unnützen Elektro-Firlefanz gewesen. Paul hat im Gegenzug Katrins Henna-Dekoration sehr gelobt und sich geduldig die Bedeutung der Muster erläutern lassen.

Das muss wohl an Indien liegen. Hier trifft alt-indische Philosophie störungsfrei auf moderne Technik. Jeder findet etwas Passendes. Ich denke, wir werden einen schönen Urlaub verbringen. Ich werde noch einige geschäftliche Termine wahrnehmen, und dann geht's nach Goa zum Entspannen.

Es bleibt festzuhalten: IT macht das Reisen einfacher und hat mancherorts für fairere Lebensumstände gesorgt. Und das sogar kompatibel mit traditionellen Werten und Praktiken.

Infobox

Modellbasierte Sicherheitsanalyse

Die sogenannten **eingebetteten Systeme** sind eine nicht mehr wegzudenkende unsichtbare IT, die komplexe Maschinen wie Flugzeuge beherrschbar macht. Dabei liegt die Herausforderung darin, dass einzelne Module mit ihren jeweiligen eingebetteten Systemen auch fehlerfrei miteinander arbeiten müssen. Die Überprüfung dieser **sicheren** und fehlerfreien Abarbeitung der zugehörigen Programme ist sehr aufwendig. Daher bedient man sich entsprechender **Modelle**, also Beschreibungen der Programme, an denen man entsprechende Sicherheitsanalysen durchführt. ■

2018
Information im Überfluss

1. September 2018

Heute las ich mal wieder einen interessanten Artikel auf meinem MultiKom, das ja auch immer eine „eNewspaper" für mich zusammenstellt. Er handelte vom technischen Fortschritt auf dem Gebiet der IT. Demnach war der immer dort am deutlichsten ausgeprägt, wo das Moore'sche Gesetz galt. Das ist vor allem bei Halbleiterspeichern und Prozessoren der Fall. Aber auch magnetische, optische und einige neuartige Speichermedien stehen nicht ganz abseits. Ob dieses Gesetz der permanenten Leistungsverdoppelung alle zwei Jahre heute noch gilt, ist fraglich. Wie ich bereits der Fachpresse entnommen habe, sind in der Prozessorenentwicklung die Probleme, die sich durch Kriechströme und Wärmeerzeugung ergaben, inzwischen so groß geworden, dass heute von einem Abflachen der IT-Kurve gesprochen wird. Der heute gängige Ausweg aus diesem Dilemma besteht in der Parallelisierung. Anders ist es bei Speichermedien. Hier konnten durch neuartige Schaltkreise und Reduzierung des Energiebedarfs noch erhebliche Fortschritte erzielt werden. Man kann jetzt einen Halbleiter-Speicher in Form eines Fingerrings mit einer Kapazität von einem Terabyte (10^{12} Bytes) für weniger als 20 Euro bekommen.

Ein solcher Terabyte-Speicher kann leicht 1000 Filme, 50.000 Bücher, 100.000 Lieder oder eine Million Bilder aufnehmen. Als Folge davon kann jedes Schulkind heute alle Informationen, die es während eines Schuljahres benötigt oder erzeugt, leicht auf einem solchen Ring unterbringen. Mehr als den Inhalt eines Jahres zu speichern und mit sich herumzutragen, lohnt sich nicht, da sich der Inhalt zu oft ändert. Man lädt dann lieber den Speicher zu Beginn eines jeden Schuljahres neu. Dazu muss man nicht einmal ins Schulgebäude gehen; das kann jeder Schüler zuhause über das Internet.

Vergleiche ich dies mit der Zeit, als ich zur Schule ging, so ist der Unterschied schon enorm. Obwohl ich nicht das schwächste Kind in der Klasse war, ging ich unter meinem Tornister noch regelrecht in die Knie. Das Ding war zwar außen schön bunt, aber wenn es voll mit Büchern und Heften gepackt war, wog es mehr als zehn Kilogramm.

Bei Erwachsenen, vor allem wenn sie berufstätig sind, ist die Informationsversorgung oft noch besser organisiert. Sie erhalten mehrmals am Tag die für ihre Arbeit relevanten Informationen direkt auf ihr MultiKom. Das kann eine Nachricht von einem Kunden sein, der einen Berater oder Techniker um Hilfe bei einem Problem bittet. Gleichzeitig erhält der Kundenbetreuer eine detaillierte Beschreibung des

Problems auf seinen Servicerechner, eine Wegskizze auf sein Navigationsgerät sowie eine Liste früherer Probleme dieses Kunden und eine Reihe von Lösungsvor-
schlägen. Der Servicerechner des Kundenbetreuers ist tragbar wie ein Mobiltelefon
und kann je nach Art der zu betreuenden Installation am Gürtel oder in der Jackentasche zum untersuchenden Gerät mitgenommen und mit diesem über eine Stan-
dardschnittstelle verbunden werden – natürlich drahtlos. Er hat meist auch eine
Möglichkeit, größere Grafiken und Bilder anzuzeigen. Typisch ist heute eine holografische Anzeige oder ein in eine Brille hineinprojiziertes Bild. Um die Hände für
eventuelle Mess- oder Montagevorgänge frei zu haben, erfolgt die Steuerung des
Rechners mittels akustischer Ein- und Ausgabe.

Zählen wir die Rechner dazu, die fest in jeder Wohnung und jedem Auto eingebaut sind, kommt jeder Mensch heute auf einige Hunderte von Rechnern, die ihm
zur Verfügung stehen. Gleichzeitig verfügt jeder von uns über einige Petabyte (10^{15}
Bytes) an Speicherkapazität. Ein Rechnernetz, wie es für mittelständige Firmen in
der Wolke des neuen Internets für sie betrieben wird, hat leicht mehrere Tausend
Rechner mit einem Etabyte (10^{18} Bytes) an Speicher. Weltfirmen wie Amazon,
Google und Yahoo haben bereits mehrere Millionen Rechner in ihren Netzen und
verfügen über ein Zetabyte (10^{21} Bytes) an Speicherkapazität. Nur um diese Zahlen
ins rechte Verhältnis zu setzten, sei erwähnt, dass Physiker die Anzahl der Atome im
Weltall (ohne dunkle Materie) auf ungefähr 10^{77} schätzen.

Die Bandbreite von Netzen hat sich wirklich rasant weiterentwickelt. Nach
Gigabit-Netzen sind inzwischen in allen Ballungszentren auch Terabit-Netze im
Einsatz. Die selektive und simultane Übertragung von Videoaufnahmen von jedem
Ort der Welt an jeden andern ist daher kein Problem mehr. Man stellt sich wö-
chentlich aus Hunderten von Angeboten sein Programm zusammen, für das man
täglich einige kostbare Minuten opfern will. Wo, wie und wann man diese Information aufnimmt, hängt davon ab, wo man sich befindet und was man gerade tut.

Das klingt zwar recht gut, es gibt aber noch eine Menge von Problemen, von
denen ich hoffe, dass sie in den nächsten Jahrzehnten gelöst werden.

Fangen wir bei der Hardware an. Es gibt immer noch keine guten Anzeigegeräte,
die man in jeder Situation verwenden kann. Die Situationen, die weiterhin die größten Schwierigkeiten bereiten, sind schlechte Lichtverhältnisse, Nässe sowie unruhige
und instabile Lagen. Das Schlagwort, mit dem man die dafür geeigneten Geräte
schon seit Ende des letzten Jahrhunderts bezeichnet, heißt 4B-Geräte. Der Ausdruck
4B kommt (wie das meiste in unserer Branche) aus dem Englischen und steht für
Lesegeräte, welche die Nutzung von Rechnern im Bad, im Bett, am Strand und im
Bus gestatten (engl. bed, bath, beach, bus). Wie bereits erwähnt, bestehen auf der
Eingabeseite heute die wenigsten Probleme, nachdem die Spracheingabe eine Er-
kennungsrate von über 90 % erreicht hat. Befindet man sich in Umgebungen, wo
man nicht laut sprechen kann, reicht es, wenn man das winzig kleine Mikrofon am
Hemdkragen oder der Halskette festmacht und auf Kehlkopfempfang schaltet. Auf
optische Ausgabe scheint man jedoch nicht verzichten zu können, da wir Menschen
es gewohnt sind, unsere Welt zu 87 % über die Augen wahrzunehmen.

Wie fast immer liegen die schwierigsten Probleme im Software-Bereich. Ich erinnere mich noch gut an einen Vortrag von Prof. Wahlster (ich glaube, es war 2006 in Berlin), in dem er sagte, dass das semantische Web bald Realität sein würde. Vielleicht wollte er ausdrücken, dass es auf diesem Gebiet für die akademische Forschung wohl kaum noch offene Fragen gibt. Aber erst mit der ServFinder-Maschine wurde auch bei der Vermarktung ein Durchbruch geschafft. Der Schlüssel hierzu war die Fokussierung auf die Semantik von Diensten statt von allen Webseiten. Noch immer wächst der Inhalt des Internet exponentiell an. Alle diese Inhalte, seien es E-Mails, Nachrichten, Fachzeitschriften, Bücher, Musik und Filme, sind nicht formatiert, d.h. sie haben keine für das semantische Web geeignete Form. Dazu müsste jemand alle Dinge, sobald sie erscheinen, mit einer formalen Beschreibung (z.B. in USDL[1]) versehen. Mit der ServFinder-Maschine kann man zumindest alle Dienste finden, die das semantische Modell verwenden – und das sind jetzt mittlerweile hunderttausende geworden.

Ein anderes typisches Software-Problem ergibt sich daraus, dass nicht nur bei Technologiesprüngen die Hersteller von Betriebssystemen oder Text- und Bilddatenbanken alle vier bis fünf Jahre ihre Datenformate ändern. Obwohl die Umstellung meist vollkommen maschinell durchgeführt werden kann, werden nie 100 % aller Daten umgestellt. Es wird nur das umgestellt, von dem man zum jeweiligen Zeitpunkt annimmt, dass dafür in Zukunft ein Bedarf besteht. Dieses Problem ist Historikern und Philologen bestens bekannt, wurden doch die Werke griechischer Philosophen und Mathematiker im Mittelalter bei der Umstellung von Papyrus auf Pergament oder von Groß- auf Kleinschreibung meist nicht mehr kopiert. Einiges wurde jedoch gerettet, weil man den Datenträger (das Pergament) für christliche Texte wieder verwendete, wie z.B. der Archimedes-Kodex. Ob wir diese Möglichkeit in Zukunft auch haben werden, vermag ich nicht abzuschätzen.

Was in den letzten Jahren immer heftiger diskutiert wurde, war das Problem, wie Individuen und Firmen mit dem Überfluss an Informationen fertig werden. Der Ansatz, Gemeinschaften zu bilden, die sich selbst helfen, Informationen und Informationsquellen zu bewerten, erwies sich im Prinzip als richtig, da hier ja genug Eigeninteresse im Spiel ist. Die Frage, die derzeit diskutiert wird, lautet, wer bewertet die Gemeinschaften und wer bewertet die Bewerter von Gemeinschaften (also die Rating-Agenturen). Die Leute, die meinen, dass dies eine Aufgabe der Nationalstaaten oder der UNO sei, konnten sich zum Glück bisher nicht durchsetzen. Die Hoffnung einiger Informatiker, das Problem durch den Entwurf besonders cleverer Algorithmen zu lösen, hat sich nicht erfüllt. Selbst Google, dessen Gründer in dieser Hinsicht einmal sehr erfolgreich waren, hat es nicht geschafft.

Es bleibt festzuhalten, dass wir die Informationsüberflutung auch im Jahre 2018 nicht eingrenzen oder gar beherrschen können. Vielleicht wird dies ja nie der Fall sein ...

---

[1] Uniform Service Description Language, eine Spezifikationssprache zur semantischen Beschreibung von Dienstleistungen im Web

Infobox

Elektronische Zeitung

Als **elektronische Zeitung** bezeichnet man die Darstellung einer Zeitung auf **elektronischem Papier**, auch ePaper genannt. Hierbei handelt es sich um eine flexible Plastikfolie, die aus kleinsten Mikrokugeln besteht. In den Kugeln befinden sich schwarze und weiße Partikel; je nach angelegter Spannung wandern die weißen oder schwarzen Partikel nach oben.

Die Idee des ePapers stammt aus den Siebziger Jahren und wurde zuerst am Xerox PARC (Palo Alto Research Center) realisiert. 1997 erfand ein Team um **Joseph Jacobson** vom MIT Media Lab das Verfahren E-Ink und gründete dazu das gleichnamige Unternehmen. ■

2019

Bahrain – ich komme!

12. Januar 2019

Paul hat jetzt seit sechs Monaten einen Job. Und Tino hat am Zweiten dieses Monats seine Stelle als Mechatroniker bei SEW-Eurodrive in Melbourne angefangen. Die Jungs sind erwachsen geworden. Katrin steckt noch mitten in den Bachelor-Prüfungen zum Energieberater, und Francesco hat sein Studium in Mailand aufgenommen. Nur Fabio ist jetzt noch bei uns zuhause. Hat sich ganz schön viel verändert in den letzten Jahren. Und ein weiterer gravierender Wandel steht an. Vielleicht war ich deshalb in letzter Zeit ganz schön träge, was mein Tagebuch angeht. Im Sog der neuen Ereignisse habe ich mir fest vorgenommen, gleich zu Beginn des Jahres wieder mehr zu schreiben. Nachdem diese Zeilen stehen, lässt sich festhalten, ein Anfang ist gemacht ...

Ich stecke gerade in den Vorbereitungen für eine Reise nach Bahrain. Man hat mich eingeladen, um mir einen neuen Job anzubieten. Seit rund zehn Jahren gibt es enge Verbindungen zwischen den Arabern und der Universität Darmstadt, und mittlerweile gibt es eine recht große Gruppe von Bahrainis in Deutschland. Lange Zeit haben die nur nach USA geschaut, bis dann 2008 die Finanz- und Wirtschaftskrise den amerikanischen Traum zunächst niederwalzte und die USA dann auf Jahre hin in ihren Fängen hielt. Da konnte auch der erste farbige Präsident nichts ändern. Barack Obama war zwar viel besser als sein Vorgänger, aber zaubern konnte auch er nicht. Seit der großen Krise haben Bahrain und Deutschland bei der Ausbildung junger Bahrainis immer enger zusammengearbeitet. Mittlerweile hat sich das auch auf die Saudis und die anderen arabischen Staaten ausgeweitet. Wer hätte das vor zehn Jahren geglaubt? Da dachten alle nur an Indien und China, wenn es um junge Köpfe in den technischen Berufen ging. Aber die Petro-Dollar wurden von den Arabern wirklich sinnvoll angelegt. Dieses Jahr wird auch die KAUST schon zehn Jahre alt. Wie die Zeit vergeht. Aber zurück zu Bahrain.

Die Bahrainis wollen mich als Coach für ihre jungen Leute gewinnen, die in Deutschland studieren. Ich soll ihnen bei der Integration helfen. Sie sollen nämlich nach dem Studium noch ein praxisbezogenes Masterstudium in einer deutschen Firma dranhängen. Dass ich solche Studenten früher oft betreut habe, hat sich wohl zu den Bahrainis durchgesprochen, und jetzt wollen sie mich für diese Aufgabe verpflichten.

Die Studenten studieren heute fast alle einen neuen Studiengang namens „Ubiquitous Computing". Dieser Begriff hatte sich im Zusammenspiel von Mechatronik,

Sensortechnologie und eingebetteter Software-Systeme herausgebildet. Seit diese Sensornetze überall angezapft werden können, ist das der Boom-Studiengang.

Die Auswirkungen – und in diesem Fall die tollen Erfolge – dieses neuen und allgegenwärtigen Netzes lassen sich sehr schön im Bereich der Lebensmittelüberwachung belegen. Vor mehr als zehn Jahren gab es in China einen riesigen Skandal um verseuchte Babynahrung, davor hatten diverse Fleischhandelskandale in Deutschland mit dem berüchtigten Gammelfleisch für allgemeinen Würgereiz gesorgt. Heute hat man solche Probleme, die ja immer mit falsch deklarierter Ware zusammenhing, weitestgehend im Griff. Seit es das digitale Produktgedächtnis gibt, ist die Lieferkette vollständig überwacht. Es muss 2012 gewesen sein, als das erstmals in Deutschland eingeführt wurde. Damals sorgte das noch echt für Furore. Die hatten nicht nur einen simplen RFID wie zu Beginn des Jahrtausends, sondern verfügten auch über eine eingebaute Sensorik. Das war zunächst noch alles zu teuer, aber nachdem dann die organische Elektronik vor rund drei Jahren marktreif wurde, ging es rasant voran. Also ist es kein Wunder, dass sich die Bahrainis auch auf so etwas stürzen. Die nutzen Sensortechnologie ja auch viel für ihre Ölbohrungen. Tja, trotz all der erneuerbaren Energien, das Öl bleibt ein wichtiger Rohstoff – auch für die Energiegewinnung. Trotzdem gut, dass der Anteil erneuerbarer Energien bei uns auf über 40 % angewachsen ist. Dazu haben auch die vielen Sensoren und dieses „UbiComp" beigetragen. Also, ich bin gespannt auf dieses Angebot aus Bahrain. Könnte wirklich mal was anderes machen. Jetzt wo fast alle Kinder groß sind, kann ich auch mal etwas riskieren und aussteigen – wie man dazu früher gesagt hat.

Ich habe ein wenig im Web recherchiert und bin dabei auf die Internationale UbiComp-Konferenz gestoßen. Die feiert in diesem Jahr ihr zwanzigjähriges Jubiläum und kommt nach Karlsruhe, wo sie 1999 gegründet wurde. Mittlerweile treffen sich dort bis zu 5.000 Teilnehmer. Ich werde auf jeden Fall die Gelegenheit nutzen und mal vorbeischauen. Vielleicht nehme ich ein paar der Bahrainis mit. Im Programm wird das *Who is who* der Szene angekündigt: Elgar Fleisch und Friedemann Mattern, die Erfolgsautoren von der Buchserie „Internet of Things" – dem Standardwerk, Hans-Werner Gelleren und Michael Beigl, die beiden bedeutendsten UbiComp-Experten in Deutschland, sowie Experten aus USA, Indien, China und Saudi-Arabien – eben von KAUST.

Auf der Konferenz wird zum einen das erste Serienauto präsentiert, das vollkommen autark, nur mit Sensorik ausgestattet, fahren kann. Der X202 soll in ca. zwei Jahren in Serie gehen. Das finde ich spannend. Dann wird das „autonome Haus" vorgestellt. Hier soll gezeigt werden, wie wir in ca. fünf bis sechs Jahren durch Sensorik und eingebettete Systeme etwa bei der Betreuung älterer Menschen oder unseres Gesundheitszustandes unterstützt werden können. Hubert Österle aus der Schweiz wird hierzu einen Vortrag halten.

Mein MultiKom hat mir mit seinen Biosensoren schon seit Jahren gute Dienste geleistet. Allerdings waren die Systeme anfangs noch recht einfach und ihre Bedienung nicht so intuitiv, dass auch ältere Menschen sie genutzt hätten. Wenn ich an das Virus vor drei Jahren zurückdenke, dann muss ich wohl immer noch „Danke,

Mandy!" sagen. Das war ein echtes Schlüsselerlebnis. Seitdem faszinieren mich diese Sensoren und diese vielen unsichtbaren Helfer mehr und mehr. Klar, die Älteren unter uns diskutieren mal wieder über Orwells 1984 – so ein Quatsch. Durch die komplexe Sicherheitstechnik und die strengen EU-Richtlinien muss man vor dem Ganzen keine Angst haben. Paul und Francesco sind sowieso der Meinung, dass wir „Alten" da nur „paniken". Schon seit Facebook wäre es doch mit der Privatsphäre vorbei. Na ja, ganz so ist es ja nicht. Aber im Kern stimmt es schon. Was war das für eine Hysterie 2003, als die ersten RFID-Chips im Handel eingesetzt wurden! Heute würden wir alle darüber schmunzeln. Ich werde mal die Bahrainis fragen, wie die das so erlebt haben.

Ich sollte auch noch über mein neuestes Spielzeug schreiben. Die Kinder haben mir zu Weihnachten einen virtuellen Golftrainer geschenkt. Natürlich garniert mit den typischen, uralten Unverschämtheiten, mit denen sehr junge Leute etwas älteren Menschen gern ihren Respekt bezeugen. Als ob es für den sexuellen „Notfall" nicht diese kleinen blauen Pillen gäbe ... Aber echt verrückt, das Teil. Man legt ihn an wie eine Armbanduhr. Dann lädt man vom Web den Kurs herunter, und das Ding weiß genau, auf welchem Loch ich wo stehe und wie weit es noch zur Fahne ist. Dazu sagt es mir, welchen Schläger ich nehmen soll, und trainiert mich auf voller Höhe meiner eher bescheidenen Fähigkeiten. Das Gerät nehme ich natürlich mit nach Bahrain. Nachdem es hier ja noch bitterkalt ist, werde ich das Ding dort sicherlich mal ausprobieren können. Vielleicht bekomme ich so mein Handicap endlich auf 28. Paul rümpft schon lange die Nase. Francesco spielt sowieso schon nicht mehr mit mir, ich bin ihm zu schlecht. Mann-o-Mann, wo sind die Zeiten, als ich denen das Golfspielen beigebracht habe?

Ich könnte ja mit den Studenten aus Bahrain ein Projekt planen, bei dem wir versuchen, den mobilen Golftrainer einzusetzen. Das müsste doch Spaß machen. Vermutlich aber wollen die lieber ein Projekt im Umfeld der Logistik machen. Da Bahrain ein wichtiger Umschlagplatz für den Handel mit Irak und Iran geworden ist, sind sie an der optimalen Steuerung der Warenströme interessiert. Die Bahrainis nutzen dabei auch Software-Technologie aus Deutschland, habe ich mal gehört. Seit die großen Software-Häuser vor Jahren dieses Cluster im Südwesten von Deutschland gebildet haben, ist das Thema zu einem echten Exportschlager geworden.

Also, Bahrain, ich komme. Alles ist vorbereitet. Ich fliege nächste Woche mit Gulf Air. Die haben einen der neuen A380-700. Gegenüber der ersten wurde diese neue Serie vor zehn Jahren völlig überarbeitet und ist ebenfalls gespickt mit Sensoren. Laut einem Bericht, den mir das MultiKom rausgesucht hat (schließlich weiß Mandy ja, wann es wohin geht), sollen auch die Sitze in der Economy Class endlich vollständig personalisierbar sein. Da bin ich mal gespannt, wie sich das anfühlt. Business Class wäre mir ja lieber gewesen, aber die Bahrainis zahlen leider nur Economy.

Infobox

Digitales Produktgedächtnis

Die 2008 gestartete Innovationsallianz **SemProm** hat sich zur Aufgabe gemacht, auf Basis von **RFID** und **Sensortechnik** elektronische Etiketten für Produkte einzuführen. Diese sogenannten smart labels speichern die gesamte Produktgeschichte des konkreten Objekts, an dem sie angebracht werden. Hierzu zählen u.a. Produktionsort und -zeit. Des Weiteren kann festgehalten werden, wo sich das Produkt während des Transportes befunden hat und welche Zwischenhändler das Produkt bezogen haben, bevor es in den Einzelhandel und somit zum Kunden kam. Mit diesen Angaben kann der Kunde sowohl Informationen über die Echtheit erhalten (siehe Kapitel 2006) als auch bei etwaigen Rückrufaktionen feststellen, ob sein Produkt davon betroffen ist. Die Qualität der Produkte, etwa bei Gefrierware, kann in diesem Fall durch das Messen und Speichern von Temperaturdaten geprüft werden. Die Fülle an weiteren Dienstleistungen wird in den kommenden Jahren erforscht werden. ■

25. April 2020

Habe ich das heute Morgen richtig mitbekommen? Die Bundesregierung geht davon aus, dass das Jahr 2020 erstmals einen signifikanten Rückgang von CO_2 in Europa bringen wird. Während ich noch die vielen Lippenbekenntnisse der Politik vor 20 oder 30 Jahren zum Thema Energie im Ohr habe, muss ich zugeben, dass diese Nachricht mich heute wirklich sehr gefreut hat. Ich decke selbst mehr als 80 % meines Energiebedarfs durch erneuerbare Energien ab, und weltweit hat sich dank dieser Entwicklung eine neue Wirtschaftsordnung etabliert.

Das Thema Klimawandel verfolgt uns schon seit Jahren, und seine Auswirkungen auf das globale Wirtschaftsleben und den Alltag vieler Menschen sind gleichermaßen frustrierend. Seit den Anfängen dieser Diskussionen, die vielleicht mit dem Thema „Waldsterben" Anfang der 80er Jahre des vergangenen Jahrhunderts in Deutschland begannen und etwa ab 2006 globale Akzeptanz fanden, wurden im Laufe der Jahre weltweite Gegenmaßnahmen massiv verstärkt. Die Debatten über Energieeffizienz und die Bedeutung einer umweltfreundlichen Industrie wurden anfangs vor allem von Politikern, Lobbyisten, Künstlern und bekannten Persönlichkeiten wie Al Gore geführt, aber im Gegensatz zu den 70er Jahren des vergangenen Jahrhunderts beteiligten sich auch führende Vertreter der Wirtschaft.

Dass der Klimawandel wirklich stattfand, dass die Menschen daran Schuld trugen und dass er immensen Schaden anrichten würde, daran zweifelte 2006 niemand mehr. Wissenschaftler prognostizierten, dass die Durchschnittstemperatur um höchstens zwei bis drei Grad steigen dürfte, sonst stünden der Welt Klimakatastrophen wie Überflutungen, lange Dürreperioden und Wassermangel bevor. Für die Konzentration von Treibhausgasen in der Atmosphäre gelte entsprechend eine Grenze von 450 ppm, die keinesfalls überschritten werden dürfe, was in den darauffolgenden letzten zehn Jahren immer wieder wissenschaftlich bestätigt wurde.

Zu Beginn des Jahrtausends betrugen die Treibhausgas-Emissionen gut 40 Gigatonnen, und es wurde vorausgesagt, dass der Ausstoß, sollte sich die Situation konstant weiterentwickeln, bis 2050 auf 90 Gigatonnen anwachsen würde. Um die Gas- und Temperaturentwicklung stabil zu halten, müssten die Emissionen auf 20 Gigatonnen sinken, darin waren und sind sich die Experten einig.

Diese Fakten waren allgemein anerkannt und wurden zwischen 2006 und 2008 in den Medien häufig thematisiert. Viele Regierungen beschlossen strengere Auflagen. Im Rahmen des EU-Emissionshandelsabkommens mussten die CO_2-Ausstöße der Industrie offengelegt werden, und Australien führte ein Gesetz ein, das alle Industriezweige dazu verpflichtete, ab Sommer 2008 der Regierung regelmäßig über ihren Schadstoffausstoß Auskunft zu geben. Die Risiken, die mit steigenden Energiekosten und Treibhausgasen zusammenhängen, wurden auch für die Finanzmärkte und die Investoren immer bedeutender. So entstand zum Beispiel das Carbon Disclosure Project, eine im Jahr 2000 in London gegründete, unabhängige sogenannte Non-Profit-Organisation, die das Ziel hat, den Dialog zwischen Investor und Unternehmen in Fragen des Klimawandels zu fördern. Durch standardisierte Informationen sollen Investoren die sich aus einem Klimawandel ergebenden wirtschaftlichen Risiken für ein Unternehmen besser abschätzen können. 2009 fand dann eine Reihe von Gipfeln statt: erst der G-8-Gipfel in Italien, dann der G-20 in USA und schließlich der Klimagipfel in Kopenhagen. Diese geballte Ansammlung von Treffen brachte zwar nicht den vollständigen Durchbruch. Aber es ging endlich voran. Auch wenn es noch Jahre dauerte, bis dann die Abkommen ratifiziert wurden.

Sicherlich, ich wohne schon seit mehreren Jahren in meinem Niedrigenergiehaus, und Kurt, mein Nachbar, ließ sich schon vor mehr als zehn Jahren ein Nullenergiehaus bauen. Doch dies hatte damals noch nicht allzu viel zu bedeuten: Industrie, Individualverkehr, Hausgeräte und Millionen konventioneller Immobilien ließen solche Projekte noch immer als Tropfen auf den heißen Stein erscheinen. Die Neugier des Menschen allein reichte nicht aus, um eine langfristige Lösung unserer Energieprobleme zu finden. Es wurde zwar viel experimentiert, aber wenig zur Serienreife gebracht. Was gab es da nur alles für Lösungen! Das Solarkraftwerk, das mit hoch integrierten Fotovoltaikzellen eine wachsende Ausbeute erreichte – aber auch immer höhere Herstellungs- und Rohstoffkosten verursachte. Zur Deckung des weltweiten Energiebedarfs hätte man wohl die Erdoberfläche verzehnfachen und mit Solarmodulen pflastern müssen. So nutzen wir diese Technik zwar noch heute, aber nur dort, wo sie ihre Unabhängigkeit von jeglicher Infrastruktur wirklich als Vorteil ausspielen kann, etwa in abgelegenen Gegenden.

Immer wieder wurde auch das Wasserstoffauto oder allgemeiner gesagt der Wasserstoffmotor diskutiert, der die Zahnräder der Industrie drehen sollte. Wie schön: Man nimmt riesige Sonnenkollektoren, erhitzt Wasser und zerlegt es in seine Bestandteile Wasserstoff und Sauerstoff. Beim Verbrennen des Wasserstoffes fließt dann nur Wasser aus dem Auspuff. Doch das Problem dabei: Wasserstoff ist ein Gas, das sich schnell verflüchtigt. Man kann es zwar tiefkühlen oder unter hohem Druck speichern, aber das hat sich in der Praxis alles als zu aufwendig bzw. zu gefährlich erwiesen. Die Experimente mit Gezeitenkraftwerken an der Atlantikküste erwiesen sich als ebenso wenig skalierbar wie Hunderte von Offshore-Windkraftwerken in der Nordsee. Das alles leistete seinen Beitrag, aber bei der weltweiten Energiebilanz lagen die Ergebnisse nicht einmal im Promillebereich. Gleiches gilt übrigens auch für die Atomkraft, die zwischen 2010 und 2015 interessanterweise noch einmal besonders en vogue war.

Die schlimmsten Befürchtungen der Gegner traten zwar nicht ein, aber von Skalierbarkeit oder gar Kosteneffizienz konnte keine Rede sein. Nachdem selbst China ein Moratorium zum Stopp weiterer großflächiger Staudämme und Wasserkraftprojekte zum Schutz von Umwelt und Gesellschaft gebilligt hatte, schien es nur wenig wirkliche Alternative zu geben. Doch bei einem Rohölpreis von mehr als 300 Dollar pro Barrel vor fünf Jahren gab es nicht nur Handlungsbedarf, nein, es entstand eine riesige Forschungs- und Gründerlandschaft auf dem gesamten Energiesektor. Gepaart mit dem mittlerweile weltweit eingespielten Emissionsmarkt und seinem Kostendruck führte dies zu extremen wirtschaftlichen Triebkräften. Nach den vielen Fehlschlägen lagen die Schwerpunkte zum einen beim erneuerbaren Kraftstoff und zum anderen beim effizienten Energiemanagement. Letzteres wurde eine Domäne der Software-Branche.

Natürlich experimentiert man schon seit endlosen Zeiten mit Biokraftstoffen und speziell mit Biodiesel und Bioethanol – kürzlich las ich, dass das erste Patent in diesem Bereich bereits im Jahre 1937 in Belgien erteilt wurde! Doch viele Jahre und Jahrzehnte kam dieser Ansatz nicht über eine recht ineffiziente Anbauweise und eine eigentlich ziemlich banale Beimischung dieser „grünen" Energien zum herkömmlichen Kraftstoff in hundsgewöhnlichen Otto-Motoren hinaus. Den Durchbruch brachte der entstehende Investitionsboom, gepaart mit großen Fortschritten in der Biotechnologie und Genveränderung, einigen höchst cleveren Innovationen und einem gehörigen Quäntchen Glück. Einer deutsch-brasilianischen Startup-Firma mit amerikanisch-chinesischen Kapitalgebern gelang in diesem Jahr der entscheidende Schritt: Im Labor und kurz danach auch in der Fläche wurde eine Art Mischung von Bambus, Teakholz und Mangrove gezüchtet, das sogenannte „Rapido Verde" oder RAVE. Diese Pflanze wächst noch etwa zehn Mal schneller als Bambus, dabei entsteht eine Substanz von einer Dichte wie Teakholz, und das Ganze kann von salzhaltigem Wasser wie eine Mangrove leben! Das bedeutet natürlich eine völlig andere Ausbeute als bei dem antiquierten Biodiesel oder Bioethanol – statt etwa 2.000 Liter pro Hektar Anbaufläche und Jahr werden heute fünfzig Millionen Liter auf gleicher Fläche produziert! Darauf hätte ich auch gerne ein Patent – die Firmengründer Luis und José Caballero sollen mittlerweile die reichsten Menschen der Welt sein! Und natürlich soll das RAVE dort angebaut werden, wo es viel Sonne, Meereswasser und genügend Flächen gibt, also in Teilen der Sahara, weiten Teilen des restlichen Afrikas, Brasilien und Mexiko sowie Südostasien und China.

Die Verarbeitung zu Flüssigkraftstoff erfolgt in modernsten Raffinerien am wirtschaftlichsten direkt vor Ort, und dies hat zu einem wahren Investitionsboom in den früheren Schwellenländern geführt. Gleichzeitig kamen in den letzten zwei Jahren völlig neue Motoren auf den Markt, die eine mehr als doppelt so hohe Energieeffizienz bei der Verbrennung aufweisen. Diese ist CO_2-neutral, weil die Pflanzen bei ihrem Wachstum ähnlich viel CO_2 absorbieren wie später emittiert wird. – Schöne neue Energiewelt!

Demnächst wird meine RAVE-Zentralheizung geliefert, und meinen Strom erhalte ich ohnehin schon lange aus Norddeich, wo die Offshore-Windräder aus der südlichen Nordsee ihren Strom einspeisen. Die alten Ölstaaten haben den Trend übrigens schon lange erkannt und gehören zu den größten Investoren in den neuen

Branchen. Nebenbei gesagt – die gesamten Anlagenbauvorhaben im Energiebereich haben uns natürlich auch bei der IT eine riesige Investitionswelle beschert.

Vor allem das effiziente Energiemanagement hat viele Akteure der Software- und Dienstleistungsindustrie erkennen lassen, dass sich in Nachhaltigkeit und Klimabewusstsein neue Geschäftsmöglichkeiten boten. Die CO_2-Bilanz ihrer eigenen Industrie schnitt im Vergleich zu anderen Sektoren noch relativ gut ab – eine große Software-Firma hatte einen durchschnittlichen Ausstoß von nur einigen hunderttausend Tonnen. Der Gesamtausstoß der Rechenzentren aller Kunden dieses Industriezweigs war allerdings hundertmal so hoch.

Und natürlich waren die Gesamtemissionen der IT-Kunden insgesamt wiederum hundertmal höher als das, was die Rechenzentren allein verursachten. Würde man also deren Energiemanagement mithilfe von IT signifikant verbessern, dann hätten wir den richtigen Hebel. So wurde der Slogan „Grün durch IT" geprägt, später auch „Nachhaltig durch IT" genannt. IT-Giganten wie IBM und SAP nahmen sich diese Erkenntnisse zum Anlass, ihr Produktportfolio um „grüne" Lösungen zu ergänzen. Zwischen 2008 und 2015 wurden die Software-Architekturen schlanker und waren darauf ausgelegt, Rechenkraft einzusparen und die Serverauslastung besser zu verteilen. Zudem kamen zahlreiche neuartige Produkte auf den Markt, die den Ausstoß von Treibhausgasen, die Nutzung von Wasser und Überschuss bei der Produktion überwachten und aufspürten, Produktionsprozesse optimierten und effizientere Nutzungsschemata von Energie und Wasser entwickelten.

Die sich daraus ergebende Aussicht auf eine Geschäftsmöglichkeit löste in der Software- und Serviceindustrie 2007/2008 einen neuen „grünen" Trend aus. Die CeBit 2007 stand unter dem Zeichen des Klimawandels, das Silicon Valley ergrünte plötzlich, und viele Firmen warben mit klimaschonenden Technologien und Konzepten. Irgendwann wurde der Hype so groß, dass bei all der oberflächlichen Klimafreundlichkeit kaum noch jemand nach echter Nachhaltigkeit fragte – aber dann kam der Durchbruch mit dem rasant angestiegenen Ölpreis.

Heute haben wir eine florierende Software-Industrie rund um das Thema effizientes Energiemanagement, vor allem im Südwesten der Bundesrepublik, aber auch in Sachsen, als Folge des damaligen Booms von Startup-Firmen im Bereich Solarzellen. Diese Firmen haben sich jetzt vor allem auf Energiemanagement im Haus fokussiert. Hier wird vor allem auch mit viel Sensorik zur optimalen Steuerung der Energieverbraucher, aber auch der Koordination zwischen dem Verbrauch und den dezentralen Erzeugern wie eben diesen Solardächern gearbeitet. Schon vor etwa fünf Jahren wurde der Energiemarkt „Meregio" eingeführt. Dort können Privatleute miteinander den Strom aushandeln – genauso wie zehn Jahre zuvor die Musiktauschbörse „Napster" es erlaubte, Songs zu tauschen. In diesem Fall läuft das aber ganz legal und mit Verrechnung, also auch wirtschaftlich „sauber".

Somit werde ich meine RAVE-Heizung, die nichts anderes ist als ein kleines Blockheizkraftwerk, auch an den „Meregio-Marktplatz" anschließen. Der entscheidende Vorteil eines Blockheizkraftwerks liegt darin, dass die über das Verbrennen des RAVE zur Stromgewinnung anfallende Abwärme ebenfalls genutzt wird, die

Energieauslastung liegt hier inzwischen nur noch knapp unter 98 Prozent. Ich denke, dass sich die Anlage in rund fünf Jahren durch den Verkauf von grünem Strom rechnen wird. Schließlich sind ja noch viele Haushalte nicht umgestellt und müssen ihre Nachhaltigkeit durch Bezug erneuerbarer Energien leisten.

Infobox

CDP und Meregio

Die Organisation **Carbon Disclosure Project** wurde 2000 mit dem Ziel gegründet, einem breiten Publikum das Thema Klimaschädigung durch Treibhaus-gase näherzubringen. Damit eng verbunden ist auch das Thema Speicherung von CO_2, das von Verbrennungsgasen abgeschieden wird. Beim **CCS** (Carbon Dioxide Capture and Storage) ist das Ziel, CO_2 in großer Tiefe zu lagern. Seit Mitte 2009 gibt es hierzu auch eine entsprechende EU-Richtlinie.

Im Projekt **Meregio** erforschen Unternehmen und Forschungseinrichtungen der Region Karlsruhe, wie mittels eines web-basierten Marktplatzes Erzeuger und Verbraucher Strom verkaufen und erwerben können. Hierbei wird vor allem eine dezentrale und oftmals regenerative Energieerzeugung zugrunde gelegt. Durch die Deregulierung des Strommarktes ist eine Trennung zwischen dem Netzbetreiber und dem Stromanbieter gesetzlich festgelegt worden. So sollen etwa Betreiber von Windparks oder Solaranlagen mittels Meregio ihre Angebote leichter Endverbrauchern oder Unternehmen anbieten können. ■

2021

Medizin hilft dem Hirn
auf die Sprünge

19. Oktober 2021

Es ist schon verrückt, wie sich bestimmte Dinge im Leben wiederholen oder kreuzen. Heute schreibe ich meine Erlebnisse der letzten sechs Monate im Tagebuch nieder. Jetzt, wo Gott sei Dank alles vorbei ist, habe ich endlich die Zeit, das für später festzuhalten. Es war eine der schlimmsten Phasen meines Lebens. Und die Rettung kam aus der Vergangenheit.

Das war mir absolut nicht klar, als ich im Jahr 2008 online eine Vorlesung von Prof. Volker Sturm über die Möglichkeiten der Beeinflussung menschlicher Hirnaktivität verfolgte. Das Jahr weiß ich deshalb noch so genau, weil ich mir nach der Vorlesung online das Manuskript bestellt habe. Solche Themen, in denen moderne Technik in direkte Verbindung mit dem Menschen tritt, haben mich eben immer schon fasziniert. Prof. Sturm war zu der Zeit einer der führenden Neurochirurgen in Deutschland, die bei Patienten sogenannte Hirnschrittmacher einsetzten. Im Laufe der Vorlesung schilderte er einige wesentliche Kapitel aus der Geschichte der Hirnforschung:

„Alles begann mit der Therapie epilepsiekranker Menschen. Wilder Penfield operierte in den 1930er Jahren am offenen menschlichen Gehirn. Da das Gehirn nicht schmerzempfindlich ist, nimmt man eine elektrische Reizung nicht als solche wahr. Stattdessen stellte Penfield fest, dass bei schwacher elektrischer Reizung des menschlichen Cortex Bewegungen und Seheindrücke ausgelöst werden können. Durch systematische Untersuchungen konnte er eine Hirnkarte erstellen, die heute noch ihre Gültigkeit besitzt. Diese Karte zeigt in erster Linie den motorischen Cortex, in dem die Regionen danach benannt sind, welche Körperpartien bei elektrischer Reizung bewegt werden. Im sogenannten somatosensorischen Cortex löst eine elektrische Reizung den Eindruck hervor, eine bestimmte Stelle der Hautoberfläche sei gereizt worden. Auch hier erstellte Penfield eine entsprechende Karte. Eine solche kortikale Karte bezeichnet man auch als Homunkulus, da sie der Form eines menschlichen Körpers ähnelt.

Heute ist die Mehrheit der Mediziner und Neurowissenschaftler der Auffassung, dass es nicht nur für motorische und sensorische Wahrnehmungen, sondern für jede menschliche Wahrnehmung, Gefühlsregung, oder Intention entsprechende neuronale Aktivität im Gehirn gibt. Das führte zu dem Versuch, bei einigen Krankheiten, bei denen nachweislich die neuronale Aktivität gestört und diese Störung ursächlich für die Krankheitssymptome ist, die Symptomatik durch Veränderung der neuronalen Aktivität herbeizuführen. Dies hat zu den inzwischen verbreiteten Hirnschrittmachern geführt, die vor allem bei Morbus Parkinson eingesetzt werden, wenn eine medikamentöse Therapie nicht mehr zum Erfolg führt. Hierbei wird in ein tief im Hirn liegendes Kerngebiet (daher der Name Tiefenhirnstimulation) eine Elektrode eingeführt, die mit einem batteriebetriebenen Stimulator verbunden ist.

Der Stimulator sitzt, ähnlich wie bei einem Herzschrittmacher, im Schulterbereich und kann störende neuronale Oszillationen durch elektrische Impulse unterdrücken. Dadurch werden die motorischen Störungen der Patienten deutlich gemindert.

Außerdem ist aus Tierexperimenten der 1950er Jahre bekannt, dass man auf ähnliche Weise auch das Belohnungszentrum eines Tieres stimulieren kann. Werden Elektroden in einen bestimmten Bereich des Rattengehirns eingeführt, wobei die Ratten durch einen Taster selbst die Stimulation der Elektrode auslösen können, so drücken die Ratten ausdauernd diese Taste und unterlassen jede weitere Tätigkeit. Inzwischen sind auch beim Menschen die Hirnregionen identifiziert worden, die zum Belohnungssystem gehören. Daraus resultierte der Ansatz, auch psychiatrische Krankheiten wie Depressionen oder Zwangsstörungen mit Hirnstimulation zu behandeln.

Besonders spannend ist der neue Ansatz, einen vorübergehenden, teilweisen Ausfall von Hirnfunktionen durch Elektrostimulation wieder herzustellen. Bei bestimmten Krankheiten (z.B. persistent vegetative state, minimally conscious state, apallisches Syndrom) befinden sich die Patienten in einer Art Wachkoma. Man geht davon aus, dass die Patienten in diesem Zustand nicht bei Bewusstsein sind. Neueste Forschungsergebnisse haben gezeigt, dass man Patienten aus einem solchen Zustand durch elektrische Stimulation bestimmter Regionen des Hirnstamms wieder in einen höheren Bewusstseinszustand bringen kann. Bisher ist es nicht möglich, diese Patienten zu einem normalen Wachbewusstsein zu bringen. Ziel der momentanen Forschung ist es, in Zukunft den Zustand des Wachkomas durch geeignete Stimulationsprotokolle aufheben zu können.“

Ich hätte nie geahnt, dass ich mich Jahre später noch ungefähr an diesen Text erinnern und ihn auch tatsächlich finden würde, und zwar in einem Datensegment, das sich „Alte PC-Dateien“ nennt. Weil ich ihn brauchte, um Hoffnung zu schöpfen. Denn im vergangenen Jahr erlitt Nicoletta einen schweren Autounfall. Durch eine elektromagnetische Störung wurden die Steuerungssysteme einer ganzen Reihe von Autos auf der Autobahn in ihrer Funktion gravierend beeinträchtigt. Eigentlich reiht sich ein Auto in der Auffahrt zur Autobahn automatisch in eine Kolonne ein, die sich mit konstanter Geschwindigkeit bewegt. Die Steuerungssysteme übernehmen die dazu notwendigen Beschleunigungen und Verzögerungen. Leider kommt der X202, mein neues Traumauto, erst dieses Jahr auf den Markt. Der hätte den Unfall wohl verhindert, wenn man den Berichten glauben darf.

Durch die elektromagnetische Störung wurden nun einige Autos abgebremst, während andere mit unvermindert hoher Geschwindigkeit weiterfuhren, und es kam zu einer Karambolage. Im Auto von Nicoletta waren von dieser Störung auch die Sicherheitssysteme inklusive des Airbags betroffen. Dadurch schlug sie beim Aufprall ihres Autos mit dem Kopf auf das Armaturenbrett. Außer einigen Prellungen erlitt sie keinerlei äußerliche Verletzungen. Aufgrund der durch den Aufprall verursachten Gehirnerschütterung verlor sie jedoch das Bewusstsein. Später im Krankenhaus saß ich an ihrem Bett und hoffte, dass sie bald aufwachen werde. Nachdem ich die ganze Nacht an ihrem Bett verbracht hatte, ohne dass sie zu Bewusstsein kam, bat ich den behandelnden Arzt um ein Gespräch. Dieser musste mir bedauernd eröffnen, dass es in seltenen Fällen nach einem Schädel-Hirn-Trauma zu einem Wachkoma kommen kann. Nicoletta schien in ein solches Wachkoma gefallen zu sein. Der Arzt sagte, dass man nichts tun könne, außer abzuwarten.

In den folgenden Tagen und Wochen, in denen Nicoletta das Bewusstsein nicht wiedererlangte, begann ich, mich aktiv mit der Situation meiner Frau auseinanderzusetzen. Dabei erinnerte mich an diesen Vortrag, den ich vor vielen Jahren gehört hatte. Nachdem ich die Online-Vorlesung von damals gefunden hatte, schöpfte ich tatsächlich wieder Hoffnung. Damals sagte der Professor, dass man komatöse Patienten möglicherweise durch eine bestimmte Art der Elektrostimulation wieder zu Bewusstsein bringen könnte. Im Internet recherchierte ich und konnte die Autoren finden, die damals diese erstaunliche Entdeckung gemacht hatten. Die Ärzte hatten einen Patienten nach einem sechsjährigen Koma ohne jegliche willkürliche Bewegungen – geschweige denn Kommunikation mit dem Patienten – durch Elektrostimulation in einen Bewusstseinszustand versetzen können, in dem er zumindest einige Muskeln wieder bewegen konnte. Außerdem konnte der Patient wieder schlucken und musste nicht mehr intravenös ernährt werden.

Voller Enthusiasmus las ich nun Berichte über die weitere Entwicklung dieser Art der Hirnstimulation in den letzten Jahren. Fast jedes Jahr erschienen weitere Erfolge dieser Arbeitsgruppe. Bereits fünf Jahre nach dem ersten Erfolg wurde sogar über Patienten berichtet, die aus eigenem Antrieb wieder sprechen konnten. Danach allerdings ließen sich keine neueren Berichte finden. Irritiert versuchte ich, mit den Ärzten aus den USA Kontakt aufzunehmen, und erfuhr, dass zwei Entwicklungen diese Forschung zu einem vorübergehenden Stillstand gebracht hatten. Einerseits hatte die neue Technik der Verkehrsführung zu einem dramatischen Rückgang an Hirnverletzungen geführt, sodass das ohnehin seltene Phänomen des Wachkomas fast gar nicht mehr vorkam. Andererseits waren ethische Bedenken aufgekommen, weil einige der komatösen Patienten zwar durch die Behandlung wieder zu Bewusstsein gekommen waren, aber leider nicht komplett geheilt werden konnten. Die Patienten blieben ans Bett gefesselt, konnten sich nicht autonom versorgen und berichteten, dass dies eine erhebliche psychische Belastung für sie darstelle. Allerdings konnte ich dem leitenden Oberarzt der Klinik die Aussage entlocken, dass er der Meinung sei, mit den inzwischen weiterentwickelten Methoden heute bessere Ergebnisse erzielen zu können.

Nun hatte ich eine schwerwiegende Entscheidung zu treffen. Einerseits wollte ich natürlich alles nur Menschenmögliche unternehmen, um Nicoletta zu helfen. Andererseits wollte ich ihr aber auf keinen Fall psychisches Leid durch eine nur teilweise Herstellung des Bewusstseins zufügen. Nach nächtelangem Abwägen des Für und Wider entschloss ich mich, den Schritt zu wagen, und kontaktierte den amerikanischen Arzt. Nach einem kostspieligem und nervenaufreibendem Transport Nicolettas in die amerikanische Klinik wurden während einer Hirnoperation durch den Schädel Tiefenhirnelektroden in bestimmte Regionen des Hirnstamms implantiert. Nach der Operation vergingen einige Stunden, bis Nicoletta sich von der Narkose erholt hatte. Dann traf sich ein Team aus Ärzten und Physikern, um ein neu entwickeltes Stimulationsprotokoll über die Elektroden ablaufen zu lassen.

Bereits kurz nach dem Start der Stimulation begann Nicoletta, spontane Bewegungen der Augen und einiger Muskeln zu zeigen, was seit dem Unfall nie der Fall gewesen war. Nach etwa einer Stunde der Stimulation konnte sie die Augen öffnen, beide Arme bewegen, und auf ihrem Gesicht konnte man eine Art Lächeln entdecken. Die Ärzte waren begeistert und beendeten die Stimulation für den ersten Tag. Ich aber war eher in Sorge. Nun war genau der Zustand eingetreten, den ich eigentlich vermeiden wollte. Nicoletta konnte offensichtlich ihre Umwelt wahrnehmen und rudimentär mit ihr interagieren, aber weder sprechen noch sich autonom fortbewegen. Mit großer Anspannung erwartete ich den nächsten Tag und war bereits am frühen Morgen wieder an ihrem Bett, lange bevor die Ärzte zur nächsten Stimulationssitzung kamen.

Als Nicoletta aufwachte, glaubte ich, bereits deutlich mehr Bewegungen ihrer Arme und Beine beobachten zu können als noch am Tag zuvor. Nach der Stimulation war dies anhand eines Vergleichs der Videoaufzeichnungen mit denen des Vortags sogar sehr deutlich zu erkennen, und die Ärzte waren zuversichtlich, dass es nun von Tag zu Tag bergauf gehen würde. Tatsächlich verbesserte sich Nicolettas Situation stetig, und nach zwei Wochen konnte ich mit ihr gemeinsam zurück nach Deutschland fliegen. Das allein war für mich schon ein echtes Wunder. Ihre Bewegungen sahen zunächst zwar noch etwas unbeholfen aus, und ihre Sprache klang ungeübt, aber nach einigen Wochen der Rehabilitationtherapie war klar, dass Nicoletta keine bleibenden Schäden davontragen würde. Für uns beide endete damit die wohl schlimmste Zeit unseres gemeinsamen Lebens.

Infobox

Apallisches Syndrom

Unter dem **apallischen Syndrom** versteht man eine Art des Wachkomas, bei dem große Teile des Großhirns beschädigt sind. Der Patient hat nur sehr begrenzte Möglichkeiten, mit der Umwelt zu kommunizieren. ■

Mein neues Traumauto X202

17. November 2022

Zum sechzigsten Geburtstag habe ich mir nochmals ein neues Auto gegönnt und mich für ein Modell aus der UltraHightec-Serie X 202 entschieden. Nicht zuletzt der dramatische Unfall von Nicoletta hat mich dazu veranlasst. Ich hatte ja vom X202 schon 2019 auf der UbiComp-Konferenz wahre Wunder gehört. Nicoletta geht es hervorragend. Nichts erinnert mehr an den Autounfall, und sie freut sich mit mir auf das neue Gefährt. Ich hatte im letzten Jahr gemerkt, dass mich das Fahren doch sehr anstrengt. Daher wollte ich endlich ein Fahrzeug mit Fahrerassistenzfunktionen der neuesten Generation besitzen, die mich als älteren Fahrer entlasten. Außerdem legt Nicoletta nach dem Unfall vor fast zwei Jahren großen Wert darauf, eines der 100 % sicheren Autos zu fahren.

Mein neues Auto enthält über 202 eingebettete und vernetzte Computersysteme, einen zentralen Car Server der neuesten Generation, drahtlose Ultrabreitband-Internet-Verbindungen sowie innen und außen über 100 Sensoren. Dieses Vehikel ist mehr als ein fahrender Computer: Es ist ein beweglicher Internet-Knoten und ein mobiles Sensorsystem. Es kann die bis auf 10 Zentimeter genaue Positionsbestimmung des eingebauten Navigationssystems nutzen, um durch automatische Kommunikation mit anderen Verkehrsteilnehmern in der Umgebung Unfälle zu vermeiden.

Die Werbung preist den X202 als „erstes Auto mit Selbsterhaltungstrieb" an. Das ist aber nicht übertrieben, da der X202 tatsächlich selbst schon dafür sorgt, dass er nicht in gefährliche Situationen hineingerät. Wenn irgendein anderes Auto mit seinen Sensoren auf der Autobahn eine Ölspur feststellt, dann wird mein X202 gleich über eine Internet-Verbindung über die Rutschgefahr informiert. Und da es auch die exakte Position der lokalen Gefahr übermittelt bekommt, bremst mein Auto rechtzeitig ab. Dies ist möglich geworden, weil es im heutigen Internet selbstverständlich ist, dass die Autos als Teilnehmer angeschlossen sind und über Galileo oder GPS ihre Position erhalten.

Dadurch sind sogenannte ortbasierte Dienstleistungen auf den Markt gekommen wie etwa der ASS (Anti-Slipping Service). Einige dieser Dienstleistungen sind Teil der Fahrzeugausstattung. Sie funktionieren dann meist als sogenannte P2P-S (Peer-to-Peer Services), bei anderen meldet sich das Auto bei einem Dienstleistungsbetreiber an, der dann die entsprechenden Informationen und Dienstleistungen anbietet. Der X202 ist mit beiden Möglichkeiten ausgestattet. Andere Fahrzeuge, vor allem die älteren, haben eines dieser weiterentwickelten mobilen Navigationsgeräte.

Die können zwar auch viele der Funktionen anbieten, aber in die Fahrzeugsteuerung dürfen sie nicht eingreifen. Das hat vor allem rechtliche Gründe, da der Gesetzgeber zunächst die Fahrzeughersteller in der Verantwortung sieht. Diese wehren sich aber dagegen, eine entsprechende Schnittstelle anzubieten. Schließlich sind diese „Fahrerassistenzsysteme" neben dem CO_2-Optimierer die einzigen Bestandteile am Auto, an denen sich etwas verdienen lässt.

Schon bei der Probefahrt konnte ich mit meinem X202 einem Motorradfahrer das Leben retten. Durch starken Regen hatte sich eine riesige Wasserlache auf der Fahrbahn gebildet. Das macht meinem X202 zwar nichts, da seine Sensoren die Gefahr in Millisekundenbereich erfassen und die Aktuatoren gleich reagieren. Aber mein X202 meldete einem Motorradfahrer, der zwei Kilometer hinter mir fuhr, dass er bald sehr vorsichtig fahren muss. Da der Fahrer sich ebenfalls bei dem ASS angemeldet hatte, hörte er die Meldung in seinem Helm, in dem eine synthetische Stimme über den drahtlosen Kopfhörer meldete: Achtung, Aquaplaning-Gefahr in zwei Kilometern. Ich erfuhr von dieser „Heldentat" meines X202 erst durch eine Nachricht, die der Motorradfahrer meinem X202 schickte. Via ASS sendete er die „Dank dem Schutzengel"-Nachricht, die seit der Einführung von ASS das neue Nonplusultra für alle Cyber-Freaks geworden ist. Dieses Rating hat sowohl die LinkedIn-Connections als auch die Twitter-Followers abgelöst. Angehängt an die Nachricht war sein Facebook-Eintrag. Er bedankte sich und meinte, ich hätte ihm wahrscheinlich das Absteigen bei voller Fahrt erspart. Mann, was war ich stolz auf meinen X202! Ich schickte eine kurze Rückmeldung mit meinem Eintrag und wünschte noch eine gute Fahrt.

Der Motorradfahrer war übrigens Joachim Schaper, ein bekannter ehemaliger Forschungsleiter der SAP, der selbst rund zehn Jahre zuvor eine Reihe von interessanten Forschungsprojekten im Bereich des „Internet der Dinge" geleitet hatte. Er meldete sich später noch einmal via MultiKom, und wir verabredeten uns für den nächsten Abend auf ein Glas Rotwein. Es wurden ein paar vergnügte Stunden, in denen er mir seine neue berufliche Existenz offenbarte. Schaper war Winzer geworden, er besaß seit einiger Zeit ein kleines Weingut, eigentlich waren es sogar drei – eines in der Pfalz, eines an der Côte d'Azur und eines im Napa Valley. Und er überlegte jetzt, ob er nicht noch eins in Stellenbosch in Südafrika übernehmen sollte. Schaper hatte sein Geld mit regenerierbarer Energie gemacht und war einer der Vorreiter für nachhaltige Energiewirtschaft. Das hat er mir alles an dem Abend in der Pfalz erzählt. Motorradfahren war seine große Leidenschaft geblieben.

Schaper erzählte mir außerdem, dass die Technologie des X202 schon auf der CeBIT 2007 in einem Demonstrator des BMBF-Projektes SmartWeb vorgeführt worden war. Soweit er sich erinnern konnte, ahnten damals nur wenige Besucher der CeBIT, dass diese Art der Fahrzeug-zu-Fahrzeug-Kommunikation einmal Standard auf unseren Straßen sein werde. So sind die Zeiten vorbei, als mich die Polizei noch mit zu hoher Geschwindigkeit erwischte. Der X202 bremst bei Geschwindigkeitsbeschränkungen automatisch ab, da ihm die Verkehrsschilder über das semantische Web immer aktuell die zulässigen Höchstwerte im Rahmen einer Car-2-X-

Kommunikation übermitteln. Gelegentlich knipse ich diesen Regulator aber aus, um mal richtig Gas zu geben. Auch dabei liefert der X202 blitzsaubere Arbeit ab. Wobei ich allerdings höllisch auf die Überwachungsbrücken an den Autobahnen achten muss, denn hier wird man bei Geschwindigkeitsüberschreitungen automatisch „abgeschossen".

Obwohl ich immer noch „Freude am Fahren" habe und das Fahrzeug gern selbst steuere, habe ich gleich bei der Probefahrt einmal die Autopilot-Funktion getestet. Dann bringt mich mein X202 vollautomatisch ans Ziel – ganz ohne Fahrer. So lässt es sich auf längeren Fahrten einmal etwas entspannen. Statt auf den Verkehr zu achten, kann ich mir ein interessantes Filmangebot über meine Breitbandverbindung herunterladen, einen Kaffee in der Mikrowelle kochen und vielleicht sogar etwas schlafen. Als ich kürzlich länger nachts fuhr und immer schläfriger wurde, hat mein X202 mit seiner biometrischen Sensorik automatisch auf Autopilot umgeschaltet und den nächsten Parkplatz angesteuert. Zuerst war ich sauer, dass er mich nicht mehr selbst hat fahren lassen. Aber Nicoletta war begeistert, weil sie sich jetzt deutlich sicherer fühlte. Der X202 beobachtet mich permanent über seine Videosensoren und hat wohl erkannt, dass ich beinahe eingeschlafen wäre. Diese Daten werden – zusammen mit zurückgelegter Strecke und Geschwindigkeit – übrigens direkt an die eigene Blackbox des X202 weitergeleitet. Wie früher nur bei Flugzeugen dient sie heute auch in den Wagen der jüngsten Generation zur Ursachenforschung, falls es zu einem Unfall kommt. Der Wagen wüsste auch, ob ich etwas getrunken habe, und könnte über einen Iris-Scan jederzeit checken, ob ich Drogen oder Medikamente eingenommen habe. In dem Fall bewegt er sich allerdings gar nicht. Das liegt nicht daran, dass er den Fahrer nicht sicher nach Hause bringen könnte, sondern an der unveränderten Gesetzeslage, wonach der Fahrer dann bei einer Kontrolle seinen Führerschein los wäre. Daher haben sich die Hersteller verpflichtet, fahruntüchtige Fahrer nicht nur zu identifizieren, sondern auch das Auto für den weiteren Gebrauch zu sperren. Erst ein fahrtüchtiger Fahrer kann diese Sperre aufheben lassen. Mir ist das auch lieber, als wenn hier lauter Geisterautos am Samstagabend unterwegs wären. Trotz aller Technik sollten sie Assistenzsysteme sein und bleiben, denn Denken können Autos (noch) nicht. In meinem Fall ist Nicoletta dann weiter gefahren. Ihre Biosensoren zeigten an, dass sie fahrtüchtig war. Ich hätte gleich vorschlagen sollen, dass sie fährt.

Toll sind auch die Sprachdialoge mit meinem X202. Er versteht mich fast so gut wie meine menschlichen Gesprächspartner. Früher hatte ich oft Probleme, die Scheibenwischerintervalle bei Regen richtig einzustellen. Jetzt drücke ich einfach den Hebel und sage „Schneller". Der X202 versteht meine Eingaben im Kontext und fährt dann nicht etwa schneller, sondern bewegt die Wischerblätter rascher. Als Fabio kürzlich beim ersten Ausflug mit dem X202 nach Paris immer stärkere Bauchschmerzen bekam und Nicoletta meinte, wir müssten schnell zum Arzt, fragte ich den X202 einfach: „Wo ist hier der nächste Arzt?" Mein X202 stellte das Navisystem gleich darauf ein und reservierte zur berechneten Ankunftszeit einen Termin. Früher hätten wir dazu viel herumtelefonieren müssen, aber unser neuer X202 hilft eben fast in allen Lebenslagen. Zum Glück spricht unser X202 mithilfe seiner Verbmobil-Technologie verschiedene Fremdsprachen, sodass er den Termin gleich mit der Arzthelferin auf Französisch vereinbaren konnte.

Als wir dann unsere Fahrt nach der Unterbrechung in der Arztpraxis fortsetzen konnten, weil es Fabio wieder deutlich besser ging, waren wir alle sehr erleichtert und lachten viel. Nicoletta wollte ein Foto von uns im X202, wenn wir am Eiffelturm vorbeifahren. Ich wies den X202 an, die Webkamera eines Fahrzeugs auf der anderen Straßenseite im richtigen Augenblick ein Foto schießen zu lassen. Dazu musste er wieder einen dieser ortbasierten Dienste anwählen, da nur herkömmliche Fahrzeuge mit mobilen Geräten in der Nähe waren. Das Foto wurde dann über eine Ad-hoc-Webverbindung unserer beiden Fahrzeuge übermittelt. Das klappte reibungslos: Schon kurz danach sahen wir das Bild auf dem großen Display am Beifahrersitz. Der Spaß kostete uns gerade mal 50 Cent. Davon bekam das andere Fahrzeug 30 Cent gutgeschrieben. Seit das Micropayment-System MP4ALL eingeführt wurde, klappen diese Dienste hervorragend. Hat ja lang genug gedauert, bis man sich auf ein System geeinigt hatte.

Nicoletta sendete es gleich weiter zu Katrin, die eigentlich geplant hatte, uns mit ihrem neuen Lebenspartner Klaus zu begleiten. Allerdings mailte sie auch besorgt zurück und fragte, ob wir im Ausland nicht Angst hätten, uns bei solchen Aktionen einen der gefürchteten Auto-Viren einzufangen? Ich hatte aber noch vor der Fahrt einen neuen Sicherheits-Guard installieren lassen, sodass Auto-Hacker keine Chance hätten. Unseren Nachbarn hat es kürzlich erwischt: Ein Hacker hatte das Managementsystem für den Motor seines Autos gehackt, und plötzlich konnte er nur noch mit höchstens 30 Stundenkilometern fahren. Der ADAC musste dann mit einem Antivirenprogramm anrücken. Heute muss ich öfter zum Software-Update der vielen Computer in die Werkstatt als früher für einen Ölwechsel. Dass die Hersteller die Updates nicht automatisch nachts überspielen, wird ja schon seit Jahren heftig diskutiert. Die Hersteller wollen mit diesem unfreiwilligen Boxenstopp halt dafür sorgen, dass die an sich wartungsarmen Fahrzeuge samt ihren Piloten wenigstens hin und wieder mal bei ihren Händlern aufkreuzen.

Da Fabio sein Französisch etwas auffrischen wollte, habe ich während der Fahrt mit dem neuen Edutainment-System des X202 auf das Rücksitz-Display einen ortsensitiven Sprachtrainer geladen. Er blendet auf der Seitenscheibe immer die passenden Vokabeln ein: Fährt man an einem Schloss vorbei, so wird etwa das Wort „Châteaux" eingeblendet. So macht das Lernen richtig Spaß. Nicoletta erhält dagegen vom gleichen System viele historische Hintergrundinformationen, da der X202 ihr Interessensprofil in seinem Benutzermodell gespeichert hat. Diese individuelle Unterhaltung mit Berücksichtigung der aktuellen Fahrumgebung ist auch eine deutsche Erfindung.

Der X202 war zwar nicht ganz billig, denn seine innovativen IKT-Technologien sorgen für 80 % seines Preises, aber er spart mir bei den extremen Treibstoffpreisen auch jede Menge Geld, weil er mitdenkt. So findet er stets die billigste Tankstelle im Umkreis und fährt bei Bedarf automatisch dorthin. Beim Sparen hilft natürlich auch die Hybridantriebstechnik. Die Elektrovariante mit „Range Extender" findet allerdings ebenfalls immer mehr Zuspruch.

Toll ist auch der Abgleich mit meiner täglichen digitalen Agenda, die ich in meinem MultiKom habe. Kürzlich hat er mich dann informiert, dass ich ja noch bei meinem Bruder vorbeifahren wollte, um ihm persönlich zur Promotion seiner Tochter Lisa zu gratulieren.

Beinahe wäre ich auf dem Weg zu Katrin und Klaus daran vorbeigefahren, aber mein X202 warnte mich schon zwei Kilometer vor der Abzweigung. Er wies darauf hin, dass ich bei dem derzeitigen Verkehr noch eine halbe Stunde Zeit hätte, um anschließend dennoch rechtzeitig zum Mittagessen bei Katrin zu sein. Da habe ich eine erneute Fahrt am nächsten Tag und viel Treibstoff eingespart. Der X202 ist mehr als mein elektronischer Privatchauffeur, er ist mein persönlicher Assistent, wenn ich unterwegs bin.

Nicoletta unterstellt mir übrigens eine platonische Beziehung zu unserem Gefährt. Zu einem Auto? Dass ich nicht lache!

Infobox

SmartWeb, Car-2-X und Galileo

Im Forschungsprojekt **SmartWeb** (2004–2007) wurden mobile multimediale Dienste etwa für den Fahrer eines Autos oder eines Motorrads untersucht. Dabei wird mittels Spracheingabe (siehe Kapitel 2001) eine Dienstleistung angefragt, etwa die Lage des nächsten Restaurants. Mithilfe von semantischen Technologien wird im Web nach entsprechenden Informationen gesucht, die dann dem Fahrer multimedial geliefert werden. Dabei kann SmartWeb den Kontext erkennen, sodass auch mehrdeutige Befehle korrekt vom System interpretiert werden können.

Der Wunsch, Autos mit ihrer Umwelt kommunizieren zu lassen, kommt zum einen daher, das Fahren sicherer zu machen, und zum anderen, den Passagieren mehr Information über ihre Umgebung zu liefern. **Car-2-X** bezeichnet eine Vision, dass das Auto sowohl mit anderen Autos Informationen austauscht (car-2-car) als auch aus seiner Umgebung Informationen bezieht wie etwa Warnhinweise von Straßenschildern oder aber Sehenswertes entlang der Route.

Das europäische Satellitennavigationssystem heißt **Galileo**. Bis 2013 soll der Aufbau des Systems abgeschlossen und alle Satelliten in die Erdumlaufbahn gebracht worden sein. Mit Galileo will Europa sich vom amerikanischen **GPS**-System unabhängig machen. ■

2023
Blick zurück in die Zukunft

20. September 2023

An dieser Stelle bekommt die Phantasie noch größeres Gewicht, als ihr in meinen bisherigen Betrachtungen zugestanden wurde. Wir heben ab und landen auf dem Mars im Jahr 2023. In einer fiktiven E-Mail-Korrespondenz erleben wir, wie die Menschen in diesem Jahr über unsere Technik zum Ende des 2. Jahrtausends denken. Dieses Szenario aus der Feder von Vinton Cerf erhält seinen besonderen Reiz schon dadurch, dass er selbst an den Entwicklungen beteiligt war, die seine Protagonisten hier kommentieren.

An: „Jonathan Bradel" <jbradel@astro.luna.edu>
CC: „Therese Troisema" <ttroisema@inria.fr>
Von: „David Kenter" <dkenter@xob.isea.mr>
Gesendet: September 8, 2023 08:47.01 MT
Betreff: Ein Gruß aus dem Exobiologie-Labor!

Hallo Jonathan!

Ich habe mich inzwischen gut in meinem neuen Büro im Exobiologie-Labor der Interplanetary Space Exploration Agency hier auf dem Mars eingelebt. Die Reise war angenehm, ich hatte jede Menge Zeit zum Lesen, um mich auf meine drei Jahre hier oben vorzubereiten. Die Bibliothek des Labors ist hervorragend ausgestattet, und dank der CommRing-Satelliten, die hier letztes Jahr installiert worden sind, ist die Kommunikation nach Hause auch in Ordnung. Die Übertragungsrate beträgt zwar nur ein paar Terabits pro Sekunde, aber meistens reicht das ja.

Wir haben einige Simulationen durchgeführt, um verschiedenste Theorien zur biologischen Evolution auf dem Mars zu prüfen. Im Anhang habe ich Dir die Ergebnisse von einigen der interessanteren Durchläufe mitgeschickt. Am besten schaust Du sie Dir mit einem VR-95HR/OS-Headset mit dezentralem Handschuhadapter an. Außerdem würde ich Dir empfehlen, nach draußen zu gehen, falls Du die Geruchssimulation einschalten willst, da einige der Ergebnisse doch recht intensiv riechen! Du wirst sehen, dass jede potentielle Entwicklung von komplexeren Lebensformen von atmosphärischen Abgasen behindert worden wäre.

Ich habe angefangen zu trainieren, um die Strapazen der langen Reise auszugleichen. Ich habe Dir einen Neuroscan-Clip mitgeschickt, damit Du Dir bildlich vorstellen kannst, was für gymnastische Kunststücke in der Schwerelosigkeit möglich sind. Mein Timing ist noch ziemlich schlecht, aber Übung macht ja bekanntlich den Meister.

Ich wäre Dir sehr dankbar, wenn Du mir den neuesten NanoConstructor-Werkzeugsatz vom MIT besorgen könntest. Ich benötige einiges an Labortechnik, das mir hier nicht zur Verfügung steht, und mit dem Werkzeugkasten könnte ich alles leicht selbst herstellen. Die Version, die ich hier habe, ist der NTK-R5 aus dem Jahr 2020, und soweit ich weiß, hat sich seitdem einiges getan.

An: „David Kenter" <dkenter@xob.isea.mr>
CC: „Therese Troisema" <ttroisema@inria.fr>
Von: „Jonathan Bradel" <jbradel@astro.luna.edu>
Gesendet: September 10, 2023 12:30:14 LT
Betreff: Re: Ein Gruß aus dem Exobiologie-Labor!

Lieber David,

Vielen Dank für Deine Nachricht und auch für die interessanten Informationen! Melanie und ich freuen uns, dass Du Dich gut eingelebt hast und wieder bei der Arbeit bist. Wir benutzen das neue Nachtseitenreflektorteleskop häufig. Dank der neuen Petabit-Glasfaserleitungen, die letztes Jahr eingeführt wurden, können wir es von Luna City aus sehr präzise steuern. Durch die künstliche Blende konnten wir interessante Beobachtungen machen. Wir haben die Ergebnisse vom Nachtseitenbereich und dem Teleskop, das die Erde umkreist, miteinander verbunden, wodurch wir auf einen effektiven Bilddurchmesser von mehr als 300.000 km kommen. Ich bin wahnsinnig gespannt, wie unter diesen Bedingungen die Bilder von weit entfernten Quasaren aussehen. Letzten Monat hatten wir leider Grund zur Sorge.

Ich habe dir den NanoConstructor-Werkzeugsatz vom MIT angehängt, um den Du mich gebeten hattest. In dieser Version ist das Kontroll-Subsystem Knowbot enthalten, mit dem man das NanoSystem für Steuerung, Daten-Sharing und Intersystem-Kommunikation komplett mit dem Internet vernetzen kann. Halt uns auf dem Laufenden!

Jon und Melanie

An: „David Kenter" <dkenter@xob.isea.mr>
CC: „Jonathan Bradel" <jbradel@astro.luna.edu>
CC: „Troisema" <rm1023@geosync.hyatt.com>
Von: „Therese Troisema" <ttroisema@inria.fr>
Gesendet: September 10, 2023 12:30:14 UT
Betreff: Re: Ein Gruß aus dem Exobiologie-Labor!

Bonjour David!

Ich schreibe Dir vom Hyatt Geosync aus. INRIA hat mir Deine Mail weitergeleitet. Louis und ich machen hier zwei Wochen lang Urlaub, also habe ich Zeit, die Simulation über meinen EXAFLOP-Account laufen zu lassen. Sie haben hier zu Entertainmentzwecken VR-95HR/OS-Headsets, die werden zum Anschauen der Ergebnisse super funktionieren. Ich habe mich in letzter Zeit mit der Entwicklung des Interplanetaren Internets beschäftigt und dabei einiges Interessante gefunden. Manche meiner Funde stammen aus den 1960er Jahren, das ist ja praktisch Steinzeit. Kaum zu glauben, dass damals überhaupt schon jemand was von Computernetzwerken gehört hatte!

Die Ergebnisse der EXAFLOP-Simulationen werde ich im Verzeichnis für die privaten Zugänge im TERAFLEX-Archiv des CERN ablegen. Mit dem Security-Ticket, das ich angehängt habe, kannst du darauf zugreifen. Es ist mit deinem öffentlichen Schlüssel geschützt.

Au revoir, mon ami! Therese

An: „Jonathan Bradel" <jbradel@astro.luna.edu>
CC: „David Kenter" <dkenter@xob.isea.mr>
CC: „Troisema" <rm1023@geosync.hyatt.com>
Von: „Therese Troisema" <ttroisema@inria.fr>
Gesendet: September 12, 2023 16:05:02 UT
Betreff: Re: Geschichte des Internets

Hallo Jon,

Genau, die amerikanische National Science Foundation (NSF) hat in den Staaten fünf Supercomputer-Zentren gegründet und Geld für Paketnetzwerke zur Verfügung gestellt, die sie „Zwischenebenen" nannten. Diese waren mit einem nationalen Backbone-Netzwerk namens NSFNET verbunden und vernetzten so die User-Netzwerke, die es zu dieser Zeit vor allem an Universitäten und Forschungslaboren gab, mit den Supercomputern. Aus meinen Notizen wird ersichtlich, dass geplant war, die finanzielle Unterstützung mit der Zeit zu reduzieren, weil man davon ausging, dass die Netzwerkaktivitäten mit der Zeit selbsterhaltend würden. Viele der Zwischenebenen-Netzwerke erhielten von der NSF die Erlaubnis, sich in Kooperation mit der Industrie zu kommerzialisieren. In den späten 80ern boomte der Markt für Zubehör wie Router, Rechner, Netzwerkserver und lokale Netzwerke. Dadurch öffnete sich ein neuer Markt für kommerzielle Internetdienstleistungen. Viele Zwischenebenen-Netzwerke schlossen sich zusammen, um der steigenden Nachfrage nach Internetzugängen gerecht zu werden.

Im Sommer 1993 umfasste das System bereits 15.000 Netzwerke weltweit und mehr als 2 Millionen Computer. Damals war das wahrscheinlich eine große Sache. Tatsächlich war es zu diesem Zeitpunkt die größte Summe von Netzwerken und Computern, die jemals miteinander vernetzt waren. Aus unserer heutigen Perspektive ist das allerdings eher ein bescheidener Anfang, oder? Damals wusste niemand genau, wie viele User es gab, aber das System wuchs jährlich um das Doppelte, und das zog natürlich eine Menge Aufmerksamkeit auf sich.

Louis und ich brechen bald zu einem dreitägigen Ausflug in das neue Vari-Grav-Habitat auf. Ich melde mich wieder,

Therese

An: „Troisema" rm1023@geosync.hyatt.com
CC: „Jonathan Bradel" <jbradel@astro.luna.edu>
Von: „David Kenter" <dkenter@xob.isea.mr>
Gesendet: September 17, 2023 06:43:13 MT
Betreff: Re: Geschichte des Internets

Hallo Therese, hallo Jon,

Das ist wirklich total faszinierend! Über die Internet Society bin ich an noch mehr Material gekommen, das alle technischen Neuerungen der letzten zwanzig Jahre zusammenfasst. Eine der bedeutsamsten Erfindungen war scheinbar die optische Technologie für Übertragung, Schaltung und Computing, die besonders kosteneffizient war. Die benötigte Ausstattung für diese Technologie war lange Zeit ziemlich sperrig und umfangreich – frühe 3DV-Clips von 2000 bis 2005 zeigen Räume, die bis obenhin mit Equipment zum Steuern der Strahlen vollgestopft sind. Durch eine interessante Kombination von Fiberoptik und dreidimensionalen elektro-optischen integrierten Schaltkreisen konnte das aber auf die Größe reduziert werden, die wir heute gewöhnt sind. Mit pico- und femto-molekularischer Produktionstechnik ließen sich sehr kompakte und äußerst leistungsfähige Computer- und Kommunikationsgeräte herstellen.

Die Typen von Xerox PARC, die damals vermuteten, es würde irgendwann einmal Abermillionen Computer auf der Welt geben, Hunderte oder gar Tausende pro Person, würden sich darüber freuen, wie recht sie hatten, schätze ich mal.

David

Infobox

EXAFLOPS, und CYCLADES

Die Rechenleistung eines Computers wird in **FLOPS** (*FL*oating point *O*perations *P*er *S*econd) gemessen. Ein **EXAFLOPS** sind 1 Trillion (1 000 000 000 000 000 000) FLOPS. Seit 2009 steht in Jülich der erste PETAFLOPS-Rechner, der eine Billiarde (1 000 000 000 000 000 000) FLOPS hat, also ein Tausendstel eines EXAFLOPS. ■

291

2024

Do it yourself: Herzklappe aus eigenen Stammzellen

28. November 2024

Als Gesundheitsapostel kann ich mit meinem Lebensstil sicher nicht gelten. Der einen oder anderen Sünde in Form von Alkohol oder fettreicher Kost konnte ich nicht immer widerstehen. Und immerhin bin ich jetzt 62 Jahre alt, früher galt man da schon fast als reif für die Rente. Seit meinem Kampf mit dem Virus damals 2016 gehe ich allerdings regelmäßig zum Gesundheitscheck. Immer dann, wenn „Mandy" mir das aufgrund der Biosensoren rät. Außerdem schaffe ich es als halbwegs gesundheitsbewusster Mensch immerhin, mir mehrmals pro Woche ein kleines Fitnesstraining aufzuerlegen, das vornehmlich aus Dehn- und Atemübungen sowie ein wenig Laufen besteht. Dabei werden meine Vitalfunktionen wie Herzschlag oder Blutdruck aufgezeichnet und die Werte automatisch in meine persönlichen Gesundheitsdaten übertragen.

Das geht heute einfach über die Unterwäsche und ist viel genauer als die alte MultiKom-Lösung. Zumal man ja das MultiKom nicht immer bei sich haben will. Die Sensoren in meiner Unterwäsche (genauso übrigens wie in meinem Schlafanzug) sammeln die Informationen und übermitteln sie drahtlos in meine Gesundheitsakte. Die habe ich schon 2008 anlegen lassen, und seitdem werden alle Daten kurzzeitig gespeichert, in den Langzeitspeicher kommen nur die wirklich relevanten. Ursprünglich wurden diese Daten damals weitgehend manuell eingepflegt und nur von einzelnen Ärzten genutzt.

Es spielt überhaupt keine Rolle, ob ich auf dem Laufband zu Hause jogge oder in einem Fitnesscenter oder in der freien Natur. Die entsprechenden Daten werden ständig aufgezeichnet. Computer-Algorithmen sind dabei in der Lage, Anomalien sofort zu entdecken. Als vor Kurzem eine solche Abweichung festgestellt wurde, erhielt ich kurz darauf eine E-Mail, die mir empfahl, mich an meinen Arzt zu wenden. Zugleich wurde Mandy informiert, die über das Web einen passenden Termin mit meinem Hausarzt Dr. Willinger arrangierte. Der hat schon seit Jahren Zugriff auf meine Gesundheitsakte, und sein Praxissystem koordiniert mit Mandy alles Notwendige. Dieses Vorgehen ist schon seit fast zehn Jahren möglich, seit der erste MultiKom mit Biosensoren auf den Markt kam und endlich die sogenannte Gesundheitskarte eingeführt wurde.

Aber dieses Mal war allerdings alles ganz anders. Dr. Willinger schaute sich die gesammelten Werte an und führte dann noch ein paar zusätzliche Tests durch. Das

Ergebnis war niederschmetternd: Er vermutete, dass eine der Herzklappen nicht mehr richtig schließe. Um ganz sicher zu sein, schaltete er über das Medico-Netz einen in Fachkreisen bekannten Kardiologen aus Amsterdam hinzu. Nach einer ersten Sichtung riet der zu einer eingehenden Untersuchung und empfahl uns einen Kollegen in unserer Nähe, der aus seiner Sicht für die weitere Behandlung geeignet schien. Anschließend wurden die Anamnese von Dr. Willinger und die Diagnose des Facharztes aus Amsterdam sowie meine Gesundheitsdaten automatisch an den Facharzt in Heidelberg weitergeleitet.

Nach Hause zurückgekehrt, wartete eine E-Mail auf mich mit genauen Anweisungen für die Vorbereitungen zum Termin bei dem Kardiologen. Etwa, dass ich nüchtern erscheinen sollte. Den Termin koordinierte wiederum Mandy, diesmal mit dem Praxissystem des Heidelberger Kardiologen. Natürlich leitete sie die Adressdaten an meinen X202 weiter, der mich dann zielsicher dorthin führen konnte. Da es in Heidelberg auch im Jahre 2024 noch immer Parkprobleme gibt, reservierte Mandy gleich einen Parkplatz in einem Parkhaus in der Nähe des Kardiologen. Auch diese Koordinaten wurden an den X202 übertragen. Mandy selbst hatte sich gemerkt, wo in dem riesigen Krankenhauskomplex ich mich einfinden sollte.

Diese ganze Situation zehrte schwer an meinen Nerven. Hinzu kam der Druck, es zunächst Nicoletta und dann den Kindern möglichst schonend beizubringen. Es schien so, als sollte nach dem Unfall meiner Frau nun ich derjenige sein, der unsere Familie ein wenig in Atem hielt. Der Einfachheit halber hielt ich mich zunächst an die Tatsachen. Und Tatsache war, dass erst die erneute Untersuchung beim Kardiologen Klarheit sowohl über die Diagnose als auch die fällige Therapie bringen könnte. Ungefähr wahrheitsgetreu, aber wahrscheinlich mit ein wenig zu viel an Worten erklärte ich Nicoletta, dass ich auf Anraten Dr. Willingers eine altersgemäße Routineuntersuchung vornehmen lassen wollte. Meine Nervosität stand dabei förmlich neben mir, aber sie schöpfte zu meiner Erleichterung keinen Verdacht.

Weitere Untersuchungen des Kardiologen bestätigen dann aber tatsächlich ein Problem mit meiner Herzklappe. Sie muss also ersetzt werden. Heutzutage verwendet man dafür nicht mehr die Herzklappen von Schweinen, wie das früher jahrzehntelang üblich war. Eine neue Technik der Stammzellennutzung wurde entwickelt. Dafür entnimmt der Kardiologe einige Stammzellen aus dem Knochenmark. Daraus wird eine neue Herzklappe gestaltet. Aus eigener Produktion sozusagen. Ich konnte unterdessen wieder nach Hause gehen und darauf warten, dass sie fertig wurde. Es war nicht so ganz leicht, meiner Frau die Wahrheit mitzuteilen. Aber daran kam ich jetzt nicht mehr vorbei. Tatsächlich zählt eine solche OP heutzutage zu den echten Routineangelegenheiten mit sehr hoher Erfolgsquote. Deshalb reagierte Nicoletta bewundernswert gefasst. Wir kamen überein, den Kindern gegenüber Stillschweigen zu bewahren, es wäre mir ja keineswegs geholfen, wenn plötzlich alle verrückt spielten vor Sorge.

Die Stammzellen wurden zu einer Spezialfirma gesandt, die dann aus den Zellen nach einem bestimmten „Bauplan" die neue Herzklappe züchtete. Sobald sie hergestellt war, erhielt ich meinen Operationstermin im Krankenhaus, um die Herzklappe auszutauschen. Dazu ist Gott sei Dank keine OP am offenen Herzen mehr nötig. Vielmehr wird für die OP eine nur minimal invasive Robotertechnik verwendet, die die Bewegung der Herzschläge auszugleichen vermag. Das hat zur Folge, dass ich das Krankenhaus bereits nach zwei Tagen wieder verlassen konnte.

Wieder daheim war ich gehalten, meine Lebensfunktionen wie Herzschlag, Blutdruck oder Temperatur ständig überprüfen zu lassen. Dazu wurden die Sensoren in meiner Unterwäsche entsprechend konfiguriert. Das erledigte natürlich Mandy. Was würde ich nur ohne sie machen? Nicoletta spottet zwar oft über unseren MultiKom und sein Organisationstalent. Aber wenn es um die Gesundheit geht, ist Nicoletta uneingeschränkt dafür, dass ich Mandy nutze. Dies galt für den gesamten Zeitraum meiner Rehabilitation. Via E-Mails wurde mir täglich der Grad meiner erlaubten Aktivitäten vorgegeben. Und auf dieser Basis organisierte Mandy meinen Reha-Plan. Dabei nutzte sie natürlich Spezialdienste, die sie über das Medico-Dienstenetz integrierte. Diese Spezialdienste waren zuvor durch das Praxissystem des Kardiologen freigegeben worden, nachdem der Kardiologe sich von der Sinnhaftigkeit des Reha-Plans überzeugt hatte. Ich habe auf Katrins Wunsch diese indischen, sehr sanften Aufbaudienste ausgewählt. Seit unserem Trip nach Indien ist Katrin überzeugt, dass trotz aller modernen Techniken auch traditionelle Methoden zu einem wirkungsvollen Gesundheitsplan dazu gehören. Ich verlasse mich da ganz auf meine „drei" Frauen: Nicoletta, Katrin und Mandy.

Seit ihrem schweren Unfall vor drei Jahren nutzt auch Nicoletta diese Reha-Programme und lässt sie sich von Mandy für ihre Bedürfnisse zusammenstellen. Dabei werden neue Biosensoren für das Gehirn verwendet, die auch kleinste Veränderungen registrieren können. Leider muss Nicoletta dafür immer noch eine Haube von spärlicher Attraktivität aufsetzen. Sie könnte sich die Sensoren zwar auch einpflanzen lassen. Aber sie ist einfach kein Freund davon, mehr IT als nötig im Körper zu haben. Ich kann das verstehen, da bin ich auch sehr altmodisch.

Nur zwei Wochen später war der ganze Spuk überstanden. Die Werte hatten sich normalisiert, und ich konnte wieder vorsichtig mit meinem Fitnessprogramm beginnen. Das tat ich in der Gewissheit, dass mein Kardiologe die Informationen über mein Herz und über meine Gesundheitsdaten mindestens noch ein Jahr lang überwachen wird. Mein Zustand? Ganz ehrlich: Zurzeit könnte ich Bäume ausreißen!

Infobox

HeartCycle

Das Forschungsprojekt **HeartCycle** hat zum Ziel, die Lebensqualität von Herzpatienten zu verbessern. Mithilfe von in die Unterwäsche eingearbeiteten Sensoren soll unter anderem der Herzrhythmus gemessen und diese Daten zur Ferndiagnose per Funk ins Internet übermittelt werden. Das Projekt wird durch die Europäische Union gefördert und startete im März 2008. ∎

2025

Das intelligente Haus

Ich liebe ja alte Häuser, aber trotzdem will ich nicht auf den Komfort der neuesten Technologie verzichten. Außerdem muss auch das schönste Haus immer einmal wieder renoviert werden. In diesem Jahr war es bei meinem Haus soweit, eine größere Renovierung stand an, und daher sollte nun auch endlich mein Haus intelligent werden. Bereits Anfang der 90er Jahre des letzten Jahrhunderts wurde immer wieder einmal vom intelligenten Haus gesprochen. Das Haus soll den Bewohnern durch Zusatzdienste zur Seite stehen: von Temperaturüberwachung über Lichtsteuerung, Einbruchwarnung bis hin zu zahlreichen Unterhaltungsangeboten. Anfang des Jahrhunderts entstand dann eine neue Technologie, die das Thema des intelligenten Hauses noch deutlich interessanter und vielfältiger werden ließ: Funksensornetze.

Primär wurden Funksensornetze durch die immer weiter fortschreitende Miniaturisierung und größere Rechenleistung auf kleinstem Raum ermöglicht. So konnte man bereits 2000 einen Mikrocontroller, einfache Sensoren für Licht und einen Funkchip auf Spielwürfelgröße integrieren. Die Phantasie der Forscher ging schnell weiter, und es entstand der Begriff des intelligenten Staubs (smart dust), der, in die Umwelt ausgebracht, die Überwachung derselben übernehmen könnte. Computer plus Sende-/Empfangseinheit sollten also so klein wie Staubkörnchen sein. Eines der damals noch ungelösten Probleme war das der Energieversorgung. Während Prozessoren immer kleiner und trotzdem leistungsfähiger wurden, konnte die Entwicklung der Batterietechnik nicht gleichermaßen Schritt halten. Ein weiteres Problem war natürlich die Umweltverträglichkeit, da die damals verwendete Technologie noch zahlreiche hochgiftige Materialien verwendete, die nicht in der Umwelt abbaubar waren. Die heutige Alternative der vollorganischen Schaltungen ist hingegen vollkommen abbaubar und kann daher auch in größerer Anzahl in der Umwelt ausgebracht werden.

Doch was sollten eigentlich die Funksensornetze machen und wodurch unterschied sich diese neue Technologie von vorhandener? Primär sollen diese Netze Umweltparameter wie Temperatur, Helligkeit, Luftfeuchtigkeit, Vibration, Magnetfeldänderungen, Luftdruck etc. erfassen, gegebenenfalls vorverarbeiten und dann die Werte bzw. Ergebnisse weiterleiten, und zwar direkt an ein Gateway, das den Übergang in ein anderes Fest- oder Funknetz darstellt, oder an einen anderen Funksensorknoten. Mit letzterer Funktion ist die Möglichkeit der sogenannten Multi-

Hop-Kommunikation[1] gegeben. Messdaten können somit über andere Knoten hinweg weitergeleitet werden. Funksensornetze sind also eine spezialisierte Variante von Ad-hoc-Netzen, die anwendungsspezifische Daten erfassen und in ihre Umgebung integriert sind.

Idealerweise besitzen Funksensornetze Selbsteigenschaften wie z.B. Selbstkonfiguration (Knoten können sich nach Ausbringung bzw. Inbetriebnahme automatisch konfigurieren und ihre Funknachbarn finden), Selbstheilung (falls einmal ein Knoten ausfällt, rekonfiguriert sich das Netz automatisch, sodass es weiterhin die gestellte Aufgabe erfüllen kann), Selbstüberwachung (das Netz kann selbst feststellen, ob ein Funkknoten fehlerhaft arbeitet oder es von außen angegriffen wird) oder Selbstschutz (das Netz kann sich im Falle eines Angriffs von außen oder von kompromittierten Knoten schützen und weiterhin seine Aufgabe erfüllen).

Nach einer anfänglichen vor allem im wissenschaftlichen Umfeld vorherrschenden Euphorie bezüglich der Funksensornetze folgte der längere Weg der Industrialisierung, bis dann schließlich 2010 Funksensorknoten mit zahlreichen Funktionen auch in den Massenmarkt für Laien Einzug hielten. Im ersten Jahrzehnt des jetzigen Jahrhunderts wurde die Technologie prototypisch von Experten zur Überwachung von Containern, Brücken oder auch bedrohten Tierarten eingesetzt. Gleichzeitig erfolgte der Einsatz bei sogenanntem „smart metering"[2], also der sehr feingranularen Erfassung von Verbräuchen (Strom, Gas, Wärme, Wasser) zur besseren Abrechnung und Steuerung des Verbrauchs. Gerade durch die damals massiv ansteigenden Energiekosten konnte sich diese Anwendung sehr schnell ausbreiten. 2012 war die Technik dann so weit gereift, dass jeder sich selbst ein kleines Funksensornetz zur Überwachung des Heims und zur Steuerung des Hauses installieren konnte, ohne dabei den Rat eines Fachmanns zu benötigen.

Interessant wurde diese Technologie auch dadurch, dass man sehr bald Funksensornetze zur Überwachung von Vitalparametern einsetzen konnte. So wurden schon bald viele Krankenhäuser und Altenwohnheime damit ausgestattet, und es war somit möglich zu erfahren, wie z.B. der Gesundheitszustand eines Patienten ist, ohne dass dieser an ein Bett und die entsprechenden Überwachungssysteme gefesselt war. Ein Patient kann sich mit dieser Technologie frei im Krankenhaus bewegen, und trotzdem ist jederzeit sichergestellt, dass wichtige Parameter überwacht werden und im Notfall eine sofortige Ortung möglich ist. Natürlich spielen bei derartigen Anwendungen Themen der Privatsphäre und der Schutz der Persönlichkeit eine große Rolle, sind aber immer in Abwägung zur Rettung des Lebens zu sehen.

Aber zurück zu meiner Renovierung. Funksensorknoten sind nun in der Tat so groß wie kleine Körnchen geworden und können in den Beton mit eingegossen werden, einige lassen sich auch schon mit dem Putz auftragen. Somit können sie

---

[1] Bei Multi-Hop-Netzen werden die Nachrichten von einem Netzknoten zum nächsten weitergereicht, bis man entweder den Empfänger gefunden hat oder über ein „Gateway" ins Internet gelangt und dort die Nachricht an den Empfänger weiter leitet.

[2] Intelligenter Verbrauchszähler, heute vor allem Stromzähler

frühzeitig Haarrisse in Konstruktionen erkennen oder auch Kräfte messen, die auf eine Konstruktion einwirken. Ebenso überwachen die Sensoren in meinem renovierten Haus nun meine Vitaldaten (man wird ja nicht jünger), und das Haus kann automatisch einen Arzt informieren, sollte einmal etwas nicht stimmen. Ich selbst merke von den Sensoren nichts, da sie entweder in das Gewebe meiner Unterwäsche integriert sind oder z.B. meinen Herzschlag über Körperschall messen (der Herzschlag reicht aus, um kleinste Bewegungen z.B. durch ein Bettgestell laufen zu lassen, die dann an den Bettfüßen gemessen werden können).

Wichtig war mir jedoch von Anfang an die Integration einer persönlichen Firewall für mein Haus, denn ich will ja schließlich, dass nur ich mein Haus überwachen kann und nur im Notfall andere alarmiert werden sollen. Ebenso soll es nur mir ermöglicht werden, von außen auf mein Haus und dessen Intelligenz zuzugreifen. Jetzt habe ich neben dem intelligenten Auto und meinem unentbehrlichen Multi-Kom „Mandy" auch ein intelligentes Haus. Natürlich hat Katrin wieder das Thema der „totalen" Überwachung angesprochen. Sie weigert sich ja weiterhin, die kleinen Helfer einzusetzen. Allerdings ist der Zeitgeist ein anderer, im Vergleich dazu sind Nicoletta und ich sogar eher konservativ. Paul und Fabio halten von Katrins Einstellung nicht viel, sie sind die absoluten Cyber-Junkies und probieren aus, was geht. Nur gut, dass beide wenigstens die Finger von den Billig-Implantaten lassen. Die sind mittlerweile genau so verbreitet wie vor zwanzig Jahren die Tattoos.

Morgen ist „House Warming Party". Ich habe alles über das „Internet der Dienste" bestellt, vom Catering Service bis zur Musik. Ich habe tatsächlich eine Band gefunden, die noch im Stil der Achtziger Musik macht. Eine echte Rarität!

Infobox

Sensornetze

Ein **Sensornetz** besteht aus **Sensorknoten**. Das sind Kleinstrechner, die zusätzlich **Sensoren** und eine **Funkverbindung** besitzen. Mittels der Sensoren werden Eigenschaften der Umgebung (etwa Temperatur- oder Lichtverhältnisse) gemessen und diese Information bei Bedarf an Nachbarknoten weitergegeben. Die Sensorknoten verbinden sich untereinander vollautomatisch als Peer-to-Peer-Netzwerk (siehe Kapitel 2011).

Wird das Sensornetz über ein sogenanntes Gateway mit dem Internet verbunden, können Anfragen an das Sensornetz gestellt werden. Beispielsweise kann so bei einem Brand in einem Gebäude festgestellt werden, wo welche Temperatur vorherrscht, und somit können entsprechende Maßnahmen zur Brandbekämpfung eingeleitet werden. ■

2026

PC – Was war das noch?

12. Juni 2026

Heute war ein wunderschöner, warmer Frühlingstag; Nicoletta und ich haben uns für den späten Nachmittag spontan verabredet und sind in den Biergarten am Schlosspark gegangen, wo wir uns vor mehr als 20 Jahren so oft getroffen haben … Wie schnell doch die Zeit vergeht!

Daheim erreichte uns dann eine Nachricht von Katrin mit einem Zeitschriftenartikel „So leben wir in Zukunft" aus „Die neue Familie" von 1960, den sie bei den Unterlagen ihrer Oma gefunden hatte. Neben das Bild schrieb Katrin extra groß und in Handschrift: „Seid ihr das?" Ganz schön frech, die Liebe. Das Bild zeigt ein Paar in einem etwas surrealistisch-nüchtern eingerichteten Wohnzimmer mit Plastikwänden wie in einer Fertigdusche; auf den Fiberglas-Hartschalenstühlen möchte ich eigentlich nicht lange sitzen, und der Nylon-Anzug mit integrierten Stiefelhosen wäre auch nicht meine Sache! Wenn ich es recht sehe, kann die Tischplatte in den Fußboden versenkt werden (aber wozu bloß?) und „Nicoletta" fährt – wie früher die Stewardessen – das Essen auf einem Trolley herein. Schmeckt wahrscheinlich auch wie Flugzeugnahrung. Schöne Zukunft!

Aber der mit „Hausfrau mit Computer" überschriebene Abschnitt des Zeitschriftenartikels ist nett: „Telephon-Ingenieure versprechen, dass die Hausfrau in Zukunft Milch und alles andere von einem Computer wird kaufen können, dass sie ihren ganzen Haushalt elektronisch besorgen wird. Sie wird in der Zeitung das Inserat ihres Kaufladens lesen, wo neben jedem Artikel der Preis und eine Code-Nummer stehen wird. Dann bestellt sie telephonisch beim Computer des Geschäfts: Sie stellt auf ihrem Telephon die Code-Nummer der verschiedenen Artikel ein, die sie braucht, und durch eine besondere Nummernkombination sagt sie auch, wohin die Ware geliefert werden soll. Am Ende des Monats stellt der Computer automatisch die Rechnung aus, die dem Kunden zugestellt wird, und zwar auf altväterliche Art via Briefträger. So weit ist man nämlich noch nicht, dass Computer den Briefträger ersetzen können."

Irgendwie kam die Zukunft aber doch anders, als man sie sich vor 66 Jahren vorstellte! Die Waren lassen wir uns nicht immer nur liefern, sondern holen sie ab, das gelegentliche Shopping am Abend ist ja schon fast zu einem Vergnügungs-Event geworden, das man sich nicht nehmen lassen will. Und die Rechnung wird tatsächlich elektronisch durch den Computer zugestellt und nicht durch den Briefträger (oder seinen Roboterkollegen ...). Vor allem aber bestellen nicht wir beim Kaufladen, sondern es ist ja fast umgekehrt: Die Milch bestellt uns! Freundlich, unaufdringlich und oft mit einer kleinen Überraschung verbunden lassen uns Milch, Wein & Co. mitteilen, dass es an der Zeit ist, dass wir uns wieder um Nachschub bemühen.

Anderes dagegen scheint sich nie zu ändern. Beim TV zum Beispiel. Das ist zwar jetzt Teil des Internet (beziehungsweise „I-Net", wie man neuerdings ja sagt – das Web ist praktisch durch das I-Net ersetzt worden) und wird über YouTube vertrieben, aber ARD und ZDF gibt es noch immer. Und seit jeher habe ich auf „1" das ARD und auf „2" das ZDF – so war es auch schon, als ich im Alter von vier Jahren an den Drehknöpfen unseres ersten Schwarz-Weiß-Fernsehers herumspielte. Nicht zu ändern scheint sich auch der Geschmack der Leute. Jedenfalls bringt schon seit Jahrzehnten das ARD die Serie „Sturm der Liebe" (heute Abend übrigens Folge 5576) und das ZDF „Schatten der Leidenschaft" (Folge 13712) – aber Liebe und Leidenschaft sind zugegebenermaßen ja auch tatsächlich „ewige" Themen! Die Schauspieler der ehemaligen „Soap Operas" sind in den heutigen „Cyberas"[1] natürlich vollständig durch digitale Charaktere ersetzt – damit können die einzelnen Folgen nun so schnell und billig produziert werden, dass mittlerweile sogar zielgruppenspezifische Varianten möglich werden. Katrin, die sich die Serie mit ihren MultiKom ansieht, wo immer sie auch gerade ist, meinte neulich, dass bei ihr im Unterschied zu unserem TV die Hauptpersonen bei der Serie nie Wein trinken würden. Wir rätseln noch immer, woran das liegen mag. Ob Katrin vielleicht versehentlich in der Sub-18-Kategorie gelandet ist? Oder sind umgekehrt Nicoletta und ich vom System als Weinliebhaber erkannt worden? Und was für Aspekte wurden bei dieser Cybera wohl sonst noch in subtiler Weise personalisiert?

Apropos TV: Wie zu Opas „Fernseh"-Zeiten kommen die Signale seit letzter Woche wieder durch den Äther zu uns! Das alte Glasfaserkabel liegt zwar noch in der Wand, hat aber keine Funktion mehr. An seiner Stelle haben wir jetzt an den Projektor ein Nanotennen-Array angeschlossen, sodass über Holoradio das I-Net mit 500 Gbit/s empfangen werden kann. Für TV wäre diese Datenrate eigentlich gar nicht nötig, aber Nicoletta jettet ganz gerne mal ab und zu durch „Next Life" – wirklich gute Inkarnationsmodelle können solche Bandbreiten schon gebrauchen. Was dabei wirklich durch das „Netz" übertragen wird, weiß ich allerdings nicht. Wie einem ja sowieso unklar, aber auch egal geworden ist, wo Daten und Anwendungen tatsächlich residieren. Früher war das einfach: Man hatte seinen eigenen PC mit Festplatte und Memory-Sticks. Aber seitdem es so schnelle drahtlose Verbindungen gibt, alle Services im I-Net angeboten werden und man von jedem Flex-Display überall auf alles Zugriff hat, spielt es keine Rolle mehr, wo die Programme (meist ja in verteilter und paralleler Weise) ausgeführt werden und wo die Daten liegen – diese sind typischerweise sowieso mehrfach redundant auf verschiedenen Kontinenten gespeichert.

---

[1] Mischwort aus cyber, griech. für Steuerung, und opera, engl. für Oper

Die Entwicklung hin zu dieser totalen Virtualisierung war ein schleichender Prozess. Schon vor rund 20 Jahren fing das an, als immer mehr Leute ihre E-Mail bei einem Provider gespeichert und ihre Fotos bei Flickr abgelegt und später dort auch gleich bearbeitet haben. Heute wird die Virtualisierung als ganz normal empfunden. So wie den Menschen früher ja auch egal war, wo sich ihr Geld bei einer Bank tatsächlich befindet – Hauptsache, man kommt immer dran, wenn man es benötigt. Jedenfalls wird sogar das Wort „PC" mittlerweile zu einem Anachronismus, und ich muss aufpassen, dass ich mich bei meinen Kindern nicht verplappere und als total rückständig gelte – so wie Katrin als Kind ja immer lachte, wenn mein Vater ihren CD-Walkman einen „Plattenspieler" nannte, oder ich mich als Kind wunderte, wenn Opa vom „Element" sprach und die Batterien meinte.

Gestern habe ich auch Opas goldene Taschenuhr wiedererhalten, die ich neulich irgendwo liegen ließ! Ich war froh, dass ich das Uhrenkettchen markiert hatte. Das mit den Lokationsmarkierungen ist wirklich praktisch: Man kann ja mittlerweile in jedem Supermarkt – meist dort, wo es Kugelschreiber, Batterien und Plastikfeuerzeuge gibt – nicht nur die würfelzuckergroßen, sondern auch die neuen stecknadelkopfgroßen Marker kaufen. Auf der Verpackung ist ein Code aufgedruckt, und wenn man diesen bei einem MultiKom, einem Flex-Display oder einem I-Net-Browser eingibt, erhält man sofort auf einer Karte den momentanen Aufenthaltsort des Markers angezeigt. In viele Produkte wie Schlüsselanhänger, Katzenhalsbänder, Kinderschuhe, MultiKoms, Portemonnaies, Mäntel, Taschen, Koffer, Fahrräder, Regenschirme oder Sonnenbrillen sind Marker inzwischen bereits fest eingebaut – registriert man ein solches Produkt im I-Net (dazu muss man es ja nur mit seinem „Cyberring"[2] berühren, nachdem man dessen Diamantenauge scharf angesehen und sich damit über seine Iris authentisiert hat), bekommt man im Verlustfall eine Nachricht, wenn es gefunden wird. „Funklöcher" gibt es nur noch wenige, und dank der extrem genauen Zeitmessung von Funksignalen mit QHE-Halbleitern[3] ist eine metergenaue Lokalisierung möglich geworden.

Damit kein Missbrauch getrieben wird und niemand einem unbemerkt einen solchen aus der Ferne lokalisierbaren Marker „anhängt", müssen diese ein Signal abstrahlen, das über eine Entfernung von zwei Metern mit MultiKoms detektiert werden kann. Fremde Marker, die mit einem „mitwandern", werden damit vom eigenen MultiKom erkannt, sodass die betreffende Person gewarnt werden kann. In letzter Zeit häufen sich allerdings trotzdem die Missbrauchsfälle – es scheint einen regen Schwarzmarkt mit Markern zu geben, deren Detektionssignal deaktiviert wurde! Sicherheitsdienste, Polizei und Militär nutzen solche „dunklen" Marker sowieso, seitdem nach der großen Cyber-Katastrophe von 2023 die Gesetze zur Aura-Überwachung erlassen wurden. Und in China und dem Vereinigten Korea be-

---

[2] Ein Cyberring ist mit dem Internet verbunden, er kann Daten speichern und einfache Programme etwa zur Identifikation ausführen.

[3] QHE: Quanten-Hall-Effekt – entdeckt von Klaus von Klitzing, der dafür 1985 den Nobelpreis für Physik erhielt.

kommt man neuerdings sogar „zum eigenen Schutz" mit dem Visum auch einen Marker in den Pass geklebt. Das halte ich schon für bedenklich, auch wenn man bisher nur von solchen Fällen gehört hat, wo Touristen in Notfällen schnell und heroisch geholfen werden konnte.

Seitdem Lokationsmarker so billig geworden sind, kommen die Leute auf die absurdesten Ideen, was man damit anstellen kann. Fabio hat mir neulich von einem neuen Spiel erzählt, das immer populärer wird: In einer Gruppe tauscht man markierte Gegenstände mit anderen und „verliert" dann die fremden Marker an den unmöglichsten Orten. Wer nach einer bestimmten Zeit die meisten wiedererhalten hat, gilt als Gewinner. Ziemlich verrückt. Aber Marker an Luftballons in den Himmel steigen zu lassen, in Plastikherzchen einen Fluss hinunter schwimmen zu lassen oder einfach nur in die Müllverbrennung wandern zu lassen und dabei den Weg zu beobachten, ist ja auch schon ein Volkssport geworden. Wenn sich dabei Spuren kreuzen oder zwei Marker lange Zeit nebeneinander her laufen, interpretieren manche dies als ein besonderes Zeichen. Einige Handleser und andere Wahrsager sind schon umgesattelt und bieten jetzt auf dieser Basis Lebensberatung und Weissagungen an oder veranstalten sogar Fortbildungsseminare zur Geospurendeutung! Spinnerei. Aber wirklich praktisch finde ich die „Bahncard Zero" mit eingebautem Lokationsmarker. Wenn man die hat, braucht man überhaupt keine Fahrkarte mehr zu kaufen und kann statt Zug sogar Taxi fahren – erst hinterher bekommt man die Fahrtkosten seiner Reise abgebucht. Mit dem MultiKom kann man natürlich auch unterwegs jederzeit den Preis prüfen. Der Reiseverlauf selbst bleibt übrigens zur Wahrung der Privatsphäre geheim, nur mit seinem „Cyberring" (oder dem Backup-Passwort) kann man ihn entschlüsseln und darstellen lassen.

Nicht ganz überzeugt bin ich dagegen von der neuen Masche, bei der Supermarktprodukte ihren Standort an den Hersteller melden und man damit verführt wird, möglichst viele „befreundete" Produkte im Haushalt zu haben. Nicoletta hat es neulich auch mal ausprobiert und das Lokationssignal für Metro-Produkte freigeschaltet. Dafür haben wir immerhin gleich 200 Gratispunkte als Startguthaben erhalten. Als wir fleißig Suppentüten, Ananaskonserven und Waschmittel von Metro in unserer Küche gehortet haben, ist unser Punktekonto tatsächlich angewachsen, wie wir auf dem Kühlschrankdisplay beobachten konnten. Der Clou aber passierte, als eine Kaffeepackung unsere neue, von ihr empfohlene Espressomaschine entdeckte – da hat sie uns in einer E-Mail gratuliert und unserem Bankkonto 20 Euro gutschreiben lassen!

Wenn ich da an meine Zeit bei Wertkauf Ende der Achtziger bis Mitte der Neunziger denke! Wie sich der Handel doch verändert hat. Damals waren wir froh, wenn wir wussten, ob wir alle Waren in ausreichender Menge hatten. Das Schreckgespenst war der „Out of stock"-Alarm[4]. Als dann Anfang dieses Jahrtausend die RFID-Chips kamen, dachten wir alle: Jetzt ist das Problem gelöst. Aber das hat doch noch fast 15 Jahre gebraucht. Erst die organischen RFIDs waren preiswert und

---

[4] Engl. für „ausverkauft", „nicht mehr auf Lager "

zugleich robust genug, um in großen Massen eingesetzt zu werden. Auch waren die Sicherheitsaspekte noch lange ein großes Thema gewesen. 2007 hatten wir ja auch angefangen und RFID eingeführt. Wir hatten die RFIDs jahrelang nur in den Logistikprozessen eingesetzt. Da waren die Probleme viel geringer, und wir konnten auch die Investitionen nicht nur leichter rechtfertigen, sondern auch viel schneller amortisieren. Erst vor circa zehn Jahren wurden die Chips stärker genutzt, als die Sicherheitsprobleme größtenteils gelöst waren.

Infobox

Virtualisierung

Unter **Virtualisierung** versteht man seit einiger Zeit, dass beim Ablauf eines Programms weder der Rechner (d.h. die CPU) noch die Festplatte zur Speicherung der Daten lokalisiert werden kann. Hierzu werden in riesigen Rechenzentren große Mengen von Rechnern und Speichersystemen zu sogenannten Rechnerfarmen zusammengeschlossen und einer großen Anzahl von Benutzern angeboten. Statt das Programm auf dem eigenen PC ablaufen zu lassen, erfolgt dies im Rechenzentrum. Auf diese Weise kann man den Nutzungsgrad drastisch verbessern und somit die einzelne CPU-Stunde oder das Megabyte Speicherplatz kostengünstiger als beim Arbeitsplatz-PC anbieten. Unternehmenseigene Rechenzentren setzen zunehmend auf den Einsatz von **Virtualisierungssoftware**.

Die **Virtualisierung** gilt als Vorbedingung für das sich rasch entwickelnde **Cloud Computing**, das die oben genannten Rechenzentren über das Internet verfügbar macht und somit auch dem Heimnutzer diese Dienstleistung nach Bedarf bereitstellt. Bekannte Cloud-Dienste sind Foto-Websites, bei denen man seine eigene Bilder hochladen und dann anderen via Web zur Verfügung stellen kann. ∎

2027
Die gestohlene Identität

19. Mai 2027

Das hätte ich mir auch nicht träumen lassen, dass ich in meinem Alter noch in eine richtige Räuberpistole verstrickt werde. Eine wirklich spannende Geschichte, die mit einem Anruf meines alten Freundes Erik begann. Erik ist um einiges jünger als ich, wir haben uns Anfang des Jahrtausends bei einer Projektzusammenarbeit kennengelernt. Heute ist Erik Chef der Sicherheitsabteilung eines internationalen Handelsunternehmens. Da ist er allerdings erst spät eingestiegen, er hat zuvor jahrelang in der Forschung gearbeitet und 2008 über innovative kryptografische Verfahren in Darmstadt promoviert. Summa cum laude.

Da war viel Mathematik dabei. Es ging darum, elektronische Signaturverfahren zu finden, die noch sicher bleiben, wenn es mal Quantencomputer geben sollte. Dazu hatte Erik ein altes Signaturverfahren ausgegraben, das 1978 von Ralph Merkle erfunden worden war. Seinerzeit war dieses Verfahren nicht konkurrenzfähig gewesen. Rivest, Shamir und Adleman hatten mit dem nach ihnen benannten RSA-Verfahren den Standard gesetzt. Dieses Verfahren konnte so lange als sicher gelten, bis Quantencomputer erfunden werden, die das RSA-Verfahren unsicher machen. Rein theoretisch. Durch einige kluge Ideen und Modifikationen hatte Erik das Merkle-Verfahren tatsächlich konkurrenzfähig machen können. Geheimdienste und Security Agencies waren begeistert. Eriks Verfahren wurde zum Standard im Hochsicherheitsbereich, aber außerhalb kaum beachtet. Denn richtig leistungsfähige Quantencomputer gab es noch nicht. Deshalb nahm das Interesse an Eriks Entwicklung auch rasch wieder ab. Nach Aufenthalten in Stanford und am MIT beendete Erik seine akademische Karriere, u.a. weil er von deutschen Universitäten kein adäquates Angebot erhalten hatte. Dem deutschen Geheimdienst war er als Krypto-Experte aber immer noch bekannt.

In seinem Anruf berichtet Erik von einer Mail, die er am Wochenende erhalten habe: verschlüsselt und elektronisch signiert. Der Absender ist – zweifelsfrei belegt durch die Signatur – der Bundesnachrichtendienst BND. In der Mail bittet der BND Erik um Hilfe. Der BND verdächtigt die US-amerikanische National Security Agency (NSA), in großem Stil Unternehmensgeheimnisse deutscher Firmen an amerikanische Konkurrenten weiterzugeben. Das Ganze, so wird vermutet, organisiert das US-Wirtschaftsministerium. Um das beweisen zu können, möchte der BND Zugang zu vertraulichen Informationen auf den Computern des US-Wirtschaftsministeriums. Dazu muss der BND den Zugangsschutz dieser Computer überwinden. Eine komplexe Aufgabe, die man Erik gern andienen möchte.

Denn der Zugang wird mit den innovativen Merkle-Signaturen geschützt, an denen Erik vor Jahren gearbeitet hatte. Diese Signaturen gelten als nicht fälschbar, wenn der geheime Signaturschlüssel nicht enttarnt wird. Um an diesen Signaturschlüssel zu gelangen, will der BND eine alte Strategie wieder beleben, die 2008 schon einmal vom BKA erwogen worden war. Es geht um den sogenannten „Bundestrojaner", offiziell eine „Remote Forensic Software". Die Idee dahinter ist simpel: Jede Software hat Fehler und braucht Updates. Die Updates kommen über das Internet von den Software-Herstellern und werden von den Anwendern akzeptiert. Statt eines Updates können die Software-Hersteller aber einfach ein Programm schicken, das auf dem Computer nach Geheimnissen sucht und die per E-Mail an Interessenten verschickt. Das bemerkt der Anwender zunächst nicht. Der BND hat tatsächlich einen Software-Hersteller ausfindig gemacht, dessen Updates von der NSA akzeptiert werden. Jetzt hat der BND in großem Stil geheime NSA-Informationen gesammelt, die das Zugangsgeheimnis enthalten müssen. Der BND weiß aber nicht, wo. Und dabei soll Erik helfen. Für ein sehr ordentliches Honorar. Erik findet das Problem interessant, und das Geld kann er gut gebrauchen. Aber irgendwie kommt ihm die ganze Geschichte komisch vor. Er weiß aber nicht genau warum. Darum hat er mich angerufen. Er möchte einen guten freundschaftlichen Rat.

Ich schlage Erik vor, am nächsten Abend bei unserem Lieblingsitaliener „Da Nino" essen zu gehen und dabei alles in Ruhe zu besprechen. Wie immer begrüßt uns Chef Nino mit Handschlag. Beim Essen reden wir leise miteinander. Das Ganze ist ja immerhin geheim. Erik hat schon angefangen, die Daten zu analysieren. Er erklärt mir das Prinzip: „Das Merkle-Verfahren benutzt Einmal-Signaturen. Bei solchen Signaturen kann ein geheimer Signaturschlüssel nur einmal benutzt werden, um ein Dokument zu signieren. Der entsprechende Verifikationsschlüssel wird darum auch nur zur Überprüfung dieser einen Signatur verwendet. Da das nicht besonders praktisch ist, hatte Merkle vorgeschlagen, einen sogenannten Hash-Baum zu verwenden. Den nimmt man, um die Gültigkeit vieler Verifikationsschlüssel auf einen einzigen öffentlichen Schlüssel zurückzuführen. Nach diesem Hash-Baum[1] suche ich. Dann finde ich auch die Geheimnisse". Meine Informatikkenntnisse sind auch nicht mehr ganz taufrisch. Darum verstehe ich das nur so ungefähr. Mich interessiert aber etwas ganz anderes: „Bist du eigentlich wirklich sicher, dass die E-Mail tatsächlich vom BND kam? Nicht, dass du am Ende jemand anderem hilfst, die NSA auszuspionieren."

Erik ist sich ganz sicher. Schließlich war die E-Mail ja vom BND elektronisch signiert. „Welches Signaturverfahren wurde benutzt?", will ich wissen. Jetzt ist Erik amüsiert. „Seit wann interessierst du dich denn für Signaturverfahren? Kennst du dich überhaupt damit aus?" – „Ein wenig", erwidere ich und meinte eigentlich, dass Paul sich auskennt, seit er vor zwei Jahren Tino mit seinem Sensornetz geholfen hat.

---

[1] Eigentlich „hash tree", eine baumartige Struktur, 1979 erfunden von Ralph Merkle, um in den Knoten des Baums eine Art Zusammenfassung der darunter liegenden Daten zu speichern. „Hashing" ist eine mathematische Funktion, die aus einer größeren Datenmenge eine Art Zusammenfassung errechnet.

„Also: welches Verfahren?" Eriks Antwort hatte ich fast erwartet: „RSA." Ich frage weiter: „Ist das nicht das Verfahren, das Quantencomputer knacken können?" – „Ja, klar" antwortet Erik, „aber die sind ja nie gebaut worden." Und die Erinnerung an seine erfolglose akademische Karriere steigt sichtbar in ihm hoch, darauf lassen jedenfalls seine herunter gezogenen Mundwinkel schließen.

Ich dagegen werde jetzt richtig lebendig. Schließlich hatte Paul kurz zuvor eine Weiterbildung in Computersicherheit organisiert. Zwar hat er den Kurs nicht selbst unterrichtet. Dafür fehlt ihm schlicht die Expertise. Er hatte aber das Curriculum zusammenstellt und interessante Referenten gefunden. Besonders eine Referentin, Nicola, hatte es ihm angetan. Von Hause aus Physikerin arbeitet sie jetzt für ein IT-Sicherheits-Systemhaus. Die Sympathie beruhte übrigens auf Gegenseitigkeit. Nach dem Kurs sind sie laut Paul richtig schön Essen gegangen, dazu gab's eine gute Flasche Wein. Und dabei wollte Nicola ihn wohl beeindrucken. Sie erzählte davon, dass ihr Unternehmen an einem großen Projekt beteiligt sei, das Quantencomputer realisieren soll. Sie hätten vor Kurzem einen regelrechten Durchbruch erzielt. Als ich Erik davon erzähle, wird er ganz aufgeregt: „Tatsächlich? Kannst du mir die Kontaktdaten von Nicola geben?" Ich lache. „Klar, aber fang ja nichts mit ihr an, sonst bringt Paul mich um."

Wenige Tage später hat Erik von Nicola eine Menge hochinteressanter Informationen erhalten. Das erwähnte Projekt wird von der Europäischen Union finanziert. Unter den verschiedenen Möglichkeiten zur Realisierung von Quantencomputern konzentriert sich das Projekt auf die Verwendung von Aluminium- und Niob-Supraleitern. Supraleiter helfen, das Dekohärenzproblem zu lösen, die größte Schwierigkeit bei der Realisierung von Quantencomputern. In Quantencomputern müssen nämlich die sogenannten Q-Bits „eng zusammenarbeiten" (Kohärenz). Dazu müssen sie von der Außenwelt abgeschottet werden. Sonst tritt Dekohärenz ein, und die Quantencomputer funktionieren nicht mehr richtig. Alles deutet darauf hin, dass das Problem der Dekohärenz gelöst wurde und Quantencomputer beliebiger Größe jetzt realisiert werden können.

Als ich ihn einige Tage später zuhause besuche, ist Erik begeistert. Ihm ist klar: Wenn beliebig große Quantencomputer wirklich gebaut werden können, bedeutet die elektronische Signatur der BND-Mail gar nichts mehr. Jeder, der Zugang zu einem Quantencomputer hat, kann sie fälschen. Erik kombiniert: „Könnte nicht einer der Partner im Projekt schneller gewesen sein als alle anderen? Oder wenn das EU-Projekt diesen Fortschritt macht, könnte er nicht überall auf der Welt gemacht werden?"

Erik erinnert sich. Damals, 2008, gab es ein kanadisches Unternehmen namens „D-Wave", das dieselbe Idee verfolgte. Leider ohne Erfolg, obwohl die Webseite das Gegenteil behauptete. Erik erkennt, dass die elektronische Signatur der BND-E-Mail gefälscht sein könnte. Aber wie kann er das überprüfen? Er braucht also einen direkten Kontakt zum BND. Ich erinnere ihn an seine alten Verbindungen aus der Zeit seiner Promotion. Das ist zwar schon eine Weile her, aber nach einigem Grübeln und Suchen hat Erik den Namen eines ehemaligen Abteilungsleiters gefunden.

Später hat er mir dann die weitere Entwicklung dieses Spionagefalls erzählt. Erik bekommt tatsächlich Kontakt zum BND. Schnell stellt sich heraus: Nein, die Mail stammte nicht vom BND. Seit langem beobachtete der schon die Aktivitäten des ehemaligen CTOs von D-Wave. Dieser lebt inzwischen in Finnland und besitzt eine kleine Technologie-Firma namens „NIOB", die an dem EU-Projekt teilnimmt. Hat NIOB den Durchbruch schon früher geschafft und dann missbraucht? Alles deutet darauf hin. Und eins ist darüber hinaus auch klar: Die Ära der RSA-Signaturen ist endgültig vorbei. Erik ist sich sicher: Jetzt kommt noch einmal eine große Zeit für ihn. Schließlich ist er der Experte für quantencomputersichere Kryptografie. Manchmal muss man eben nur lange genug Geduld haben.

Ich habe Paul natürlich von der Geschichte erzählt. Er wäre am liebsten selbst mit Erik aktiv gewesen. Nicola und er sind mittlerweile eng befreundet. Das könnte noch was werden.

Infobox

RSA, Trojaner und Quantencomputer

RSA (Rivest, Shamir und Adleman) ist ein Verschlüsselungsverfahren, um Daten bei der Übertragung über das Internet zu schützen. Nur wer im Besitz des richtigen Schlüssels (in Form einer dualen Zeichenkette) ist, kann die Nachricht entschlüsseln.

Der Begriff Trojaner ist eine Anspielung auf die Sage vom trojanischen Pferd und bezeichnet ein bösartiges Programm, das sich als harmlos tarnt. Wird es auf einen PC heruntergeladen und aktiviert, entfaltet es seine wahre Aufgabe und liest Daten (zumeist Passwörter) aus oder zerstört Datenbestände.

Der **Quantencomputer** ist noch der Traum mancher Forscher in der Informatik. Der Computer basiert nicht auf dem Prinzip digitaler Zustände, sondern auf den Gesetzen der Quantenmechanik, d.h. quantenmechanischen Zustände. Ein **Qubit** hat dann ebenfalls genau zwei stabile Zustände. Qubits bilden die Grundlage für die Erforschung der Quantenkryptografie, bei der der geheime Schlüssel für die Ver- bzw. Entschlüsselung von Daten mithilfe von Quantenmechanik als Zufallszahl ermittelt werden soll. ■

2028

Waggons – Der individuelle Massen-
transport

14. Juli 2028

Das war heute eine hitzige Diskussion am Frühstückstisch! Nicoletta hat den Leitartikel zu diesen neuen Waggons auf unserem MultiKom gelesen und besteht jetzt darauf, dass wir nur noch mit denen zu den Kindern fahren sollen. Pah! Mein X202 ist mir heilig. Aber ich lese den Artikel dann nach dem Frühstück doch mal durch. Sich Bilden schadet ja nichts: Mobilität und Schienenverkehr – das waren in den Anfängen der technischen Revolution in Europa geradezu synonyme Begriffe. Die Eisenbahn setzte als erstes maschinenbetriebenes Transportmittel einen neuen Standard. Doch im ausgehenden 20. Jahrhundert galt die Mobilität auf der Schiene als ausgereizt. Neue Hochgeschwindigkeitsstraßen sorgten zwar für rascheres Fortkommen. Doch bei den unvermeidlichen Stopps an den Stationen büßten sie zwangsläufig viel von ihrem Tempo wieder ein. Auch der Massenverkehr der Pendler in Zügen, Straßen- und U-Bahnen konnte nie ernsthaft mit dem Individualverkehr des Autos konkurrieren. Wenn ich heute an diese Zeit zurückdenke, muss ich innerlich mitleidig schmunzeln.

Denn der Schienenverkehr hat sich grundlegend gewandelt, und vom früheren Mitropa-Mief ist nichts mehr geblieben. Sogar der Deutschen einstmals liebstes Kind – das Auto – hat ihm gegenüber dramatisch an Bedeutung verloren. Auf Fernstrecken und in Ballungsräumen bewegen spurgeführte Fahrzeuge die Massen – und zwar von Bahnhof zu Bahnhof und weiter bis kurz vor die Haustür, wenn es gewünscht wird. Der Fern- geht dabei nahtlos in den Nahverkehr über. Gesteuert wird das Ganze von einem unsichtbaren gigantischen System überall verteilter Software-Agenten.

Zentrales Element des zukünftigen Transportwesens sind einzelne Wagen, Waggons genannt, die sich zu Gemeinschaftssystemen wie früher die klassischen Züge verbinden. Doch diese Verbindungen sind immer nur eine Momentaufnahme – auf Fernstrecken löst sich ein solcher „Zug" an Knotenpunkten während des Fahrens auf und konfiguriert sich anschließend neu. So kann etwa auf der Strecke Karlsruhe – Frankfurt ein Waggon bei Mannheim in Richtung Saarbrücken „abbiegen", und ein aus Saarbrücken kommender Waggon reiht sich neu in den Verbund ein. Zum Aussteigen wird der letzte Waggon aufgesucht, der sich dann kurz vor dem Ziel (in diesem Fall nehmen wir Bensheim) abkoppelt.

Der Passagier kann also in Bensheim aussteigen, ohne dass die gesamte Verbindung stoppen muss. Das Zusteigen von Bensheim aus erfolgt über einen Waggon, der vor dem sich nähernden Verbund auf die Strecke geht und sich von diesem einholen lässt. Der „Zug" dockt an den Wagen an und bietet Zugang zu den anderen Waggons. Das frühere Kernproblem von Fernzügen, der enorme Zeit- und Energieverlust durch ständiges Halten und neues Beschleunigen, ist mit dieser Technik beseitigt. Das System der Fern-, Regional- und Nahzüge bleibt so erhalten, aber jeder Ort ist erreichbar, ohne dass der Passagier unterwegs aus- oder umsteigen muss. In der Praxis gibt der Fahrgast seine individuellen Fahrtwünsche per MultiKom an das System. Buchungen sind jederzeit und spontan änderbar. Der Reisende wird tatsächlich zu der Haltestelle geführt, die dem Ziel am nächsten ist, sein Reisewunsch wird in die Verkehrsplanung eingebracht und von den selbstorganisierten Wagen berücksichtigt. Rechtzeitiges Aussteigen wird ebenfalls über das MultiKom zwischen System und Fahrgast geregelt. Bei mir wäre das Mandy. Von der Bahn nach Hause könnte ich dann natürlich meinen X202 verwenden.

Wer es sich leisten kann, fährt „Cabin", also in einer besonderen Kabine. Das ist ein eigenes Miniabteil innerhalb des Waggons. Beim Betreten stehen Electronic Wallpaper, Entertainment, Snacks und Drinks sowie Kommunikationsmöglichkeiten vollautomatisch zur Verfügung oder werden über ein verdecktes Förderband herangeschafft. Das Transportmittel als gleichzeitiges Wohnzimmer oder Büro – hier ist es Wirklichkeit geworden. Gehbehinderte genießen eine eigene Transporttechnik innerhalb des mobilen Systems. Sie fahren auf platzsparenden Schlitten, die mit der Waggontechnik kompatibel sind. Auch sie verfügen über eine spurgeführte Antriebstechnik. Dieselbe Technik steckt in den „virtuellen Sherpas", die sich für alle Passagiere als Lastesel für Gepäck oder Einkäufe verwenden lassen.

Mit diesem Transportsystem gelingt der effiziente Übergang von der Fernstrecke zum Ballungsraum, weil kein Wagen mehr unnötig halten muss. Die „Züge" sind jeweils nicht sehr lang, was eine hohe Zugdichte ermöglicht. Durch die Waggons und den Zugverbund gelingt das Bewältigen enormer Passagierzahlen, die der Individualverkehr niemals erreichen könnte. In den ländlichen oder weniger besiedelten Bereichen spielt der Individualverkehr mit dem „Auto" natürlich weiter eine große Rolle. Soweit der Leitartikel.

Nicoletta bevorzugt die Annehmlichkeiten eines Zugs, während ich ein alter Kapitän der Straße bin. Klar, das Fahren fällt einem nicht mehr ganz so leicht mit fast sechsundsechzig Jahren. Aber die Biosensoren zeigen an, dass ich mir um meine Gesundheit keine Sorgen machen muss. Andererseits hat die Sache mit der Herzklappe vor vier Jahren gezeigt, dass man nie vorsichtig genug sein kann. Wir werden diese Waggons mal ausprobieren. Aber den X202 gebe ich nicht her. Auf keinen Fall! Denn, wie sang schon vor mehr als vierzig Jahren ein deutscher Schlagersänger: „Mit sechsundsechzig Jahren, da fängt das Leben an, mit sechsundsechzig Jahren, da hast Du Spaß daran". Und den habe ich mit meinem X202. Nicht nur das, ich werde mir wohl demnächst dessen Nachfolger zulegen: einen echten ZV996!

Infobox

Electronic Wallpaper

Die **elektronische Wandtapete** ist noch eine Zukunftsvision, aber mit der rasanten Entwicklung im Bereich der organischen Elektronik kann man davon ausgehen, dass sie in zehn Jahren durchaus Realität sein kann. Schon 2004 hat der italienische Designer **Dario Buzzini** mit seiner „Not so White Wall" eine elektronische, durch einen PC gesteuerte Wandtapete vorgestellt. ■

2029

„TschupTschup" – Kommunikation ist alles

13. März 2029

Jetzt ist Mandy mächtig sauer auf mich. Gestern habe ich mir auch endlich eines dieser neumodischen „TschupTschup" geleistet. Das ist die Weiterentwicklung vom MultiKom und sie verdankt ihren Namen einem ihrer technischen Väter, einem Professor aus Kalifornien. Dieser Peter White sprach immer geheimnisvoll von „ChoopChoop", wenn er nach seinem Projekt gefragt wurde. Das einzelne Wort ist eigentlich ein Insiderbegriff für Marijuana, der sich aber auf diese Weise verselbstständigte und zum neuen Namen des MultiKom-Nachfolgers wurde.

Wenn ich in diesem Zusammenhang mal nostalgisch werden darf: Am Anfang der fernmündlichen Kommunikation standen von Hand gesteckte Verbindungen, die Menschen zu Beginn des 20. Jahrhunderts das Telefonieren erlaubten. Seit dem MultiKom braucht es dazu nicht einmal mehr ein Telefon. Mein Großvater, der nach dem Ersten Weltkrieg seine aufwendige Lehre als Fernmeldetechniker bei der Reichspost begann, verstünde die Welt nicht mehr. Die Ankündigung, mal eben „TschupTschup" zu machen, hätte er wahrscheinlich als ernsthafte Geistesverwirrung angesehen. Aber so heißt seit einigen Monaten die neue Form der Kommunikation über räumliche Distanzen nun mal. Und wir halten nicht mehr kleine Apparate ans Ohr (und auch kein MultiKom mehr in der Hand), um uns mit jemanden in der Ferne zu unterhalten.

Vielleicht geschieht dies manchmal noch aus Nostalgiegründen. Persönliche Kommunikationsendgeräte werden aber eher wie Schmuck (am oder hinterm Ohr) getragen. Verlässliche Implantate sind bei jungen Leuten sehr beliebt geworden. Fabio soll sich jetzt doch allen Ernstes mit dem Gedanken tragen, sich solch ein Implantat einsetzen zu lassen. Das dauert heute zwar nur noch Sekunden und wird von der Arzthelferin erledigt. Aber ich kann mich mit dem Zeug nicht anfreunden. Nicoletta sieht das durch ihr Implantat natürlich anders. Das Ding läuft immer noch einwandfrei, obwohl es schon acht Jahre alt ist. Zudem sind in unserer Umgebung – ob in der Kleidung oder als Teil der Kleidung oder als Teil der Gegenstände, die wir täglich nutzen bzw. zwischen denen wir uns täglich bewegen – neben den Sensoren nun auch vielfach Kommunikationsmöglichkeiten integriert. Technologien sind entstanden, die eine nahtlose Kommunikation, die sogenannte „Seamless Communications" ermöglichen. Man kann einfach über weite Distanzen kommunizieren, ohne durch die benutzten Hilfsmittel künstliche Barrieren überwinden zu müssen. Das MultiKom konnte zwar auch schon vieles davon, aber es war doch irgendwie der Nachfolger des ehemals berühmten iPhone von Apple. Videokonferenzen und E-Learning sowie einige weitere Formen der audiovisuellen Kommunikation kommen längst nicht mehr ohne die bildliche Darstellung der Kommunikationspartner aus. Szenarien der virtuellen Realität, in denen die Interaktionsteilnehmer immersiv in einem 3D-Szenario mit ihren Gesprächspartnern interagieren, sind aber heute noch am Anfang. Immersiv bedeutet hier, dass man ein Bild nicht einfach ansieht. Hier handelt es sich um ein 3D-Bild, in das der „Betrachter" eintauchen kann, um sich darin zu bewegen.

Es ist heute möglich, zu jeder Zeit und an jedem Ort ohne bedeutenden Bedienungsaufwand mit Gesprächspartnern zu kommunizieren. Die Geschichte der Telefonie hat gezeigt, dass Gesten und Mimik für weite Bereiche der menschlichen Kommunikation nicht gebraucht werden oder sogar störend sind. Wir Menschen haben für diese Situationen sehr effektive Gesprächsmuster entwickelt und sie bisher nicht aufgegeben.

Bekannte Professoren an der Universität in Ottawa haben mit der Erfassung und Übertragung haptischer Informationen einen Durchbruch geschafft. Es existieren Repräsentationen von Daten, die „greifbar" sind. Datenobjekte, als 3D-Repräsentationen dargestellt, können mit sensorbestückten Datenhandschuhen manipuliert werden. Durch druckempfindliche Sensoren und druckauslösende Aktoren lassen sich diese Objekte ertasten, und selbst ihre (virtuelle) Konsistenz wird so erfahrbar. Die grafische Datenverarbeitung in Darmstadt hat hier über viele Jahre eine führende Rolle eingenommen.

Vor zwei Wochen konnte ich mir das noch einmal eindrucksvoll vor Augen führen. Es gab da am Institut für Grafische Datenverarbeitung – ziemlich antiquierter Titel aus den Achtzigern des letzten Jahrhunderts – einen Tag der offenen Tür, zu dem mich Fabio mitgeschleppt hat. Er ist in diese neuartigen 3D-Sachen total vernarrt. Irgendwie schlägt er nach seinem Bruder Paul. Langsam frage ich mich, ob wir das alles noch gut verarbeiten können. Realität und virtuelle Welt vermischen sich immer mehr, und die Demonstrationen waren erschreckend real, obwohl total virtuell. Das führt schon an die Grenzen des Verstandes, die Verwirrung ist komplett.

Es gibt sogar Forscher, die arbeiten an der Übertragung von Gedanken, aber bisher sind die übertragenen Impulse sehr grob strukturiert. Beispielsweise ließen sich schon 1999 Hirnaktivitäten messen und diese bestimmten Tätigkeitswünschen zuordnen. Bereits wenige Jahre später entwickelte man schon einen „Hirnschrittmacher" für Krankheiten wie Parkinson. Dabei wird eine Elektrode im Hirn an das betroffene Zentrum angeschlossen und sorgt über bestimmte Algorithmen-Signale für eine „normale" Funktion. Versorgt und gesteuert wird sie von einem Implantat in der Brust aus. Schon 2008 war man in der Lage, über das Messen von Hirnströmen zu bestimmen, was ein Betrachter vor Augen hatte.

Allerdings handelte es sich dabei um nur einige Motive, die sich dann tatsächlich zuordnen ließen. Die Fortschritte in der Hirnforschung wurden aber seither rasant vollzogen, wie Nicoletta nach ihrem schrecklichen Unfall selbst erfahren durfte. –

Mann, bin ich froh, dass sie das alles so gut überstanden hat. Entscheidend für diese Fortschritte waren Neuentwicklungen u.a. auf dem Gebiet der visuellen Darstellung durch die unglaublich hoch auflösende Positronenemissions-Tomografie.

Neben solch innovativen Ansätzen existierte aber auch die uralte SMS als Textbotschaft immer noch. Sie zählt zu den einfachen Mitteln der asynchronen Kommunikation, und die sind uns immer noch erhalten geblieben. Je einfacher, desto besser. Und das ist gut so. Die Eingabe- und Ausgabemöglichkeiten wurden konsequent weiterentwickelt (z.B. über die bereits angesprochenen miniaturisierten Endgeräte und Zusätze zur Spracherkennung und zur Sprachausgabe). Botschaften werden also nicht notwendigerweise in geschriebener Form übersendet.

Virtuelle Welten haben den Medienkonsum erobert. Dieser Trend war schon früh abzusehen. Virtuelle Spielwelten, Online-Plattformen für Chat und die adaptiven Tapeten haben dem passiven Fernseher den Rang abgelaufen. Mein Vater, also unser Opa, sucht bei uns nach alter Gewohnheit zum Fernsehen immer noch diese Monstergeräte mit 40 Zoll Diagonale, ohne sie je zu finden … Das MultiKom hat bei uns die altmodischen Formen der Multimediageräte schon vor vielen Jahren abgelöst. Allerdings waren die am Anfang auch bei weitem nicht so leistungsfähig wie heute. Daher werde ich das MultiKom auch nicht einfach durch das TschupTschup ersetzen. Mandy kann da „beruhigt" sein. In der Wahrnehmung der Nutzer verschmelzen in der Darstellung Realität und virtuelle Welt. Sie sind manchmal kaum noch zu unterscheiden. Die Ethikkommission hält dies unter intensiver Beobachtung.

Wir delegieren Telefongespräche und andere Aufgaben an unsere Mandys, die vieles zuverlässig für uns erledigen. Vermehrt sehen wir diese digitalen Assistenten überall in unserem Alltag. Der fundamentale Unterschied zwischen Mensch und Maschine bleibt aber bestehen. Es existiert kein System, das einen so breiten Gesprächskontext abdecken kann, dass es im Dialog den Turing-Test[1] bestehen könnte. Gespräche mit eingegrenztem Kontext (z.B. typische Helpdesk-Aufgaben oder auch bestimmte Diagnosegespräche im medizinischen Bereich) sind, solange der definierte Kontext beibehalten wird, nicht mehr eindeutig einem Menschen oder einer Maschine zuzuordnen. Das ist nicht unbedingt immer angenehm, aber es ist so.

Dies birgt außerdem eine Problematik, die wir früher so nicht kannten: Wir kämpfen leider zunehmend damit zu erkennen, welche Kommunikationsinhalte echt und welche gefälscht sind. Es geht nun um nichts Geringeres, als wieder einen Zustand zu erreichen, der uns die Echtheit und/oder den Ursprung einer Information nachweist. Dies ist – damit wir nicht zunehmend die Orientierung verlieren – so wichtig wie das Vertrauen in die hohe Qualität von Lebensmitteln für unsere Gesundheit.

---

[1] Der **Turing-Test** wurde 1950 von Alan Turing vorgeschlagen, um entscheiden zu können, ob eine Maschine ein dem Menschen gleichwertiges Denkvermögen hat. Der aus der Anfangszeit des Informatik-Teilbereichs Künstliche Intelligenz stammende und seither legendäre Test trug dazu bei, den alten Mythos von der denkenden Maschine für das Computerzeitalter neu zu beleben. (http://de.wikipedia.org/wiki/Turing-Test)

Elektronische Informationen sind prinzipiell nicht mehr an bestimmte Orte gebunden, jedoch intentional lokalisierbar. Das ubiquitäre Computing mit seinen IT-Schnittstellen (audiovisuelle Endgeräte und Sensoren) ist zum Bestandteil der privaten und öffentlichen Umgebung geworden. Hierzu findet gerade wieder die UbiComp-Konferenz statt. Nunmehr zum dreißigsten Mal und traditionell wieder in Karlsruhe. Jetzt kommen da schon fast 20.000 Menschen zur Konferenz. Die verfügen dabei auch über diese 3D-Augmented-Reality-Demos. Tino war dort, ich war leider durch meine Studenten aus Bahrain verhindert, die an dem Tag ihre Verabschiedung von der Universität hatten.

Heute gibt es bereits viele ortsunabhängig angebotene Dienste, die man mit dem TschupTschup nutzen kann. Hinzu kommen lokale Dienste, die man aufgrund der Kontextsensitivität automatisch bekommt. Dazu haben zwanzig Jahre semantisches Web viel beigetragen. Vor allem das damalige Forschungsprogramm Theseus mit seiner Vision eines „Internet der Dienste" hat dazu viel beigetragen. Heute nutzen wir dieses Theseus-Netz wie selbstverständlich. Das gibt es meines Wissens jetzt schon in seiner fünften Generation.

Die Informationsverdichtung hat immer weiter zugenommen, weil uns immer mehr Informationen über immer mehr elektronische Medien erreichen. Um die damit einhergehende Überflutung zu beherrschen, wurde eine sinnvolle Informationsverdichtung notwendig. Früher suchte ich noch in den alten Suchmaschinen, später navigierte ich in den semantischen Netzen, um Informationen zu bekommen. Heute beschreibe ich mein Ziel, und TschupTschup bietet mir Lösungen. Dies geschieht, in dem TschupTschup natürlich auch das Internet der Dienste und seine Fähigkeiten nutzt. Simplizität für den Nutzer im Umgang mit den Informationen ist wesentlich. Dabei spielt die grafische und im wahrsten Sinne greifbare Verfügbarkeit großer Datenmengen mit persönlichem Zugang eine wichtige Rolle.

Und dennoch: Es entstehen zunehmend Inseln der Nichtkommunikation. Sie existieren nicht, weil es nicht möglich wäre zu kommunizieren. Sie existieren, weil wir Menschen uns eine Nichterreichbarkeit erhalten wollen. Wir kontrollieren die Technik; es ist immer noch möglich, Kommunikationsgeräte nicht zu nutzen oder diese abzuschalten. Und das ist manchmal ein Segen ...

Findet übrigens besonders – wen wundert's? – mein Fräulein Tochter, die sich dem „Kommunikations-Hype", wie sie es nennt, nicht unterwerfen will. Sie lässt ihr TschupTschup tagelang offline. Und dann sendet sie allen Freunden und Familienmitgliedern gleichzeitig ein kleines Gedicht, das ihr besonders gefallen hat. Oder ein Lied. Oder wir dürfen sie live bei einem ihrer Einkäufe begleiten, um unsere Meinung zu Schuhen, Jacken und Taschen kundzutun und sie daran zu hindern, wieder einmal ihr Konto zu plündern.

Infobox

Seamless Communication und Haptik

Unter nahtloser Kommunikation (**seamless communication**) versteht man die Möglichkeit, zwischen Festnetz und Funknetzen ohne erkennbare Verhaltensänderung zu wechseln. Diese Eigenschaft wird dadurch erreicht, dass die Kommunikationsgeräte, z.B. Handys, mehrere Kommunikationsverfahren parallel beherrschen und zwischen diesen frei wechseln können.

Ein weiterer Traum der IT ist es, dem Benutzer die virtuelle Welt nicht nur visuell, sondern auch **haptisch** begreifbar zu machen. Mit der Erfindung der **Wii** ist Nintendo 2006 hierzu ein großer Schritt in diese Richtung geglückt. ∎

2030

Unsichtbare Abläufe
für diskrete Betreuung im Alter

4. Juli 2030

Es ist 6:00 früh. Langsam geht die Beleuchtung im Schlafzimmer an. Zeit zum Aufstehen. Ich gehe in den Gymnastikraum und stelle mich in die Trainingsmaschine, die meine Bewegungen führt und Feedback gibt. Gleichzeitig startet mein Video-Feed mit dem Abspielen von Videonachrichten aus den von mir eingestellten Quellen. Aus meinem Finanz-Feed erscheinen auf der gegenüberliegenden Wand Aufnahmen einer Bauruine in Dubai zusammen mit einem Bericht über Fehlinvestitionen. Als vor mehr als zwanzig Jahren die Wirtschaftskrise auch Dubai und die anderen Vereinigten Arabischen Emirate traf, wirkte dies zunächst wie ein Schock. Nach kurzer Zeit erholte sich der Bausektor zwar leicht, aber es war einfach zuviel Geld im Umlauf, das nach Investitionen rief. In den vergangenen zehn Jahren hat sich der Markt dort allerdings derart überhitzt, dass er genauso zusammenbrach wie ein gutes Jahrzehnt zuvor der Immobilienmarkt in den USA oder davor der in Japan. Da stürzten die Preise bis auf 30 % der vormaligen Verkehrswerte ab. Und dennoch hat dann niemand gekauft.

Nach einer halben Stunde gehe ich ins Bad, werde an die Einnahme eines Lipidsenkers und eines Betablockers erinnert. In aller Frische erscheine ich zum Frühstück, das ich per Videophonie gemeinsam mit Fabio, der in Singapur studiert, und Nicoletta, die derzeit in China an einem Hilfsprojekt arbeitet, einnehme. Obst, Brötchen, Käse und Fruchtsaft sowie Tee entsprechen meinem Diätplan und sind mir am Vortag portioniert geliefert worden. Ich muss mich ein wenig sputen, denn heute werde ich meinen Vater besuchen.

Mein Vater, vor drei Wochen 90 geworden, lebt seit seiner Pensionierung 150 km von meinem Haus entfernt am Rande einer Kleinstadt in einer 3-Zimmer-Service-Dachwohnung, die von einer nahe gelegenen Seniorenresidenz mitbetreut wird. Morgens um 7:15, nach gemessenen acht Stunden Schlaf, weckt ihn sein Schlafmonitor mit Tageslicht und Musik. Als Erstes geht er in die Pflegetoilette, die er vor fast zwei Jahren erhalten hat, nachdem sich zeitweise Inkontinenz eingestellt hatte. Sie sorgt für eine hygienische und geruchsarme Erledigung eines Geschäftes, das Vater sonst gelegentlich nicht mehr allein bewerkstelligen könnte. Sie beseitigt auch diskret die Windel, die Vater nachts im Bett tragen muss.

Auch er steigt anschließend in seine Trainingsmaschine, lässt sich dabei aber von einer virtuellen, persönlichen Trainerin anleiten. Sie erklärt die richtigen Bewegungsabläufe und sorgt so für den Erhalt von Beweglichkeit, Kraft und Kondition. Es ist Cyntia, die für Senioren entwickelte „Schwester" von Mandy. Ein Avatar der fünften Generation, wie sie auch im immer noch beliebten „Next Life", dem Nachfolger von „Second Life" und Klassiker der virtuellen Welten, vorkommen. Mittlerweile ist daraus „myVirLife" geworden, eine Welt mit einem Bruttosozialprodukt von 1.000 Milliarden Euro. Die EU und USA haben Gesetze erlassen, die die Rechte in „myVirLife" regeln. Es gibt bei der UN einen ständigen Ausschuss dazu. „Second Life" hatte diesen Boom ausgelöst, weil es die MultiKom richtig integrieren konnte, was die Vorgänger trotz iPhone u.ä. nie geschafft haben.

Im Badezimmer erwartet Vater bereits sein Gesundheitsstatus. Der Schlafsensor, die Trainingsmaschine und Nanoimplantate zur Erfassung von Blutwerten liefern die Daten, die mit seinem Fitnessprogramm abgeglichen werden. Etwa einmal im Monat hat er über Videophonie eine Telekonsultation mit einem Arzt des Telemedizinzentrums Medicgate über das bewährte Medico-Netz. Ich habe ihm ja dringend zu den Biosensoren geraten, die Nicoletta und ich verwenden. Aber er ist einfach stur und hat Angst vor der totalen Überwachung. Schließlich gehört er noch einer Generation an, für die Orwells „1984" eine Art biblischer Apokalypse für das mündige Individuum darstellt, an der man grundsätzlich nicht teilhaben möchte.

In der Wohnküche verfolgt er während des Frühstücks seine persönlich zusammengestellten Videonachrichten, liest anschließend E-Mails und ruft seine Voice- und Videonachrichten ab, vor allem von seinen Freunden aus der 68er Community. Wie jeden Tag kommt um etwa um neun Uhr Herr Termaz von der Post Plus. Er bringt ihm nicht nur Werbung, Zeitung und von Zeit zu Zeit noch einen Brief, sondern auch seine Einkäufe. Er holt die Schmutzwäsche und bringt die saubere Wäsche zurück. Er kümmert sich um den defekten Mülleimer und wechselt ein ausgebranntes Leuchtmittel. Ich hatte ihm ja vorgeschlagen, sich einen der Serviceroboter zuzulegen. Aber er hat sich strikt geweigert, dieses neumodische Zeug brauche er nicht, sagt er. Und außerdem rede er viel lieber mit Menschen als mit Maschinen. Videonachrichten sind ihm daher eigentlich auch ein Gräuel. Er macht da nur mit, weil es bequemer ist, als alles zu tippen. Tippen, das erledigte für ihn früher die Sekretärin. Die konnte noch Steno und schrieb Briefe auf elektronischen Schreibmaschinen. Die gibt es heute nur noch im Museum zu besichtigen. Ich habe noch eine Triumph-Adler auf dem Dachboden, sie stammt von Muttern. Ob sie sich noch an die erinnert? Nachdem die beiden aber getrennt leben, muss ich sie selbst mal fragen.

Heute ist der erste Samstag im Monat, an dem ich immer meinen Vater besuche. Mein neues Elektroauto ZV996 hat bereits die Batterie geladen, die Route zu meinem Vater vorbereitet, im Voraus eine Routengenehmigung für diese Zeit von RoadOpt (einem Nachfolger von Toll Collect) geholt und kann dadurch eine Reisezeit von knapp eineinhalb Stunden, also ohne Stau, versprechen. Den guten alten X202 habe ich schweren Herzens doch verkauft. Aber wir brauchen jetzt keine zwei

Autos mehr. Auf dem Weg zu Vater liest Mandy aus meinem MultiKom einige E-Mails vor und spielt meine VoiceMails ein. Zwei dringende Antworten kann ich gleich per Spracheingabe erledigen.

Kurz vor 10 Uhr treffe ich bei meinem Vater ein. Das Garagentor in seiner Wohnanlage erkennt mein Auto, für das schon ein Parkplatz reserviert ist, öffnet und weist den Parkplatz zu, indem es die Zielkoordinaten in das Parkingsystem meines Fahrzeugs übermittelt. Es verständigt Vater, der mich schon am Lift abholt. Während er mich begrüßt, sagt mir sein Gesicht: Ich weiß, dass du eigentlich keine Zeit hast, aber ich freue mich über deinen Besuch.

Wir setzen uns ins Wohnzimmer und sprechen miteinander anhand eines digitalen Assistenten seine Finanzen durch. Wir gehen auch den neuen Betreuungsvertrag der Seniorenresidenz durch und wählen gemeinsam die für Vater sinnvollsten Betreuungsservices im Dialog mit dem elektronischen Beratungsassistenten der Residenz aus. Nebenbei fragt er mich, was ich davon halte, wenn er in seiner 68er Community die Leitung einer Diskussionsrunde zum Thema Komplexität und Alter übernimmt. Ich merke, dass er sich ohnehin schon entschieden hat, und bestärke ihn darin, denn seine geistige Aktivität liegt mir sehr am Herzen.

Nach getaner Arbeit setzen wir uns mit einem alkoholfreien Bier auf den Balkon und genießen den Ausblick auf das Städtchen. Vater beginnt mit seinem Lieblingsthema, und das entspricht offenbar in etwa dem, was er auch als Diskussionsleiter bei seinen Ex-Hippies predigt: „Du und dein Unternehmen, ihr habt euch früh das Thema Silent Processes, unsichtbare Abläufe, auf die Fahnen geschrieben. Dazu wurden so wundersame Phänomene wie Ubiquitous Computing, Ambient Assisted Living oder das Internet of Things ins Leben gerufen, die unser Dasein noch mehr verändert haben als 30 Jahre zuvor das Internet. Plötzlich verliehen Sensoren allen Maschinen Sinne. Aber nicht nur die fünf Sinne des Menschen, sondern darüber hinaus auch Sinne für physikalische Eigenschaften wie Radioaktivität, die der Mensch nicht wahrnehmen kann.

Damit war es nicht mehr notwendig, dass Menschen Maschinen bedienen, wie dies Jahrzehnte lang der Fall war. Die Maschinen sind inzwischen selbst in der Lage, die Real- und die Informationswelt wahrzunehmen und daraus die für den Menschen sinnvollen Handlungsoptionen abzuleiten, ihn in mancherlei Hinsicht besser als ein Butler zu bedienen. Dabei habt ihr es sogar geschafft, die Komplexität der Geräte und ihr Zusammenwirken in den Griff zu bekommen. Ihr habt den Maschinen die Selbsteigenschaften beigebracht. Sie installieren sich selbst, warten sich selbst und schützen sich selbst." Ich werfe ein, dass es bereits die nächste Generation ist, also jene von Paul oder von Fabio, die dafür gesorgt hat. Mit meinen Achtundsechzig beschäftige ich mich lieber mit anderen Dingen.

Eine der brillantesten Entwicklungen war die Servicemaschine ServFinder. Sie sammelt all die Messwerte des Hauses, des Autos, des Körpers usw. und organisiert im Hintergrund unmerkbar alle Services inklusive Abrechnung. Tino hat mir erzählt, dass er sein Haus damit nachgerüstet hat, da er eh schon eine Reihe von Sensorknoten im Haus hatte. Hochentwickelte Preisfindungsmaschinen, die Dienstleistungsangebote mit der persönlichen finanziellen Leistungsfähigkeit abgleichen, helfen bei der Serviceauswahl. Ja, es ist sogar gelungen, dass die vielen elektronischen Assistenten uns nicht den Eindruck geben, dass sie uns bevormunden, sondern uns jederzeit die volle Wahlfreiheit lassen. Wenn man das alles zusammenfasst, hat die Idee der unsichtbaren Abläufe die Menschen von unsäglich viel Ballast befreit und erlaubt es ihnen, sich auf die eigentlichen Themen des Lebens zu konzentrieren. Im Alter sind diese unsichtbaren Helfer eine enorme Unterstützung, unabhängiger von anderen Menschen zu leben, länger in den eigenen vier Wänden zu bleiben und nicht zuletzt, die benötigten Dienstleistungen auch noch bezahlbar zu machen.

„Nun, mein Sohn, du weißt, nach so viel Lob kommt noch ein Aber: Ihr habt die Lösungen nicht zu Ende gedacht. Diese Services gibt es nicht, weil ihr uns Alte noch braucht, sondern weil ihr uns damit kostengünstig zu Ende betreuen könnt. Das werfe ich euch allerdings nicht vor, denn vor hundert Jahren hatten in vielen Fällen die Frauen oder Dienstboten die gleiche Aufgabe. Mit den unsichtbaren Abläufen konnten zahlreiche Unternehmen neue Geschäftsfelder aufbauen. Man hat die technische Komplexität drastisch reduziert. Die Menschen müssen Maschinen nicht mehr aktiv steuern, sondern werden nur noch nach Präferenzen und Prioritäten gefragt. Die Informationstechnik hat eine unglaubliche Vielzahl von Dienstleistungen geschaffen, Reisen, Diäten, Kleidung, Unterhaltung, Maschinen, Möbel usw. kann man in beliebigen ‚Farben und Gerüchen' haben, wir haben die perfekte Multioptionsgesellschaft.

Erleichtern die Informationstechnik und die unsichtbaren Abläufe das Leben oder wird es durch sie komplizierter? Ich muss mich nicht mehr mit Betriebssystemen oder inkompatiblen Formaten beschäftigen. Aber das detaillierte Wissen um meinen Gesundheitszustand treibt mich zu Diäten und Therapien, das Wissen um spannende Urlaubsdestinationen und die Reisen meiner Freunde aus der 68er Community spornt mich zu mehr Aktivitäten an, als mir lieb ist. Die Preisfindungsmechanismen von ServFinder und ihrem Service Ecosystems sind derart komplex, dass ich mir selten über die Kosten meiner Entscheidungen klar werden kann. Die Preismodelle der Telekommunikationsanbieter im deregulierten Wettbewerb waren geradezu noch transparent dagegen. Unterm Strich: Die unzähligen Optionen der Dienstleistungswirtschaft überfordern mich.

Über weite Strecken meines dritten Lebensabschnittes waren diese ‚leisen Prozesse' ein wahrer Segen, aber ihr habt eben nicht das Ganze gesehen. Zur Informationsflut habt ihr die Serviceflut geschaffen. In den ersten Jahren meiner Pension habe ich die zunehmend leiseren Prozesse genossen, sie haben mir das Leben in vielen Bereichen so viel leichter und reicher gemacht. Die letzten fünf Jahre aber sind zunehmend zur Qual geworden, denk nur an meine Inkontinenz. Ich habe Angst vor der Phase der Intensivpflege. Ich habe Angst davor, von gut gemeinten Maschinen viel zu lange am Leben erhalten zu werden. Ich habe nicht Angst vor den Maschinen, sondern Angst vor unserer Feigheit, die Frage nach der Würde des Lebens zu beantworten. Natürlich ist das auch eine Angst vor der Irrationalität des eigenen

Selbsterhaltungstriebes. So, nun fährst du am besten nach Hause. Ich meinerseits pfeife heute auf meine elektronische Assistentin Cyntia, öffne eine wunderschöne Flasche Barolo und rauche eine dicke, kubanische Zigarre. Am liebsten würde ich mir wie vor vielen Jahren wieder einmal einen Joint drehen. In meinem Alter kommt man aber kaum noch an gutes Cannabis."

Ich steige so schnell wie möglich wieder in mein Auto. Wie alt bin ich? 68. Wenn alles normal verläuft, habe ich eine Lebenserwartung von noch einmal 30 Jahren. Das ist so lange, wie ich seit meinem Studium im Berufsleben stand, bevor ich dann Coach wurde. Ich bin froh, dass das TschupTschup meine Gedankengänge mit dem Vorlesen meines restlichen Samstagprogramms unterbricht:

15:00 Treffen mit Frau Werber wg. Pressemitteilung 16:00 Klettern in Kletterhalle zus. mit Kollegen Schneller 18:00 Abendessen mit Toni, der Probleme mit seinen Finanzen hat 19:30 Einkauf Kleidung 20:15 Konzert 22:30 Abholung Lebensmitteleinkauf am Hub

Allerdings kann ich mich nicht so richtig an das Ding gewöhnen. Meine Mandy kenne ich einfach zu lange, als so mir nichts, dir nichts auf das neumodische Zeug umzusteigen. Jetzt denke ich schon fast wie mein werter Herr Papa. Ich werde doch am Ende nicht schon wirklich alt?

Infobox

Silent Process

Unsichtbar ablaufende Prozesse (**silent processes**), die von unsichtbaren Rechnern, den Sensorknoten, gesteuert werden, erleichtern in Zukunft die Bewältigung des Alltags vor allem für ältere und kränkliche Mitmenschen.

Die stillen Abläufe sind letztendlich automatisch ablaufende Geschäftsprozesse, die durch entsprechende betriebliche Anwendungen unterstützt werden. Vor allem der Gesundheits- und Wellness-Bereich wird sich dieser Formen von Prozessen bedienen müssen, um das wachsende Volumen von Aufgaben zu bewältigen. Auf diese Weise wird es möglich sein, dass Menschen auch dann noch alleine zuhause leben können, wenn sie bereits erkrankt (etwa an Alzheimer) und eigentlich pflegebedürftig sind. Diese Pflege übernehmen dann die unsichtbaren Helfer. ■

2031
Meine digitale Zukunft

25. Mai 2031

Wir haben ihn! Unseren ersten Serviceroboter. Paul hat ihn uns zu Weihnachten geschenkt. Fabio taufte ihn sofort auf den Namen „James", nach dem Butler in dieser uralten Kultsendung „Dinner for One", die alle Wechsel des Medienzeitalters überdauert hat. Francesco kugelt sich noch heute, wenn er die Sendung sieht. Es lebe also „James". Als ich heute aufwachte, merke ich sofort, dass etwas nicht stimmt. James meldete sich an seiner Ladestation mit dem gewohnten *Klick* an, aber dann begann seine Warnlampe zu leuchten. Nun kann ich mir mein Frühstück zwar selbst machen, aber dazu müsste ich zum Brötchenholen vor die Tür. Das passt mir überhaupt nicht, denn dann müsste ich mich mit den wenigen Menschen, die immer noch keinen „Küchenrobby" mit Verkehrszulassung haben, in die Schlange der elektronischen Haushaltshelfer beim Bäcker einreihen und mir deren sonores Geschnatter anhören.

Zum Glück hat James gestern Abend noch bemerkt, dass mit ihm etwas nicht stimmt, und den Brötchenauftrag an den Servicerobby meines Nachbarn übermittelt. Die Brötchen liegen also knackfrisch auf meinem Tisch. In der Ausfahrklappe meines Kühlschranks liegen auch schon meine Lieblingsmarmelade und etwas Käse – also kann ich mich erst einmal stärken, bevor ich mit der Reparatur beginne. Nicoletta ist nicht zuhause. Sie ist für ein paar Tage zu Francesco und seiner Frau Jacqueline gefahren. Die beiden erwarten Nachwuchs, und Nicoletta will ihnen beim Einrichten des Kinderzimmers helfen. Sie hat den ZV996 genommen. Seit dem Unfall damals bin ich immer etwas nervös. Aber das ist gar nicht nötig. Sie ist gestern Abend gut bei den beiden in Luzern angekommen.

Um die fällige Reparatur komme ich wohl nicht herum. Also her mit der 3D-Brille und dem Käppi für mein BCI[1]. Beim Blick auf den Robby öffnet sich automatisch das Reparaturmenü in der Brille. Mein BCI wählt sofort den Menüpunkt „Erste Hilfe" aus – ein Gedanke an mein Vorhaben genügt. Sofort werde ich systematisch durch das verzweigte Analyseverzeichnis geführt. Die in der Brille eingebaute Kamera hat dank modernster Bildanalysesoftware inzwischen genau recherchiert, um welchen Robotertypen es sich handelt, und die Daten nebst unserer Galileo-Position an den zentralen Service der Herstellerfirma weitergegeben.

Beim Frühstück behalte ich das BCI-Käppi auf dem Kopf. Ich finde es sehr entspannend, während des Essens auch mein Gehirn zu trainieren, und löse eine Reihe

---

[1] Brain-Computer Interface

von Rechenaufgaben, die auf dem Kühlschrankbildschirm erscheinen, indem ich mir die Ergebnisse einfach vorstelle. Leider habe ich heute nur sieben der Aufgaben richtig gelöst und Mandy verordnet mir für den heutigen Abend ein weiteres Mathematikprogramm – ich bin nicht begeistert. Ja, ich habe Mandy wieder voll aktiviert. Diese TschupTschups sind einfach nicht mein Ding gewesen.

Zum Glück schneide ich bei den Literaturfragen besser ab. Aber dann signalisiert mir die Aufmerksamkeitskontrolle im BCI, dass ich langsam müde werde und besser die Tätigkeit wechseln sollte. Leider sind auch die digitalen Handwerker alles andere als zuverlässig, und es hat sich noch immer kein Reparaturroboter eingefunden. Außerdem sind diese Dienste sehr teuer. Ich versuche also doch, James selbst zu reparieren. Ich habe mir die 3D-Brille wieder aufgesetzt und mir mein intelligentes Werkzeug aus dem Regal geholt. Vor meinen Augen erscheint ein Reparaturvorschlag. Den hat sich das BCI-Käppi über ServFinder vom Hersteller besorgt, inklusive eines sogenannten „Augmented Reality"-Videos, das mir bei der Reparatur helfen wird. Mit dem Werkzeug muss ich die Schrauben und Muttern nur noch berühren und mit dem BCI die Funktion „Lösen" auswählen. Nach fünf Schrauben liegt die Energieversorgung frei, und die freundliche Stimme des Videos rät mir, den roten Chip zu überprüfen. Das intelligente Werkzeug überträgt alle Prüfdaten direkt an die Servicezentrale, die mir daraufhin mitteilt, dass der Chip kaputt und das Ersatzteil schon auf dem Weg zu mir ist. Heute Abend nach der Arbeit kann ich die Reparatur fortsetzen und mir morgen meine Brötchen wieder selbst besorgen (lassen).

Als ich jetzt die E-Mails sichte, finde ich meinen „Rentenbescheid". Tja, bald werde ich siebzig, und dann erhalte ich endlich die staatliche Rente. Nur gut, dass ich auf die nicht angewiesen bin. Sonst hätte ich vor dreizehn Jahren nicht mit dem Coachen anfangen können. Laut neuesten Untersuchungen könnte selbst ich mittlerweile die 100 schaffen. Der Gesundheitscheck von letzter Woche zeigt, dass die neue Herzklappe von vor acht Jahren einwandfrei arbeitet. Toi, toi, toi, seitdem habe ich keine großen Sachen mehr gehabt. Leider ist Dr. Willinger auch seit diesem Jahr im Ruhestand. Sein Nachfolger macht aber einen kompetenten Eindruck.

Eben hat sich Nicoletta über das MultiKom gemeldet. Sie hat mir ein 3D-AR-Video geschickt. Ich soll sagen, ob mir das Kinderzimmer so gefallen würde. Francesco und Jacqueline würden es gerne morgen so über ServFinder bestellen.

Infobox

Brain-Computer Interface (BCI)

Diese Mensch-Maschine-Schnittstelle ermöglicht eine direkte Verbindung zwischen Gehirn und Computer. Dazu wird entweder die elektrische Aktivität aufgezeichnet (nichtinvasiv, meist mittels Hirnstrommessung per EEG, oder invasiv durch implantierte Elektroden) oder die hämodynamische, blutstrombezogene Aktivität des Gehirns gemessen und mithilfe von Rechnern analysiert (Mustererkennung). Mustererkennung ist die Fähigkeit, in einer Menge von Daten Regelmäßigkeiten, Wiederholungen,

Ähnlichkeiten oder Gesetzmäßigkeiten zu erkennen. Danach werden die Impulse in Steuersignale umgewandelt. BCIs basieren auf der Beobachtung, dass schon die Vorstellung eines Verhaltens messbare Veränderungen der elektrischen Hirnaktivität auslöst. Beispielsweise führt die Vorstellung, eine Hand oder einen Fuß zu bewegen, zur Aktivierung des motorischen Kortex. Die wichtigste Anwendung finden BCIs in der Unterstützung körperlich behinderter Menschen. Die Verbindung mit einer „Buchstabiermaschine" ermöglicht etwa Menschen mit einem Locked-in-Syndrom, die bei vollem Bewusstsein weder die zum Sprechen nötige Muskulatur aktivieren noch die Augen bewegen können, die Kommunikation mit der Außenwelt. BCIs dienen auch dazu, die Mobilität von Behinderten zu erhöhen. Das gelingt über von Gehirnimpulsen gesteuerte Prothesen oder Rollstühle. Neben Anwendungen in der Medizin konnten BCIs auch in Computerspielen oder Fahrerassistenzsystemen eingesetzt werden. Die BCI-Forschung begann in den 70er Jahren mit der Entwicklung von Algorithmen zur Analyse von Bewegungen aus Gehirnsignalen. Seit Mitte der 90er Jahre hat sich die BCI-Forschung rapide weiterentwickelt. Nach Experimenten mit Tieren wurden im ersten Jahrzehnt des dritten Jahrtausends die ersten invasiven BCIs (Implantate von Elektroden) am Menschen erprobt. ∎

2032
Siebzig – und was kommt jetzt?

4. September 2032

Heute feiere ich meinen siebzigsten Geburtstag. Am Abend kommen die Kinder mit ihren Familien vorbei. Als Opa von fünf süßen Enkeln kann man sich darüber nur freuen. Fabio kommt auch, nachdem er seinen Abschluss an der Queensland University of Technology als Master of Science gerade geschafft hat. Er wird heute Abend pünktlich einfliegen. Er hat natürlich einen Liegeplatz gebucht, um ausgeruht anzureisen. Das Neueste bei der Bahn sind übrigens Liegewaggons, die einen stressfrei an den gewählten Urlaubsort bringen und dort dann als Wohnmobil genutzt werden können.

Mein Tagebuch ist doch mittlerweile recht prall gefüllt. Wenn ich es Jahr für Jahr durchgehe und sehe, wie sich die Informationstechnologie in den letzten siebzig Jahren entwickelt hat, muss ich immer wieder selbst staunen. Waren das noch Zeiten, als man vor einem Bildschirm saß! Unsere Enkel können mit dem antiquierten Zeug gar nichts mehr anfangen. Vor allem die Technikrevolution, ausgelöst durch das „Internet der Dinge" und die Konvergenz der Netze, hat für einen enormen Schub gesorgt. Dieser Wunsch, mithilfe von Sensoren die Umwelt, ja sogar unseren Gesundheitszustand zu erfassen, führte zu völlig neuartigen Anwendungen. Ohne die wären Nicoletta und ich heute nicht so glücklich und gesund. Selbst Vater erfreut sich noch recht guter Gesundheit. Gott sei Dank kann er selbst heute bei unserer Feier dabei sein, allerdings mithilfe dieser neuen 3D-Augmented-Reality. Das Restaurant verfügt über so ein Ding, ebenso sein Club, den er seit Kurzem aufsucht. So kann er jederzeit nach Hause aufbrechen und ist nicht auf uns angewiesen. Bin mal gespannt, wie sich das alles „anfühlt".

Meine Gesundheit ist hervorragend. Der regelmäßige Gesundheitscheck und Mandy sorgen dafür, dass es mir bestens geht. Natürlich muss ich auch meinen Teil beitragen und das Fitnessprogramm regelmäßig durchziehen. Meinem Herzen geht es prima und meinem Golfspiel sogar noch besser. Handicap 10, und das mit siebzig! Als ich fünfzig war, lag es bei beschämenden 44. Selbst Paul und Tino sind beeindruckt. Nächste Woche fliegen wir nach Nizza, um einige Runden zu spielen. Ich habe immer noch diesen mobilen Golftrainer. Den nehme ich auf alle Fälle mit.

Ich freue mich auf meine Bahrainis. Da kommen heute Abend auch so vier oder fünf. Das Coachen hat mir viel Spaß gemacht. Früher hatten wir immer gedacht, man muss bis zum Rentenalter arbeiten. Gut, dass ich das nicht musste. Bahrain ist heute ein florierender Handelsplatz, nachdem die angefangen hatten, sich auch für die Informationstechnologie zu interessieren. Die Araber haben sich durch ihre vielen indischen Gastarbeiter richtig nach vorne gebracht und liegen Kopf an Kopf mit Indien und China. Tja, die Petrodollar wurden sinnvoll angelegt. KAUST ist eine der bestangesehenen Universitäten weltweit. Wenn die Saudis nur etwas aufgeschlossener wären. Dann ginge da noch viel mehr. Über vierzig Jahre ist es her, dass die DDR unterging. Heute interessiert das niemanden mehr. Die ostdeutschen Bundesländer haben längst aufgeschlossen, und selbst Berlin, längst eine europäische „In"-Metropole, konnte in den letzten zehn Jahren weiter aufblühen. Diese Geschichten von damals werde ich heute Abend meinen Enkeln noch einmal erzählen. Das fasziniert sie mehr als diese neumodischen Space-Geschichten, die so lebensecht produziert werden, als ob es all das wirklich gäbe. Retro-Space ist gerade voll „in". Captain Kirks witzigen Kommunikator gibt es jetzt als Retro-TschupTschup. Auch das erste iPhone wurde wieder aufgelegt, allerdings mit allem modernen Schnickschnack.

Nicoletta und ich haben uns gestern Abend „Krieg der Sterne" angeschaut. Luke Skywalker hatte es ihr schon als Kind angetan. Unsere Autos fliegen zwar noch nicht, und auch die Laserschwerter bleiben auf der Mattscheibe, aber wir können uns bei manchem jetzt noch viel besser vorstellen, dass es kommen wird. Orwells Horrorszenario gibt es auch heute, 2032, Gott sei Dank immer noch nicht. Aber dafür mussten auch eine Reihe neuer Gesetze erlassen werden, und die UN hat alle Hände voll zu tun, damit dies so bleibt. Im Moment beschäftigt man sich intensiv mit dem Cyber-Terror. Nachdem Terroristen in Pakistan durch einen gezielten Hackerangriff fast eine Atombombe aktiviert hätten, wird über die Kehrseite dieser global vernetzten Welt gesprochen. Niemand weiß, ob das überhaupt der erste Vorfall dieser Art gewesen ist. Nicht auszudenken, wenn die Rakete mit ihrer nuklearen Fracht gestartet wäre. Ob da der globale Schutzschild wirklich geholfen hätte?

Uns geht es gut. 2032 war bisher ein sehr gutes Jahr. Es gab weder Hungersnöte noch andere große Naturkatastrophen. Selbst die Umweltschützer mussten zugestehen, dass die Polkappen wieder mehr Eis haben als noch vor rund 20 Jahren. Na gut, mithilfe von Informationstechnologie wird ja nun auch jeder Stromfresser sofort erkannt und gemeldet. Seit vor mehr als zehn Jahren das RAVE auf den Markt kam, ist der Anteil an Biokraftstoff auf fast 50 % angestiegen. Natürlich heißt das bei dem heutigen Mix von Elektrofahrzeugen, Hybriden, Wasserstoffautos oder mit Erdgas betriebenen Fahrzeugen nicht mehr so viel. Aber immerhin fiel dadurch der Ölpreis seitdem wieder auf rund 200 US-Dollar. Ich trauere noch ein wenig meinem X202 nach, aber der ZV996 ist der richtige Wagen für uns.

Was kommt als Nächstes? Nach der ersten erfolgreichen Marsmission vor fast zehn Jahren ist nun der erste bemannte Raumflug zum roten Planeten in Planung. Die Chinesen wollen ihre Technologieführerschaft nun auch in der Raumfahrt unter Beweis stellen. Das damit verbundene Imponiergehabe erinnert an die Amerikaner, als es um die erste Landung auf dem Mond ging. Die Welt ändert sich in manchen Dingen einfach nicht.

Nicoletta und ich werden auf jeden Fall eine große Reise machen. Ich war noch nie auf Hawaii, den Fidschi-Inseln oder in Thailand. Das werden wir jetzt gemeinsam erkunden. Mit all den heute zur Verfügung stehenden Sensoren können unsere Ärzte in Deutschland unseren Gesundheitszustand ständig überprüfen, und über das Medico-Netz sind sie mit allen Kollegen weltweit umgehend in Verbindung. Auch die nutzen mittlerweile die 3D-Augmented-Reality.

Nächstes Jahr werden wir umziehen und in eine Wohnanlage wechseln, die über eine Rundumbetreuung verfügt. James nehmen wir natürlich mit. Dieser Service-robby ist uns richtig ans Herz gewachsen. Ich betrachte ihn als Teil unserer Familie. Nicoletta protestiert dann zwar immer heftig, aber ich glaube, da bleiben Mann und Frau einfach ewig verschieden. Jetzt muss ich mich aber sputen. Nicoletta hat schon zweimal gerufen, und Mandy hat sich auch bereits mehrfach gemeldet. Erst das Fitnessprogramm, dann die ePost erledigen und schließlich ab ins Bad. Auch 2032 gilt: Wasser ist zum Waschen da. Auch wenn es inzwischen selektive Geruchssensoren zu kaufen gibt – in diesem Fall wurde eine Innovation glücklicherweise nicht von der Gesellschaft akzeptiert.

Mal schauen, was die Zukunft noch so bringt ...

Infobox

Internet der Zukunft

Das **Internet der Zukunft** (Future Internet) ist ein Thema, das die Forscher im Bereich der Informations- und Kommunikationstechnologie heute besonders bewegt. Weltweit werden Visionen entwickelt, wie das Internet wohl in zehn, fünfzehn oder gar zwanzig Jahren aussehen wird. Die Europäische Kommission hat für die Erforschung des Internet der Zukunft mehr als 500 Millionen Euro bereitgestellt, und Milliardenmittel werden noch kommen.

Sicher ist, dass das Internet wirtschaftlich und gesellschaftlich die wichtigste Infrastruktur werden wird. Der Zugang zum Internet wird zu den Grundrechten eines jeden gehören müssen. Wirtschaftlicher Erfolg von Unternehmen wird sich an ihrer Leistungsfähigkeit im Internet widerspiegeln. Politik und Gesellschaft muss sich mit der Auflösung von heutigen Grenzen beschäftigen. Der Mensch wird sich mehr über seine Zugehörigkeit zu einer Web-Community definieren als über seine Nationalität. Sicherlich werden Regionen und Staaten ihre Gültigkeit und Wertigkeit behalten, jedoch werden die Möglichkeiten zunehmen, sich über das Web anders zu organisieren. Man wird politische Parteien kommen sehen, die sich allein durch ihre Präsenz im Netz definieren. All dies wird dazu führen, dass das Nichtvorhandensein von Computern – in welcher Form auch immer – als aus einer anderen Zeit stammend empfunden wird. ■

Heinz wurde als Gemeinschaftsaktion von mir und fünfunddreißig Koautoren erschaffen. Konzeption und Idee sowie die Hauptstruktur stammen aus meiner Feder. Die Themen habe ich mit den Koautoren und Koautorinnen gemeinsam abgestimmt. Insgesamt wurden über achtzig Beiträge eingereicht, sodass wir uns für die Besten entscheiden mussten. Dabei war es eine große Herausforderung, die verschiedenen Stile und Vorgehensweisen zu einem harmonischen Gesamtprojekt zusammenzuführen. **Markus Brakel** ist dies in hervorragender Weise gelungen. Sein eloquenter Schreibstil mit einem Auge dafür, Sachverhalte dem Leser in verständlicher Form zu vermitteln, machte aus zum Teil sehr technischen und teilweise fast schon dogmatischen Abschnitten eine amüsante und doch lehrreiche Lektüre. Markus Brakel zeichnet auch für wesentliche Kapitel verantwortlich wie etwa das über die „Logik" (1966) oder über Paul Otlet (1974), einem fast vergessenen Genie der Hyperlinkstrukturen, den Grundlagen unseres heutigen „World Wide Web".

Im Folgenden sind die Koautorinnen und Koautoren in alphabetischer Reihenfolge aufgelistet. Ihnen gebührt mein besonderer Dank. Alle haben sich sofort und spontan bereiterklärt, an diesem Projekt mitzuwirken. Obwohl die allermeisten von ihnen durch ihren Beruf mehr als nur stark beansprucht sind, nahmen sie sich die Zeit, ihre eigenen Erlebnisse und Geschichten entweder aufzuschreiben oder sie im Interview Markus Brakel zu erzählen. Besonderer Dank gilt auch den emeritierten Kollegen, deren überreicher Fundus an geschichtsträchtigen Ereignissen dem Buch auch eine historische Note gibt.

In Klammern stehen die Kapitel, zu denen der jeweilige Koautor beigetragen hat.

Claudia Alsdorf ist Geschäftsführerin von Original1 GmbH, einem Joint Venture von SAP, Nokia und Giesecke&Devrient zum Schutz vor Markenpiraterie. (2007)

Prof. Dr. Michael Beigl ist Professor am Institut für Betriebssysteme und Rechnerverbund der Technischen Universität Braunschweig. Er war zuvor Leiter des TecO an der Universität Karlsruhe. (1999)

Prof. Dr. Johannes Buchmann ist Professor für Kryptographie und Computeralgebra am Fachbereich Informatik der Technischen Universität Darmstadt. Er ist im wissenschaftlichen Beirat des Bundeskriminalamts. (1979, 2027)

Vinton Cerf ist Vize-Präsident und „Chief Internet Evangelist" bei Google. Er ist einer der Gründerväter von Arpanet, dem Vorläufer des heutigen Internets. Er arbeitet auch am Projekt „interplanetarisches Netzwerk". (2012, 2023)

Dr. Oliver Christ ist Forschungsdirektor der Schweizer Forschungslabore der SAP AG. Er hat an der Hochschule St. Gallen promoviert. (2013)

Erica Dubach Spiegler ist wissenschaftliche Mitarbeiterin an der ETH Zürich. Zuvor war sie Forscherin am Forschungslabor CEC Zürich der SAP. (2008)

Prof. Dr. Jörg Eberspächer ist Professor an der Technischen Universität München und Inhaber des Lehrstuhls für Kommunikationsnetze. Er leitet den Forschungsausschuss des Münchner Kreises, einer internationalen Vereinigung für Kommunikationsforschung. (1978)

John Ellenberger ist Forschungsdirektor der SAP in Boston, Massachusetts. Er war zuvor u.a. Entwicklungsleiter bei Nokia und Digital Equipment Corporation. (1981)

Prof. Dr. José Luis Encarnação ist emeritierter Professor des Fachbereichs Informatik der Technischen Universität Darmstadt. Er gilt als Wegbereiter der Computergrafik in Europa. (1967, 1972, 2001, 2010)

Prof. Dr. Albert Endres ist emeritierter Professor für Informatik an der Technischen Universität München. Er war in den Sechzigern und Siebzigern Entwicklungsleiter bei IBM Böblingen. (1968, 1975, 1986, 2018)

Prof. Dr. Elgar Fleisch ist Professor für Informations- und Technologiemanagement an der Universität St. Gallen (HSG) sowie Professor für Informationsmanagement am Departement für Management, Technologie und Ökonomie der ETH Zürich. (2003)

Dr. Albert Fleischmann ist Aufsichtsratsvorsitzender der jCOM1! AG aus Rohrbach. Er war am Forschungszentrum ENC der IBM und später bei DEC tätig. (1993)

Prof. Dr. Raymond Freymann ist Geschäftsführer der BMW Forschung und Technik GmbH und Honorarprofessor an der Technischen Universität München. (2014)

Claudia Funke ist Direktorin bei McKinsey Deutschland. (2020)

Thomas Grünert ist Chefredakteur und Parlamentskorrespondent von Vincentz Network Berlin. (2016)

Prof. Dr. Karl Hantzschmann ist emeritierter Professor des Fachbereichs Informatik der Universität Rostock. Er war maßgeblich an der Umgestaltung der Universitätslandschaft nach der Wende beteiligt. (1964, 1971, 1988, 1990)

Prof. Dr. Christoph Herrmann leitet die Abteilung für Allgemeine Psychologie an der Carl von Ossietzky Universität Oldenburg und beschäftigt sich unter anderem mit non-invasiver Elektrophysiologie und transkranieller Hirnstimulation. (2021)

Gerd Hölzing ist Chief Development Architect von SAP. Zuvor war er als Chefarchitekt bei Digital Equipment zuständig für Netzwerksoftware und Betriebssysteme und davor bei der GSI tätig. (1977, 1991)

Prof. Dr. Stefan Jähnichen ist Professor für das Fachgebiet Softwaretechnik an der Fakultät für Informatik und Elektrotechnik der TU Berlin und Präsident der Gesellschaft für Informatik. (2031)

Dr. Mathias Kirchmer ist Executive Partner bei Accenture und lebt in Philadelphia, USA. (1995)

Danie Kok ist Forschungsdirektor des SAP Forschungszentrums in Pretoria, Südafrika. (1980, 2004)

Prof. Dr. Gerhard Krüger ist emeritierter Professor der Informatik an der Technischen Universität Karlsruhe. Er begründete den Fachbereich Informatik und gilt als deutscher Pionier auf diesem Gebiet. (1963, 1970, 1982, 1990)

Latif Ladid ist Präsident des IPv6 Forums und lebt in Luxemburg. Er ist einer der führenden Protagonisten bei der Einführung von IPv6 und setzt sich auch bei der Europäischen Kommission dafür ein. (2011)

Prof. Dr. Peter Liggesmeyer ist Professor an der Universität Kaiserslautern und Leiter des Fraunhofer Instituts für Experimentelles Software-Engineering. (2017)

Prof. Dr. Peter Lockemann ist emeritierter Professor für Informatik an der Technischen Universität Karlsruhe und ehemaliger Vorstandsvorsitzender des FZI. (1965)

Prof. Dr. Friedemann Mattern ist Professor für „Pervasive Computing" an der ETH Zürich. Er ist Mitherausgeber des Buchs „Internet der Dinge". (1984, 1997, 2000, 2026)

Prof. Dr. Max Mühlhäuser ist Professor am Fachbereich Informatik der Technischen Universität Darmstadt. Er war Gründungsdirektor des Forschungszentrums CEC Karlsruhe, das heute zur SAP Forschung gehört. (2002, 2028)

Prof. Dr. Günther Müller ist Professor für Informatik an der Universität Freiburg. Er war u.a. Gründer des Europäischen Zentrums für Netzwerkforschung der IBM in Heidelberg. (1985)

Burkhard Neidecker-Lutz ist Chief Development Architect bei SAP und der Technische Direktor der SAP Forschung. Er war zuvor im CEC Karlsruhe für die Multimedia-Forschung zuständig. (1989)

Prof. Dr. Hubert Österle ist Professor und Direktor für Wirtschaftsinformatik an der Universität St. Gallen (HSG). Er ist u.a. Herausgeber von „Electronic Markets". (2030)

Joella Paquette ist Präsidentin und Gründerin von Coopetition Inc. Zuvor war sie bei Digital Equipment Corporation tätig. Sie gilt als eine der Frauen der ersten Stunde des World Wide Web. (1996)

Prof. Dr. Michael Rosemann ist Professor für Informationssysteme an der Queensland University of Technology. (1992)

Dr. Joachim Schaper ist der europäische Forschungsleiter der SAP Forschung. Zuvor war er der Forschungsdirektor des CEC Karlsruhe. (2015)

Prof. Dr. Alexander Schill ist Professor für Informatik an der Technischen Universität Dresden. (1987, 1994, 2020)

Prof. Dr. Jochen Schiller ist Professor am Fachbereich Mathematik und Informatik und Vizepräsident der Freien Universität Berlin. (2025)

Dr. Vasco Alexander Schmidt ist Wissenschafts- und Technikjournalist bei SAP. (2006)

Stan Smits war Chief Software Technology Officer von Philips Healthcare in Holland. Zuvor war er viele Jahre bei DEC in Holland und Frankreich gewesen. (2024)

Prof. Dr. Ralf Steinmetz leitet das Fachgebiet Multimedia-Kommunikation an der Technischen Universität Darmstadt. Er ist der erste Deutsche, der sowohl zum IEEE Fellow als auch zum ACM Fellow ernannt wurde – zwei hohe Auszeichnungen amerikanischer IT-Verbände. (2029)

Prof. Dr. Wolfgang Wahlster ist Vorstandsvorsitzender des Deutschen Forschungszentrums für Künstliche Intelligenz (DFKI). Er ist Mitglied mehrerer Akademien, darunter der Königlich-schwedischen Akademie der Wissenschaften, die den Nobelpreis vergibt. (2001, 2022)

Da die internationalen Koautoren ihre Beiträge in Englisch verfasst haben, mussten sie für das Buch übersetzt werden. Hierfür danke ich besonders **Leonie Wagener, Rebecca DeWald** und **Vanessa Bomert**.

… und zum Schluss ein Wort des Dankes

Das Projekt *Heinz' Life* war eigentlich auf ein Jahr ausgelegt, dauerte dann aber über zweieinhalb Jahre. So ein Vorhaben bedarf der Langmut von vielen. **Nicole, Christian** und **Fabio** mussten so einige Sonntage ohne mich unterwegs sein. An so manchem Abend fanden sie mich am Schreibtisch, und ich beschäftigte mich mit Heinz und seinen Geschichten statt mit meiner Familie. An dieser Stelle sage ich allen meinen Lieben ein herzliches Dankeschön, besonders aber Dir, Nicole. Auch möchte ich mich bei **Christa** und **Rudolf** dafür bedanken, dass sie so manchen Tag auf unseren Fabio aufgepasst haben, damit ich ungestört an „Heinz" arbeiten konnte. **Tobi, Peter** und **Annika** wollten immer wissen, was Heinz denn so macht. Jetzt könnt ihr es selbst herausfinden!

Ein solches Projekt braucht viele Helfer. Ich danke **David Lewis**, der aus Heinz eine lebendige Figur gemacht hat. Seine Zeichnungen zeigen mit tollem britischem Humor, was Heinz so alles erlebt und erfährt. Auch seiner Frau **Betty** gebührt großer Dank für viele Stunden, die sie für und mit Heinz zugebracht hat.

Ohne **Peter Jeutter** gäbe es das Buch nicht. Aus einer Diskussion, ja fast einer Laune heraus, wurde die Idee zu diesem Buch geboren, und er machte mir fast ein Jahr lang ein schlechtes Gewissen, ehe ich dann endlich mit dem Projekt begann. **Gerhard Krüger** gebührt besonderer Dank für die tollen Geschichten und die wertvollen Hinweise auf andere Autoren. Ohne seine Anregungen wäre die Geschichte von Heinz nur halb so erfüllt gewesen.

Meinem Bruder **Dirk** verdanke ich, dass wir das Buch mit modernen Mitteln der IT erstellen konnten. Er war unser Webmaster für das Wiki, mit dem wir die Geschichte entwickelt haben, und sorgte auch für die nötigen Backups. Kleinere Katastrophen hat er dabei als Feuerwehr immer sofort korrigiert.

Dem Hanser Verlag danke ich dafür, dieses Projekt so aufgeschlossen begleitet zu haben. Aus unserem gemeinsamen Engagement ist ein, wie ich meine, lesefreundliches und lesenswertes Sachbuch entstanden. Hierbei gilt mein besonderer Dank **Margarete Metzger**, die früh an das Projekt geglaubt und es mit lektoriert hat, sowie unserem weiteren Lektor **Jürgen Dubau** für die stets hilfreichen kritischen Kommentare.

Zuletzt danke ich meinem Mitstreiter **Markus Brakel**, der diesen Marathon gemeinsam mit mir bis zum Schluss durchgehalten hat. Sein Einsatz ging so weit, dass er zuletzt sogar sein MacBook für das Projekt opferte.

Mit dem Buch erinnere ich auch an meinen verstorbenen Vater **Heinz** und danke natürlich meiner Mutter **Lilo**.

»Ein faszinierendes Buch.«

Baker
Die Numerati
272 Seiten.
ISBN 978-3-446-40939-2

Ob wir eine Kreditkarte benutzen, im Internet surfen oder mit dem Handy telefonieren – immer hinterlassen wir digitale Spuren. Diese Spuren fügen sich zusammen zu klaren, regelmäßigen Mustern – für den, der sie zu lesen weiß.

Findige Experten können so etwas: Sie sind die »Numerati« – mathematisch geschulte Experten, die darauf trainiert sind, Zusammenhänge zu erkennen, wo andere nichts als Chaos sehen. Die Numerati wissen, was Menschen kaufen, wie sie wählen, was sie lieben, worauf sie hören. Das ist gefährlich. Denn wer berechnen kann, wie Menschen funktionieren, kann sie auch manipulieren.

Stephen Baker wirft einen beunruhigenden Blick auf die verborgenen Machenschaften der Numerati, die uns genauer kennen, als uns recht sein kann.

Der Projektmanagement-
Klassiker

Tom DeMarco
Der Termin
272 Seiten.
ISBN 978-3-446-41439-6

Mr. Tompkins, ein von einem Telekommunikationsriesen soeben entlasse-
ner Manager, hat die Aufgabe, sechs Softwareprodukte zu entwickeln.
Dazu teilt Tompkins die ihm zur Verfügung stehende gigantische
Entwicklungsmannschaft in achtzehn Teams auf - drei für jedes Produkt.
Die Teams sind unterschiedlich groß und setzen verschiedene Methoden
ein. Sie befinden sich im Wettlauf miteinander und haben einen gna-
denlos engen Terminplan.
Mit seinen Teams und der Hilfe zahlreicher Berater, die ihn unterstützen,
stellt Mr. Tompkins die Managementmethoden auf den Prüfstand, die er
im Laufe seines langen Managerlebens kennen gelernt hat. Jedes Kapitel
endet mit einem Tagebucheintrag, der seine verblüffenden Erkenntnisse
zusammenfasst.

Mehr Informationen zu diesem Buch und zu unserem Programm
unter **www.hanser.de/computer**